독자의 **1초**를 아껴주는 정성!

—

세상이 아무리 바쁘게 돌아가더라도

책까지 아무렇게나 빨리 만들 수는 없습니다.

인스턴트 식품 같은 책보다는

오래 익힌 술이나 장맛이 밴 책을 만들고 싶습니다.

길벗이지톡은 독자여러분이 우리를 믿는다고 할 때 가장 행복합니다.

나를 아껴주는 어학도서, 길벗이지톡의 책을 만나보십시오.

독자의 1초를 아껴주는 정성을 만나보십시오.

미리 책을 읽고 따라해본 2만 베타테스터 여러분과 무따기 체험단, 길벗스쿨 엄마 2% 기획단,
시나공 평가단, 토익 배틀, 대학생 기자단까지!
믿을 수 있는 책을 함께 만들어주신 독자 여러분께 감사드립니다.

(주)도서출판 길벗 www.gilbut.co.kr
길벗 이지톡 www.gilbut.co.kr
길벗 스쿨 www.gilbutschool.co.kr

mp3 파일 다운로드 무작정 따라하기

길벗 홈페이지(www.gilbut.co.kr)로 오시면 mp3 파일 및 관련 자료를 다양하게 이용할 수 있습니다.

1단계   도서명 ▼ [   ] [   ] 에 찾고자 하는 책이름을 입력하세요.

2단계   검색한 도서로 이동하여 〈자료실〉에서 mp3 파일을 다운로드 받으세요.

네이티브는 쉬운 영어로 말한다
Disney 1000
문장편

1권 | 0001-0500 문장

박용호(라이언 박) 지음

네이티브는 쉬운 영어로 말한다
- 디즈니 1000문장 편

The Native Speaks Easily - Disney 1000 Sentences

초판 발행 · 2020년 12월 10일
초판 3쇄 발행 · 2022년 10월 15일

해설 · 라이언 박(박용호)
발행인 · 이종원
발행처 · (주)도서출판 길벗
브랜드 · 길벗이지톡
출판사 등록일 · 1990년 12월 24일
주소 · 서울시 마포구 월드컵로 10길 56(서교동)
대표 전화 · 02)332-0931 | **팩스** · 02)323-0586
홈페이지 · www.gilbut.co.kr | **이메일** · eztok@gilbut.co.kr

기획 및 책임 편집 · 김지영(jiy7409@gilbut.co.kr) | **표지 디자인** · 최주연 | **본문 디자인** · 장선숙
제작 · 이준호, 손일순, 이진혁 | **마케팅** · 이수미, 장봉석, 최소영
영업관리 · 심선숙 | **독자지원** · 윤정아, 최희창

교정교열 · 기본기획 | **전산편집** · 기본기획 | **오디오 녹음** · 와이알미디어
CTP 출력 및 인쇄 · 북토리 | **제본** · 신정제본

- 잘못된 책은 구입한 서점에서 바꿔 드립니다.
- 이 책은 저작권법에 따라 보호받는 저작물이므로 무단전재와 무단복제를 금합니다.
  이 책의 전부 또는 일부를 이용하려면 반드시 사전에 저작권자와 (주)도서출판 길벗의 서면 동의를 받아야 합니다.
- 책 내용에 대한 문의는 길벗이지톡 홈페이지(www.eztok.co.kr) 고객센터에 올려 주세요.

ISBN 979-11-6521-242-1 03740 (길벗 도서번호 301067)

Copyright © 2020 Disney / Pixar. All rights reserved.

정가 16,000원

독자의 1초까지 아껴주는 정성 길벗출판사

길벗 | IT실용, IT/일반 수험서, IT전문서, 경제경영서, 취미실용서, 건강실용서, 자녀교육서
더퀘스트 | 인문교양서, 비즈니스서
길벗이지톡 | 어학단행본, 어학수험서
길벗스쿨 | 국어학습서, 수학학습서, 유아학습서, 어학학습서, 어린이교양서, 교과서

페이스북 · www.facebook.com/gilbuteztok
네이버 포스트 · http://post.naver.com/gilbuteztok
유튜브 · https://www.youtube.com/gilbuteztok

▶ 이 책의 1000문장은 아래 26개의 디즈니·픽사 대본에서 추출하였습니다.

- 겨울왕국 Frozen, 2013
- 노틀담의 꼽추 The Hunchback Of Notre Dame, 1996
- 도리를 찾아서 Finding Dory, 2016
- 라따뚜이 Ratatouille, 2007
- 라이온 킹 The Lion King, 1994
- 라푼젤 Tangled, 2010
- 메리 포핀스 리턴즈 Mary Poppins Returns, 2018
- 모아나 Moana, 2016
- 몬스터 대학교 Monsters University, 2013
- 뮬란 Mulan, 1998
- 미녀와 야수 Beauty and the Beast, 1991
- 빅 히어로 Big Hero 6, 2014
- 알라딘 Aladdin, 1992
- 업 Up, 2009
- 온워드: 단 하루의 기적 Onward, 2020
- 인크레더블 The Incredibles, 2004
- 인크레더블 2 Incredibles 2, 2018
- 인사이드 아웃 Inside Out, 2015
- 인어공주 The Little Mermaid, 1989
- 주먹왕 랄프 Wreck-It Ralph, 2012
- 주토피아 Zootopia, 2016
- 카 3 Cars 3, 2017
- 코코 Coco, 2017
- 토이 스토리 Toy Story, 1995
- 토이 스토리 3 Toy Story 3, 2010
- 토이 스토리 4 Toy Story 4, 2019

머리말

네이티브처럼 말하기, 어렵지 않아요!

영어 회화 잘하는 비법? 애니메이션 대본을 학습하세요!

전생에 한국 사람이었던 건 아닐까 의심이 될 정도로 한국말을 잘하는 외국인들을 보면 우리 말을 잘하는 비법이 궁금할 겁니다. 헌데 의외로 비법은 간단합니다. 바로 한국인이 자주 쓰는 표현을 적재적소에 써 주는 거죠. 외국인 친구가 "오늘 불금인데, 칼퇴하고 한 잔 어때? 내가 쏠게."라고 말한다면 "이야~ 한국 사람 다 됐네."라는 반응이 바로 나올 거예요. 마찬가지로 우리도 원어민들이 자주 쓰는 표현을 상황에 딱 맞게 써 주면 "어라, 이 친구 영어 좀 하네?"라는 감탄과 함께 칭찬을 들을 수 있겠죠? 그럼 원어민들이 실생활에서 자주 쓰는 표현은 어디서 배울 수 있을까요? 바로 애니메이션입니다. 애니메이션에는 슬랭과 욕설이 나오지 않고, 실용적인 영어 표현이 많이 나옵니다. 특히 대사 선택에 각별히 주의를 기울인다는 디즈니·픽사 애니메이션으로 학습한다면 더 쉽게 실생활에 활용할 수 있겠죠?

영어, 디즈니·픽사 캐릭터처럼 쉽고 간단하게 쓰세요!

우리나라에 체류하는 외국인들은 우리의 영어 표현에 놀란다고 합니다. 같은 표현을 해도 어렵고 복잡한 문장을 쓴다는 거예요. 우리가 영어를 어렵게 느끼는 것은 어렵고 복잡한 문장이 제대로 된 영어일 거라는 선입견 때문입니다. 하지만 네이티브가 실제로 자주 쓰는 표현은 정말 쉽고 간단합니다. 디즈니·픽사 애니메이션에 나오는 대사들을 들어 보세요. 어려운 단어보다는 쉬운 단어로 된 문장, 긴 문장보다는 짧고 간단한 문장들이 훨씬 많이 쓰입니다. Way to go!는 무슨 뜻일까요? '가던 길 가!'라는 뜻입니다. 어렵게 Keep going to the way you are heading to! 이렇게 길게 쓸 필요 없다는 것이죠. 이 책에서는 네이티브들은 자주 쓰지만 우리는 무슨 뜻인지 이해하기 어려운 표현 위주로 골랐습니다. 우리가 아는 쉬운 단어로 표현된 짧은 문장이기 때문에 쉽게 외울 수 있을 거예요.

외국어 베스트셀러 〈네이티브는 쉬운 영어로 말한다〉 시리즈를 디즈니·픽사와 접목했다!

이 책은 25만 독자가 선택한 〈네이티브는 쉬운 영어로 말한다〉 시리즈로 26개의 디즈니·픽사 애니메이션에서 자주 쓰인 1000문장을 뽑아 콘텐츠를 구성했습니다. 디즈니·픽사에서 수시로 등장하는 주옥 같은 문장들이니 단순히 쓱 보고 끝이 아니라, 제대로 익혀서 써먹는 게 중요하겠죠? 문장을 제대로 익혔는지 확인하고 넘어갈 수 있도록 망각방지장치를 끼워 넣어 50문장을 배우고 한 번, 100문장을 배우고 또 한 번, 이렇게 까먹을 만할 때 다시 확인하고 알려 주니까 오래 기억할 수 있습니다.

이 책의 공부법

🕐 하루 5분, 디즈니·픽사 5문장 영어 습관법

부담과 욕심은 내려놓고, 하루에 5문장씩만 익혀 보세요. 매일매일의 습관이 쌓여 곧 실력이 됩니다!

1단계 출근길 1분 30초 **영어 표현을 보고 어떤 의미인지 생각해 보세요.**

한 페이지에 5문장의 영어 표현이 정리되어 있습니다. 문장을 보고 어떤 의미인지 생각해 보세요. 다음 페이지를 넘겨 우리말 뜻을 확인합니다. 뜻을 알아맞히지 못했다면 상단 체크 박스에 표시하고 다음 문장으로 넘어가세요.

2단계 이동 시 짬짬이 2분 **mp3 파일을 들으며 따라해 보세요.**

책으로 공부한 후에는 mp3 파일을 활용해 확실히 내 입에 붙이는 훈련에 돌입합니다. 오디오를 들으면서 큰 소리로 따라해 봅니다. 실제로 디즈니·픽사 애니메이션의 주인공이 된 것처럼 얼굴 표정까지 살려서 따라 말해 보세요.

3단계 퇴근길 1분 30초 **체크된 표현 중심으로 한 번 더 확인합니다.**

이제 영어 표현을 제대로 익혔는지 확인해 볼까요? 책에 체크해 놓은 문장을 중심으로 앞 페이지에서는 영어를 보면서 우리말 뜻을 떠올려 보고, 뒤 페이지에서는 해석을 보면서 영어 문장을 말해 봅니다. 5초 이내에 바로 튀어나오게 말할 수 있다면 성공입니다!

🧠 망각방지 복습법

인간은 망각의 동물! 채워 넣을 것이 수없이 많은 복잡한 머릿속에서 입에 익숙지 않은 영어 문장은 1순위로 빠져나가겠지요. 그러니 자신 있게 외웠다고 넘어간 표현들도 하루만 지나면 절반 이상 잊어버립니다. 망각이론을 근거로 체계적이고 과학적으로 복습할 수 있는 망각방지시스템을 도입하여 책 순서대로만 따라와도 자연스럽게 복습과 암기가 이루어집니다.

1단계 **망각방지장치 ❶**

50문장을 공부한 후 복습에 들어갑니다. 통문장을 외워서 말해야 한다는 부담 없이 핵심 키워드만 비워 놓아 가볍게 기억을 떠올려 볼 수 있습니다. 문장을 완성하지 못했다면 체크하고 다시 앞으로 돌아가 한 번 더 복습합니다.

2단계 **망각방지장치 ❷**

100문장을 공부할 때마다 복습할 수 있게 15개의 대화문을 넣었습니다. 우리말 부분을 영어 표현으로 바꿔 말해 보세요. 네이티브들이 쓰는 생생한 대화문으로 복습하면 앞에서 배운 문장을 실제 회화에서 어떻게 써먹을 수 있는지 감이 잡힐 거예요.

이 책의 구성

mp3
해당 페이지를 공부할 수 있는 mp3 파일입니다. 오디오만 들어도 충분한 학습이 가능하도록 우리말 해석부터 영문까지 모두 싣고, 성별이나 개인에 따른 속도, 억양 차이 등에도 적응할 수 있도록 디즈니가 추천한 네이티브 남녀가 각 한 번씩 읽었습니다.

소주제
다섯 문장은 연관 없는 낱개의 문장이 아닙니다. 다섯 문장이 하나의 주제로 연결되어 있어, 하나의 문장만 읽어도 연관된 나머지 문장이 줄줄이 기억날 수 있도록 구성했습니다.

영어 문장
한 페이지에 5문장을 넣었습니다. 디즈니·픽사 캐릭터들이 자주 쓰는 표현들 중에서도 쉬운 단어로 이루어져 있지만 막상 실제 사용하기는 쉽지 않은 문장으로만 가려 뽑았습니다. 처음 보는 단어들이 아니므로 한두 번만 제대로 학습해도 쉽게 기억할 수 있습니다.

핵심 해설
표현에 대한 핵심 설명을 간단하게 정리했습니다. 가볍게 읽고 넘어가세요.

체크 박스
우리말을 보면서 영어로 자연스럽게 말할 수 없을 때 체크하세요. 나중에 체크한 문장만 집중적으로 학습합니다.

상황 설명
어떤 상황에서 주로 활용할 수 있는 말인지 딱 감이 오도록 간결하고 감각적으로 설명했습니다. 내가 그 상황에 처했다고 상상하며 실전처럼 연습해 보세요.

우리말 해석
영문 바로 뒤 페이지에 해석을 넣었습니다. 영어 문장의 뜻과 뉘앙스를 100% 살려 가장 자연스러운 우리말로 해석했습니다. 우리말만 보고도 영어가 바로 튀어 나올 수 있게 연습하세요!

복습 망각방지장치 ①

표현 50개마다 문장을 복습할 수 있는 연습문제를 넣었습니다. 빈칸에 들어갈 말을 넣어 5초 이내에 문장을 말해 보세요. 틀렸으면 오른쪽의 표현 번호를 참고해 그 표현이 나온 페이지로 돌아가서 다시 한 번 확인하고 넘어가세요.

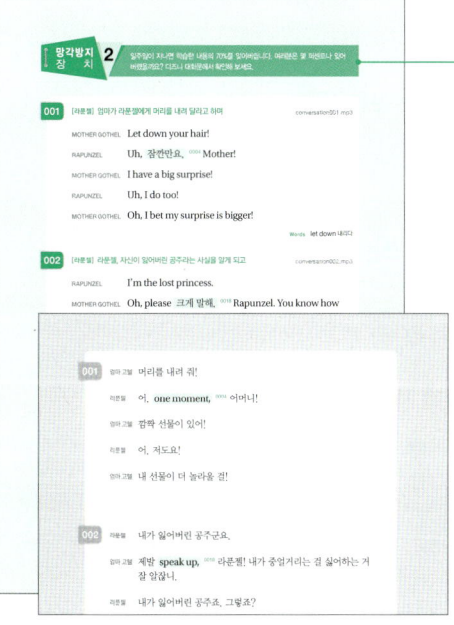

복습 망각방지장치 ②

이 책에 나오는 문장들이 실생활에서 정말 쓰이는 문장인지 궁금하다고요? 표현 100개를 익힐 때마다 배운 표현을 제대로 활용할 수 있는 디즈니·픽사 애니메이션 속 대화문을 15개씩 넣었습니다. 애니메이션 상황 속에서 우리말 부분을 영어 표현으로 바꿔 말해 보세요. 뒷장에 나온 정답과 해석을 보면서 바로바로 확인합니다.

mp3 파일 활용법

책에 수록된 모든 예문은 디즈니가 추천한 성우가 직접 녹음했습니다. 오디오만 들어도 이 책의 모든 문장을 외울 수 있도록 영어 문장뿐 아니라 우리말 해석까지 녹음했습니다. 한 페이지에 담긴 5문장을 묶어서 파일을 구성하여 모르는 부분만 골라서 들을 수 있습니다. 영어 문장이 입에 붙을 때까지 듣고 큰 소리로 따라하세요! mp3 파일은 길벗이지톡 홈페이지(gilbut.co.kr)에서 무료로 다운로드 받을 수 있습니다.

1단계: 예문 mp3	그냥 들으세요!	상황 설명 ➡ 우리말 해석 ➡ 영어 문장 2회 (남/녀)
2단계: 훈련용 mp3	영어로 말해 보세요!	우리말 해석 ➡ 답하는 시간 ➡ 영어 문장 1회

차례

1권

Part 1 제일 많이 쓰는 한마디 100 ⋯ 9
- 망각방지장치 ❶ ⋯ 31, 53
- 망각방지장치 ❷ ⋯ 55

Part 2 리액션을 할 때 쓰는 표현 100 ⋯ 65
- 망각방지장치 ❶ ⋯ 87, 109
- 망각방지장치 ❷ ⋯ 111

Part 3 깊이 대화할 때 쓰는 표현 100 ⋯ 121
- 망각방지장치 ❶ ⋯ 143, 165
- 망각방지장치 ❷ ⋯ 167

Part 4 일상생활에서 자주 쓰는 표현 100 ⋯ 177
- 망각방지장치 ❶ ⋯ 199, 221
- 망각방지장치 ❷ ⋯ 223

Part 5 감정을 표현할 때 자주 쓰는 표현 100 ⋯ 233
- 망각방지장치 ❶ ⋯ 255, 277
- 망각방지장치 ❷ ⋯ 279

찾아보기 ⋯ 289

2권

Part 6 개인 신상을 말할 때 쓰는 표현 100
Part 7 취미, 관심사를 말할 때 쓰는 표현 100
Part 8 학교, 가정, 직장에서 쓰는 표현 100
Part 9 사랑과 우정을 나누며 쓰는 표현 100
Part 10 고난을 극복하며 쓰는 표현 100

PART 1

제일 많이 쓰는 한마디 100

PART 1 전체 듣기

잠깐! 진짜야? 대박! 등 늘 습관처럼 입에 붙여 쓰는 말들 있죠? 디즈니 캐릭터들의 대화에서도 마찬가지입니다. 디즈니 애니메이션에서 자주 쓰이는 표현들을 담았습니다. 제대로 익혀서 상황마다 자유자재로 적절한 표현을 써 보세요.

01 잠깐　02 맞아　03 잘 들어　04 말해 봐　05 조심해　06 맙소사　07 대박　08 멋져
09 진짜야?　10 말도 안 돼　11 쉿　12 그만해　13 설마　14 잘하네　15 그렇지　16 진정해
17 저기 간다　18 좋은걸　19 혹시 모르지　20 한마디 기타 표현

디즈니 애니메이션에서 자주 나오는
이 표현, 혹시 알고 있나요?

0001-0005.mp3

Hold on.

[인사이드 아웃] 까칠이가 이상한 낌새를 눈치채고 중지 버튼을 누르며 한 말이에요.
상대방의 말이나 행동을 급하게 중단시키거나
전화상에서 '기다리세요.'라는 뜻으로도 쓸 수 있어요.

Time out!

[라이온 킹] 티몬이 품바와 날라의 정다운 대화를 갑자기 중단시키며 한 말이죠.
원래는 경기 중에 '작전 시간'을 요청하는 말이지만
'잠깐만'하면서 말이나 행동을 중지시킬 때도 써요.

Voila!

[빅 히어로] 프레드가 마스크를 쓴 사람의 정체를 아이들에게 밝히며 한 말이죠.
'짜잔!'이라고 하면서 사람들의 관심을 끌 때 쓰는 표현이에요.
Ta-da!라고 해도 같은 뜻이에요.

One moment.

[라푼젤] 엄마가 머리를 내려 달라고 하자 라푼젤이 다급하게 기다리라고 하며 했던 말이죠.
상대방에게 잠시 기다려 달라는 뜻이에요.
'Hold on.'처럼 전화상에서 기다리라고 할 때도 쓸 수 있어요.

Look who it is.

[주토피아] 닉이 짝퉁 물건을 파는 족제비를 만나 인사하며 했던 말이에요.
'이게 누구신가?'라는 뜻으로 상대방을 반갑게 맞이할 때 쓰는 표현이에요.
Look who's here.라고 하기도 해요. 기쁜 감정을 살리기 위해 톤을 올려서 말해 주세요.

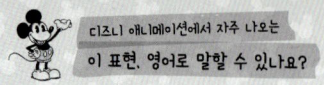
디즈니 애니메이션에서 자주 나오는
이 표현, 영어로 말할 수 있나요?

0001

급하게 중단시킬 때

잠깐.

0002

말이나 행동을 중단시킬 때

잠깐만!

0003

사람들의 관심을 끌 때

짜잔!

0004

잠시 기다려 달라고 할 때

잠깐만요.

0005

반갑게 맞이할 때

이게 누구신가?

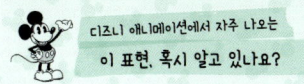 디즈니 애니메이션에서 자주 나오는
이 표현, 혹시 알고 있나요?

0006-0010.mp3

0006
Tell me about it!

[라이온 킹] 하이에나 쉔지가 무파사를 싫어하는 반자이의 말에 동의하며 한 말이죠.
'그것에 대해 말해 봐.'라고 해석할 수 있겠지만
실제로는 상대방의 말이 옳다고 맞장구치는 말이에요.

0007
That's what I am talking about.

[인사이드 아웃] 기쁨이가 하루 일과를 끝내고 만족스러워하며 한 말이에요. 상대방의 말에 전적으로 동의한다는 말로
'바로 그거야.'라는 뜻이에요. 또한 일이 자신의 생각대로 진행되어서 만족스럽다는 의미도 있어요.

0008
I mean it.

[겨울왕국] 크리스토프가 안나의 말을 막으면서 자신은 진심이라고 한 말이죠.
자신의 말이 진심이니 믿어 달라고 할 때 쓰는 표현이에요.
강하게 I'm serious!라고 해도 '나 진심이야'라는 의미가 됩니다.

0009
Kinda.

[인사이드 아웃] 기쁨이가 슬픔이에게 기분이 좋은지 물어보자 슬픔이가 그런 것 같다며 한 말이죠.
kind of를 흘리며 발음한 것으로
100% 완전히 그런 것은 아니고 그와 비슷하다는 의미예요.

0010
Exactly!

[카 3] 스털링이 자신의 말을 이해했다고 생각하고 맥퀸이 한 말이에요.
상대방이 내 말을 알아듣는 것 같을 때 '바로 그거야'라고 기뻐하면서 하는 말이죠.
That's what I am talking about.과 같은 의미예요.

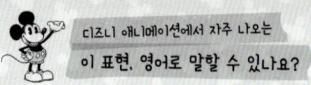
디즈니 애니메이션에서 자주 나오는
이 표현, 영어로 말할 수 있나요?

0006

상대방의 말이 옳다고 할 때

맞아!

0007

일이 잘 풀려서 만족스러워하며 말할 때

바로 이거지.

0008

진심이라고 말할 때

진짜예요.

0009

그와 비슷하다고 말할 때

그런 것 같아.

0010

상대방이 내 말을 이해했다고 생각할 때

바로 그거야!

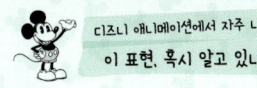

0011
Listen up!

[도리를 찾아서] 도리가 니모의 반 아이들에게 주목하라며 한 말이죠.
여러 사람에게 중요한 사항을 말하기 전에 관심을 끌기 위해 쓰는 말이에요.
Listen to me. 역시 비슷한 뜻이지만 소수의 사람들에게 이야기할 때 씁니다.

0012
Attention.

[업] 먼츠가 개들에게 메시지를 전달하기 위해 주목하라고 한 말이에요.
여러 사람의 주목을 끌기 위해 명령조로 하는 말로 이 표현 뒤에 please를 붙이면
주목해 달라고 부탁하는 말이 됩니다. 군대에서 '차렷!'이라고 명령할 때도 Attention!이라고 합니다.

0013
I'll tell you what.

[인사이드 아웃] 빙봉이 기쁨이와 슬픔이에게 따라오라고 하면서 한 말이죠.
직역하면 '내가 무엇을 말해 줄게.'가 되는데
상대방에게 어떤 말을 할 테니 주의 깊게 들어 달라는 표현이에요.

0014
Check this out!

[주토피아] 아빠가 주디에게 전기 충격기를 보여주며 한 말이에요.
상대방에게 어떤 물건을 보여주면서 하는 말로 '이것 봐!'라는 뜻이에요.
랩을 시작할 때 하는 'Check it out.' 역시 비슷한 의미인데 '내 말 잘 들어 봐.'라는 뜻이에요.

0015
Read my lips.

[알라딘] 자파가 알라딘에게 현실을 깨달으라고 경고하며 한 말이죠.
직역하면 '내 입술을 잘 봐.', 즉 '내 말 잘 들어.'라는 뜻입니다.
상대방에게 중요한 말이나 경고를 할 때 쓰는 말이에요. Listen carefully.라고 해도 같은 뜻이 됩니다.

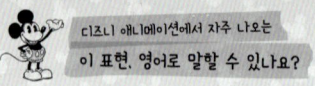

0011

여러 사람에게 중요 사항을 말할 때

잘 들어!

0012

여러 사람의 주목을 끌려고 할 때

주목.

0013

주의 깊게 들어 달라고 말할 때

잘 들어 봐.

0014

물건을 보여주며 말할 때

이것 봐!

0015

상대방에게 중요한 말을 할 때

내 말 잘 들어.

디즈니 애니메이션에서 자주 나오는
이 표현, 혹시 알고 있나요?

0016-0020.mp3

0016

Spit it out!

[업] 먼츠가 칼을 해치우기 전에 마지막 유언을 말해 보라며 한 말이죠.
원래 spit은 '(입에서) 뱉어 내다'라는 뜻이에요.
상대방이 주저하며 말을 하지 않을 때 '어서 말해 봐', '빨리 말해!'라는 의미로 재촉하는 표현이에요.

0017

Fill me in.

[인크레더블 2] 밥이 헬렌에게 무슨 일이 생긴 것인지 알려 달라면서 한 말이죠.
이 표현은 상대방에게 어떤 일에 대해 구체적으로 알려 달라고 할 때 써요.
상황을 설명해 보라는 뜻으로 'Explain!'이라고 해도 됩니다.

0018

Speak up.

[라푼젤] 라푼젤이 혼잣말을 하자 엄마가 크게 말하라고 꾸짖으며 한 말이에요. 다른 사람들이 들을 수 있도록
크게 말하라고 할 때 쓰는 표현으로 'Speak loudly.'보다는 'Speak up.'이 더 자연스러워요.
이 표현 뒤에는 I/We can't hear you!(잘 안 들려요!)라는 말이 세트로 따라다니죠.

0019

I've got to say.

[라푼젤] 플린이 라푼젤을 칭찬하려고 하며 한 말이죠.
'이 말을 해야겠어.'라는 뜻으로 할 말이 있어서 해야겠다고 할 때 쓰는 표현이에요.
또한 상대방에게 감탄할 때도 쓸 수 있어요. I've got to는 I have to처럼 '~해야겠다'라는 뜻이에요.

0020

Surprise me.

[업] 먼츠가 개에게 알아서 음식을 가져오라며 한 말이에요.
상대방에게 알아서 좋은 것을 선택하라는 표현으로 '알아서 해 봐.', '알아서 좋은 걸로 해.'라는 의미예요.
깜짝 놀라게 해달라는 뜻이 절대 아닙니다.

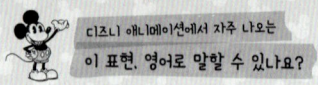

0016
주저하지 말고 말하라고 할 때
(빨리) 말해 봐!

0017
구체적으로 알려 달라고 할 때
(자세히) 말해 봐.

0018
큰 소리로 말하라고 할 때
크게 말해.

0019
꼭 하고 싶은 말이 있을 때
이 말을 해야겠어.

0020
상대방에게 결정하라고 할 때
알아서 해 봐.

디즈니 애니메이션에서 자주 나오는
이 표현, 혹시 알고 있나요?

0021-0025.mp3

0021

Watch it!

[업] 러셀이 칼의 얼굴을 밟고 올라가자 칼이 화가 나서 한 말이죠.
부주의한 상대에게 조심하라고 경고하는 표현으로 '조심해!', '똑바로 보고 다녀!'라는 의미예요.

05 조심해

0022

Coming through.

[몬스터 주식회사] 직원들이 문 파쇠기를 옮기면서 다른 몬스터들에게 길을 비키라고 한 말이에요.
무거운 물건을 들고 가는데 사람들이 길을 막고 서 있으면 다급하게 이 말을 해 보세요.
Out of the way.라고 해도 됩니다.

0023

Let me through.

[미녀와 야수] 개스톤이 사람들에게 길을 비켜 달라며 한 말이에요.
Let me ~.는 '제가 ~할게요.'라는 뜻이고, through는 '통과하는'이라는 뜻이에요.
따라서 이 표현은 '지나갈게요.'라는 의미로 상대방에게 길을 비켜 달라고 요청하는 말이에요.

0024

Stand aside.

[뮬란] 왕의 보좌관이 뮬란을 변호하는 리샹에게 물러서라고 호통치며 한 말이에요.
직역하면 '옆으로 서.'라고 해석할 수 있잖아요?
이 표현은 상대방에게 '물러서.'라고 할 때 쓰는 말이에요.

0025

Stay out of my way.

[몬스터 대학교] 마이크가 설리와 말다툼 중 랜디에게 비키라고 하면서 한 말이죠.
길을 막고 있는 사람에게 하는 말로 '비켜.', '물러서.'라는 뜻이에요.
또한 나의 행동을 막으려는 사람에게 '나 말리지 마.'라는 의미로도 쓸 수 있어요.

19

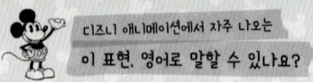
디즈니 애니메이션에서 자주 나오는
이 표현, 영어로 말할 수 있나요?

0021

부주의한 행동을 하는 사람에게

조심해!

0022

다급하게 길을 비켜 달라고 하면서

지나갑니다.

0023

공손하게 길을 비켜 달라고 할 때

지나갈게요.

0024

비키라고 할 때

물러서.

0025

나에게 방해가 되는 사람에게 말할 때

말리지 마.

디즈니 애니메이션에서 자주 나오는
이 표현, 혹시 알고 있나요?

0026-0030.mp3

0026

Oh my gosh!

[니모를 찾아서] 니모가 용감하게 보트로 다가가자 다른 물고기가 화들짝 놀라며 한 말이죠.
아주 놀랐을 때 쓰는 말로 '맙소사!', '세상에!'라는 의미의 감탄사입니다.
Oh my god!과 같은 표현이에요.

0027

You've got to be kidding me.

[라푼젤] 라푼젤이 말을 감싸고 들자 플린이 어처구니없다는 듯이 한 말이에요.
상대방의 말을 믿을 수 없다고 할 때 쓰는 표현으로 '어처구니가 없군.', '농담이지?'라는 뜻이에요.
You must be kidding.이라고 쓸 수도 있어요.

0028

I don't believe it!

[몬스터 주식회사] 설리가 윗몸 일으키기를 끊임없이 하는 것을 보고 마이크가 매우 놀라워하며 한 말이에요.
눈앞에서 믿을 수 없을 정도로 놀라운 일이 벌어질 때 쓰는 감탄 표현이에요.

0029

Oh, boy!

[온워드] 다리만 생긴 아빠가 자꾸 가구에 부딪히자 발리가 당혹스러워하며 한 말이에요.
이 표현은 당혹감을 표현하는 감탄사로 '이런!', '세상에!'라고 해석할 수 있어요.
'아, 소년!'이 절대 아니에요. 'Oh, girl!'이라고는 하지 않아요.

0030

Bless my soul.

[미녀와 야수] 벨과 야수가 가까워지자 포츠 부인이 놀라워하며 한 말이에요.
놀랍고 당혹스러운 일이 생겼을 때 쓰는 감탄사 표현으로 '어머나!', '세상에!'라는 뜻이죠.
'영혼을 축복하는 것'과는 거리가 먼 표현입니다.

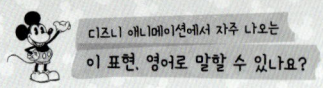

0026

놀라움을 표현할 때

맙소사!

0027

상대방의 말이 믿기지 않을 때

어처구니가 없군.

0028

눈앞에 놀라운 일이 벌어질 때

믿을 수 없어!

0029

당혹감을 표현할 때

이런!

0030

놀라운 일이 생겼을 때

세상에나.

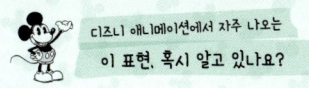

0031
Wicked cool!

[인크레더블 2] 대쉬가 집에 설치된 폭포에 감탄하며 한 말이죠.
정말 멋있다고 감탄할 때 쓰는 표현이에요.
wicked는 '사악한'이란 뜻으로 많이 쓰이지만 '아주 좋아'와 같은 감탄사로도 쓸 수 있어요.

0032
It worked!

[라이온 킹] 심바가 자신의 계획대로 자주 따돌리자 기뻐하며 한 말이에요.
'work'는 '일이 제대로 진행되다'라는 의미로
자신의 계획이 생각대로 이루어졌을 때 쓰는 표현이에요.

0033
Nicely done!

[니모를 찾아서] 니모가 수족관에서 지시사항을 잘 이행하자 다른 물고기들이 그를 칭찬하며 한 말이에요.
상대방이 한 일을 크게 칭찬할 때 쓰는 표현이에요.
Well done! 혹은 Nice job!이라고도 할 수 있어요.

0034
You did it!

[빅 히어로] 히로가 성공적으로 발표를 마치자 허니가 축하해 주며 한 말이죠.
'해냈구나'라는 뜻으로 상대방의 성공을 축하하는 표현이에요.
You made it! 역시 같은 의미로 잘 쓰는 말이에요.

0035
I got this!

[온워드] 발리가 책임지고 차의 문을 열겠다고 하면서 한 말이죠.
'내가 해결할게!', '나에게 맡겨!'라는 뜻으로
자신이 책임지고 일을 해결하겠다고 할 때 쓰는 표현이에요.

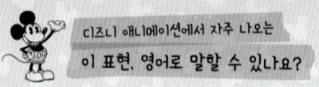

0031

멋있다고 할 때

대박!

0032

계획한 일이 생각대로 되어서 기쁜 마음으로 말할 때

됐어!

0033

상대방이 한 일을 칭찬할 때

잘했어!

0034

상대방의 성공을 축하할 때

해냈어!

0035

책임지고 일을 해결하겠다고 할 때

내가 해결할게!

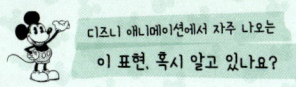

0036

Spectacular.

[인크레더블 2] 데버가 아버지의 거대한 초상화를 바라보며 한 말이죠.
'멋지다.'라고 감탄하는 표현이에요. 또한 상대방의 생각이나 제안이 아주 훌륭하다고 맞장구칠 때도 쓸 수 있어요.
'Fantastic!', 'Awesome!'이라고 외쳐도 됩니다.

0037

Way to go!

[토이 스토리 4] 장난감들이 제시의 행동을 크게 칭찬하며 한 말이에요.
'가던 길을 가라'는 뜻이 아닙니다.
상대방에게 '잘했어!', '그렇게 하는 거야!'의 의미로 칭찬하는 말이에요.

0038

Not bad!

[빅 히어로] 테디가 허니의 발명품을 칭찬하며 한 말이죠.
'괜찮은걸!', '좋은데!'라는 뜻이에요.
생각했던 것보다 꽤 괜찮다는 의미로 칭찬할 때 쓰는 표현이에요.

0039

You're awesome!

[주토피아] 주디가 기디온에게 티켓을 찾아오자 다른 동물들이 환호하며 한 말이죠.
'대단한데!'라며 상대방의 능력을 칭찬할 때 쓰는 말이에요.
더불어 You're amazing!도 칭찬할 때 빼놓을 수 없는 표현이에요.

0040

You just blew my mind.

[빅 히어로] 프레드가 히로의 발표를 크게 칭찬하며 한 말이죠.
상대방에게 '정말 대단해요.'라며 감탄할 때 쓰는 말이에요.
blow one's mind는 '놀라게 하다', '감탄하게 하다'라는 뜻이에요.

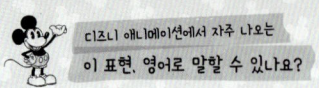

0036 멋지다고 감탄할 때

멋지네요.

0037 칭찬할 때

그렇지!

0038 생각보다 꽤 괜찮다고 칭찬할 때

좋은데!

0039 상대방의 능력을 칭찬할 때

대단해!

0040 감탄할 때

정말 대단해.

디즈니 애니메이션에서 자주 나오는
이 표현, 혹시 알고 있나요?

0041-0045.mp3

0041
Are you serious?

[도리를 찾아서] 베일리가 혼란스럽게 말을 하자 데스티니가 따지듯이 물어본 말이죠.
상대방의 말에 의심이 들 때 하는 말로 '진짜야?', '제정신이니?'라는 뜻이에요.
또한 상대방의 말에 살짝 딴지를 걸면서 '말도 안 돼.'라는 뜻으로도 쓸 수 있어요.

0042
Are you kidding?

[인크레더블 2] 헬렌이 잭잭의 초능력에 대해 알고 있을 거라는 루시우스의 말에 밥이 반박하며 한 말이에요.
상대방이 하는 말을 믿지 못하거나 상대방의 의견에 동의하지 않을 때 '농담해?'라는 의미로 쓰는 말이에요.
Are you kidding me?라고 쓸 수도 있어요.

0043
You can't be serious.

[토이 스토리 4] 버즈가 기글 맥딤플즈의 말을 듣고 말도 안된다는 듯 반응하며 한 말이죠.
'진심은 아니지?'라며 상대방의 말을 믿을 수 없다는 반응이에요.
위에 있는 Are you serious?와 비슷한 표현이에요.

0044
What's going on?

[빅 히어로] 테디가 비장한 표정의 히로에게 무슨 일인지 물어본 말이에요.
무슨 일이 있는지 물어보는 표현으로 '무슨 일이야?', '왜 그런 거야?'라는 의미예요.
What's happening?이라고 해도 같은 의미예요.

0045
Highly likely.

[카 3] 스톰의 우승 가능성을 높게 점치며 한 말이죠.
likely는 '가능성이 있는'이라는 뜻이에요. 어떤 일이 생길 가능성이 높다고 할 때 이 표현을 사용해요.
100% 예스는 아니지만 그럴 가능성이 높다는 의미로 쓸 수 있어요.

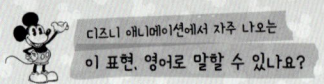

0041
상대방의 말에 의심이 들 때
진짜야?

0042
상대방의 말에 동의하지 못할 때
농담해?

0043
상대방의 말을 믿을 수 없을 때
진심은 아니지?

0044
무슨 일이 있는지 물어볼 때
왜 그래?

0045
가능성이 높다고 할 때
그럴 수 있지.

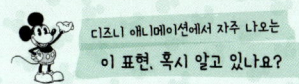 디즈니 애니메이션에서 자주 나오는
이 표현, 혹시 알고 있나요?

0046-0050.mp3

0046 ☐☐☐

This cannot be happening to me.

[토이 스토리] 탈출할 기회를 놓치자 우디가 충격을 받으며 한 말이에요. 지금 벌어지고 있는 일이 믿기지 않을 정도로 충격적으로 다가올 때 쓰는 표현이에요. This can't be happening.이라고 쓰기도 해요.

0047 ☐☐☐

Come on, I insist.

[니모를 찾아서] 상어들이 말린을 자신들의 파티로 데리고 가면서 한 말이죠. 마음이 별로 내키지 않는 상대방을 회유할 때 쓰는 말이에요. 이 표현에 사용된 I insist는 '내가 주장한다'의 뜻보다는 '얼른요' 정도로 알아두세요.

0048 ☐☐☐

I'm watching you.

[몬스터 주식회사] 서류 작업을 계속 미루는 마이크에게 로즈가 경고하며 한 말이에요. '지켜보고 있어.'라는 의미로 상대방에게 행동을 조심하라고 경고하는 표현이에요.

0049 ☐☐☐

I knew it!

[인크레더블 2] 헬렌이 자신이 집을 비운 사이에 무슨 일이 있을 줄 알았다며 한 말이죠. 미리 짐작하고 있었던 일이 실제로 일어났을 때 쓰는 표현이에요. '그럴 줄 알았다니까!'라는 의미예요. I told you so.(내가 그랬잖아.)라는 표현도 세트로 잘 쓴답니다.

0050 ☐☐☐

How could this happen?

[몬스터 주식회사] 랜달의 계략을 알아차리고 워터누즈가 믿을 수 없다는 듯이 한 말이에요. 이 표현은 예상하지 못한 사건이 갑자기 벌어져 믿을 수 없다고 할 때 씁니다.

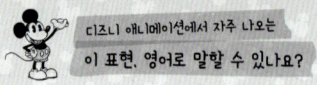

0046

충격적인 일이 생겼을 때

말도 안 돼.

0047

상대방을 회유하며

자, 얼른요.

0048

상대방에게 경고하며

지켜보고 있다구.

0049

미리 짐작했다고 말할 때

그럴 줄 알았어!

0050

믿을 수 없다는 듯 말할 때

어떻게 이럴 수가.

망각방지 장치 1

하루만 지나도 학습한 내용의 50%를 잊어버립니다. 여러분은 몇 퍼센트나 잊어버렸을까요? 5분 안에 25개를 말해 보세요.

01	잠깐만!	_____ out!	0002
02	이게 누구신가?	Look _____ it is.	0005
03	맞아!	_____ me about it!	0006
04	진짜예요.	I _____ it.	0008
05	잘 들어!	_____ up!	0011
06	잘 들어 봐.	I'll tell you _____ .	0013
07	말해 봐!	_____ it out!	0016
08	크게 말해.	_____ up.	0018
09	알아서 해 봐.	_____ me.	0020
10	조심해!	_____ it!	0021
11	지나갈게요.	Let me _____ .	0023
12	물러서.	Stand _____ .	0024
13	맙소사!	Oh _____ gosh!	0026
14	어처구니가 없군.	You've got to be _____ me.	0027

정답 01 Time 02 who 03 Tell 04 mean 05 Listen 06 what 07 Spit 08 Speak 09 Surprise
10 Watch 11 through 12 aside 13 my 14 kidding

31

15	세상에나.	Bless my _____.	0030
16	됐어!	It _____!	0032
17	내가 해결할게!	I _____ this!	0035
18	그렇지!	_____ to go!	0037
19	좋은데!	_____ bad!	0038
20	정말 대단해.	You just blew my _____.	0040
21	진짜야?	Are you _____?	0041
22	왜 그래?	What's _____ on?	0044
23	그럴 수 있지.	Highly _____.	0045
24	자, 얼른요.	Come on, I _____.	0047
25	어떻게 이럴 수가.	_____ could this happen?	0050

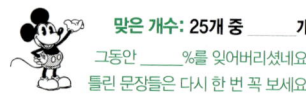

맞은 개수: 25개 중 _____개
그동안 _____%를 잊어버리셨네요
틀린 문장들은 다시 한 번 꼭 보세요

정답 15 soul 16 worked 17 got 18 Way 19 Not 20 mind 21 serious 22 going 23 likely
24 insist 25 How

디즈니 애니메이션에서 자주 나오는
이 표현, 혹시 알고 있나요?

0051-0055.mp3

0051

Hush!

[노틀담의 꼽추] 클로핀이 꼭두각시에게 조용히 하라면서 한 말이에요.
조용히 하라고 할 때 쓰는 의성어 표현으로 Shush!라고도 해요.
의성어는 만국 공통어가 될 수 있나 봐요. 우리말에도 조용히 하라고 할 때 '쉬!'라고 하잖아요.

0052

Will you be quiet?

[빅 히어로] 히로가 베이맥스에게 조용히 해 달라며 한 말이에요.
약간 공손한 어조로 조용히 해 달라고 요청하는 표현으로
'조용히 좀 해 줄래?'라는 뜻이에요.

0053

Keep it down!

[미녀와 야수] 콕스워스가 다른 이들에게 조용히 하라고 경고한 말이죠. 목소리를 낮추거나
볼륨을 줄여 달라고 할 때 쓰는 표현이에요. 좀 더 공손하게 쓰고 싶으면 뒤에 please를 붙여 주세요.
앞에 'Will you ~?'를 넣어도 공손히 부탁하는 말이 됩니다.

0054

Keep quiet!

[미녀와 야수] 콕스워스가 뤼미에르에게 조용히 하라고 속삭이며 한 말이에요.
조용히 하라는 명령문으로 Be quiet! 역시 같은 의미예요.
정말 화가 날 때는 Quiet!이라고 강하게 소리 치세요.

0055

Not another word.

[미녀와 야수] 포츠 부인이 칩에게 말도 안 되는 소리하지 말라며 한 말이죠.
직역하면 '또 다른 단어는 없어.'가 되잖아요?
이 말은 상대방에게 더 이상 말하지 말라고 명령할 때 쓰는 표현이에요.

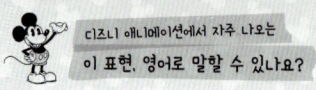
디즈니 애니메이션에서 자주 나오는
이 표현, 영어로 말할 수 있나요?

0051 조용히 하라고 할 때

쉿!

0052 조용히 해 달라고 할 때

조용히 좀 해 줄래?

0053 목소리를 낮추라고 할 때

목소리 낮춰!

0054 조용히 하라고 할 때

조용히 해!

0055 더 이상 말하지 말라고 할 때

더 이상 말하지 마.

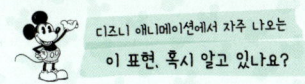 디즈니 애니메이션에서 자주 나오는
이 표현, 혹시 알고 있나요?

0056-0060.mp3

 0056

Enough already.

[라푼젤] 라푼젤이 엄마에게 대들자 엄마가 화를 내며 한 말이죠.
'이미 충분해요.'라는 뜻이 아닙니다.
상대방의 말을 끊으며 더 이상 듣지 않겠다고 하는 표현이에요. '그만해.', '됐어.'라는 뜻이에요.

 0057

I said get back here.

[니모를 찾아서] 보트로 다가가는 니모에게 말린이 돌아오라고 꾸짖으며 한 말이에요.
부모님이 아이에게 '내가 ~하라고 했어.'라며 꾸짖을 때는 I said ~.를 씁니다.
get back here는 '이리로 다시 오다'라는 뜻이에요.

 0058

Will you guys knock it off?

[라이온 킹] 미친 듯이 웃어 대는 에드에게 쉔지가 그만하라고 하면서 한 말이죠.
상대방의 짜증나는 행동을 중단시킬 때 쓰는 표현이에요.
Knock it off!만 쓰면 '그만 좀 해.', '집어치워.'라는 더 강한 명령조가 됩니다.

 0059

No more games!

[토이 스토리 3] 바비 인형이 켄을 제압하고 더 이상 속지 않겠다며 한 말이에요.
'더 이상 수작 부리지 마!'라는 의미로 상대방의 속임수를 알아차리고 더 이상 속지 않겠다고 할 때 쓰는 표현이에요.
game은 '계략, 속임수'라는 뜻입니다.

 0060

Snap out of it!

[알라딘] 의식을 잃은 알라딘에게 지니가 크게 소리치며 한 말이죠.
부정적인 생각이나 우울한 감정에서 빨리 벗어나라는 표현으로 '정신 차려!', '그렇게 생각하지 마!'라는 의미예요.
또한 의식이 없는 상대에게 '정신 차려'라는 의미로도 쓸 수 있어요.

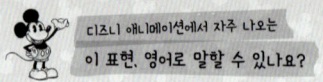

0056 상대방의 말이 듣기 싫을 때

그만해.

0057 아이에게 꾸중하며 무언가를 시킬 때

이리로 오라고 했어.

0058 짜증나는 행동을 그만하라고 할 때

그만 좀 할래?

0059 상대방의 속임수를 알아차렸을 때

더는 수작 부리지 마!

0060 의식이 없는 사람에게 말할 때

정신 차려!

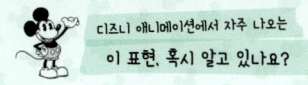
디즈니 애니메이션에서 자주 나오는
이 표현, 혹시 알고 있나요?

0061-0065.mp3

0061

No way!

[토이 스토리 4] 기글 맥딤플즈가 말로만 듣던 우디를 실제로 만나자 한 말이에요.
'말도 안 돼', '설마'라는 의미로 상대방이 한 말이 터무니없다고 할 때 쓰는 표현이에요.
또한 절대로 허락하지 않겠다고 할 때도 쓸 수 있어요.

0062

Drop it!

[토이 스토리 4] 양들이 너무 크게 울자 보 핍이 조용하라고 하며 한 말이에요.
상대방이 달갑지 않은 말을 계속할 때 '그만해'라는 의미로 쓸 수 있는 표현이에요.
또한 손에 있는 것을 버리라는 뜻으로도 쓸 수 있어요.

0063

I highly doubt that.

[니모를 찾아서] 학교에서 상어를 보겠다는 니모의 말에 말린이 안 될 것 같다며 한 말이죠.
상대방이 하는 말에 살짝 부정적인 의견을 말할 때 쓰는 표현이에요.
highly는 '높게'가 아니라 '매우'라는 뜻으로 쓰는 단어예요.

0064

Will you cut it out?

[라이온 킹] 심바가 라피키의 주술에 짜증을 내며 그만 좀 하라며 한 말이에요.
짜증나는 행동을 중단시킬 때 쓰는 표현이며 강한 명령으로 Cut it out!이라고 쓸 수도 있어요.
Knock it off!와 동일한 표현입니다.

0065

This doesn't make any sense!

[토이 스토리 3] 장난감들이 앤디에게 버림받고 당황하며 한 말이에요.
make sense는 '이치에 맞다', '이해가 되다'라는 뜻이에요.
상대방의 말이나 지금의 상황이 자신의 생각으로는 전혀 말이 안 된다는 의미죠.

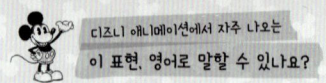

0061

말도 안 된다는 듯

설마!

0062

상대방의 말을 막을 때

그만해!

0063

상대방의 의견에 약간 부정적인 뉘앙스로 대답할 때

안 될 것 같은데.

0064

짜증나는 행동을 중단시킬 때

그만 좀 할래요?

0065

전혀 말이 안 된다고 할 때

말도 안 돼!

0066
You're good!

[몬스터 주식회사] 설리가 부와 숨바꼭질하며 칭찬할 때 한 말이에요.
상대방의 재능이나 행동을 칭찬할 때 쓰는 표현이에요.

0067
Brilliant!

[니모를 찾아서] 말린이 니모를 찾아 항구로 오고 있다는 소식을 듣고 나이젤이 매우 기뻐하며 한 말이죠.
상대방의 말에 격하게 공감하거나 본인의 기쁜 마음을 표현할 때 쓰는 말이에요.
Awesome!, Excellent!라고도 쓸 수 있어요.

0068
That's incredible!

[니모를 찾아서] 상어들이 도리의 고백을 듣고 감동하며 한 말이에요.
어떤 일이나 행동에 대해 매우 감동하거나 기뻐하는 표현이에요.
incredible은 '엄청난', '믿을 수 없는'이라는 뜻입니다.

0069
You're an inspiration to all of us.

[니모를 찾아서] 물고기를 3주 동안 잡아먹지 않은 상어를 다른 상어들이 칭찬하며 한 말이죠. 상대방이 자신들에게 좋은 롤모델로서 귀감이 되고 있다고 칭찬하는 말이에요. inspiration은 '감동', '좋은 자극'이라는 뜻이에요.

0070
What a plan!

[몬스터 주식회사] 마이크가 설리의 계획을 칭찬하며 한 말이죠.
상대방의 계획이 매우 훌륭하다고 감탄하며 칭찬하는 말이에요.
'What + a + 명사'는 무언가(명사) 아주 훌륭하다는 감탄 표현입니다.

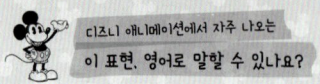
디즈니 애니메이션에서 자주 나오는
이 표현, 영어로 말할 수 있나요?

0066

상대방의 재능이나 행동을 칭찬할 때

잘하네!

0067

상대방의 말에 매우 기뻐할 때

멋져!

0068

상대방의 말이나 행동에 감동할 때

정말 훌륭해!

0069

상대방이 본인들에게 귀감이 된다고 칭찬할 때

넌 우리에게 귀감이 돼.

0070

상대방의 계획이 훌륭하다고 칭찬할 때

멋진 계획이야!

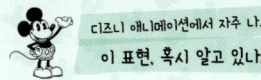 디즈니 애니메이션에서 자주 나오는
이 표현, 혹시 알고 있나요?

0071-0075.mp3

0071
There you go!

[카 3] 로날드의 속도가 올라가자 크루즈가 기뻐하며 한 말이에요.
상대방이 내 생각대로 일을 제대로 했을 때 칭찬하는 표현이에요.
'그렇지!', '바로 그거야!'라는 의미예요.

0072
That's it!

[온워드] 이안이 피닉스의 보석이 있는 지도를 발견하고 한 말이죠.
'바로 그거야'라는 뜻으로 자신이 원하는 것이 나타났을 때 쓰는 표현이에요.
또한 상대방의 말이나 행동을 칭찬할 때도 쓸 수 있어요.

0073
Swell!

[알라딘] 자파의 제안에 이아고가 감탄하는 듯한 말투로 한 말이에요.
상대방을 칭찬할 때나 어떤 상황에 감탄할 때 쓰는 표현이에요.
Fantastic!처럼 '멋지네요!'라는 뜻입니다.

0074
Show time!

[토이 스토리 3] 고슴도치 인형이 보니와의 놀이 시간을 기대하며 한 말이에요.
주로 공연을 시작하기 전에 쓰는 말이지만 일상에서 흥미진진한 일을 시작하기 전에 쓰기도 해요.
'시작해 볼까?'라는 의미죠.

0075
Off we go!

[인어공주] 에릭 왕자의 집사 그림스비가 애완견 맥스에게 가자고 하며 한 말이죠.
출발하기 전에 하는 말로 '출발합니다!', '가볼까요?'라는 의미예요.
Let's go!가 너무 흔하다고 생각하면 이 표현을 써 보세요.

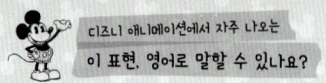

0071

상대방을 칭찬하며 기뻐할 때

그렇지!

0072

자신이 원하는 게 나타났을 때

바로 그거야!

0073

감탄할 때

멋집니다!

0074

흥미진진한 일이 시작되기 전에

시작해 볼까?

0075

출발하기 전에

자, 가자고!

 디즈니 애니메이션에서 자주 나오는
이 표현, 혹시 알고 있나요?

0076-0080.mp3

16 진정해

 0076

Easy, tiger.

[인크레더블 2] 새집에 와서 흥분한 대쉬를 헬렌이 진정시키며 한 말이죠.
상대방을 진정시키는 말로 Take it easy. 혹은 Easy.라고 해도 같은 의미가 됩니다.
이 문맥의 tiger는 '흥분한 상대'를 의미합니다.

 0077

Cool off.

[코코] 헥터가 화가 난 미구엘을 달래면서 한 말이에요.
화가 많이 난 사람에게 '열 좀 식혀.', '진정해.'라는 의미로 쓰는 표현이에요.

 0078

Don't be alarmed.

[빅 히어로] 히로가 괴물 복장을 한 프레드에게 놀라자 그를 안심시키며 한 말이죠.
상대방에게 놀라지 말라고 할 때 쓰는 표현이에요.
alarm은 '놀라게 하다'라는 의미예요. Don't freak out.이라고 해도 같은 의미입니다.

 0079

Easy does it.

[노틀담의 꼽추] 휴고가 빅터에게 침착하게 콰지모도를 대하라고 하며 한 말이죠.
서두르지 말고 침착하게 일을 하라는 말이에요.
'Relax.', 'Calm down.', 'Take it easy.' 역시 모두 '침착하게 해.'라는 의미예요.

 0080

Let's give it a try.

[미녀와 야수] 모리스가 벨에게 자신의 발명품을 시험해 보자고 하면서 한 말이죠.
'한번 해 보자.'라고 제안하는 표현이에요.
give it a try는 '시도해 보다', '한번 해 보다'라는 뜻이에요.

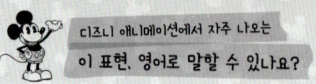
디즈니 애니메이션에서 자주 나오는
이 표현, 영어로 말할 수 있나요?

0076

상대방을 진정시킬 때

진정해.

0077

화가 난 상대방을 진정시킬 때

열 좀 식혀.

0078

놀라지 말라고 할 때

놀라지 마.

0079

서두르지 말라고 할 때

침착하게 해.

0080

시도해 보자고 제안할 때

한번 해 보자.

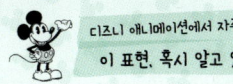

0081-0085.mp3

0081

There he goes!

[뮬란] 링이 도망가는 뮬란을 발견하고 한 말이에요.
움직이는 사람이나 물체를 가리키며 '저기 간다'라고 크게 외치는 표현이죠.
반면 There you go!는 '네가 간다'라는 뜻이 아니라 '잘했어!'라고 칭찬하는 말이에요.

0082

There it is!

[인어공주] 에리얼이 난파선을 발견하고 한 말이죠.
애타게 찾고 있는 물건을 발견하고 '저기 있어'라는 의미로 쓰는 말이에요.
Here it is!는 '여기에 있다!'라는 뜻이겠죠?

0083

There you are.

[도리를 찾아서] 도리가 행크를 발견하고 한 말이죠.
'여기 있었네.'라는 의미로 상대방을 찾고 나서 하는 말이에요.
또한 상대방을 칭찬할 때 '그거야!'라는 뜻으로 쓰기도 합니다.

0084

Right here!

[빅 히어로] 프레드가 자신이 있는 곳을 큰 소리로 알려 주며 한 말이에요.
'바로 여기에요!'라는 뜻으로 right은 뒤에 나오는 단어를 강조하는 역할을 합니다.
Over here!는 멀리 떨어져 있는 사람에게 '여기예요!'라고 크게 부를 때 쓰는 말이에요.

0085

I'm on my way.

[미녀와 야수] 벨이 황급히 아빠를 구하러 가면서 한 말이죠.
상대방이 있는 쪽으로 가고 있다고 말하는 표현이에요.
On my way.라고 짧게 쓸 수도 있어요.

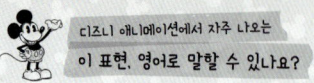
디즈니 애니메이션에서 자주 나오는
이 표현, 영어로 말할 수 있나요?

0081
움직이는 사람이나 사물을 가리키며
저기 간다!

0082
찾고 있는 물건을 발견할 때
저기에 있어!

0083
상대방을 발견했을 때
여기 있었네.

0084
여기에 있다고 말할 때
여기야!

0085
상대방이 있는 쪽으로 가고 있다고 말할 때
가고 있어요.

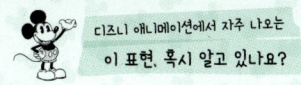

0086-0090.mp3

0086
Not too shabby.

[몬스터 대학교] 마이크가 팀 멤버인 던을 칭찬하며 한 말이죠.
상대방을 칭찬할 때 쓰는 표현으로 '멋진데', '괜찮은걸.'이란 뜻이에요.
shabby는 '허름한, 누추한'이라는 뜻입니다.

0087
That's impressive.

[인크레더블 2] 큼사우어가 맥주 캔을 부수는 장면에 데브가 감탄하며 한 말이죠.
감탄할 정도로 훌륭하다는 말이에요. '정말 멋지군.', '인상적인데요.'라고 해석할 수 있어요.
물론 That's nice!라고 심플하게 말할 수도 있어요.

0088
That was genius!

[토이 스토리 4] 의도적으로 자동차 타이어를 펑크 낸 제시에게 장난감들이 환호하며 한 말이에요.
genius는 '천재'라는 뜻이잖아요? 따라서 이 표현은 '천재적이었어!', '멋졌어'라며
상대방의 생각을 크게 칭찬할 때 쓰는 말이에요.

0089
Fascinating!

[토이 스토리 4] 내면의 목소리에 관한 우디의 말에 버즈가 감격하며 한 말이죠.
임팩트 있게 한 마디로 칭찬하고 싶을 때는 이 단어를 써 보세요.
'훌륭해!', '멋져!'라는 의미로 사람, 사물, 풍경 등에 두루두루 쓸 수 있어요.

0090
Good thing.

[인크레더블] 밥의 상사가 도둑이 도망쳐서 다행이라며 한 말이에요.
단순히 '좋은 물건'이라는 뜻이 아니에요.
It's a good thing.을 줄여서 쓴 표현으로 '잘됐네.', '다행이야.'라는 의미예요.

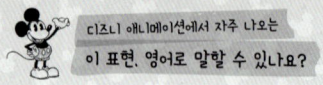

0086

상대방을 칭찬할 때

좋은걸.

0087

훌륭하다고 감탄하며

멋지네요.

0088

기발한 생각이나 행동을 칭찬할 때

천재적이었어!

0089

훌륭하다고 칭찬할 때

멋져!

0090

다행이라고 생각할 때

잘됐네.

디즈니 애니메이션에서 자주 나오는
이 표현, 혹시 알고 있나요?

0091-0095.mp3

19 혹시 모르지

0091
You never know.

[인크레더블 2] 바이올렛이 엄마에게 슈퍼 히어로의 의상이 필요할지 모른다고 하면서 한 말이에요.
'너는 절대 몰라.'라는 뜻이 아니에요.
'혹시 모르는 일이잖아.'라는 뜻으로 예상치 못했던 일이 일어날 가능성이 있다는 말입니다.

0092
Just so you know.

[라푼젤] 라푼젤이 오늘이 자신의 생일이라고 넌지시 알려 주면서 한 말이죠.
상대방이 알면 좋을 거라는 생각에 살짝 귀띔해 줄 때 하는 말이에요.
'그냥 알아 두라고.'라는 의미예요. Just saying. 역시 같은 표현입니다.

0093
You clear on that?

[뮬란] 무슈가 뮬란에게 자신의 말을 이해했는지 물어보는 말이에요.
상대방이 나의 말을 이해했는지 확인하는 표현이에요.
Is it clear? 역시 잘 쓰는 표현이에요. 둘 다 '알겠어?'라는 뜻입니다.

0094
I get it.

[인사이드 아웃] 아빠가 라일리의 기분을 파악하고 한 말이에요.
'이해했어.', '알겠어.'라는 의미로 상황을 파악하고 이해했다고 할 때 쓰는 표현이에요.

0095
This is it?

[토이 스토리 3] 우디가 다른 장난감들에게 실망해서 한 말이죠.
눈앞에서 벌어진 일에 대해서 실망감을 표현하는 말이에요.
'이게 다야?', '고작 이거야?'라는 의미죠. Is this it?이라고 해도 됩니다.

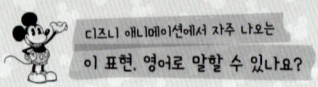

0091
예상치 못한 일이 일어날 수 있다고 할 때

혹시 모르잖아.

0092
상대방에게 귀띔해 줄 때

그냥 알아 두라고.

0093
나의 말을 이해했는지 확인할 때

알겠어?

0094
상황을 파악하고 이해했다고 할 때

알겠다.

0095
실망해서 말할 때

이게 다야?

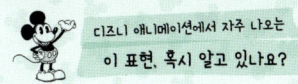 디즈니 애니메이션에서 자주 나오는
이 표현, 혹시 알고 있나요?

0096-0100.mp3

0096

My bad.

[인사이드 아웃] 소심이가 실수로 버튼을 누른 뒤 한 말이죠.
'내가 나쁘다.'가 아니에요. 나의 실수를 인정하는 표현으로 '내 실수야.'라는 뜻이에요.
운동 경기에서 내가 에러를 냈을 때 크게 'My bad.'라고 하세요.

0097

Come on in.

[주먹왕 랄프] 리트왁이 아이들에게 반갑게 들어오라고 하면서 한 말이죠.
밖에 있는 상대에게 안으로 들어오라고 할 때 쓰는 표현이에요.
Come in.이라고 해도 됩니다.

0098

I'm in!

[도리를 찾아서] 수달들이 서로 껴안고 있는 것을 본 도리가 자신도 함께 하겠다며 한 말이에요.
여러 사람과의 활동에 본인도 함께 하겠다고 할 때 쓰는 표현이에요.
'나도 들어갈게!', '나도 끼워 줘!'라는 뜻입니다.

0099

Picture this.

[미녀와 야수] 개스톤이 벨에게 자신의 부인이 되었다고 상상해 보라며 한 말이에요.
'이것을 그려 줘.'라는 뜻이 아닙니다. 상대방에게 어떤 상황을 머릿속에 그려 보라는 말이에요.
'상상해 봐.'라는 의미로 'Imagine this.' 역시 잘 쓰는 표현이에요.

0100

That's cool.

[온워드] 이안이 아빠와의 할 일 목록을 만들었다고 하자 발리가 감탄하며 한 말이죠.
'멋진데.', '아주 좋아.'라는 뜻이에요. 젊은 사람들이 잘 쓰는 표현으로 장년층이 쓰면 살짝 어색해질 수 있어요.
Cool!이라고 짧게 쓰는 것도 좋아요.

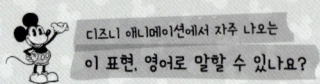
디즈니 애니메이션에서 자주 나오는
이 표현, 영어로 말할 수 있나요?

0096
실수를 인정할 때
내 실수야.

0097
안으로 들어오라고 할 때
들어오렴.

0098
함께 참여하겠다고 할 때
나도 끼워 줘!

0099
머릿속에 어떤 상황을 그려 보라고 할 때
상상해 봐.

0100
감탄할 때
멋지네.

망각방지 장치 1

하루만 지나도 학습한 내용의 50%를 잊어버립니다. 여러분은 몇 퍼센트나 잊어버렸을까요? 5분 안에 25개를 말해 보세요.

01	목소리 낮춰!	Keep it _____ !	0053
02	더 이상 말하지 마.	Not another _____ .	0055
03	그만해.	_____ already.	0056
04	더는 수작 부리지 마!	No more _____ !	0059
05	정신 차려!	_____ out of it!	0060
06	안 될 것 같은데.	I highly _____ that.	0063
07	그만 좀 할래요?	Will you _____ it out?	0064
08	멋져!	_____ !	0067
09	넌 우리에게 귀감이 돼.	You're an _____ to all of us.	0069
10	멋진 계획이야!	What a _____ !	0070
11	그렇지!	There you _____ !	0071
12	자, 가자고!	_____ we go!	0075
13	진정해.	_____ , tiger.	0076
14	놀라지 마.	Don't be _____ .	0078

정답 01 down　02 word　03 Enough　04 games　05 Snap　06 doubt　07 cut　08 Brilliant
09 inspiration　10 plan　11 go　12 Off　13 Easy　14 alarmed

15	한번 해 보자.	Let's give it a _____.	0080
16	여기야!	Right _____!	0084
17	가고 있어요.	I'm on my _____.	0085
18	멋지네요.	That's _____.	0087
19	천재적이었어!	That was _____!	0088
20	혹시 모르잖아.	You never _____.	0091
21	알겠어?	You _____ on that?	0093
22	이게 다야?	This is _____?	0095
23	내 실수야.	My _____.	0096
24	나도 끼워 줘!	I'm _____!	0098
25	상상해 봐.	_____ this.	0099

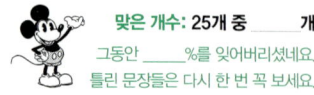

맞은 개수: 25개 중 _____ 개
그동안 _____%를 잊어버리셨네요.
틀린 문장들은 다시 한 번 꼭 보세요.

정답 15 try 16 here 17 way 18 impressive 19 genius 20 know 21 clear 22 it 23 bad 24 in
25 Picture

 **2** 일주일이 지나면 학습한 내용의 70%를 잊어버립니다. 여러분은 몇 퍼센트나 잊어버렸을까요? 디즈니 대화문에서 확인해 보세요.

001 [라푼젤] 엄마가 라푼젤에게 머리를 내려 달라고 하며

conversation001.mp3

MOTHER GOTHEL Let down your hair!

RAPUNZEL Uh, 잠깐만요, 0004 Mother!

MOTHER GOTHEL I have a big surprise!

RAPUNZEL Uh, I do too!

MOTHER GOTHEL Oh, I bet my surprise is bigger!

Words let down 내리다

002 [라푼젤] 라푼젤, 자신이 잃어버린 공주라는 사실을 알게 되고

conversation002.mp3

RAPUNZEL I'm the lost princess.

MOTHER GOTHEL Oh, please 크게 말해, 0018 Rapunzel. You know how I hate the mumbling.

RAPUNZEL I am the lost princess, aren't I?

RAPUNZEL Did I mumble, Mother?

Words mumble 중얼거리다

003 [라푼젤] 라푼젤, 플린을 싫어하는 막시무스를 칭찬하며

conversation003.mp3

FLYNN Oh, come on! He's a bad horse.

RAPUNZEL Oh, he's nothing but a big sweetheart. Isn't that right… Maximus?

FLYNN 어처구니가 없군. 0027

RAPUNZEL Look, today is kind of the biggest day of my life. And the thing is I need you not to get him arrested.

001 엄마 고텔 머리를 내려 줘!

라푼젤 어, one moment, ⁰⁰⁰⁴ 어머니!

엄마 고텔 깜짝 선물이 있어!

라푼젤 어, 저도요!

엄마 고텔 내 선물이 더 놀라울 걸!

002 라푼젤 내가 잃어버린 공주군요.

엄마 고텔 제발 speak up, ⁰⁰¹⁸ 라푼젤. 내가 중얼거리는 걸 싫어하는 거 잘 알잖니.

라푼젤 내가 잃어버린 공주죠, 그렇죠?

라푼젤 이번에도 내가 중얼거렸나요, 어머니?

003 플린 이봐요! 저 말은 정말 나쁜 놈이에요.

라푼젤 이 아이는 덩치만 클 뿐 정말 착하다구요. 그렇지 않니… 막시무스?

플린 You've got to be kidding me. ⁰⁰²⁷

라푼젤 이봐, 오늘은 내 인생에서 정말 중요한 날이야. 그래서 말인데, 네가 저 사람이 체포되지 않게 도와주면 좋겠어.

004

[미녀와 야수] 벨과 야수의 관계가 좋아지자 하인들이 수군거리며   conversation004.mp3

LUMIERE Well, who'd have thought?

MRS. POTTS Well, 세상에나. ⁰⁰³⁰

COGSWORTH And who'd have known?

MRS. POTTS Well, who indeed?

LUMIERE And who'd have guessed they'd come together on their own?

Words indeed 정말로 on one's own 스스로

005

[미녀와 야수] 뤼미에르가 벨에게 음식을 주겠다고 하자 콕스워스가 막으며   conversation005.mp3

LUMIERE Cogsworth, I am surprised at you. She's not our prisoner. She's our guest. We must make her feel welcome here. Right this way, mademoiselle.

COGSWORTH Well, 목소리 낮춰! ⁰⁰⁵³ If the master finds out about this, it will be our necks!

Words prisoner 죄수 mademoiselle (불어) 아가씨 be one's necks 목이 날아가다

006

[미녀와 야수] 칩이 포츠 부인에게 성 안에 여자가 있다고 말하며   conversation006.mp3

CHIP Momma. There's a girl in the castle!

MRS. POTTS Now, Chip. I won't have you making up such wild stories.

CHIP But really, Momma, I saw her.

MRS. POTTS 더 이상 말하지 마. ⁰⁰⁵⁵ Into the tub.

Words make up 지어내다 tub 큰 통

004 뤼미에르 누가 생각이나 했겠어?

포츠 부인 참, bless my soul. 0030

콕스워스 또 누가 알았겠어?

포츠 부인 정말 누군들 그랬겠어요?

뤼미에르 저들이 스스로 잘 지내게 될지 누가 짐작이나 했냐구.

005 뤼미에르 콕스워스, 자네에게 놀랐네. 이분은 죄수가 아니야.
우리 손님이라구. 환영 받는 기분을 느끼게 해 드려야지.
이쪽으로 오시죠, 아가씨.

콕스워스 참, keep it down! 0053 주인님이 아시면 우리 목이 날아간다구!

006 칩 엄마, 성 안에 여자가 있어요!

포츠 부인 칩. 그런 허무맹랑한 말을 지어내면 안 되지.

칩 하지만 진짜로 엄마, 제가 봤어요.

포츠 부인 Not another word. 0055 통 안으로 들어가.

007 [니모를 찾아서] 니모가 아빠에게 상어를 만날 거라고 말하며   conversation007.mp3

NEMO   Dad, maybe while I'm at school, I'll see a shark!

MARLIN   안 될 것 같은데. 0063

NEMO   Have you ever met a shark?

MARLIN   No, and I don't plan to.

Words   shark 상어

008 [빅 히어로] 히로의 성공적인 발표를 축하하며   conversation008.mp3

GO GO   Not bad. Good job, Hiro.

WASABI   Yes! Good job, little man!

FRED   Woo hoo! Yeah! 정말 대단해, 0040 dude!

HONEY   They loved you. That was amazing!

Words   dude 친구

009 [몬스터 주식회사] 설리가 윗몸 일으키기를 하는 동안 마이크가 놀라워하며   conversation009.mp3

MIKE   One-eighteen... do you have one-nineteen... do I see one-twenty... Whoah! 믿을 수 없어! 0028

SULLIVAN   I'm not even breaking a sweat!

MIKE   Not you! Look! The new commercial's on!

Words   break a sweat 땀을 흘리다   commercial 광고

007

니모　아빠, 학교에 있는 동안에 전 상어를 볼 거예요!

말린　I highly doubt that. ⁰⁰⁶³

니모　상어를 만나 보셨어요?

말린　아니, 그리고 앞으로 그럴 계획도 없어.

008

고고　멋져. 잘했어, 히로.

와사비　그래! 잘했어, 꼬마야!

프레드　우후! 그래! You just blew my mind, ⁰⁰⁴⁰ 친구!

허니　다들 널 너무 좋아하던데. 정말 멋졌어!

009

마이크　백 열여덟… 백 열아홉 가야지… 백 스물 가능할까… 와!
　　　　I don't believe it! ⁰⁰²⁸

설리반　땀도 하나 안 났다구!

마이크　너 말고! 저기 봐! 새 광고가 나왔어!

010 [인크레더블 2] 밥과 루시우스가 잭잭의 초능력에 대해 논의하며 conversation010.mp3

LUCIUS Looks normal to me. When did this start happening?

BOB Since Helen got the job.

LUCIUS I assume she knows.

BOB 농담해? ⁰⁰⁴² I can't tell her about this, not while she's doing hero-work!

> Words **assume** 생각하다

011 [인크레더블 2] 슈퍼히어로 일로 집을 비운 헬렌이 밥과 통화하면서 conversation011.mp3

HELEN Sounds like I just woke you up.

BOB No, no, it's just – Jack-Jack –

HELEN He had an accident! 그럴 줄 알았어! ⁰⁰⁴⁹ I'm coming home right now! I never should've –

> Words **wake ~ up** ~를 깨우다

012 [인크레더블 2] 대쉬와 바이올렛, 부모님을 위해 슈퍼히어로 의상을 챙기며 conversation012.mp3

DASH Is that Mom's supersuit?

VIOLET She may need it. 혹시 모르잖아. ⁰⁰⁹¹

DASH What's going on?

VIOLET I dunno. But Dad called Lucius AFTER getting a call about Mom. Then LEFT –

> Words **I dunno.** I don't know.를 비격식 구어체로 나타낸 것

010 루시우스 정상인 것 같은데. 이거 언제부터 그런 거야?

밥 헬렌이 일을 하면서부터.

루시우스 헬렌도 알 것 같은데.

밥 **Are you kidding?** 0042 헬렌에게는 말 못 해. 특히 그 사람이 슈퍼히어로 일을 하는 동안에는 말이야!

011 헬렌 당신을 깨운 것 같아요.

밥 아니, 아니야. 그냥 잭잭이…

헬렌 사고가 난 거군요! **I knew it!** 0049 지금 집으로 갈게요! 내가 절대로 그러지 말았어야…

012 대쉬 엄마의 히어로 의상 아니야?

바이올렛 엄마가 필요할지도 몰라. **You never know.** 0091

대쉬 무슨 일이야?

바이올렛 나도 몰라. 아빠가 엄마에 관한 전화를 받고 루시우스에게 전화를 하셨어. 그러고는 나가셨지.

013 [주토피아] 어린 주디 (홉스)가 기디온에게 티켓을 다시 뺏어오자 환호하며   conversation013.mp3

SHARLA Are you okay, Judy?

YOUNG HOPPS Yeah. Yeah. I'm okay.

YOUNG HOPPS Here you go.

SHARLA Wicked! You got our tickets!

GARETH THE DOUBTING SHEEP BOY 대단해, 0039 Judy!

Words　wicked 멋진　doubting 의심이 많은

014 [주토피아] 주디 아빠가 주디에게 전기 충격기를 건네주며   conversation014.mp3

MR. HOPPS 이것 봐! 0014

MRS. HOPPS Oh, for goodness sake. She has no need for a fox taser, Stu.

MR. HOPPS Oh come on, when is there not a need for a fox taser?

JUDY HOPPS Okay, look, I will take this to make you stop talking.

Words　taser 전기 충격기　take 가져가다

015 [인어공주] 에리얼, 플라운더를 난파선으로 데리고 가면서   conversation015.mp3

FLOUNDER Ariel, wait for me...

ARIEL Flounder, hurry up!

FLOUNDER You know I can't swim that fast.

ARIEL 저기에 있어! 0082 Isn't it fantastic?

FLOUNDER Yeah... Sure... It's great. Now let's get outta here.

Words　fantastic 멋진

013	샬라	괜찮아, 주디?
	어린 홉스(주디)	응. 괜찮아.
	어린 홉스(주디)	여기 있어.
	샬라	굉장해! 우리 티켓을 다시 찾아왔잖아!
	의심 많은 양 가레스	You're awesome, ⁰⁰³⁹ 주디!

014	홉스 씨(아빠)	Check this out! ⁰⁰¹⁴
	홉스 부인(엄마)	정말 못 말려. 얘는 여우 전기 충격기가 필요 없어요, 스튜.
	홉스 씨(아빠)	이봐, 여우 전기 충격기가 필요할 때가 없다는 거야?
	홉스 부인(엄마)	알았어요. 이걸 가지고 갈 테니까 두 분 그만 싸우세요.

015	플라운더	에리얼, 기다려…
	에리얼	플라운더, 빨리 와!
	플라운더	난 그렇게 빨리 헤엄을 칠 수 없다구.
	에리얼	There it is! ⁰⁰⁸² 멋지지 않아?
	플라운더	그래… 물론… 멋지네. 이제 그만 가자.

PART 2

리액션을 할 때 쓰는 표현 100

PART 2 전체 듣기

맞아! 어쩌라고? 인정! 등 상대방이 한 말에 맞장구 치는 표현들도 실생활에서 자주 쓰죠? 디즈니 캐릭터들도 마찬가지입니다. 디즈니 애니메이션에서 자주 쓰는 리액션 표현들을 담았습니다. 상대방에게 공감하거나 되물으며 대화를 이어나가는 표현들을 익혀 실제 대화에 적절히 활용해 보세요.

01 바로 그거야   02 무슨 소리야?   03 어쩌라고?   04 마음대로 해   05 안됐네   06 맹세해   07 그렇게 보지 마   08 하나도 모르겠어   09 우리도 그래   10 할 수 있어   11 이게 그거니?   12 날 내버려 둬   13 누가 신경 쓴데?   14 그런 정신 좋아   15 인정해   16 아무것도 아니야   17 도와줄까?   18 다행이야   19 털어놔 봐   20 리액션 기타 표현

디즈니 애니메이션에서 자주 나오는
이 표현, 혹시 알고 있나요?

0101-0105.mp3

0101

Now we're talking.

[인사이드 아웃] 감정들이 원하는 대로 움직이자 기쁨이가 행복해하며 한 말이죠.
상대방의 말에 강하게 동의할 때, 또는 자신의 의도대로 일이 진행되어 기쁘다는 의미로 쓸 수 있어요.
'바로 그거야.', '나도 그래.'라는 뜻이에요.

0102

You're telling me!

[노틀담의 꼽추] 빅터의 탄식에 휴고가 크게 공감하며 한 말이에요.
상대방이 방금 한 말에 크게 공감할 때 쓰는 표현이에요.
'내 말이!'라는 말을 잘 쓰는 분들은 꼭 알아 두세요.

0103

That's the one.

[온워드] 새달리아가 이안이 하려는 말을 알아차리자 이안이 기뻐서 하는 말이죠.
상대방이 내가 생각하고 있던 것을 알아차릴 때 '그래, 그거야.'라고 기뻐하며 하는 말이에요.

0104

That'll do.

[미녀와 야수] 포츠 부인이 칩에게 더 이상 말하지 않아도 알겠다는 의미로 한 말이죠.
상대방에게 더 이상의 말이나 행동이 필요하지 않다고 할 때 쓰는 표현이에요.
'그거면 충분해.', '그거면 됐어.'라는 의미예요. That's enough.라고 해도 됩니다.

0105

It is so!

[인크레더블 2] 밥이 대쉬의 말에 강하게 반발하면서 한 말이에요.
자신의 생각을 강하게 주장할 때 쓰는 표현으로 '그렇다니깐'라는 뜻이에요.

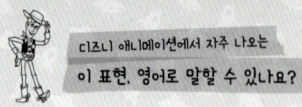

0101

일이 잘 진행되어 기쁘다는 의미로

바로 그거야.

0102

방금 한 말에 크게 공감할 때

내 말이!

0103

상대방이 내 생각을 알아차릴 때

그거야.

0104

충분하다고 말할 때

그거면 돼.

0105

자신의 생각을 강하게 주장할 때

그렇다니까!

디즈니 애니메이션에서 자주 나오는
이 표현, 혹시 알고 있나요?

0106-0110.mp3

0106
What are you talking about?

[노틀담의 꼽추] 피버스가 콰지모도의 설명을 이해하지 못해서 한 말이죠.
'무슨 소리야?'라는 의미로 상대방에게 구체적인 설명을 요구하는 말이에요.
또한 상대방의 말에 구체적으로 따지고 들 때도 쓸 수 있어요.

0107
What are you doing?

[인사이드 아웃] 기쁨이가 슬픔이를 가로막자 슬픔이가 기분 나빠하며 한 말이에요.
말투에 따라 뜻이 달라질 수 있어요.
부드럽게 하면 '뭐 하고 있어?'가 되지만 화가 난 말투로는 '무슨 짓이야?'라고 따지는 표현이 된답니다.

0108
What gives?

[인사이드 아웃] 라일리가 갑자기 우울해하자 버럭이가 이유를 궁금해하며 물어본 말이에요.
어떤 행동의 의도나 이유를 물어보는 말로 '왜 저래?'라고 해석해 주세요.

0109
What is your problem?

[주토피아] 주디, 닉의 태도가 마음에 들지 않아 한 말이에요.
'뭐가 문제야?', '무슨 일이야?'라는 뜻으로 상황을 파악하려고 할 때 쓰는 말이에요.
또한 상대방의 태도가 못마땅해서 따질 때도 쓸 수 있어요.

0110
What does that matter?

[코코] 무대에 오르는 게 그리 중요하지 않다면서 헥터가 한 말이죠.
'그게 무슨 상관이야?'라는 뜻으로 지금 논의되는 일이 그리 중요하지 않다는 의미예요.
that 대신 it을 쓰는 경우가 더 많아요.

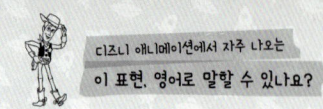

0106

상대방에게 구체적인 설명을 요구하며

무슨 소리야?

0107

상대방의 행동이 불만일 때

무슨 짓이야?

0108

의도나 이유를 물어보는 말

왜 저래?

0109

상대방의 태도가 못마땅해서

뭐가 문제야?

0110

그리 중요하지 않다고 할 때

무슨 상관이야?

디즈니 애니메이션에서 자주 나오는
이 표현, 혹시 알고 있나요?

0111-0115.mp3

So what?

[도리를 찾아서] 도리가 보라색 조개에 대해 이야기하자 행크가 그게 중요한 게 아니라고 하며 한 말이죠.
상대방의 말이 대수롭지 않다는 의미예요.
'어쩌라고?' '그게 어때서?'라는 해석이 제일 잘 어울립니다.

What for?

[인크레더블] 밥이 대쉬가 교무실에 불려간 이유를 물어본 말이에요.
직역하면 '무엇을 위한 거니?'잖아요? 목적이나 이유를 물어볼 때 쓰는 표현이에요.
'왜?', '뭐하려고?'라는 뜻입니다.

Says who?

[겨울왕국] 크리스토프가 자신을 무시하는 말을 하자 안나가 화를 내며 한 말이죠.
상대방의 말이 신빙성이 없다거나 동의할 수 없다며 따지는 말이에요.
'누가 그런 소리를 해?'라고 해석해 주세요.

What is it?

[몬스터 대학교] 마이크가 스퀴쉬에게 무슨 말을 하려는지 물어본 말이에요.
주저하면서 제대로 말을 못하는 사람에게 '왜 그래?'라며
무슨 일이 있는지 물어보는 말이에요.

How come?

[알라딘] 집으로 돌아가지 않겠다는 자스민에게 알라딘이 이유를 물어본 말이에요.
'어째서?', '도대체 왜?'라는 뜻으로 구체적인 이유를 물어볼 때 쓰는 표현이에요.

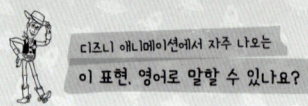
디즈니 애니메이션에서 자주 나오는 이 표현, 영어로 말할 수 있나요?

0111
대수롭지 않다고 할 때
어쩌라고?

0112
목적을 물어볼 때
왜?

0113
상대방의 말에 동의할 수 없다고 할 때
누가 그런 소리를 해요?

0114
무슨 일이 있는지 물어볼 때
왜 그래?

0115
구체적인 이유를 알고 싶을 때
어째서?

디즈니 애니메이션에서 자주 나오는
이 표현, 혹시 알고 있나요?

0116-0120.mp3

04 마음대로 해

0116

Suit yourself.

[인어공주] 뱀장어가 에리얼에게 우슬라를 만날지 말지 마음대로 하라며 한 말이죠.
'맘대로 해.'라는 뜻으로 상대방이 원하는 대로 하라는 말이에요.
약간 화가 났거나 난 별로 신경 쓰지 않겠다는 느낌이 들어 있어요.

0117

Never mind.

[토이 스토리] 시드가 엄마에게 신경 쓰지 않아도 된다고 하면서 한 말이에요.
중요하지 않기 때문에 신경 쓸 필요 없다는 의미예요.
'별거 아냐.', '됐어.'라는 뜻으로 It's nothing.(아무것도 아냐.)와 비슷한 말이죠.

0118

Pass.

[주토피아] 닉이 블루베리를 주려고 하자 주디가 거절하면서 한 말이죠.
상대방의 질문이나 호의를 딱 잘라 거절할 때 쓰는 말이에요.
'됐어.'라는 의미인데 살짝 거만하게 들리는 말이죠.

0119

You're on your own.

[인크레더블] 해고당한 밥에게 디커가 더 이상 도와줄 수 없다는 뜻으로 한 말이에요.
다른 사람의 간섭이나 도움 없이 혼자 알아서 일을 처리하라고 할 때 쓰는 표현이에요.
또한 '넌 이제 혼자야.'라는 뜻도 있어요.

0120

Whatever.

[업] 러셀의 질문에 칼이 시큰둥하게 대답한 말이죠.
상대방의 반응에 크게 개의치 않겠다고 하는 말이에요. '그러든가 말든가.'라는 뜻이죠.
다소 무례한 표현이니 조심해서 사용하세요.

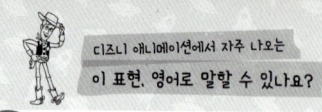
디즈니 애니메이션에서 자주 나오는
이 표현, 영어로 말할 수 있나요?

0116

상대방에게 원하는 대로 하라고 할 때

마음대로 해.

0117

신경 쓰지 말라고 할 때

됐어요.

0118

상대방의 호의를 거절할 때

난 됐어.

0119

혼자 알아서 일을 처리해야 한다고 말하며

넌 이제 혼자야.

0120

상대방의 반응에 개의치 않겠다는 말

그러든가 말든가.

디즈니 애니메이션에서 자주 나오는
이 표현, 혹시 알고 있나요?

0121-0125.mp3

0121

It's a bummer.

[빅 히어로] 베이맥스의 스프레이 성분에 히로가 알레르기가 있다고 아쉬워하며 한 말이죠.
안 좋은 일이 벌어졌을 때 '실망이네.', '짜증나.'라는 뜻으로 쓰는 표현이에요.
또한 안 좋은 일이 생긴 상대를 위로할 때 쓸 수도 있어요.

0122

Go easy on him.

[니모를 찾아서] 도리가 말린을 불쌍하게 여기고 잘 대해 주라며 한 말이에요.
'Go easy on + 사람.'은 '~에게 너무 심하게 하지 마.', '~에게 잘해 줘.'라는 뜻이에요.

0123

Here's the thing.

[니모를 찾아서] 말린이 도리에게 각자의 길을 가자고 어렵게 말을 꺼내면서 한 말이죠.
상대방의 장황한 말을 막고 다른 중요한 말을 하려고 할 때 쓰는 표현이에요.
화제를 전환하려고 할 때도 쓸 수 있어요.

0124

Is she allowed to do that?

[뮬란] 뮬란이 황제를 포옹하자 야오가 그래도 되는 건지 의아해하며 한 말이에요.
be allowed to는 '~를 허락 받다'라는 뜻이에요.
어떤 행동을 해도 문제가 없는지 물어보는 말이죠.

0125

I hated every minute of it.

[인크레더블 2] 밥이 예전 직장을 매우 싫어했었다고 하면서 한 말이죠.
직역하면 '그것의 1분도 싫었어.'잖아요? 정말 싫어했다는 의미를 전달할 때 쓰는 표현이에요.

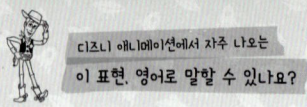

0121

실망스러운 일이 생겼을 때

안됐네.

0122

누군가에게 잘해 주라고 할 때

그 사람에게 심하게 하지 마.

0123

다른 중요한 말을 하려고 할 때

저기 말이야.

0124

어떤 행동에 문제가 없는지 물어보며

쟤 저래도 돼?

0125

끔찍하게 싫었다고 할 때

정말 싫었다구.

디즈니 애니메이션에서 자주 나오는
이 표현, 혹시 알고 있나요?

0126-0130.mp3

0126

We swear it.

[도리를 찾아서] 러더가 제럴드에게 바위 위에 앉게 해 주겠다고 맹세하며 한 말이에요.
'맹세해.'라는 뜻으로 확신을 가지고 하는 말이니 믿어 달라는 말이에요.
한편 swear는 '맹세하다'라는 뜻 외에 '욕을 하다'라는 뜻으로도 자주 쓴답니다.

0127

I guarantee it.

[노틀담의 꼽추] 피버스가 프롤로에게 충성을 맹세하며 한 말이에요.
자신을 믿어 달라는 의미로 쓰는 말이죠.
guarantee는 '보증하다'라는 뜻인데 가전제품의 보증서 역시 guarantee라고 불러요.

0128

I don't buy that.

[알라딘] 자신을 무시하는 왕자의 말을 믿을 필요도 없다는 의미로 한 말이죠.
'난 그걸 사지 않아.'라는 뜻이 아니에요. 상대방의 말을 믿지 않겠다는 표현입니다.
이때 buy는 'trust'처럼 '믿다'라는 뜻이에요.

0129

Not exactly.

[도리를 찾아서] 부모님을 찾았냐는 니모의 질문에 도리가 그렇지 못했다는 의미로 한 말이에요.
상대방의 말이 100% 맞는 게 아니라는 뜻으로 No를 살짝 돌려서 하는 말이에요.
'꼭 그런 건 아냐.'가 적절한 해석이 되겠군요.

0130

I'm just saying.

[인크레더블 2] 에블린이 엘라스티걸의 표정을 살피며 한 말이죠.
자신의 말에 상대방이 언짢아하는 것 같은 느낌이 들 때 변명하듯 하는 말이에요.
'그냥 하는 말이야.', '말이 그런 거지.'라는 뜻인데 Just saying.이라고 해도 됩니다.

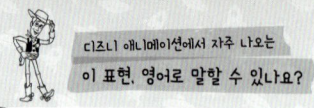
디즈니 애니메이션에서 자주 나오는
이 표현, 영어로 말할 수 있나요?

0126

믿어 달라고 할 때

맹세해.

0127

믿어 달라는 의미로

반드시 그러겠습니다.

0128

상대방의 말을 믿지 않겠다고 할 때

안 믿어.

0129

상대방에게 아니라고 할 때

꼭 그런 건 아니야.

0130

상대방이 언짢아하는 것 같은 생각이 들 때

그냥 하는 말이에요.

디즈니 애니메이션에서 자주 나오는
이 표현, 혹시 알고 있나요?

0131-0135.mp3

07 그렇게 보지 마

0131
Don't look at me like that!

[라따뚜이] 레미가 째려보자 링귀니가 그렇게 바라보지 말라며 한 말이죠.
상대방이 나를 이상하게 바라볼 때 '그렇게 보지 마'라는 의미로 살짝 화를 내며 하는 말이에요.
like that 대신에 that way라고 해도 됩니다.

0132
Don't give me that look.

[라따뚜이] 레미가 째려보자 링귀니가 그렇게 보지 말라며 한 말이에요.
'그 표정을 나에게 주지 마.'라는 말은 '그런 표정으로 보지 마.'라는 의미겠죠?
이와 유사한 표현으로 Don't look at me that way.도 자주 씁니다.

0133
Don't change the subject.

[인크레더블] 밥의 직장 상사가 밥에게 훈계를 하며 한 말이에요.
대화 중 자신이 불리할 것 같으면 갑자기 대화 주제를 바꾸려고 하잖아요?
그럴 때 '말 돌리지 마.'라는 의미로 쓰는 표현이에요.

0134
I have no choice.

[몬스터 주식회사] 워터누즈가 회사를 지키기 위해 아이를 납치할 수밖에 없다고 변명하며 한 말이에요.
직역하면 '나는 선택이 없다.'가 되잖아요?
어쩔 수 없이 그렇게 할 수밖에 없다고 변명하는 말이에요.

0135
No offense.

[빅 히어로] 히로가 베이맥스의 외모를 비하한 뒤 급히 사과하며 한 말이에요.
offense는 '공격'이라는 뜻 외에 '상대를 공격적으로 비난하다'라는 뜻도 있어요.
이 표현은 '널 공격적으로 비난하려는 게 아니다' 즉 '기분 나빠하지 마.'라는 뜻이에요.

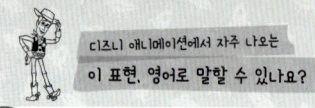

디즈니 애니메이션에서 자주 나오는
이 표현, 영어로 말할 수 있나요?

0131

나를 이상하게 보지 말라고 할 때

그렇게 보지 마!

0132

그런 표정으로 나를 보지 말라고 할 때

그렇게 보지 마.

0133

대화의 주제를 바꾸려는 사람에게

말 돌리지 마.

0134

변명할 때

나도 어쩔 수 없어.

0135

상대방을 비판할 의도가 아니었다고 할 때

기분 나빠하지 마.

디즈니 애니메이션에서 자주 나오는
이 표현, 혹시 알고 있나요?

0136-0140.mp3

0136

Not a clue.

[도리를 찾아서] 도리가 하나도 기억나지 않는다고 하면서 한 말이에요.
clue는 '실마리', '힌트'라는 뜻이에요.
실마리가 하나도 없다는 건 '정말 하나도 모르겠다.'는 말이겠죠?

0137

You lost me.

[라따뚜이] 에밀리가 레미의 음식에 대한 설명을 이해하지 못했다면서 한 말이죠.
상대방의 장황한 설명이 전혀 이해가 되지 않을 때 쓰는 표현이에요.
수다스러운 사람과 이야기할 때는 대화가 어디로 흘러가는지 길을 잃은 듯한 느낌이 들 때도 있죠.

0138

I'm not sure.

[빅 히어로] 고 고의 질문에 히로가 잘 모르겠다고 하면서 한 말이에요.
자신의 말에 대해서 확신이 없을 때 쓰는 표현이에요.
I don't know.라고 해도 비슷한 의미를 전달할 수 있어요.

0139

It's on the tip of my tongue.

[니모를 찾아서] 도리가 상어의 질문에 정확한 단어가 떠오르지 않아 답답해하며 한 말이에요.
직역하면 '그것은 내 혀 끝에 있어.'라고 해석할 수 있네요.
생각은 나는데 막상 말로 하려니 정확한 단어나 표현이 떠오르지 않을 때 쓰는 말이에요.

0140

What's the point?

[인사이드 아웃] 라일리가 하키 트라이아웃이 무의미하다는 듯이 한 말이죠.
상대에게 허탈한 마음으로 '무슨 소용이야?'라고 할 때 쓰는 표현이에요.
반문하는 말이기 때문에 직설적으로 There's no point.(아무 소용이 없어.)라고 할 수도 있어요.

08 하나도 모르겠어

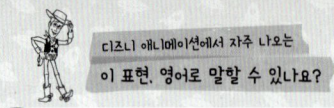

0136
정말로 아무것도 모른다고 할 때

하나도 모르겠어.

0137
상대방의 말이 이해가 되지 않을 때

네 말 이해가 안 돼.

0138
확실하게 말하지 못할 때

확신이 안 서.

0139
정확한 단어나 표현이 생각나지 않을 때

입에서 맴도는데.

0140
허탈한 마음을 표현할 때

무슨 소용이야?

디즈니 애니메이션에서 자주 나오는
이 표현, 혹시 알고 있나요?

0141-0145.mp3

Join the club!

[토이 스토리 4] 아이의 사랑을 받고 싶은 건 더키 일당도 마찬가지라며 한 말이죠.
여기서 말하는 the club은 '입장이 비슷한 사람들'을 의미해요.
'우리도 그래!'라며 상대방을 이해한다고 할 때 쓰는 표현이에요.

I have been there.

[토이 스토리 4] 기글 맥딤플즈가 자신도 사랑해 본 경험이 있다고 하면서 한 말이죠.
상대방과 같은 처지에 있었거나 비슷한 경험을 해 봤다고 공감하는 표현이에요.
'내가 거기에 다녀왔어.'가 아니라 '나도 그랬어.'라고 해석합니다.

Backatcha!

[겨울왕국] 크리스토프가 올라프의 머리를 안나에게 다시 던져 주며 한 말이에요.
Back at you!를 과장해서 소리 나는 대로 적은 표현이에요.
상대방의 말에 '나도 마찬가지야.'라고 맞받아 치는 말이죠. Same to you.라고 할 수도 있어요.

Amen to that.

[주토피아] 주디 엄마의 말에 아빠가 크게 공감하며 한 말이에요.
'아멘'이 나왔다고 교회에서 쓰는 표현이 아니에요.
상대방의 말에 재치있게 동감할 때 쓰는 표현이에요.

For sure.

[빅 히어로] 이모에게 사과하라는 테디에게 히로가 그렇게 하겠다며 한 말이죠.
상대방의 말에 확실히 동의한다고 할 때 쓰는 표현이에요.
'당근이지.'라는 해석이 아주 적절하네요. Certainly.라고 해도 됩니다.

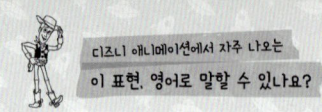

0141

비슷한 입장이라는 의미로

우리도 그래!

0142

상대방을 이해한다는 의미로

나도 그랬어.

0143

상대방과 같은 입장이라는 말로

나도 마찬가지야!

0144

상대방의 말에 동감하며

지당하신 말씀.

0145

상대방의 말에 동의하며

당근이지.

0146

You got this!

[빅 히어로] 테디가 히로에게 대학에 들어갈 수 있다고 용기를 주면서 한 말이에요.
You can do it!이 너무 흔하다고 생각하면 이 표현을 써 보세요.
둘 다 '할 수 있어'라는 뜻이지만 이 표현이 더 쿨하게 들린답니다.

0147

You're getting good at this.

[도리를 찾아서] 도리가 조개껍질 찾기를 잘한다고 엄마가 칭찬하며 한 말이죠.
상대방에게 점점 더 좋아지고 있다고 격려하는 표현이에요.
get은 '점점 더 ~해지다'라는 뜻이에요.

0148

You nailed it!

[카 3] 맥퀸이 크루즈의 주행을 칭찬하면서 한 말이에요.
못질과는 전혀 관련 없고 '잘했어!'라는 의미로 칭찬하는 표현이에요.
You did it!이라고 해도 됩니다.

0149

Let's get real.

[알라딘] 지니가 스스로에게 정신 차리라고 하면서 한 말이죠.
이성을 찾고 냉정해지라고 할 때 쓰는 표현이에요.
상대방에게 명령하는 말투로 할 때는 'Get real.'이라고 하세요. '정신 차려.'라고 해석합니다.

0150

MU rules!

[몬스터 대학교] 몬스터 대학교 팀을 크게 응원하며 한 말이죠.
우리는 응원할 때 '화이팅!'이라는 표현을 많이 쓰는데 fighting은 콩글리시예요.
원어민들은 잘하라고 응원할 때 '~ rules!'라고 외친답니다.

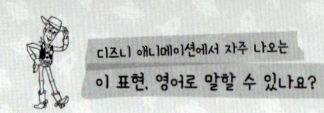

디즈니 애니메이션에서 자주 나오는
이 표현, 영어로 말할 수 있나요?

0146

상대방에게 용기를 줄 때

할 수 있어!

0147

상대방의 발전을 칭찬할 때

점점 더 잘하는걸.

0148

상대방을 칭찬할 때

훌륭해!

0149

이성을 찾고 냉정해지라고 하면서

정신 차리자.

0150

열정적으로 응원할 때

MU 파이팅!

망각방지장치 1

하루만 지나도 학습한 내용의 50%를 잊어버립니다. 여러분은 몇 퍼센트나 잊어버렸을까요? 5분 안에 25개를 말해 보세요.

01	바로 그거야.	Now we're _____ .	0101
02	그거면 돼.	That'll _____ .	0104
03	그렇다니까!	It is _____ !	0105
04	무슨 짓이야?	What are you _____ ?	0107
05	왜 저래?	_____ gives?	0108
06	무슨 상관이야?	What does that _____ ?	0110
07	왜?	What _____ ?	0112
08	누가 그런 소리를 해요?	Says _____ ?	0113
09	어째서?	_____ come?	0115
10	마음대로 해.	_____ yourself.	0116
11	됐어요.	Never _____ .	0117
12	그 사람에게 심하게 하지 마.	Go _____ on him.	0122
13	안 믿어.	I don't _____ that.	0128
14	꼭 그런 건 아니야.	Not _____ .	0129

정답 01 talking 02 do 03 so 04 doing 05 What 06 matter 07 for 08 who 09 How 10 Suit 11 mind 12 easy 13 buy 14 exactly

15	그렇게 보지 마.	Don't give me that _____.	0132
16	말 돌리지 마.	Don't change the _____.	0133
17	기분 나빠하지 마.	No _____.	0135
18	하나도 모르겠어.	Not a _____.	0136
19	확신이 안 서.	I'm not _____.	0138
20	무슨 소용이야?	What's the _____?	0140
21	우리도 그래!	_____ the club!	0141
22	나도 그랬어.	I have been _____.	0142
23	지당하신 말씀.	_____ to that.	0144
24	훌륭해!	You _____ it!	0148
25	정신 차리자.	Let's get _____.	0149

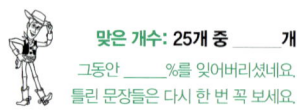

맞은 개수: 25개 중 _____ 개
그동안 _____%를 잊어버리셨네요.
틀린 문장들은 다시 한 번 꼭 보세요.

정답 15 look 16 subject 17 offense 18 clue 19 sure 20 point 21 Join 22 there 23 Amen
      24 nailed 25 real

디즈니 애니메이션에서 자주 나오는
이 표현, 혹시 알고 있나요?

0151-0155.mp3

0151
Is that what that is?

[인크레더블 2] 바이올렛이 락커에 쓴 주소를 가리키며 토니가 한 말이죠.
특정 물건을 가리키면서 '저게 바로 그거니?'라고 물어보는 표현이에요.
'이게 네가 말했던 거니?'라고 할 때는 Is that what you talked about?이라고 해요.

0152
What's that mean?

[인크레더블 2] 밥이 헬렌에게 새로운 오토바이에 대해 물어본 말이에요.
구체적인 설명이나 의도를 물어볼 때 쓰는 표현이에요.
상대방의 말에 대한 의도를 물어볼 때는 What do you mean by that?이라고도 쓸 수 있어요.

0153
Let me ask you something.

[인크레더블 2] 데버가 밥에게 슈퍼히어로들이 사라진 이유를 물어본 말이에요.
Let me ~는 '제가 ~하겠습니다'라는 뜻이에요. 이 표현은 공손하게 질문할 때 씁니다.

0154
I can see why.

[빅 히어로] 칼라한이 히로가 왜 로봇 싸움에 빠져 있는지 알겠다는 듯이 한 말이죠.
I can see는 '내가 볼 수 있어'가 아니라 I understand처럼 '알겠다', '이해하겠다'라는 뜻이에요.
즉 '왜 그런지 알겠어.'라며 이유를 이해했다는 말이에요.

0155
I demand to know!

[라따뚜이] 스키너가 라따뚜이를 만든 요리사가 누구인지 물어본 말이에요.
'난 꼭 알아야겠어!'라는 뜻으로 상대방에게 꼭 알려 달라고 강하게 말하는 표현이에요.
demand는 '요구하다'라는 뜻이에요.

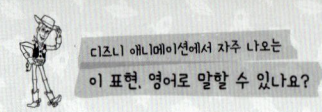
디즈니 애니메이션에서 자주 나오는
이 표현, 영어로 말할 수 있나요?

0151

특정 물건을 가리키며

이게 그거니?

0152

구체적인 설명을 물어보며

무슨 말이야?

0153

공손하게 질문하면서

한 가지 물어볼게요.

0154

이유를 알겠다고 할 때

왜 그런지 알겠네.

0155

상대방에게 꼭 알려 달라고 할 때

알아야겠어!

디즈니 애니메이션에서 자주 나오는
이 표현, 혹시 알고 있나요?

0156-0160.mp3

0156

Leave me alone.

[인사이드 아웃] 라일리가 아빠에게 화를 내며 한 말이에요.
혼자 있고 싶은데 옆에서 짜증나게 하면 이렇게 소리쳐 보세요.
'날 내버려 둬.'라는 뜻이에요.

0157

That's not your concern.

[알라딘] 궁궐 밖에서 정체가 탄로 난 자스민이 자신의 일에 관여하지 말라며 한 말이에요.
concern은 '걱정거리'라는 뜻 외에 '관심사'라는 뜻으로도 자주 쓰여요.
이 표현은 당신의 관심사가 아니니까 신경 쓰지 말라는 의미예요.

0158

I knew this would happen.

[라따뚜이] 링귀니가 레미를 믿은 자신을 자책하며 한 말이죠.
안 좋은 일이 생기자 '내 이럴 줄 알았어.'라고 하는 표현이에요.
상대방을 책망할 때 쓸 수도 있고 혼잣말로 자책할 때도 쓸 수 있어요.

0159

You are one to talk.

[코코] 헥터가 미구엘에게 항의하자 미구엘이 반대로 헥터에게 따지면서 한 말이에요.
영화 〈친절한 금자씨〉의 유명한 대사 '너나 잘하세요.'가 가장 잘 어울리는 말이에요.
Look who's talking.이라고 해도 같은 뜻이에요. '사돈 남 말 하네.'라는 해석과도 잘 어울리는 표현입니다.

0160

You're mocking me, aren't you?

[토이 스토리] 우디가 자신을 놀리는 듯하자 버즈가 따지면서 한 말이에요. 상대방의 칭찬이
진심으로 들리지 않고 놀리는 것처럼 느껴질 때 하는 말이에요. mock은 '조롱하다'라는 뜻이에요.

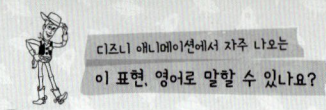
디즈니 애니메이션에서 자주 나오는
이 표현, 영어로 말할 수 있나요?

0156
혼자 있고 싶다고 화를 내면서
날 내버려 둬.

0157
신경 쓰지 말라고 할 때
당신 알 바가 아니죠.

0158
이럴 줄 알았다고 할 때
이럴 줄 알았어.

0159
상대방에게 따질 때
당신이나 잘하세요.

0160
조롱한다는 느낌이 들어 따질 때
나 놀리는 거지?

디즈니 애니메이션에서 자주 나오는
이 표현, 혹시 알고 있나요?

0161-0165.mp3

13 누가 신경 쓸데?

Who cares?

[코코] 헥터가 꽃다리 따위는 중요하지 않다는 듯이 한 말이죠.
'누가 신경 쓴데?'라는 뜻이에요.
신경 쓰는 사람이 누구인지 물어보는 게 아니라 '난 정말 신경 안 써.'라는 의미로 강하게 말하는 거예요.

Who knew?

[라푼젤] 프라이팬으로 상대를 쓰러뜨리자 플린이 믿을 수 없다는 듯이 한 말이죠.
'누가 알고 있었니?'가 아니에요. '누가 알았겠어?'라는 의미로 아무도 몰랐다고 강조해서 하는 말이에요.
No one ever knew. 역시 같은 뜻이에요.

What difference would it make?

[노틀담의 꼽추] 콰지모도가 자포자기하며 한 말이에요. 무엇을 선택하든 간에 결과는 같을 거라고 하는 말이에요.
'그래 봤자 뭐가 달라지겠어?'라는 뜻으로 약간 비판적인 의도가 깔려 있어요.

What makes you so sure?

[라따뚜이] 아빠가 레미에게 인간에 대해 그렇게 확신하는 이유를 물어본 말이에요.
상대방이 매우 확신하는 태도를 보이자
'어떻게 그렇게 확신하니?'라며 이유를 물어보는 표현이에요.

That's ridiculous!

[인사이드 아웃] 슬픔이가 라일리를 깨우자고 제안하자 기쁨이가 말도 안 된다며 한 말이에요.
이 표현은 터무니없는 말을 듣고 어이없다는 듯이 하는 말이에요.
ridiculous는 '우스운', '터무니없는'이란 뜻입니다.

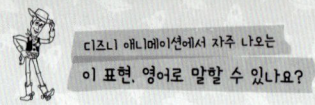
디즈니 애니메이션에서 자주 나오는
이 표현, 영어로 말할 수 있나요?

0161

신경 안 쓴다고 말할 때

누가 신경 쓰데?

0162

아무도 몰랐을 거라고 할 때

누가 알았겠어?

0163

무엇을 선택하든 다를 것은 없다고 할 때

그래 봤자 뭐가 달라지겠어?

0164

확신하는 상대방에게 이유를 물어볼 때

어떻게 그렇게 확신하니?

0165

터무니없다는 듯

말도 안 돼!

디즈니 애니메이션에서 자주 나오는
이 표현, 혹시 알고 있나요?

0166-0170.mp3

That's the spirit!

[주토피아] 주디가 절대 그만두지 않을 거라고 하자 닉이 그녀의 의지를 칭찬하며 한 말이죠.
상대방의 의지나 태도를 칭찬하는 말이에요.
spirit은 '정신', '영혼'이란 뜻이잖아요? '그런 정신 좋아'라고 해석하는 게 좋아요.

Pretty much born ready!

[주토피아] 닉이 신고식을 할 준비가 되었다며 한 말이에요.
태어날 때부터 준비가 되었다면 정말로 준비가 된 거겠죠?
준비가 되었으니 빨리 일을 시작하자는 의미예요.

I am on a roll.

[몬스터 대학교] 마이크가 교수에게 칭찬을 받아 매우 기분이 좋아서 한 말이에요.
왠지 모르게 좋은 일이 계속 생기거나 하는 일마다 잘되는 날이 있잖아요?
그런 날의 기분을 담은 표현이에요. '오늘 좀 되는걸.'이란 뜻이에요.

What a pleasant surprise!

[미녀와 야수] 개스톤이 갑자기 방문하자 벨이 놀라며 한 말이에요.
갑자기 기쁜 소식을 접하거나 누군가와 깜짝 만남을 할 때 쓰는 말이에요.
반가움과 놀라움을 한꺼번에 느낄 수 있는 표현입니다.

Hang in there.

[주먹왕 랄프] 사탄이 풀이 죽은 랄프에게 기운 내라며 한 말이에요.
'거기에 매달려 있어.'라는 벌칙이 아닙니다.
풀이 죽은 사람에게 용기를 주는 말로 '힘내.'라는 뜻이에요.

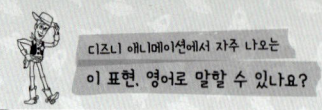
디즈니 애니메이션에서 자주 나오는
이 표현, 영어로 말할 수 있나요?

0166

열심히 하는 상대방을 칭찬할 때

그런 정신 좋아!

0167

준비되었으니 빨리 시작하자는 말

준비됐고말고!

0168

일이 계속 잘 진행될 때

오늘 좀 되네.

0169

반가움과 놀라움을 동시에 표현할 때

웬일이에요?

0170

상대방에게 기운 내라고 할 때

힘내.

디즈니 애니메이션에서 자주 나오는
이 표현, 혹시 알고 있나요?

0171-0175.mp3

0171
Accept it.

 [카 3] 스모키가 맥퀸에게 늙었다는 사실을 받아들이라면서 한 말이에요.
'그냥 인정해.'라는 뜻으로 문제를 피하지 말고 그대로 받아들이라는 조언이에요.

0172
Good point.

 [온워드] 보트 과자를 많이 먹지 말라는 이안의 말에 발리가 동의하며 한 말이에요.
'맞아.', '좋은 지적이야.'라는 뜻으로 상대방의 말에 동조할 때 쓰는 표현이에요.

0173
Pour it on.

 [인크레더블] 밥과 헬렌이 아들 대쉬의 달리기 경기를 응원하며 한 말이죠.
가지고 있는 것을 모두 쏟아 내라고 하면서 격려하는 표현이에요.
우리말의 '다 쏟아 내.'와 비슷한 영어 표현입니다.

0174
Pull yourself together!

 [인크레더블] 에드나가 헬렌에게 정신 차리라고 충고한 말이에요.
집중이 흐트러지거나 제정신이 아닌 사람에게 '정신 차려.'라는 의미로 명령하는 말이에요.

0175
It's up to you.

[인사이드 아웃] 기쁨이가 슬픔이에게 라일리의 운명이 너에게 달렸다고 하면서 한 말이에요.
be up to는 '~에게 달려 있다'라는 뜻이에요. 이 표현은 상대방의 결정에 따르겠다고 할 때 쓰는 말이에요.
또한 상대방에게 책임감을 심어 주는 표현이기도 해요.

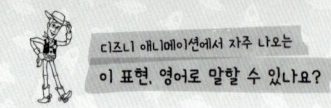

0171
문제를 받아들이라고 할 때

인정해.

0172
상대방의 말에 동조할 때

맞아.

0173
최선을 다하라고 격려할 때

다 쏟아 내.

0174
정신 차리라고 할 때

정신 차려!

0175
상대방에게 책임감을 심어 주는 말

너에게 달렸어.

디즈니 애니메이션에서 자주 나오는
이 표현, 혹시 알고 있나요?

0176-0180.mp3

It's nothing.

[인크레더블] 헬렌이 밥에게 집안일을 해 준 것에 감사하자 밥이 아무것도 아니라는 듯이 한 말이에요.
대수롭지 않은 듯 '아무 일도 아니야.'라고 할 때 쓰는 표현이에요.
상대방의 감사나 걱정에 대한 대답으로 쓰는 말이죠.

I'm welling up with tears.

[몬스터 대학교] 버스 운전사가 작별 인사를 하는 마이크에게 한 말이에요.
감정에 북받쳐서 하는 말로 '눈물 날 것 같아.'라는 뜻이에요.
well은 '(액체 등이) 넘쳐나다, 고이다'라는 뜻이에요.

I feel kinda bad about it.

[인크레더블 2] 토니가 바이올렛에게 미안함을 느끼면서 한 말이에요.
어떤 일에 대해서 죄책감이나 안쓰러운 마음이 들 때 쓰는 표현이에요.
'마음이 안 좋아.'라고 해석해 주세요.

Something's wrong with me.

[인사이드 아웃] 슬픔이가 우울감을 느끼며 무기력하게 한 말이죠.
'나 좀 이상해.'라는 뜻으로 평소와 달리 몸이나 마음이 좋지 않은 상태임을 말할 때 쓰는 표현이에요.

I'm just a little depressed.

[토이 스토리] 버즈가 장난감인 자신의 현실을 깨닫고 우울해하며 한 말이에요.
depressed는 '우울한', just a little은 '그냥 좀'이란 뜻으로
우울한 기분이 들긴 하는데 상대방에게 굳이 드러내고 싶지 않을 때 쓰는 표현이에요.

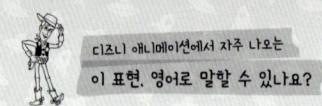

0176

대수롭지 않은 듯 말할 때

아무것도 아니야.

0177

감정에 북받쳐서

눈물이 나려고 해.

0178

죄책감이 느껴질 때

마음이 안 좋아요.

0179

평소와는 다른 상태일 때

나 좀 이상해.

0180

살짝 우울한 기분일 때

그냥 좀 우울해서.

디즈니 애니메이션에서 자주 나오는
이 표현, 혹시 알고 있나요?

0181-0185.mp3

17. 도와줄까?

0181

You need a hand?

[토이 스토리 3] 앤디가 힘겹게 박스를 옮기는 동생 몰리에게 한 말이에요.
여기서 말하는 hand는 '도움의 손길'이에요.
'도와줄까요?'라는 뜻으로 You need help?라고 해도 됩니다.

0182

Do me a solid.

[도리를 찾아서] 멀미를 하던 말린이 토하려고 하자 크러쉬가 부탁하는 말을 했죠.
상대방에게 도움을 요청할 때 쓰는 말로 Do me a favor.와 같은 표현이에요.

0183

Is that too much to ask?

[뮬란] 무슈가 조상들에게 기회를 달라고 간청하며 한 말이에요.
상대방에게 어떤 일을 요청하고 너무 과한 게 아닌지 물어보는 말이죠.
문맥에 따라서는 '그리 큰 부탁은 아니잖아요?'라는 의미로도 쓸 수 있어요.

0184

You don't have to do that.

[토이 스토리 4] 우디가 개비 개비의 호의를 정중히 거절하면서 한 말이죠.
상대방의 호의를 정중하게 거절할 때 쓰는 표현으로 '안 그래도 돼요.'라는 의미예요.
또한 상대방의 호의에 대해서 '안 그러셔도 되는데.'라며 소극적으로 감사를 표현할 때도 쓴답니다.

0185

Can you elaborate on that?

[주토피아] 기자가 주디에게 DNA에 대해 자세히 설명해 달라며 한 말이죠.
상대방의 말이 너무 간단해서 이해하지 못할 때 '자세히 설명해 주시겠어요?'라는 의미로 쓰는 표현이에요.
'Can you be more specific?(구체적으로 설명해 주시겠어요?)'라고 해도 됩니다.

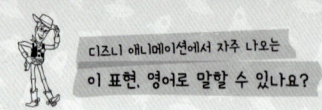

0181

도움이 필요한지 물어볼 때

도와줄까?

0182

도움을 요청할 때

부탁할게.

0183

상대방에게 일을 요청하고 과한지 물어보며

너무 과한 부탁인가요?

0184

정중하게 거절하며

안 그래도 되는데.

0185

구체적인 설명을 요구할 때

자세히 말해 줄래요?

디즈니 애니메이션에서 자주 나오는
이 표현, 혹시 알고 있나요?

0186-0190.mp3

18 다행이야

0186
Thank goodness.

[카 3] 플로가 혼잣말로 다행이라고 안도하며 한 말이에요.
혼잣말로 안도하는 표현으로 '다행이야.'라는 뜻이에요.
Thank God. 역시 같은 의미예요.

0187
May I be excused?

[인크레더블 2] TV를 보기 위해 급하게 식탁을 떠나면서 대쉬가 한 말이죠.
여러 사람과 함께 있을 때 급하게 자리를 떠나며 하는 말이에요.
'실례 좀 하겠습니다.'라며 예의 있게 하는 말이에요.

0188
I'm letting you off with a warning.

[코코] 경찰관이 헥터를 보내 주면서 한 말이죠. let ~ off는 '봐주다', '보내 주다'라는 뜻으로 처분을 하지 않고
구두 경고만 하고 보내 줄 때 쓰는 말이에요. 이 말을 들으면 지옥에서 살아 돌아온 기분이 들 것 같아요.

0189
I didn't mean to interrupt things.

[니모를 찾아서] 말린이 선생님의 말을 끊고 니모를 잘 돌봐달라고 부탁하며 한 말이에요.
갑자기 끼어들어서 일이 잠시 중단될 때 미안하다고 사과하는 표현이에요. mean to는 '~할 의도이다'라는 뜻이에요.

0190
In the nick of time!

[토이 스토리 3] 장난감들이 꼭 필요할 때에 왔다는 의미로 랏소가 한 말이죠.
아슬아슬하게 시간에 맞춰서 일이 이루어졌다는 말이에요.
'마침 딱 됐네!'라는 뜻인데 Just in time! 역시 같은 의미예요.

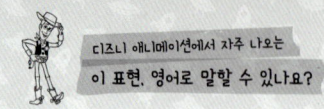

0186

안도할 때

다행이야.

0187

급하게 자리를 떠날 때

실례 좀 할게요.

0188

처분 없이 보내 준다고 할 때

경고만 하고 보내 주겠어.

0189

갑자기 끼어들어 미안하다고 할 때

방해해서 죄송해요.

0190

시간에 맞춰 일이 이루어질 때

딱 맞춰 왔는데!

디즈니 애니메이션에서 자주 나오는
이 표현, 혹시 알고 있나요?

0191-0195.mp3

0191

Spill it!

[토이 스토리 4] 기글 맥딤플스가 보에게 우디에 대한 속마음을 털어 놓으라며 한 말이죠.
상대방에게 솔직하게 말해 보라고 할 때 쓰는 표현이에요.
spill에는 '털어놓다', '가감 없이 말하다'라는 뜻이 있어요.

0192

I relate to you.

[주먹왕 랄프] 장기프가 우울해하는 랄프의 심경을 공감한다면서 한 말이죠.
직역하면 '난 너와 관련이 되어 있다'가 되잖아요?
'너의 심경을 공감해.', '이해해.'라는 의미로 상대방을 위로할 때 쓰는 말이에요.

0193

Be specific.

[인크레더블] 밥의 상사가 밥에게 구체적으로 말해 보라고 재촉하며 한 말이죠.
상대방에게 좀 더 구체적인 설명을 요청할 때 쓰는 말이에요.
specific은 '자세한', '구체적인'이란 뜻이에요.

0194

Pronto.

[인크레더블 2] 헬렌이 에블린에게 다급하게 재촉하며 한 말이에요.
'당장.', '빨리.'라는 뜻으로 상대방에게 재촉할 때 많이 쓰는 표현이에요.
스페인어지만 영어로도 자주 쓰이는 말이에요.

0195

Try this.

[라따뚜이] 꼴레뜨가 링귀니에게 다른 양념을 건네 주며 한 말이에요.
'한번 해 봐.'라는 뜻으로 상대방에게 시험 삼아 해 보라고 권유하는 말이에요.
음식을 맛보라거나 물건을 써 보라고 할 때 자주 쓰는 표현입니다.

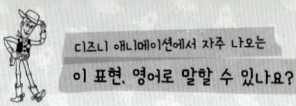

0191 솔직하게 말하라고 할 때

털어놔 봐!

0192 공감한다고 할 때

이해해.

0193 구체적인 설명을 요구할 때

구체적으로 말해 봐.

0194 재촉할 때

지금 당장.

0195 시험 삼아 해 보라고 할 때

이걸 써 봐.

디즈니 애니메이션에서 자주 나오는
이 표현, 혹시 알고 있나요?

0196-0200.mp3

20 리액션 기타 표현

0196

For now.

[인크레더블 2] 밥이 바이올렛에게 슈퍼히어로들이 지금 당장은 불법이라고 하면서 한 말이에요.
앞으로 어떻게 될지는 모르지만 지금 당장은 그렇다는 의미예요.

0197

May I?

[라따뚜이] 탈론이 스키너에게 구스토의 모자를 만져 봐도 되는지 물어본 말이에요.
상대방의 허락을 구하는 만능 표현이에요. May I 뒤에 구체적으로 어떤 표현을 넣어도 되지만
May I?라고만 해도 상황에 맞게 어떤 허락을 구하는지 알 수 있어요.

0198

After you.

[인사이드 아웃] 빙봉이 기쁨이에게 먼저 들어가라고 양보하며 한 말이에요.
직역하면 '당신 뒤에.'가 되잖아요? 상대방에게 먼저 하라고 양보하는 표현이에요.
You go first.라고 해도 같은 의미예요.

0199

This is horrible.

[온워드] 아빠가 다리로만 환생하자 이안이 자책하며 한 말이에요.
아주 안 좋은 상황이나 상태가 매우 좋지 않다고 할 때 쓰는 표현이에요.
이 말을 할 때는 인상을 찌푸려야 합니다.

0200

That's not a thing.

[겨울왕국] 크리스토프를 얼음 관리직에 임명하자 안나가 터무니없다고 하면서 한 말이에요.
직역하면 '그것은 물건이 아니다.'가 되네요.
상대방이 설명하는 것이 터무니없다고 할 때 쓰는 말로 '그런 건 없어요.'라고 해석합니다.

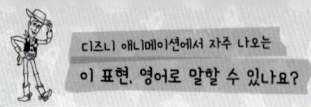
디즈니 애니메이션에서 자주 나오는
이 표현, 영어로 말할 수 있나요?

0196

지금은 그렇다고 할 때

당장은 그렇지.

0197

허락을 구할 때

해 봐도 될까?

0198

양보할 때

먼저 해.

0199

안 좋은 상황을 개탄할 때

끔찍하군.

0200

터무니없는 것이라고 할 때

그런 건 없어요.

망각방지 장치 1

하루만 지나도 학습한 내용의 50%를 잊어버립니다. 여러분은 몇 퍼센트나 잊어버렸을까요? 5분 안에 25개를 말해 보세요.

01	한 가지 물어볼게요.	Let me _____ you something.	0153
02	왜 그런지 알겠네.	I can see _____.	0154
03	날 내버려 둬.	Leave me _____.	0156
04	당신 알 바가 아니죠.	That's not your _____.	0157
05	당신이나 잘하세요.	You are one to _____.	0159
06	누가 신경 쓴데?	Who _____?	0161
07	그래 봤자 뭐가 달라지겠어?	What _____ would it make?	0163
08	그런 정신 좋아!	That's the _____!	0166
09	왠일이에요?	What a pleasant _____!	0169
10	인정해.	_____ it.	0171
11	맞아.	Good _____.	0172
12	정신 차려!	_____ yourself together!	0174
13	아무것도 아니야.	It's _____.	0176
14	그냥 좀 우울해서.	I'm just a little _____.	0180

정답 01 ask 02 why 03 alone 04 concern 05 talk 06 cares 07 difference 08 spirit 09 surprise 10 Accept 11 point 12 Pull 13 nothing 14 depressed

109

15	도와줄까?	You need a _____?	0181
16	너무 과한 부탁인가요?	Is that too much to _____?	0183
17	자세히 말해 줄래요?	Can you _____ on that?	0185
18	실례 좀 할게요.	May I be _____?	0187
19	방해해서 죄송해요.	I didn't mean to _____ things.	0169
20	딱 맞춰 왔는데!	In the _____ of time!	0190
21	털어놔 봐!	_____ it!	0181
22	구체적으로 말해 봐.	Be _____.	0193
23	당장은 그렇지.	For _____.	0196
24	먼저 해.	_____ you.	0198
25	끔찍하군.	This is _____.	0199

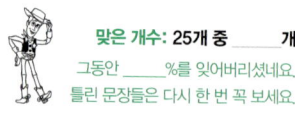

맞은 개수: 25개 중 _____ 개
그동안 _____%를 잊어버리셨네요.
틀린 문장들은 다시 한 번 꼭 보세요.

정답 15 hand 16 ask 17 elaborate 18 excused 19 interrupt 20 nick 21 Spill 22 specific
23 now 24 After 25 horrible

망각방지장치 2

일주일이 지나면 학습한 내용의 70%를 잊어버립니다. 여러분은 몇 퍼센트나 잊어버렸을까요? 디즈니 대화문에서 확인해 보세요.

---

016 [노틀담의 꼽추] 석상들, 프롤로가 에스메랄다를 해치려 하자 걱정하며   conversation016.mp3

VICTOR   It's hopeless. Absolutely hopeless.

HUGO   내 말이! 0102 I'm losing to a bird!

VICTOR   Oh, that poor gypsy girl. I'm beginning to fear the worst.

LAVERNE   I know, but now, don't you say anything to upset Quasimodo. He's worried enough already.

Words   hopeless 절망적인   fear 두려워하다   upset 불편하게 하다, 화나게 하다

---

017 [노틀담의 꼽추] 콰지모도, 피버스에게 도시의 지도로 된 팔찌를 건네주며   conversation017.mp3

QUASIMODO   When you wear this woven band, you hold the city in your hand.

PHOEBUS   What?

QUASIMODO   It's the city!

PHOEBUS   무슨 소리야? 0106

Words   woven 엮은, 짠

---

018 [노틀담의 꼽추] 석상들, 포기하려는 콰지모도에게 정신 차리라고 하면서   conversation018.mp3

VICTOR   Your friends are down there!

QUASIMODO   It's all my fault.

LAVERNE   You gotta break these chains!

QUASIMODO   I can't. I tried. 그래 봤자 뭐가 달라지겠어? 0163

Words   fault 잘못

016 빅터   절망적이야. 정말 절망적이라구.

휴고   **You're telling me!** 0102 내가 새에게 카드를 지다니!

빅터   저 불쌍한 집시 여자 말야. 최악의 상황이 생길까 봐 두려워.

라번   그러게, 하지만 콰지모도를 불편하게 하는 말은 하지 마.
이미 걱정을 많이 하고 있잖아.

017 콰지모도   이 밴드를 차고 있으면 도시를 손에 들고 있는 거예요.

피버스   뭐라고?

콰지모도   도시라구요!

피버스   **What are you talking about?** 0106

018 빅터   네 친구들이 밑에 있어!

콰지모도   다 내 잘못이야.

라번   이 사슬을 끊어야 해!

콰지모도   못하겠어. 해 봤다구. **What difference would it make?** 0163

019 [도리를 찾아서] 도리가 행크에게 단기 기억 상실증이 있다고 고백하며   conversation019.mp3

HANK H-How could you forget you have a tag on your fin?

DORY Oh no. I'm sorry. I… I suffer from short-term memory loss.

HANK You don't remember what we were talking about?

DORY Um hm. 하나도 모르겠어. ⁰¹³⁶ What were we talking about?

Words tag 꼬리표 fin 지느러미 short-term 단기간 memory loss 기억 상실

020 [도리를 찾아서] 도리가 집 앞에서 조개껍데기를 발견하자 부모님이 기뻐하며   conversation020.mp3

YOUNG DORY Hey, look. Shells!

YOUNG DORY Daddy, here's a shell for you!

CHARLIE That's great, Dory! You found another one.

YOUNG DORY I did?

JENNY Oh, yes you did. 점점 더 잘하는걸, ⁰¹⁴⁷ Dory.

Words shell 조개껍데기

021 [도리를 찾아서] 도리, 부모님에 대한 기억이 돌아와서   conversation021.mp3

DORY Mommy… Purple shells! Purple she– Hank, my home had a purple shell!

HANK 어쩌라고? ⁰¹¹¹ Half the exhibits here have purple shells in them!

DORY No, no, no… You don't understand! I remember her now! Purple shells were her favorite! And she had this adorable giggle. And then my Dad was really friendly…

Words exhibit 전시관 giggle 웃음

019	행크	어떻게 지느러미에 꼬리표가 달려 있다는 걸 잊을 수가 있어?
	도리	아니. 미안해. 내가 단기 기억 상실증이 있거든.
	행크	우리가 무슨 말을 했는지 기억하지 못하는 거야?
	도리	음. **Not a clue.** ⁰¹³⁶ 우리가 무슨 말을 했지?

020	어린 도리	보세요. 조개껍질이에요!
	어린 도리	아빠, 이 껍질은 아빠 거예요!
	찰리(아빠)	잘했어, 도리야! 또 하나 더 찾았구나.
	어린 도리	내가 그랬어요?
	제니(엄마)	그래, 네가 그랬어. **You're getting good at this,** ⁰¹⁴⁷ 도리야.

021	도리	엄마… 보라색 조개껍데기! 보라색 조개 - 행크야, 우리 집에 보라색 조개껍데기가 있었어!
	행크	**So what?** ⁰¹¹¹ 여기 전시관의 반은 보라색 조개껍데기가 있을 거야!
	도리	아니야… 넌 이해 못 해! 이제 엄마가 기억이 나! 보라색 조개껍데기를 제일 좋아하셨어! 정말 사랑스럽게 웃으셨지. 그리고 우리 아빠도 정말 다정다감하셨어…

022 [주토피아] 주디의 부모님이 당근 농사의 중요성을 말하면서   conversation022.mp3

MRS. HOPPS   Yes! Your dad, me, your 275 brothers and sisters – we're changing the world one carrot at a time –

MR. HOPPS   지당하신 말씀. ⁰¹⁴⁴ Carrot farming is a noble profession.

MRS. HOPPS   Mmmm, just putting the seeds in the ground…

MR. HOPPS   Ahh, at one with the soil. Just getting covered in dirt.

Words   noble 고귀한   profession 직업   seed 씨앗   soil 토양   dirt 흙

023 [주토피아] 닉, 친구들에게 놀림을 당한 과거를 회상하며   conversation023.mp3

MEAN KID ANIMAL   OK, Nick! Ready for initiation?

YOUNG NICK   Yeah, 준비됐고말고! ⁰¹⁶⁷

MEAN KID ANIMAL   Okay. Now raise your right paw and deliver the oath.

YOUNG NICK   I, Nicholas Wilde, promise to be brave, loyal, helpful, and trustworthy.

Words   initiation 신고식   paw (동물의) 발   deliver 말하다   oath 맹세   trustworthy 신뢰하는

024 [주토피아] 주디, 비협조적인 닉의 태도를 못마땅해하며   conversation024.mp3

HOPPS   It's not a pretend investigation. Look. See? See him? This otter is missing!

NICK   Well then they should have gotten a real cop to find him.

HOPPS   뭐가 문제야? ⁰¹⁰⁹ Does seeing me fail somehow make you feel better about your sad, miserable life?

Words   investigation 수사   otter 수달   miserable 비참한

115

022

홉스 부인(엄마) 그래! 네 아빠, 나, 그리고 275명의 형제들이 당근으로 세상을 바꾸고 있어.

홉스 씨(아빠) Amen to that. ⁰¹⁴⁴ 당근 농사는 고귀한 직업이란다.

홉스 부인(엄마) 그럼, 땅에 씨앗을 심고…

홉스 씨(아빠) 땅에 하나씩 심는 거야. 그리고 흙으로 덮는 거지.

023

비열한 어린 동물 자, 닉! 신고식 준비됐어?

어린 닉 그래, pretty much born ready! ⁰¹⁶⁷

비열한 어린 동물 자. 오른발을 들고 선서해.

어린 닉 나, 니콜라스 와일드는 용감하고, 충성스러우며, 도움을 주며, 신뢰를 줄 것을 약속합니다.

024

주디 수사하는 척하는 게 아니라구. 봐. 보여? 보이냐구? 이 수달이 실종됐다구!

닉 이 자를 찾으려면 진짜 경찰을 투입했어야지.

주디 What is your problem? ⁰¹⁰⁹ 내가 잘 안되면 너의 찌질한 인생이 더 좋아져?

025 [인크레더블 2] 대쉬가 인크레더빌을 함부로 조종하자 밥이 화를 내며   conversation025.mp3

DASH Which one launches the rockets?!

BOB HEY! This is not your car!

DASH It's not your car either!

BOB 그렇다니까! ⁰¹⁰⁵ It's the Incredibile!

Words launch 발사하다

026 [인크레더블 2] 토니를 만나자 바이올렛이 수줍게 말을 건네며   conversation026.mp3

TONY Hello…

VIOLET We're in a new house. I did write my address on your locker, in permanent ink.

TONY Oh, 이게 그거니? ⁰¹⁵¹

VIOLET Did you forget?

TONY Forget… what?

Words permanent ink 유성펜

027 [인크레더블 2] 헬렌, 밥에게 아이들을 돌봐 줘서 고마워하며   conversation027.mp3

HELEN Thanks for handling everything.

BOB 아무것도 아니야. ⁰¹⁷⁶

HELEN I love you, honey. I'll be back soon. Sweet dreams.

BOB Sweet dreams, honey.

Words handle 일을 해결하다

025 대쉬 어떤 게 로켓 발사예요?!

밥 야! 네 차가 아니잖아!

대쉬 아빠 차도 아니잖아요!

밥 **It is SO!** ⁰¹⁰⁵ 이건 인크레더빌이야!

026 토니 안녕…

바이올렛 우리 이사 갔어. 네 사물함에 유성펜으로 주소를 써 놨어.

토니 아, **is that what that is?** ⁰¹⁵¹

바이올렛 잊고 있었던 거야?

토니 뭘 잊어?

027 헬렌 일을 다 해 줘서 고마워요.

밥 **It's nothing.** ⁰¹⁷⁶

헬렌 사랑해요, 자기. 곧 갈게요. 잘 자요.

밥 좋은 꿈 꿔, 자기.

028 [토이 스토리 3] 랏소, 장난감들을 붙잡아 두려는 속셈을 드러내며   conversation028.mp3

MRS. POTATO HEAD There's been a mistake! We have to go!

LOTSO Go?! Why, you just got here! 딱 맞춰 왔는데, ⁰¹⁹⁰ too! We were runnin' low on volunteers for the Little Ones! They just love new toys, now don't they?

MR. POTATO HEAD Love?! We've been chewed! Kicked! Drooled on!

Words run low 부족하다   chew 씹다   drool 침을 흘리다

029 [토이 스토리 4] 개비 개비, 우디를 보 핍에게 데려다 주려고 하며   conversation029.mp3

GABBY GABBY Bo Peep?! Oh. Yes. I know Bo.

WOODY You do?

GABBY GABBY Hop on in. We'll take you to her.

WOODY Oh, um, 안 그래도 되는데 – ⁰¹⁸⁴

Words hop on (차 등에) 오르다

030 [토이스 토리 4] 기글 맥딤플스가 보 핍에게 우디에 대한 마음을 털어놓으라며   conversation030.mp3

GIGGLE MCDIMPLES Okay, 털어놔 봐! ⁰¹⁹¹ The cowboy. What's the deal?

BO There's no deal.

GIGGLE MCDIMPLES Uh huh. Don't do this to yourself. Cowboy's got a kid.

BO Giggle –

Words What's the deal? 어떻게 된 거야?

| 028 | 포테이토 헤드 부인 | 실수였어요! 우린 여길 나가겠어요! |

| | 랏소 | 나간다구요?! 온 지 얼마 안 됐잖아요! **In the nick of time!** ⁰¹⁹⁰ 어린 아이들을 위한 자원 봉사자가 부족한 실정이에요. 아이들이 새 장난감을 좋아하지 않던가요? |

| | 포테이토 헤드 씨 | 좋아한다구요?! 씹히고, 차이고, 침이 잔뜩 묻었다구요! |

| 029 | 개비 개비 | 보 핍?! 그래. 보를 알아. |

| | 우디 | 그래? |

| | 개비 개비 | 타. 그녀에게 데려다 줄게. |

| | 우디 | 음, **you don't have to do that –** ⁰¹⁸⁴ |

| 030 | 기글 맥딤플스 | 자, **spill it!** ⁰¹⁹¹ 그 카우보이. 어떻게 된 거야? |

| | 보 | 뭐가 어떻게 돼? |

| | 기글 맥딤플스 | 너 스스로에게 그러지는 마. 그 카우보이에게는 애가 있다구. |

| | 보 | 기글… |

PART 3

깊이 대화할 때 쓰는 표현 100

PART 3 전체 듣기

대화를 하다 보면 격려하고, 논쟁하고, 시비를 걸기도 하고 따지기도 하잖아요. 디즈니 캐릭터들이 깊은 대화를 나누기 위해 쓰는 표현들을 모았어요. 열심히 익혀서 친구들이나 가족, 동료들과 깊은 대화를 나누어 보세요.

01 대화 시작　02 대화 끝　03 대화 중단　04 조언　05 칭찬　06 공손　07 동의　08 질문
09 정황 파악　10 생각 말하기　11 명령　12 격려　13 결심　14 반대　15 논쟁　16 논쟁 끝
17 비난　18 시비　19 따지기　20 대화 기타 표현

디즈니 애니메이션에서 자주 나오는
이 표현, 혹시 알고 있나요?

0201-0205.mp3

0201
You know what?

[업] 러셀이 칼에게 말을 걸면서 한 말이죠.
무슨 말을 하기 전에 상대방의 관심을 끌려고 할 때 쓰는 말이에요.
'있잖아요.', '그거 알아?'라는 의미인데 상대방의 대답을 들으려고 하는 말은 아니에요.

0202
Guess what?

[라이온 킹] 아기 사자 심바가 삼촌 스카에게 관심을 끌려고 한 말이죠.
You know what?처럼 상대방의 관심을 끌려고 할 때 쓰는 말이에요.
'내 생각을 맞춰 봐.'라고 굳이 해석할 필요는 없어요.

0203
It's like this.

[미녀와 야수] 개스톤이 정신 병원 담당자에게 자신의 음흉한 계획을 밝히며 한 말이죠.
긴 설명을 할 때나 하기 어려운 말을 꺼내기 전에 양념처럼 쓰는 표현으로
'사실 이런 거야.'라는 의미예요.

0204
Let me tell you something.

[라이온 킹] 무파사가 심바에게 매우 중요한 삶의 교훈을 말해 주는 과정에서 한 말이에요.
본격적으로 말을 하기 전에 주의를 환기시키려는 표현이에요.
'내 말 잘 들어.'라고 해석할 수 있어요.

0205
Let me show you something.

[토이 스토리] 버즈가 장난감들에게 자신의 발에 적힌 앤디 이름을 보여주려고 한 말이죠.
어떤 물건을 보여주기 전에 '보여줄 게 있어.'라는 의미로 쓰는 말이에요.
이 말을 들으면 흥미로운 게 나올 거라는 기대가 생기더라구요.

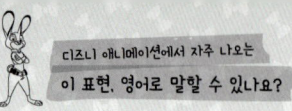
디즈니 애니메이션에서 자주 나오는
이 표현, 영어로 말할 수 있나요?

0201

상대방의 관심을 끌려고 할 때

있잖아요.

0202

대화를 시작하며 하는 말

그거 아세요?

0203

본격적인 말을 하기 전에

이런 거야.

0204

상대방의 주의를 환기시킬 때

잘 들어 봐.

0205

흥미로운 물건을 보여주기 전에

보여줄 게 있어.

디즈니 애니메이션에서 자주 나오는
이 표현, 혹시 알고 있나요?

0206-0210.mp3

0206
Time's up!

[도리를 찾아서] 러더가 제럴드에게 바위에서 쉬는 시간이 끝났다고 하며 한 말이에요.
제한 시간이 끝났다는 표현으로 타임 오버(Time over)라고 하는 분들이 있는데 콩글리시 냄새가 많이 나죠?
'시간 다 됐어!'는 Time's up!이라고 하세요.

0207
It was fun!

[인크레더블 2] TV 대담을 끝내고 대쉬가 사회자에게 감사하며 한 말이죠.
사람들과 좋은 시간을 보낸 뒤 '즐거웠어요.'라는 의미로 쓰는 표현이에요.
It was funny. 는 농담이나 어떤 상황이 코미디처럼 웃겼다는 말이에요. 두 표현은 사용법이 매우 달라요.

0208
It was quite delightful meeting you.

[몬스터 대학교] 마이크가 설리에게 방에서 나가달라는 의미로 한 말이죠. 처음 만난 상대와 헤어질 때 쓰는 말이에요.
'만나서 반가웠어요.'라는 뜻이죠. Nice meeting you.라고 간단하게 말할 수도 있어요.

0209
I'll see you in a bit.

[라푼젤] 엄마가 라푼젤에게 작별 인사를 하며 한 말이에요.
See you later.(나중에 봐.)와 같은 뜻이에요.
in a bit은 '나중에', '이따가'라는 의미예요.

0210
We've got a long way to go.

[뮬란] 군인들의 실력이 형편없어 리샹이 가르칠 게 많겠다는 의미로 한 말이에요.
실제로 이동할 길이 많이 남았다는 뜻도 있지만 '할일이 많겠군.'이란 의미로도 자주 쓴답니다.

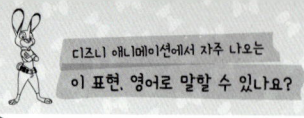
디즈니 애니메이션에서 자주 나오는
이 표현, 영어로 말할 수 있나요?

0206

제한 시간이 끝났다고 할 때

시간 다 됐어!

0207

좋은 시간을 보낸 후 하는 말

즐거웠어요.

0208

처음 만나는 상대와 헤어질 때

만나서 정말 반가웠어.

0209

조만간 만나자고 할 때

이따 봐.

0210

할 일이 많이 있다고 생각하며

할 일이 많겠군.

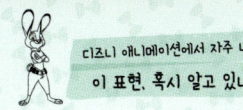

디즈니 애니메이션에서 자주 나오는
이 표현, 혹시 알고 있나요?

0211-0215.mp3

03 대화중단

0211
A word, if you don't mind?

[인크레더블 2] 딕커가 밥과 헬렌에게 긴히 할 얘기가 있다며 한 말이죠.
상대방과 긴히 할 말이 있을 때 쓰는 표현이에요.
if you don't mind는 예의를 갖추려고 쓰는 말이에요. '괜찮으시다면'이란 뜻이죠.

0212
Would you please excuse me for a moment?

[인크레더블 2] 엘라스티걸이 파티장을 급히 벗어나면서 한 말이에요. 상대에게 자리를 비켜 달라고 하거나 본인이
급하게 자리를 떠야 할 때 아주 공손하게 쓰는 표현이에요. 영어는 길게 쓸수록 공손하게 되는 경향이 있어요.

0213
Could we have a little privacy here?

[온워드] 로렐이 맨티코어와 이야기하려고 경찰에게 자리를 비켜 달라면서 한 말이에요. 둘이서 할 말이 있는데
제 3자가 있으면 곤란할 때가 있잖아요? 그 사람에게 자리를 비켜 달라고 공손히 요청하는 말이에요.

0214
Sorry to bother you.

[토이 스토리 4] 우디가 개비 개비를 멈춰 세우고 보 핍에 대해 물어보며 한 말이에요.
긴히 전할 말이 있어 어쩔 수 없이 상대방에게 말을 걸어야 할 때 쓰는 말이에요.
역시 예의를 갖춘 표현입니다.

0215
Where was I?

[카 3] 맥퀸이 하던 말을 계속하려고 하며 한 말이죠.
잠시 말을 중단했다가 다시 이어 가려고 하는데 어디까지 했는지 기억이 나지 않을 때 쓰는 말이에요.
Where were we?(우리 어디까지 했니?)라고 하기도 해요.

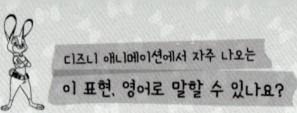

0211

긴히 할 말이 있을 때

괜찮으시면 말씀 좀…

0212

자리를 뜨겠다고 공손하게 말할 때

잠시 실례해도 될까요?

0213

둘만의 시간을 가지고 싶을 때

자리 좀 비켜 주실래요?

0214

상대방에게 어쩔 수 없이 말해야 할 때

귀찮게 해서 미안해.

0215

다시 말을 이어 나갈 때

내가 어디까지 말했지?

디즈니 애니메이션에서 자주 나오는
이 표현, 혹시 알고 있나요?

0216-0220.mp3

04 조언

0216
Keep your head down.

[토이 스토리 3] 전화기 장난감이 우디에게 살아 남으려면 절대 나서지 말라고 조언한 말이에요.
물론 '머리를 숙이세요.'라고 할 때 쓰기도 하지만
'괜히 나서지 마.', '몸을 사리라구.'라고 조언할 때 쓰기도 합니다.

0217
Don't give yourself too much credit.

[주토피아] 보고 서장이 자기 중심적으로 말하는 주디에게 조언한 말이에요.
우쭐대며 어깨에 힘이 들어간 사람에게 '너무 우쭐대지 마.', '네가 잘나서 그런 건 아니야.'라고 충고하는 말이에요.

0218
Don't let it get to you.

[토이 스토리] 보 핍이 버즈 때문에 기분이 상한 우디를 위로하며 한 말이죠.
걱정이 많고 스트레스가 심한 사람들을 위로하는 표현이에요.
Don't let ~ get to you.는 '~에 연연하지 마.', '~를 너무 걱정하지 마.'라는 뜻이에요.

0219
Don't panic.

[노틀담의 꼽추] 클로핀이 관중들에게 콰지모도를 보고 놀라지 말라며 한 말이에요.
잔뜩 겁을 먹고 당황한 사람을 진정시키려고 하는 말로 '겁내지 마.'라는 뜻이에요.
그런데 이런 말을 들으면 더 긴장이 되지 않나요?

0220
Don't blow this for me!

[몬스터 대학교] 랜디가 마이크의 권유를 강하게 뿌리치며 한 말이죠.
blow는 '망치다'라는 의미예요. 망치면 안 된다고 상대방에게 압박을 주는 표현이에요.
잘하라고 응원할 때는 이런 말로 심리적인 압박을 주면 안 되겠죠?

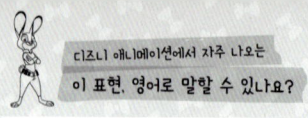

0216
몸을 사리라고 조언할 때

나서지 마.

0217
자기애가 너무 강한 사람에게

너무 우쭐대지 마.

0218
신경 쓰지 말라고 조언할 때

너무 신경 쓰지 마.

0219
겁먹은 사람에게 하는 말

겁내지 말아요.

0220
상대방에게 압박감을 주며

제발 망치지 마!

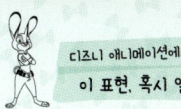

디즈니 애니메이션에서 자주 나오는
이 표현, 혹시 알고 있나요?

0221-0225.mp3

0221
You're one dynamite gal!

[주먹왕 랄프] 펠릭스가 칼훈의 에너지에 완전히 감탄하며 한 말이죠.
다이너마이트처럼 에너지가 넘치는 사람에게 하는 말이에요.
회화에서는 girl 대신 gal이라고 하기도 하는데 여자아이뿐만 아니라 젊은 여성을 의미해요.

0222
You're a pro at this!

[인사이드 아웃] 기쁨이가 슬픔이에게 의도적으로 폭풍 칭찬하며 한 말이에요.
'프로'라는 말은 어떤 일을 정말 잘한다는 의미잖아요? 상대방에게 잘한다고 크게 칭찬할 때 하는 말이에요.
You're good at this!라고 해도 됩니다.

0223
You are so much more than that.

[주토피아] 자신에게 매우 부정적인 닉에게 주디가 용기를 주며 한 말이에요.
상대방의 가능성을 믿고 용기를 줄 때 쓰는 표현으로 '넌 더 잘할 수 있어.', '넌 더 괜찮은 사람이야.'라는 뜻이에요.

0224
You flatter us.

[카 3] 스털링이 더스티를 칭찬하자 더스티가 겸손해하며 한 말이에요.
상대방의 극찬에 '과찬이세요.'라며 겸손하게 말하고 싶을 때는 You flatter me.라고 해 보세요.
Don't flatter me. 또는 Stop flattering me. 등으로 응용해서 써도 같은 의미가 됩니다.

0225
Don't encourage him.

[빅 히어로] 고 고가 테디에게 프레드의 게으름을 칭찬하지 말라며 한 말이에요.
encourage는 '용기를 주다'라는 긍정적인 뜻도 있지만
'부추기다', '조장하다'라는 부정적인 뜻으로도 쓸 수 있어요.

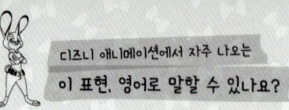

0221
에너지가 넘치는 여자아이에게

완전 에너자이저네!

0222
정말 잘한다고 칭찬할 때

완전 프로네!

0223
가능성을 믿고 용기를 줄 때

넌 훨씬 더 괜찮은 아이야.

0224
칭찬에 겸손하게 반응할 때

과찬이세요.

0225
나쁜 의도로 부추기지 말라고 할 때

쟤 부추기지 마.

디즈니 애니메이션에서 자주 나오는
이 표현, 혹시 알고 있나요?

0226-0230.mp3

0226

Hope I don't offend.

[인크레더블 2] 리플럭스가 자신의 농담으로 헬렌의 기분이 상했을까봐 걱정하며 한 말이죠.
자신의 말이나 행동으로 상대방의 기분이 상했을까봐 하는 말이에요.
이 말에 쿨하게 대답하려면 'I'm fine.'이라고 해 주세요.

0227

Now if you'll excuse me.

[알라딘] 지니가 요술 램프 안으로 사라지기 전에 알라딘에게 작별 인사로 한 말이죠.
자리를 뜰 때 예의를 갖추고 하는 말이에요.
친한 친구끼리는 이 표현보다 'Now I gotta go(이제 가야겠어).'가 자연스러워요.

0228

Allow me.

[알라딘] 술탄이 마법의 양탄자에 올라타는 것을 도와주며 알라딘이 한 말이에요.
'제가 해 드릴게요.'라는 뜻으로 상대방이 하던 일을 도와주겠다고 할 때 쓰는 표현이에요.
매우 공손하게 쓰는 말이랍니다.

0229

I am so honored.

[도리를 찾아서] 도리가 조교가 되었다고 생각하고 감사하면서 한 말이에요. '영광이에요.'라는 뜻이에요.
'~해서 영광이에요.'라고 할 때는 뒤에 to 부정사를 붙여
I'm so honored to be here.(여기에 오게 되어서 영광이에요.)처럼 말해 주세요.

0230

With all due respect,

[알라딘] 이아고가 자파의 명령을 따르지 않으려고 변명하며 한 말이죠.
윗사람이나 계급이 높은 사람에게 조심스럽게 예의를 갖추고 반대 의견을 말할 때 쓰는 표현이에요.
'송구스럽지만'이라고 해석할 수 있어요.

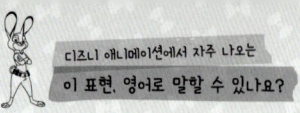
디즈니 애니메이션에서 자주 나오는
이 표현, 영어로 말할 수 있나요?

0226

상대방의 기분이 상했을까봐 하는 말

기분 나쁘게 한 건 아니죠?

0227

자리를 뜰 때 예의를 갖추고 하는 말

전 이만.

0228

상대방이 하던 일을 도와주겠다고 할 때

제가 해 드릴게요.

0229

감사함을 표현할 때

내가 영광이지.

0230

예의를 갖추고 반대 의견을 말할 때

송구스럽지만

디즈니 애니메이션에서 자주 나오는
이 표현, 혹시 알고 있나요?

0231-0235.mp3

0231
You with me?

[라따뚜이] 링귀니가 레미에게 함께 일할 것을 제안하고 동의하는지 물어본 말이죠.
직역하면 '너 나와 함께 하니?'가 되잖아요? 상대방이 동의하는지 물어보는 표현이에요.
또한 'Do you understand?'처럼 상대방이 내 말을 이해하고 있는지 확인하는 의미로도 써요.

0232
I'll take that as a yes.

[알라딘] 의식을 잃은 알라딘이 고개를 살짝 끄덕이자 지니가 농담스럽게 한 말이에요.
상대방이 확답을 주지 않고 머뭇거릴 때
'그런 걸로 알고 있을게.'라며 대화를 마무리 짓는 표현이에요.

0233
Absolutely.

[겨울왕국] 안나가 궁궐에서 함께 살 것을 제안하자 한스가 전적으로 동의하며 한 말이에요.
상대방의 말에 전적으로 공감할 때 쓰는 표현으로
Definitely.라고 해도 같은 의미랍니다.

0234
Without a doubt.

[인크레더블 2] 경찰이 슈퍼히어로가 도움이 되지 않는다고 확신하며 한 말이에요.
'의심이 전혀 없다'는 말은 '100% 확신한다'는 의미가 되겠죠?
'두말하면 잔소리야.'라는 말이 잘 어울리는 영어 표현입니다.

0235
That'll work.

[카 3] 크루즈가 스톰을 흉내내자 맥퀸이 마음에 들어 하며 한 말이에요.
상대방의 제안 등이 마음에 든다고 할 때 쓰는 표현으로 work는 '효과가 있다', '해결하다'라는 뜻이에요.
That'll do.라고 해도 됩니다.

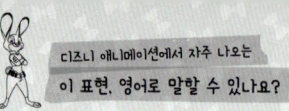
디즈니 애니메이션에서 자주 나오는
이 표현, 영어로 말할 수 있나요?

0231 상대방이 동의하는지 물어볼 때

동의해?

0232 확답을 주지 않고 머뭇거리는 사람에게

그런 걸로 알고 있을게.

0233 전적으로 공감할 때

물론이지.

0234 100% 확신할 때

물론이죠.

0235 상대방의 제안이 마음에 들 때

그러면 돼.

디즈니 애니메이션에서 자주 나오는
이 표현, 혹시 알고 있나요?

0236-0240.mp3

0236
What's it like?

[니모를 찾아서] 수족관에 있는 물고기가 니모에게 바다에 대해 물어본 말이에요.
'그건 어때?'라는 뜻으로 어떤 것에 대해 전반적으로 궁금해서 물어보는 표현이에요.

0237
What's the hurry?

[라이온 킹] 급하게 도망치려는 심바 일행을 하이에나 쉔지가 막아서면서 한 말이에요.
'뭐가 그리 급해?'라는 뜻으로 다급하게 행동하는 사람에게 이유를 물어보는 말이에요.
What's the rush? 혹은 Why the hurry?라고 해도 됩니다.

0238
Where have you been?

[코코] 할머니가 방으로 황급히 들어오는 코코에게 물어본 말이에요.
오랫동안 모습을 안 보이던 상대방에게 '어디 있었어?'라고 물어보는 말이에요.
살짝 짜증이 묻어 있는 표현이죠.

0239
Where are you off to?

[미녀와 야수] 빵집 주인이 벨에게 어디에 가는지 물어본 말이에요.
be off to는 '~로 가다'라는 뜻이에요.
상대방에게 어디에 가는지 물어볼 때 쓰는 말이죠.

0240
What brings you back?

[토이 스토리 4] 듀크 카붐이 보 핍에게 다시 돌아온 이유를 물어본 말이에요.
직역하면 '무엇이 너를 다시 데려온 거니?'가 되네요. 상대방에게 다시 돌아온 이유를 물어보는 표현으로
What brought you back here?라고 해도 비슷한 의미가 됩니다.

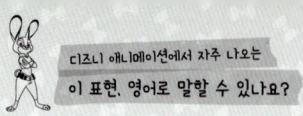
디즈니 애니메이션에서 자주 나오는
이 표현, 영어로 말할 수 있나요?

0236

전반적으로 궁금해서 물어볼 때

그건 어때?

0237

다급하게 행동하는 사람에게

뭐가 그리 급해?

0238

오랫동안 모습이 안 보이던 상대방에게

어디 있었어?

0239

행선지를 물어볼 때

어디 가니?

0240

돌아온 이유를 물어볼 때

왜 다시 온 거야?

**디즈니 애니메이션에서 자주 나오는
이 표현, 혹시 알고 있나요?**

0241-0245.mp3

0241

What's this?

[라푼젤] 지하 감옥에 근위병들이 갇히자 대장이 혼란스러워하며 한 말이죠.
'이것은 무엇이니?'로 많이 쓰지만
'이게 무슨 일이니?'라는 의미로 정황을 파악하려고 할 때도 쓰는 표현이에요.

0242
What seems to be the problem?

[온워드] 콜트가 경찰관들에게 안부인사로 물어본 말이죠. '혹시 문제라도 있나요?'라고 공손하게 물어보는 말이에요.
반면에 'What's the problem?'은 문제가 있음을 확신하고 직설적으로 묻는 느낌이 담겨 있어요.

0243

What did I miss?

[코코] 관객이 공연장으로 다시 돌아와서 물어본 말이에요.
직역하면 '내가 무엇을 놓쳤어?'가 되잖아요?
자신이 자리를 비운 사이에 무슨 일이 있었는지 물어보는 표현이에요.

0244

How did it go?

[알라딘] 이아고가 자파에게 자스민과의 일이 어떻게 되었는지 물어본 말이에요.
'어떻게 됐어?'라는 뜻으로 일이 어떻게 되었는지 관심 있게 물어보는 표현이에요.
면접, 시험 등의 큰일을 치른 상대에게 물어보는 말이죠.

0245

What have we got here?

[라이온 킹] 하이에나들이 심바 일행을 만나서 비웃으며 한 말이죠.
'뭐가 있나 한번 볼까?'라는 뜻으로 정황을 물어볼 때 쓰는 말이에요.
What do we have here?라고 하기도 해요.

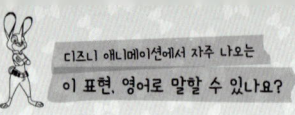
디즈니 애니메이션에서 자주 나오는
이 표현, 영어로 말할 수 있나요?

0241 정황을 파악할 때
이게 무슨 일이지?

0242 문제가 있는지 공손하게 물어볼 때
무슨 문제라도 있나요?

0243 자리에 돌아와서 물어보는 말
무슨 일 있었어?

0244 일이 어떻게 되었는지 관심 있게 물어볼 때
어떻게 됐어요?

0245 어떤 것이 있는지 살펴보려고 할 때
뭐가 있나 한번 볼까?

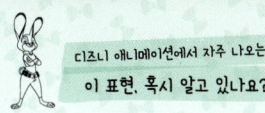

디즈니 애니메이션에서 자주 나오는
이 표현, 혹시 알고 있나요?

0246-0250.mp3

Let me get this straight.

[라푼젤] 플린이 라푼젤의 제안을 다시 정리하면서 한 말이죠.
상대방의 말을 듣고 내가 이해한 것을 정리해 보겠다고 할 때 쓰는 말이에요.
또한 혼란스러운 상황을 바로잡겠다는 의미로도 쓸 수 있어요.

Let me do the talking.

[온워드] 맨티코어에게 말하는 일을 담당하겠다고 선언하며 발리가 한 말이에요.
상대방을 믿지 못해서 차라리 내가 말을 하는 게 낫겠다 싶을 때가 있잖아요?
이럴 때 필요한 표현으로 '말은 내가 할게.'라는 뜻이랍니다.

I know this sounds insane.

[라따뚜이] 링귀니가 진짜 요리사는 레미라고 고백하며 한 말이에요.
insane은 '미친', '제정신이 아닌'이란 뜻이에요.
자신의 말이 신빙성이 없다는 것을 알고 있지만 그래도 믿어 달라고 할 때 쓰는 말입니다.

For your information,

[노틀담의 꼽추] 에스메랄다가 경비병에게 돈의 출처를 상세하게 말하는 과정에서 한 말이에요.
직역하면 '너의 정보를 위해서,'가 되는데 '참고로 말씀드리면,'이란 뜻이에요.
줄여서 FYI라고 자주 쓴답니다.

Just get to the point.

[빅 히어로] 고 고가 프레드에게 말을 돌리지 말라고 하면서 한 말이에요.
말을 빙빙 돌리면서 요점을 피하려는 사람에게 하는 말이에요.
'본론만 말해.'라는 뜻으로 Don't beat around the bush.라고도 자주 씁니다.

141

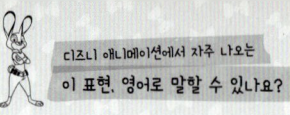

0246

이해한 것을 정리해서 말할 때

내가 정리해 볼게요.

0247

내가 말하는 것을 담당하겠다고 할 때

말은 내가 할게.

0248

상대방이 내 말을 믿지 못한다고 생각할 때

이상하게 들리겠지만.

0249

추가적으로 말할 때

참고로 말씀드리면

0250

요점만 말하라고 할 때

본론만 말해.

망각방지 장치 1

하루만 지나도 학습한 내용의 50%를 잊어버립니다. 여러분은 몇 퍼센트나 잊어버렸을까요? 5분 안에 25개를 말해 보세요.

01	그거 아세요?	Guess _____?	0202
02	잘 들어 봐.	Let me _____ you something.	0204
03	시간 다 됐어!	Time's _____!	0206
04	할 일이 많겠군.	We've got a _____ way to go.	0210
05	자리 좀 비켜 주실래요?	Could we have a little _____ here?	0213
06	귀찮게 해서 미안해.	Sorry to _____ you.	0214
07	내가 어디까지 말했지?	_____ was I?	0215
08	나서지 마.	Keep your _____ down.	0216
09	너무 신경 쓰지 마.	Don't _____ it get to you.	0218
10	겁내지 말아요.	Don't _____.	0219
11	제발 망치지 마!	Don't _____ this for me!	0220
12	완전 프로네!	You're a _____ at this!	0222
13	과찬이세요.	You _____ us.	0224
14	쟤 부추기지 마.	Don't _____ him.	0225

정답 01 what 02 tell 03 up 04 long 05 privacy 06 bother 07 Where 08 head 09 let 10 panic
11 blow 12 pro 13 flatter 14 encourage

15	기분 나쁘게 한 건 아니죠?	Hope I don't _____.		0226
16	제가 해 드릴게요.	_____ me.		0228
17	내가 영광이지.	I am so _____.		0229
18	송구스럽지만	With all due _____,		0230
19	물론이죠.	Without a _____.		0234
20	뭐가 그리 급해?	What's the _____?		0237
21	왜 다시 온 거야?	What _____ you back?		0240
22	무슨 일 있었어?	What did I _____?		0243
23	어떻게 됐어요?	How did it _____?		0244
24	내가 정리해 볼게요.	Let me get this _____.		0246
25	참고로 말씀드리면	For your _____,		0249

정답 15 offend 16 Allow 17 honored 18 respect 19 doubt 20 hurry 21 brings 22 miss 23 go 24 straight 25 information

디즈니 애니메이션에서 자주 나오는
이 표현, 혹시 알고 있나요?

0251-0255.mp3

0251

Don't you ever do that again!

[라이온 킹] 암사자 날라가 갑자기 나타나자 티몬이 겁을 먹고 한 말이죠.
Don't you ever ~는 '절대로 ~하지 마'라는 의미로 강하게 명령할 때 쓰는 말이에요.
Never, ever ~라고 말해도 절대 하지 말라는 뜻이랍니다.

0252

Don't talk back to me.

[알라딘] 지니가 말대답을 하자 자파가 화를 내며 한 말이에요.
talk back은 '거꾸로 말하다'가 아니라 '말대답하다'라는 뜻이에요.
권위 의식이 강한 사람들이 자주 쓰는 표현입니다.

0253

Do as she says.

[인크레더블 2] 대사가 엘라스티걸의 말을 들으라고 명령한 말이에요.
Do as ~ say(s).는 '~가 말하는 대로 해.'라는 뜻으로 말을 잘 들으라는 의미예요.
이와 유사한 표현 Do as ~ do(es).는 행동을 따라 하라는 의미예요. '~가 하는 대로 해.'라고 해석합니다.

0254

Just follow my lead.

[인사이드 아웃] 기쁨이가 슬픔이를 무대로 끌고 나가면서 한 말이에요.
자신이 하는 것처럼 따라 해 보라는 의미예요. 동작을 보여주고 따라 하라고 할 때 쓰는 표현이죠.
또한 '(내가 앞장설 테니) 따라와.'라는 의미도 있어요.

0255

Take a break.

[몬스터 주식회사] 오염 지역 방역을 마친 직원들에게 휴식 시간을 주면서 한 말이죠.
잠시 휴식 시간을 줄 때 쓰는 표현이에요.
'Take five.'라는 표현도 자주 쓰는데 '5분 정도 잠깐 쉬었다 해요.'라는 뜻입니다.

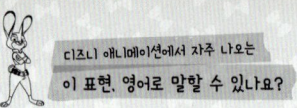
디즈니 애니메이션에서 자주 나오는 이 표현, 영어로 말할 수 있나요?

0251

다시는 절대로 그런 짓을 하지 말라고 할 때

다시는 그러지 마!

0252

말대꾸하는 상대가 짜증날 때

말대답하지 마.

0253

그녀의 말을 들으라고 할 때

그녀가 말하는 대로 하세요.

0254

내 행동을 따라 하라고 할 때

내가 하는 대로 해.

0255

잠시 휴식 시간을 줄 때

쉬었다 합시다.

디즈니 애니메이션에서 자주 나오는
이 표현, 혹시 알고 있나요?

0256-0260.mp3

0256
Be positive.

[인사이드 아웃] 기쁨이가 스스로에게 긍정적으로 생각하라고 한 말이에요.
'긍정적으로 생각해.'라는 뜻이에요. positive의 반대말은 negative인데
Don't be negative.(부정적으로 생각하지 마.)라고 해도 비슷한 표현이 되겠죠?

0257
Do lighten up.

[라이온 킹] 스카가 우울해하는 자주를 격려하며 한 말이에요.
풀이 죽은 사람은 얼굴도 어둡더라구요. 얼굴을 밝히라는 의미로 '기운 내.'라는 뜻의 표현이에요.
Cheer up.과 같은 뜻이며 Do 없이 Lighten up.이라고 해도 됩니다.

0258
It's gonna be okay.

[인사이드 아웃] 기쁨이가 빙봉을 위로하면서 한 말이에요.
격려할 때 가장 흔하게 쓰는 말로 '괜찮을 거야.'라는 의미죠.
It will be alright.도 걱정하지 말라고 격려하는 말입니다.

0259
Give it a try.

[몬스터 대학교] 설리가 마이크에게 새로운 겁주기 기술을 가르쳐 주며 한 말이죠.
'한번 해 봐.'라는 뜻으로 상대방에게 색다른 무언가를 경험 삼아 시도해 보라고 하는 말이에요.

0260
Go get'em, tiger!

[카 3] 자동차들이 맥퀸을 응원하며 한 말이에요. 'Go get them.'을 직역하면
'가서 그것들을 잡아와.'인데 주로 운동 경기에서 선수들을 강하게 격려할 때 쓰는 말이에요.
'본때를 보여줘!'가 적절한 해석일 것 같군요.

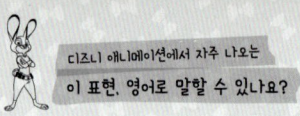
디즈니 애니메이션에서 자주 나오는
이 표현, 영어로 말할 수 있나요?

0256 좋은 쪽으로 생각하라고 격려할 때
긍정적으로 생각해.

0257 풀이 죽은 사람을 격려할 때
기운 내.

0258 다 잘될 거라고 격려할 때
괜찮을 거야.

0259 무언가를 시도해 보라고 할 때
한번 해 봐.

0260 운동 선수에게 격려하는 말로
본때를 보여줘!

디즈니 애니메이션에서 자주 나오는
이 표현, 혹시 알고 있나요?

0261-0265.mp3

0261

My mind's made up.

[카 3] 브릭의 스폰서가 브릭에게 힘든 결정을 내렸다고 하면서 한 말이에요.
'마음의 결정을 내렸어.'라는 뜻이에요.
I made up my mind.라고 해도 같은 의미가 되는데 이 표현을 더 많이 쓴답니다.

0262

You won't talk me out of this.

[카 3] 크루즈가 단호하게 맥퀸의 말을 듣지 않으려고 하면서 한 말이죠.
'talk + 사람 + out of ~'는 '(사람)에게 ~하지 말라고 설득하다'라는 뜻이에요.
상대가 아무리 말려도 난 기어코 이것을 하겠다는 말이에요.

0263

No matter what happens,

[카 3] 샐리가 맥퀸을 격려하며 한 말이에요.
불굴의 의지를 보여주는 표현으로 '무슨 일이 있어도,'라는 뜻이에요.
No matter what.이라고 짧게 써도 돼요.

0264

So be it!

[노틀담의 꼽추] 프롤로가 도시를 불태워야 하면 그렇게 하라고 명령하며 한 말이에요.
어쩔 수 없는 상황이라면 그렇게 하겠다는 의지가 담긴 표현이에요.
'그렇게 하겠어.'라는 뜻인데 약간 연극적인 말투처럼 느껴집니다.

0265

He can't help it.

[주토피아] 닉이 야수로 변하자 벨웨더가 어쩔 수 없다는 듯이 한 말이에요.
'can't help it'은 자신의 의지와는 상관없이 그럴 수밖에 없다는 말이에요.
'어쩔 수 없어.'라고 해석해 주세요.

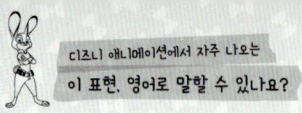

0261

마음의 결정을 내렸을 때 하는 말

난 결정했어.

0262

자신의 결정을 고집할 때 하는 말

날 설득할 순 없을 거예요.

0263

불굴의 의지를 보이면서 하는 말

무슨 일이 있어도

0264

어쩔 수 없는 상황에서 그렇게 하겠다며

그렇게 하도록!

0265

그럴 수밖에 없었다고 할 때

개도 어쩔 수 없다구.

디즈니 애니메이션에서 자주 나오는
이 표현, 혹시 알고 있나요?

0266-0270.mp3

0266
I beg to differ.

[인크레더블 2] 엘라스티걸이 여성 슈퍼히어로에 대해 에블린과 다른 생각이라며 한 말이에요. 직역하면 '다르게 간청한다'가 되잖아요? 지금 논의되는 것에 동의하지 않거나 다른 생각이 있다는 뜻이에요. beg(간청하다)를 보면 알겠지만 정중하게 말하는 표현이에요.

0267
What if you're wrong?

[토이 스토리 4] 개비 개비가 우디의 말에 확신을 갖지 못하고 한 말이에요. 'What if ~?'는 '~하면 어쩌지?'라는 뜻으로 가정을 나타내요. 이 표현은 네가 틀릴 가능성도 생각을 해 보자는 말입니다.

0268
I was against this from the start.

[미녀와 야수] 콕스워스가 야수에게 변명을 늘어 놓으며 한 말이죠. '난 애초부터 반대였어.'라는 의미로 일이 터진 뒤에 책임을 지지 않으려고 하는 말이에요. be against ~는 '~에 반대하다'라는 뜻이에요.

0269
Not a chance.

[인크레더블] 헬렌이 밥에게 강하게 반대하며 자신도 맞서 싸우겠다고 하면서 한 말이에요. '한 번의 기회도 안 된다.'는 말은 '절대로 안 된다.'는 말이겠죠? 강하게 반대하거나 금지할 때 쓰는 표현이에요.

0270
I disagree strongly.

[인크레더블 2] 데버가 슈퍼히어로에 대한 에블린의 생각에 반대하며 한 말이에요. 상대방의 의견에 강하게 반대할 때 쓰는 표현이에요. I totally disagree.라는 표현으로도 강하게 반대할 수 있어요.

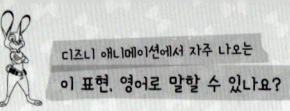

0266

생각이 다를 때

난 다른 생각이에요.

0267

상대방이 틀릴 가능성을 말할 때

네가 틀리면?

0268

일이 터진 후 책임을 회피하려고 할 때

저는 애초부터 반대였습니다.

0269

강하게 반대할 때

절대 안 돼요.

0270

강하게 동의하지 않을 때

전 매우 반대예요.

디즈니 애니메이션에서 자주 나오는
이 표현, 혹시 알고 있나요?

0271-0275.mp3

0271
What did you call me?

[겨울왕국] 크리스토프가 오켄을 사기꾼이라고 부르자 오켄이 기분 나빠하며 한 말이죠.
직역하면 '나를 무엇으로 불렀나요?'지만 궁금해서 물어보는 말이 아니고
'나한테 뭐라구요?'라며 기분 나빠서 따지는 말이에요.

0272
You got a problem?

[온워드] 도깨비가 아빠에게 시비를 걸면서 한 말이죠.
상대방에게 따지는 말이에요.
'불만 있어?'라는 뜻으로 상대방과 맞장뜰 각오로 던지는 말이에요.

0273
Just hear me out.

[몬스터 주식회사] 마이크가 설리에게 자신의 말을 들어 보라고 설득하면서 한 말이에요.
마음을 열지 않는 상대에게 자신의 말을 들어 보라고 설득하는 표현이에요.

0274
You started it!

[인크레더블] 대쉬와 바이올렛이 말싸움을 하면서 한 말이죠.
티격태격하며 누가 먼저 시비를 걸었는지 따지는 표현이에요.
'He started it!'이라고 하면 '쟤가 먼저 그랬어요!'라고 고자질하는 거예요.

0275
Use your words.

[인사이드 아웃] 소심이가 매우 화를 내는 버럭이를 진정시키며 한 말이죠.
주먹 대신 말로 좋게 해결하라고 조언하는 표현이에요.
'말을 써.'보다는 '말로 해.'라는 해석이 더 자연스럽죠?

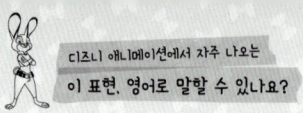
디즈니 애니메이션에서 자주 나오는
이 표현, 영어로 말할 수 있나요?

0271 ☐☐☐

상대방에게 기분 나빠 따질 때

나한테 뭐라구요?

0272 ☐☐☐

상대방과 맞장뜰 때

불만 있어?

0273 ☐☐☐

내 말을 들어 보라고 설득할 때

내 말 좀 들어 봐.

0274 ☐☐☐

티격태격할 때 쓰는 말

네가 먼저 그랬잖아!

0275 ☐☐☐

주먹 말고 말로 해결하라고 할 때

말로 해.

디즈니 애니메이션에서 자주 나오는
이 표현, 혹시 알고 있나요?

0276-0280.mp3

16 논쟁 끝

0276
We dropped the issue.

[라푼젤] 엄마가 라푼젤의 이야기를 칼같이 자르면서 한 말이에요.
drop the issue는 '그 문제에 대해서 더 이상의 논쟁을 하지 않기로 하다'라는 의미예요.
상대방이 예전 문제를 다시 꺼낼 때 '그 얘기는 끝났잖아.'라는 의미로 쓰는 말이에요.

0277
We've been through this.

[라이온 킹] 날라가 심바에게 왕으로 다시 돌아올 것을 제안하자 심바가 한 말이에요.
We dropped the issue.처럼 상대방이 예전 문제를 걸고 넘어질 때 하소연하듯 하는 말이에요.
be through는 '끝나다'라는 뜻이에요.

0278
I'm done talking.

[온워드] 맨티코어가 아이들에게 절대로 지도를 주지 않겠다고 단언하며 한 말이죠.
'내가 하고 싶은 말은 다 했어.'라는 의미입니다.
또한 '난 더 이상 말하기 싫어.'라는 의미로도 쓸 수 있어요.

0279
There, I said it.

[업] 러셀이 텐트를 쳐 본 적이 없다고 칼에게 고백하며 한 말이에요.
비밀로 간직하던 말이나 참고 있던 말을 마침내 꺼낸 뒤 후련한 듯 쓰는 표현이에요.
There는 '자, 봤지?'처럼 큰 의미 없이 붙인 말이에요.

0280
Deal!

[몬스터 대학교] 마이크가 하드스크래블 총장의 제안을 받아들이며 한 말이죠.
상대방의 제안에 동의한다는 말이에요.
deal은 '거래', '약속'이란 뜻인데 이 문맥에서는 '좋아'라는 해석이 제일 적절해요.

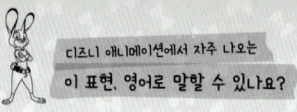
디즈니 애니메이션에서 자주 나오는
이 표현, 영어로 말할 수 있나요?

0276
그 문제는 이미 해결되었다고 할 때
그 얘기는 끝났잖니.

0277
끝난 문제를 상대방이 다시 거론할 때
이 이야기는 다 끝났잖아.

0278
하고 싶은 말을 다 한 뒤
난 말 다 했어.

0279
참고 있던 말을 꺼낸 뒤
자, 이제 다 말했어요.

0280
상대방의 제안에 동의할 때
좋아요!

디즈니 애니메이션에서 자주 나오는
이 표현, 혹시 알고 있나요?

0281-0285.mp3

0281
Shame on you.

[토이 스토리 4] 더키가 진정으로 사과하는 버즈를 크게 비난하며 한 말이죠.
잘못을 저지른 사람을 비난하는 말이에요.
'부끄러운 줄 알아야지.'라는 뜻입니다. shame은 '창피함'이란 뜻이에요.

0282
You're making him lose his focus.

[몬스터 주식회사] 마이크가 설리를 귀찮게 하는 팬들을 비난하며 한 말이에요. You're making him ~은 '너 때문에 얘가 ~하잖아'라는 의미로 상대방을 탓하는 표현이에요. lose one's focus는 '집중하지 못하다'라는 뜻입니다.

0283
That was it?

[라이온 킹] 아기 사자 심바의 울음소리가 용맹스럽게 들리지 않자 하이에나가 비웃으며 한 말이죠.
'고작 그거냐?'라는 의미로 상대방에게 실망했을 때 쓰는 표현이에요.
Is that it?(그게 다니?)라고 해도 됩니다.

0284
Look what you've done.

[라푼젤] 엄마가 플린을 괴롭히면서 그 책임을 라푼젤에게 돌리며 한 말이죠.
'네가 무슨 짓을 했나 봐라.'라는 뜻으로 상대방이 죄책감이 들게 하는 표현이에요.
What have you done?(무슨 짓을 한 거니?) 역시 알아 두세요.

0285
He was way outta line.

[토이 스토리] 기글 맥딤플스가 보 핍 앞에서 우디의 태도를 비판하며 한 말이에요.
be out of line은 '용납할 수 있는 범위를 넘어서다'라는 뜻이에요. 적절하지 못한 언행이나 무례한 말을 한 사람에게 쓰는 표현이죠. way는 강조할 때 쓰는 말로 '정말로', '너무'라는 뜻이에요.

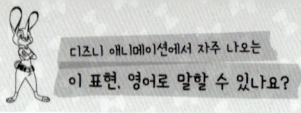
디즈니 애니메이션에서 자주 나오는
이 표현, 영어로 말할 수 있나요?

0281

비난할 때 쓰는 말

부끄러운 줄 알아야지.

0282

상대방을 탓하는 말

너희 때문에 얘가 집중을 못 하잖아.

0283

상대방에게 실망했을 때 하는 말

고작 그거냐?

0284

죄책감이 들게 하는 말

네가 무슨 짓을 했나 봐라.

0285

무례한 사람을 비판하는 말

걔가 너무 심했어.

 디즈니 애니메이션에서 자주 나오는
이 표현, 혹시 알고 있나요?

0286-0290.mp3

0286
You got a lotta nerve.

 [온워드] 도깨비가 도전적인 말을 하는 발리에게 시비를 걸며 한 말이죠.
a lotta는 a lot of를 소리 나는 대로 쓴 거예요.
이 표현은 '너 배짱 한번 좋다.', '참 뻔뻔하네.'라는 의미로 상대방에게 시비를 거는 말이에요.

0287
Come get'em.

 [주토피아] 기디온이 주디에게 티켓을 뺏어 보라고 약올리며 한 말이에요.
상대방 눈 앞에 어떤 물건을 흔들면서 '와서 뺏어 봐.'라고 약 올리며 하는 말이에요.
Come and get them.이라고도 말할 수 있어요.

0288
You're gonna make things worse.

 [니모를 찾아서] 말린이 고래와 대화를 시도하는 도리를 비난하며 한 말이에요.
상대방의 말이나 행동이 상황을 더 악화시킬 뿐이라고 비난하는 표현이에요.

0289
Try me.

 [알라딘] 질투심을 느끼는 자파가 알라딘에게 도발하듯 한 말이죠.
'나를 먹어 봐.'라는 뜻이 아니고 '어디 한번 해 봐.'라는 뜻으로 상대방에게 도발할 때 쓰는 말이에요.
또한 '내게 기회를 줘 봐.'라는 의미로도 쓸 수 있어요.

0290
You must control your temper.

 [미녀와 야수] 하인들이 야수에게 벨과의 데이트를 위해 조언한 말이에요. 욱하는 기질이 있는 사람에게
하는 조언이에요. 'control one's temper'는 '화를 통제하다' 즉 '성질을 죽이다'라는 뜻입니다.

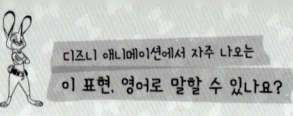
디즈니 애니메이션에서 자주 나오는
이 표현, 영어로 말할 수 있나요?

0286 상대방에게 맞짱뜰 때
배짱 좋은데.

0287 상대방을 약 올릴 때
와서 뺏어 봐.

0288 상대방이 상황을 더 악화시킨다고 생각할 때
네가 일을 더 망치는 거라구.

0289 상대방에게 도발할 때
어디 한번 해 보시지.

0290 욱하는 사람에게 조언할 때
성질 좀 죽이세요.

디즈니 애니메이션에서 자주 나오는
이 표현, 혹시 알고 있나요?

0291-0295.mp3

0291
What have you done?

[겨울왕국] 엘사의 실수로 안나가 다치자 아빠가 엘사를 질책하며 한 말이에요.
상대방의 행동으로 인해 안 좋은 일이 생겼을 때 쓰는 표현이에요.
'무슨 짓을 한 거니?'라는 의미인데 추궁하는 듯한 말투로 말하세요.

0292
What do you think you are doing?

[업] 칼이 공사장 인부에게 따지며 한 말이죠. 의도를 물어보는 말이에요. What are you doing?이라고 써도 되지만 do you think를 넣어 '도대체 뭐 하자는 거니?', '무슨 생각인 거니?'라는 의미가 된 거예요.

0293
What did I ever do to you?

[겨울왕국] 엘사가 안나를 멀리하자 안나가 그 이유를 따지면서 한 말이에요.
직역하면 '내가 도대체 너에게 뭘 했니?'인데 '내가 뭘 잘못했는데?'라고 따지듯 물어보는 말이에요.
ever는 의문문에서 '도대체'라는 뜻으로 강조하는 역할을 해요.

0294
How could you do that?

[빅 히어로] 히로가 칼라한을 거의 잡을 뻔했으나 아이들이 이를 방해하자 크게 화를 내며 한 말이에요.
'어쩜 그럴 수 있니?'라는 뜻으로 상대방의 행동을 비난할 때 쓰는 말이에요.

0295
How do you know?

[인사이드 아웃] 기쁨이가 까칠이에게 어떻게 아는지 물어본 말이에요.
상대방이 한 말에 화가 나서 '네가 어떻게 알아?'라고 쏘아붙일 때 쓰는 말이에요.
또한 말 그대로 정보를 알게 된 경위를 물어볼 수도 있어요. '어떻게 아는 거야?'라는 뜻이죠.

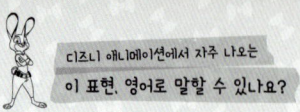

0291 상대방의 행동에 대한 책임을 물을 때
무슨 짓을 한 거니?

0292 상대방의 의도를 추궁할 때
뭐 하자는 겁니까?

0293 상대방에게 따질 때
내가 뭘 잘못했는데?

0294 상대방의 행동을 비난할 때
어쩜 그럴 수 있니?

0295 어떻게 알고 있는 건지 물어볼 때
니가 어떻게 알아?

디즈니 애니메이션에서 자주 나오는
이 표현, 혹시 알고 있나요?

0296-0300.mp3

0296
I didn't see that coming.

[라푼젤] 라푼젤의 금발머리가 갑자기 빛나는 것을 보고 플린이 놀라서 한 말이에요.
예상치 못한 일이 발생했을 때 '그렇게 될 줄 몰랐어요.'라는 의미로 쓰는 말이에요.
물론 단어 그대로 '그게 오는 걸 못 봤어요.'라는 의미로도 쓸 수 있어요.

0297
I have an announcement.

[몬스터 대학교] 몬스터 대학교 학생들에게 공지사항을 알리며 한 말이죠.
여러 사람에게 소식을 알리고자 할 때 쓰는 표현으로 '말씀드릴 게 있어요.'라는 뜻이에요.
뒤에 to make를 붙여 'I have an announcement to make.'라고 쓰기도 해요.

0298
I'm sitting this one out.

[인크레더블 2] 헬렌이 슈퍼히어로 일에서 빠지겠다면서 한 말이에요.
sit ~ out은 '빠지다', '참여하지 않다'라는 뜻이에요.
어떤 일에 관여하고 싶지 않다고 할 때 쓰는 표현입니다.

0299
Let's not jump to conclusions.

[빅 히어로] 허니가 요카이에 대해서 너무 나쁘게 속단하지 말자며 한 말이죠.
직역하면 '결론에 뛰어들지 말자.'가 되잖아요? 따라서 '속단하지 말자.'는 뜻이에요.

0300
Will do.

[카 3] 응원하는 말을 듣고 맥퀸이 우승하겠다고 하면서 한 말이에요.
'I will do it.'의 줄임말로 회화에서는 이렇게 쓰는 경우가 많아요.
'그럴게요.'라는 뜻으로 상대방이 원하는 대로 혹은 시키는 대로 하겠다는 의미예요.

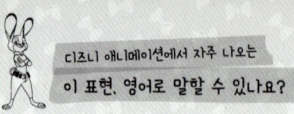
디즈니 애니메이션에서 자주 나오는
이 표현, 영어로 말할 수 있나요?

0296

예상치 못한 일이 생겼을 때

그렇게 될 줄 몰랐어요.

0297

여러 사람에게 소식을 알릴 때

공지합니다.

0298

관여하지 않겠다고 말할 때

난 이 일에서 빠질게.

0299

너무 빨리 결정하지 말자고 할 때

속단하지 말자고.

0300

상대방이 원하는 대로 하겠다고 할 때

그럴게요.

망각방지 장치 1

하루만 지나도 학습한 내용의 50%를 잊어버립니다. 여러분은 몇 퍼센트나 잊어버렸을까요? 5분 안에 25개를 말해 보세요.

01	말대답하지 마.	Don't talk _____ to me.	0252
02	내가 하는 대로 해.	Just _____ my lead.	0254
03	쉬었다 합시다.	Take a _____.	0255
04	긍정적으로 생각해.	Be _____.	0256
05	기운 내.	Do _____ up.	0257
06	한번 해 봐.	Give it a _____.	0259
07	난 결정했어.	My mind's _____ up.	0261
08	무슨 일이 있어도,	No _____ what happens,	0263
09	걔도 어쩔 수 없다구.	He can't _____ it.	0265
10	네가 틀리면?	What _____ you're wrong?	0267
11	절대 안 돼요.	Not a _____.	0269
12	나한테 뭐라구요?	What did you _____ me?	0271
13	불만 있어?	You got a _____?	0272
14	내 말 좀 들어 봐.	Just _____ me out.	0273

정답 01 back 02 follow 03 break 04 positive 05 lighten 06 try 07 made 08 matter 09 help
10 if 11 chance 12 call 13 problem 14 hear

15	그 애기는 끝났잖니.	We _____ the issue.	0276
16	난 말 다 했어.	I'm done _____.	0278
17	부끄러운 줄 알아야지.	_____ on you.	0281
18	고작 그거냐?	That was _____?	0283
19	네가 무슨 짓을 했나 봐라.	Look what you've _____.	0284
20	배짱 좋은데.	You got a lotta _____.	0286
21	어디 한번 해 보시지.	Try _____.	0289
22	성질 좀 죽이세요.	You must control your _____.	0290
23	무슨 짓을 한 거니?	What have you _____?	0291
24	그렇게 될 줄 몰랐어요.	I didn't see that _____.	0296
25	속단하지 말자고.	Let's not jump to _____.	0299

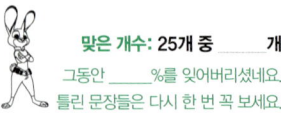

맞은 개수: 25개 중 ____ 개
그동안 ____%를 잊어버리셨네요.
틀린 문장들은 다시 한 번 꼭 보세요.

정답 15 dropped 16 talking 17 Shame 18 it 19 done 20 nerve 21 me 22 temper
23 done 24 coming 25 conclusions

망각방지 장치 2

일주일이 지나면 학습한 내용의 70%를 잊어버립니다. 여러분은 몇 퍼센트나 잊어버렸을까요? 디즈니 대화문에서 확인해 보세요.

---

031 [라이온 킹] 심바, 스카에게 자신이 왕이 될 거라고 으스대며 conversation031.mp3

SIMBA   Hey, Uncle Scar! 그거 아세요? 0202

SCAR   I despise guessing games.

SIMBA   I'm gonna be king of Pride Rock!

SCAR   Oh, goodie.

> Words   despise 경멸하다   goodie 신난다, 멋지다

---

032 [라이온 킹] 자주와 어린 사자들이 하이에나들에게 협박을 당하며 conversation032.mp3

ZAZU   Oh, my – my – my. Look at the sun. It's time to go.

SHENZI 뭐가 그리 급해? 0237 We'd love you to stick around for dinner.

BANZAI Yeah. We could have whatever's "lion" around.

SHENZI Wait – wait – wait! I got one, I got one.

BANZAI "Lion" around!

> Words   stick around 머무르다   whatever 무엇이든

---

033 [라이온 킹] 날라가 심바에게 고향으로 돌아갈 것을 제안하자 conversation033.mp3

NALA   We've really needed you at home.

SIMBA   No one needs me.

NALA   Yes, we do. You're the king.

SIMBA   Nala, 이 이야기는 다 끝났잖아. 0277 I'm not the king. Scar is.

031 심바 스카 삼촌! **Guess what?** 0202

스카 난 생각 맞추기 게임 같은 거 질색이야.

심바 내가 프라이드 록의 왕이 될 거예요.

스카 오, 신나겠네.

032 자주 오, 이-런. 해가 중천에 떴네. 돌아갈 시간이야.

쉔지 **What's the hurry?** 0237 저녁 먹게 있다 가지.

반자이 그래. 여기 널려 있는 "사자" 같은 거 먹으면 되겠네.

쉔지 잠깐-잠깐-잠깐! 나도 하나 있어, 나도 농담이 있다고.

반자이 널려 있는 "사자"래!

033 날라 고향에서는 네가 정말 필요했다구.

심바 아무도 내가 필요하지 않아.

날라 우리는 필요해. 네가 왕이잖아.

심바 날라, **we've been through this.** 0277 난 왕이 아니야. 스카가 왕이지.

034 [카 3] 브릭이 스폰서에게 계약 해지를 통보받으며
conversation034.mp3

BRICK YARDLEY You can't do this! I've raced for you guys almost for ten years!

MCQUEEN Brick?

BRICK'S SPONSOR Sorry, Brick. 난 결정했어. ⁰²⁶¹ I'm giving your number to someone new.

BRICK YARDLEY Hey! I... I had two wins last year!

Words race 경주하다

035 [카 3] 크루즈가 맥퀸에게 트레이너 일을 그만두겠다고 통보하며
conversation035.mp3

MCQUEEN Hey Cruz.

CRUZ 날 설득할 순 없을 거예요, ⁰²⁶² Mr. MCQUEEN. I'm going back. I resign as your trainer.

MCQUEEN Alright. I accept your resignation... bye.

CRUZ Uh – OK...

Words resign 그만두다, 사임하다   resignation 사직

036 [카 3] 크루즈가 맥퀸에게 막말을 시도하자 모두들 좋아하며
conversation036.mp3

CRUZ How was that?

MCQUEEN 그러면 돼. ⁰²³⁵

LOUISE NASH Worked for me.

RIVER SCOTT I'm good.

JR. MOON Yep. That'll do.

034 브릭 야들리 이러면 안 되죠! 난 10년 동안 당신들을 위해서 경기했어요.

맥퀸 브릭?

브릭의 스폰서 미안해, 브릭. **My mind's made up.** 0261 네 번호를 새로운 선수에게 주기로 했네.

브릭 야들리 이봐요! 난… 난 작년에 2승을 했잖아요!

035 맥퀸 이봐 크루즈.

크루즈 **You won't talk me out of this,** 0262 맥퀸 씨. 전 돌아갑니다. 당신의 트레이너 일을 그만둘 거예요.

맥퀸 알았어. 네 사직을 받아들이지… 잘 가.

크루즈 어 – 알았어요…

036 크루즈 어땠어요?

맥퀸 **That'll work.** 0235

루이즈 내쉬 괜찮은데.

리버 스콧 나도 좋아.

주니어 문 그 정도면 괜찮아.

037 [토이 스토리 4] 우디가 개비 개비를 처음 만나면서 conversation037.mp3

WOODY Uh… hey, howdy, hey there. 귀찮게 해서 미안해, ⁰²¹⁴ but –

GABBY GABBY Why, you're not a bother at all.

GABBY GABBY We were just out for my early morning stroll, – and look – we met you! My name is Gabby Gabby. And this is my very good friend Benson.

> Words Howdy? How are you?의 줄임말 bother 귀찮은 존재 stroll 산책

038 [토이 스토리 4] 보 핍이 듀크 카붐에게 도움을 요청하며 conversation038.mp3

DUKE CABOOM 왜 다시 온 거야, ⁰²⁴⁰ Peep?

BO We need your help. Gabby Gabby has his toy and my sheep.

DUKE CABOOM No. Billy, Goat, and Gruff? Those are my girls…

DUKE CABOOM What were you doing getting tangled up with Gabby Gabby? You know better.

> Words get tangled up with ~와 엮이다

039 [토이 스토리 4] 우디가 개비 개비에게 보니를 소개하며 conversation039.mp3

WOODY A friend once told me, "There are plenty of kids out there."

WOODY And one of them is named "Bonnie." She's waiting for you right now. She just doesn't know it yet.

GABBY GABBY 네가… 틀리면? ⁰²⁶⁷

> Words plenty of 많은

037 우디　저기요, 안녕. **Sorry to bother you,** ⁰²¹⁴ 하지만 –

개비 개비　어, 전혀 귀찮지 않아.

개비 개비　아침 산책하러 밖에 나왔다가 널 만난 거지. 내 이름은 개비 개비야. 그리고 여기는 나의 친한 친구 벤슨.

038 듀크 카붐　**What brings you back,** ⁰²⁴⁰ 핍?

보　네 도움이 필요해. 개비 개비가 이 친구의 장난감과 내 양들을 납치했어.

듀크 카붐　안 돼. 빌리, 고트, 그러프를? 내 애기들…

듀크 카붐　개비 개비하고 어울려서 뭐하고 있었던 거야? 너도 잘 알잖아.

039 우디　예전에 내 친구가 "밖에는 많은 아이들이 있다"라는 말을 했어.

우디　그 아이들 중 한 명이 바로 "보니"야. 지금 널 기다리고 있어. 걔는 아직 모르고 있지만.

개비 개비　**What if… you're wrong?** ⁰²⁶⁷

040

[인사이드 아웃] 라일리의 첫 등교날, 감정들이 주변을 둘러보며

conversation040.mp3

FEAR	Okayyy! Going in! Yes.
DISGUST	Okay, we've got a group of cool girls at 2 o'clock.
JOY	니가 어떻게 알아? ⁰²⁹⁵
DISGUST	Double ears pierced, infinity scarf…

Words pierce 구멍을 뚫다

041

[인사이드 아웃] 기쁨이가 슬픔이에게 원 안에 가만히 있으라면서

conversation041.mp3

JOY	All the sadness stays in the circle.
JOY	See? 완전 프로네! ⁰²²² Isn't this fun?!
SADNESS	No.
JOY	Atta girl.

Words Atta girl. 잘하고 있어. (칭찬하는 말)

042

[인사이드 아웃] 기쁨이와 슬픔이가 라일리의 꿈의 무대에 등장하며

conversation042.mp3

JOY	Ready?
SADNESS	I don't think this happy thing is going to work. But if we scare her…
JOY	그냥… 내가 하는 대로 해. ⁰²⁵⁴ Here we go!
JOY	Arrrr… Bark. Bark. Bark. Bark. Bark. Bark. Bark.
DREAM DIRECTOR	Who is that?

Words scare 겁을 주다 bark 개가 짖는 소리 director 감독

040

소심　오케이! 들어간다! 그렇지.

까칠　자, 두 시 방향에 잘나가는 애들이 있어.

기쁨　**How do you know?** ⁰²⁹⁵

까칠　귀도 두 군데나 뚫었고, 인피니티 스카프를 했잖아…

041

기쁨　모든 슬픔은 이 원 안에 있는 거야.

기쁨　됐지? **You're a pro at this!** ⁰²²² 재미있지 않아?!

슬픔　아니.

기쁨　잘하고 있어.

042

기쁨　준비됐어?

슬픔　이 즐거운 일이 잘 안될 것 같아. 하지만 우리가 라일리를 겁주면…

기쁨　**Just… follow my lead.** ⁰²⁵⁴ 자 간다!

기쁨　왈… 멍멍. 멍멍. 멍멍. 멍멍.

꿈 감독　저건 누구야?

043 [알라딘] 알라딘이 지니를 자유롭게 풀어줄 수 없다고 말하면서   conversation043.mp3

ALADDIN Genie, I can't keep this up on my own. I can't wish you free.

GENIE   Fine. I understand. After all, you've lied to everyone else.

GENIE   Hey, I was beginning to feel left out. 전 이만, ⁰²²⁷ master.

ALADDIN Genie, I'm really sorry.

Words   keep ~ up ~을 지속하다   on one's own 혼자서   left out 소외감을 느끼는

044 [알라딘] 자파, 지니에게 자스민 공주가 자신과 사랑에 빠지도록 명령하며   conversation044.mp3

JAFAR   I wish for Princess Jasmine… to fall desperately in love with me.

GENIE   Ah, master, there are a few addendas, uh, some quid pro quo –

JAFAR   말대답하지 마, ⁰²⁵² you big blue lout!

JAFAR   You will do what I order you to do, slave.

Words   addenda addendum(추가 사항)의 복수형   quid pro quo 대가가 있음   lout 녀석

045 [노틀담의 꼽추] 경비병들이 에스메랄다를 붙잡아 돈의 출처를 추궁하며   conversation045.mp3

GUARD 1 All right, gypsy, where'd ya get the money?

ESMERALDA 참고로 말씀드리면, ⁰²⁴⁹ I earned it.

GUARD 1 Gypsies don't earn money.

GUARD 2 You steal it?

ESMERALDA You'd know a lot about stealing!

Words   earn (돈을) 벌다

043

알라딘   지니, 난 혼자서 이걸 감당할 수 없어. 널 놓아줄 수 없다구.

지니   괜찮습니다. 이해해요. 어쨌든, 당신은 다른 사람들도 속여왔잖아요.

지니   저한테만 안 그러신 줄 알았죠. **Now if you'll excuse me,** ⁰²²⁷ 주인님.

알라딘   지니, 정말 미안해.

044

자파   자스민 공주가 나에게 완전히 사랑에 빠지도록 해 줘.

지니   아, 주인님, 추가로 생각하실 게 있습니다. 어, 세상에 공짜는 없죠.

자파   **Don't talk back to me,** ⁰²⁵² 파란색 덩어리야!

자파   내가 명령한 대로 해, 이 노예 녀석아.

045

경비병1   자, 집시, 돈이 어디서 났어?

에스메랄다   **For your information,** ⁰²⁴⁹ 제가 벌었어요.

경비병1   집시는 돈을 벌지 않잖아.

경비병2   훔친 거지?

에스메랄다   훔치는 것에 대해서 참 잘 아시네요!

PART 4

일상생활에서 자주 쓰는
표현 100

PART 4 전체 듣기

만남과 작별, 안부 인사 등 일상 생활에서 자주 쓰이는 표현들을 디즈니 애니메이션에서 배워볼게요. 가끔 만나는 사람에게 안부를 물을 때도, 친한 사이끼리 밥 먹자고 하거나 술 한 잔 하자고 할 때도 항상 쓰는 표현들이니 제대로 익혀서 좋은 관계를 유지해 보세요.

01 만남 1　02 만남 2　03 작별 1　04 작별 2　05 안부　06 일과　07 식당 1　08 식당 2
09 전화　10 확인　11 농담　12 재촉　13 사과　14 변명　15 꾸짖기　16 오해　17 용서
18 약속　19 불평　20 일상생활 기타 표현

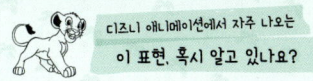 디즈니 애니메이션에서 자주 나오는
이 표현, 혹시 알고 있나요?

0301-0305.mp3

 0301

Call me Sulley.

[몬스터 주식회사] 설리가 친근하게 자신의 이름을 부르라고 하면서 한 말이에요.
이름을 말할 때는 'My name is ~.', 'I'm ~.'가 가장 자연스럽지만
친근하게 다가가고 싶으면 'Call me ~ .'라는 표현을 쓰기도 해요.

 0302

Remind me how I know you.

[코코] 미구엘이 로지타 고모를 처음 만나 물어본 말이에요.
잘 모르는 사람이 아는 척을 할 때 어떻게 아는 사이인지 물어보는 말이에요.
Who are you?라고 물어보면 무례하게 들릴 수 있으니 이 표현을 알아두세요.

 0303

I've heard so much about you.

[빅 히어로] 허니가 히로를 만나서 다정하게 인사하며 한 말이에요.
처음 만난 사람에게 '말씀 많이 들었어요.'라고 하는 말이에요.

 0304

Tell me about yourself.

[도리를 찾아서] 떠벌이 조개가 말린에게 자기소개를 해 보라며 한 말이죠.
'Introduce yourself.'라고 하는 것보다는 이 표현이 좀 더 자연스럽게 들립니다.
좀 더 공손하게 소개를 부탁하려면 앞에 Would you ~?를 붙여 주세요.

 0305

I'm such a huge fan of your work.

[인사이드 아웃] 기쁨이가 빙봉을 만나서 반갑다고 인사하며 한 말이에요.
배우나 작가 등 유명인을 만나서 팬심을 드러내는 표현이에요. I'm a huge fan.이라고 짧게 써도 됩니다.

디즈니 애니메이션에서 자주 나오는
이 표현, 영어로 말할 수 있나요?

0301 자기소개할 때

설리라고 부르세요.

0302 처음 만나는 사람에게

우리가 어떻게 아는 사이죠?

0303 처음 만난 사람에게 다정하게 말할 때

네 이야기 많이 들었어.

0304 자기소개를 해 보라고 할 때

자기소개 해 봐요.

0305 유명인에게 팬심을 드러낼 때

나, 너의 완팬이잖아.

 디즈니 애니메이션에서 자주 나오는
이 표현, 혹시 알고 있나요?

0306-0310.mp3

0306
Greetings!

[토이 스토리] 버즈가 외계인 인형에게 인사하며 한 말이에요.
greeting은 '안부', '인사'라는 뜻이지만 뒤에 -s를 붙여서
Hello!처럼 안부 인사로 쓸 수 있어요.

0307

It has been a while.

[인크레더블] 헬렌이 오랜만에 만난 에드나에게 인사하며 한 말이에요.
이 표현은 오랫동안 만나지 못한 사람과 재회하면서 쓰거나
오랫동안 하지 않은 일을 다시 접하면서 감회에 젖어 하는 말이기도 합니다.

0308

Meet my family.

[겨울왕국] 크리스토프가 트롤 가족을 안나에게 소개하며 한 말이죠.
직역하면 '우리 가족을 만나라.'가 되잖아요? 명령하는 말이 아니라 우리 가족을 소개하겠다는 말이에요.
'This is my family.'라고 해도 같은 의미예요.

0309

It's me again!

[주토피아] 주디가 닉을 다시 만나 하는 말이에요.
작별 인사를 하고 얼마 되지 않아 또 그 사람을 마주하게 될 때 이 표현을 써 보세요.
'또 만났네'라는 의미예요.

0310

Are you familiar with Gazelle?

[주토피아] 클로하우저가 가젤 동영상을 보면서 아는 사이인지 물어본 말이에요.
be familiar with는 '~에 익숙하다'라는 뜻이며 이 표현은 누군가와 아는 사이인지 물어볼 때 쓰는 말이에요.
'Do you know ~?' 역시 알고 있는 사이인지 물어보는 말이에요.

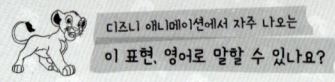
디즈니 애니메이션에서 자주 나오는
이 표현, 영어로 말할 수 있나요?

0306

인사할 때

안녕!

0307

오랜만에 만난 사람에게

오랜만이에요.

0308

가족을 소개할 때

저희 가족이에요.

0309

또 그 사람과 마주칠 때

또 만났네!

0310

아는 사이인지 물어볼 때

가젤과 아는 사이에요?

디즈니 애니메이션에서 자주 나오는
이 표현, 혹시 알고 있나요?

0311-0315.mp3

03 작별 1

0311

Time to go.

[도리를 찾아서] 행크가 우울해하는 도리에게 가야 할 시간이라면서 한 말이죠.
작별 인사로 잘 쓰는 표현이에요.
'갈 시간이야.'라는 뜻으로 앞에 It's를 붙여서 쓸 수도 있어요.

0312

So long!

[도리를 찾아서] 스쿼트가 도리와 헤어지며 한 말이죠. '잘 가'라는 뜻의 작별 인사예요.
영화 〈사운드 오브 뮤직〉에서 아이들이 손님들에게 작별 인사하는 노래 가사로 더 유명하죠.
'So long, farewell, auf Wiedersehen, good night.'으로 시작하는 노래랍니다.

0313

Promise me you'll keep in touch.

[몬스터 대학교] 던이 마이크와 헤어지며 하는 말이에요. keep in touch는 '연락하며 지내다'라는 뜻이에요.
작별 인사를 하며 꼭 연락하라고 할 때 쓰는 말이죠. Keep in touch!라고 간결하게 말할 수도 있어요.

0314

Don't be a stranger.

[도리를 찾아서] 바다 생물들이 자신을 무시하고 떠나지만 도리는 밝게 작별 인사하며 한 말이죠.
직역하면 '낯선 사람이 되지 마.'가 되잖아요?
상대방을 멀리 떠나보내며 '꼭 연락하며 지내자.'라고 당부하는 말이에요.

0315

Bon Voyage.

[주토피아] 도망치고 있는 족제비가 주디를 따돌리며 한 말이에요.
Have a nice trip!을 불어로 한 말이에요.
오랫동안 여행하거나 먼 길을 떠나는 친구에게 하는 말로 '여행 잘해.' 또는 '잘 가.'라는 뜻으로 쓸 수 있어요.

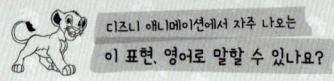

0311 작별 인사로 하는 말

갈 시간이야.

0312 헤어질 때 하는 말

안녕!

0313 연락하라고 말할 때

꼭 연락해.

0314 헤어질 때 연락하며 지내자고 할 때

연락하자고.

0315 먼 길 떠나는 친구에게 하는 말

잘 가.

 디즈니 애니메이션에서 자주 나오는
이 표현, 혹시 알고 있나요?

0316-0320.mp3

0316
It was nice meeting you!

[온워드] 아빠의 옛친구가 이안과 헤어지며 한 말이에요.
처음 만나는 사람에게 Nice to meet you!라고 하잖아요?
헤어지면서는 Nice meeting you! 또는 It was nice meeting you!라고 말해요.

0317
We got to get going.

[토이 스토리 4] 포키가 보니에게 돌아가야겠다고 앞장서서 뛰어나가며 한 말이죠.
'우리 가야겠어.'라는 의미로 헤어질 때 쓰는 말이에요. We gotta go.라고 짧게 쓸 수도 있어요.
혼자 가는 상황이라면 'We' 대신 'I'를 써야겠죠?

0318
I'm outta here!

[알라딘] 지니가 여행가방을 들고 작별 인사로 한 말이죠.
outta는 out of를 소리 나는 대로 쓴 표현으로 '~에서 나가는'이란 뜻이에요.
작별 인사로 '나 간다!'라고 할 때 쓰는 말이에요.

0319
See you later, Gator!

[카 3] 자동차들이 헤어지며 한 말이에요.
Gator는 alligator(악어)를 줄인 말인데 악어와는 상관없이 later와 라임을 맞추기 위해 그냥 쓴 말이에요.
재미있는 표현이라 아이들이 좋아하는 작별 인사예요.

0320
I'll catch you later.

[인어공주] 갈매기가 눈치 없이 에릭 왕자의 결혼식장에서 만나자고 하며 한 말이에요.
범인을 나중에 잡겠다는 말이 아니에요.
'나중에 만나.'라는 뜻의 작별 인사로 'See you later.'와 같은 의미입니다.

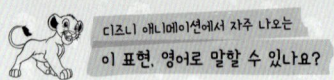
디즈니 애니메이션에서 자주 나오는
이 표현, 영어로 말할 수 있나요?

0316

헤어지며 하는 말

만나서 반가웠어!

0317

자리를 뜨면서 하는 말

가야겠어.

0318

작별 인사로 간다고 할 때

저 가요!

0319

나중에 만나자는 작별 인사

나중에 또 봐!

0320

조만간 만나자는 작별 인사

나중에 만나.

디즈니 애니메이션에서 자주 나오는
이 표현, 혹시 알고 있나요?

0321-0325.mp3

0321
You doing alright?

[인크레더블 2] 엘라스티걸이 TV에 출연해 사회자에게 인사하며 한 말이에요.
'잘하고 있지?'라는 의미로 상대방의 일이나 전반적인 생활을 물어보며 안부를 확인하는 말이에요.
대답할 때는 'Yeah, I'm doing well.' 정도로 간단하게 말해 주세요.

0322
What's new?

[토이 스토리 4] 듀크 카붐이 고양이 드래곤을 만나서 한 말이에요.
친구나 가까운 사람에게 격식 없이 안부를 물어보는 표현이에요.
'새로운 게 뭐니?'가 아니라 '요즘 어때?'라고 해석하는 게 자연스러워요.

0323
How's it hanging?

[카 3] 커트가 훈련을 하는 맥퀸에게 지나가는 말로 한 말이에요.
격식 없이 안부를 묻는 말로 '잘하고 있니?'라는 뜻이에요. 'How's it going?'도 같은 말이에요.
대답으로 '그럭저럭 지내.'는 'Not much.'라고 합니다.

0324
What's the deal with today?

[인크레더블 2] 대쉬가 엄마에게 무슨 일인지 물어본 말이에요.
deal에는 '특별한 일', '문제'라는 뜻이 있는데 안 좋은 일이 있는 것 같아서
'오늘 무슨 일 있어?'라고 물어보는 말이에요. What's the deal with you?라고 할 수도 있어요.

0325
Say hello to Gram-mama!

[주토피아] 미스터 빅이 주디와 닉을 얼음골로 보내 처형하라고 하며 한 말이죠.
Say hello/hi to ~.는 '~에게 안부 전해 줘.'라는 의미예요.
그 사람을 직접 만나지 못하지만 대신 안부라도 전해 달라고 할 때 쓰는 말이에요.

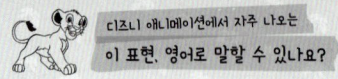

0321

일이나 생활 등의 안부를 물어볼 때

요즘 괜찮으시죠?

0322

격식 없이 안부를 물어볼 때

요즘 어때?

0323

상대방에게 안부 등을 물어보며

잘하고 있어요?

0324

안 좋은 일이 있는지 물어보며

오늘 무슨 일 있었어요?

0325

안부를 전해 달라고 할 때

할머니에게 안부 전해 줘.

디즈니 애니메이션에서 자주 나오는
이 표현, 혹시 알고 있나요?

0326-0330.mp3

0326
Rise and shine.

[토이 스토리 3] 랏소가 아침에 장난감들을 깨우며 한 말이에요.
아침에 상대방을 기분 좋게 깨울 때 쓰는 표현이에요.
아이들에게 주로 쓰는 말인데 연인끼리 닭살 행각을 할 때도 쓸 수 있어요.

0327
We gotta beat the rush hour.

[주토피아] 주디가 닉에게 서두르라고 하면서 한 말이에요.
rush hour는 '차가 막히는 출퇴근 시간'을 의미해요. 이 시간을 피하자고 할 때는 beat the rush hour라고 하세요.
escape the rush hour는 콩글리시 표현이에요.

0328
It's been a long day.

[주토피아] 경찰로서 힘든 첫날을 보내고 주디가 부모님에게 한 말이에요.
힘든 하루를 마감하며 하는 말로 It's been a rough day.(참 힘든 하루였어.)도 같은 의미예요.
정말로 힘든 하루는 왠지 더 길게 느껴지지 않나요?

0329
You've been through a lot today.

[토이 스토리 3] 랏소가 기운 빠진 장난감들을 위로하며 한 말이죠. be through는 '~를 겪다'라는 뜻이에요.
이 표현을 직역하면 '너 오늘 많은 것을 겪었구나.'가 되잖아요? 오늘 하루 고생한 상대방을 위로하며 하는 말이랍니다.

0330
Sweet dreams.

[인크레더블 2] 헬렌이 밤에 밥과의 통화를 마치면서 한 말이죠.
자기 전에 사랑스럽게 하는 말이에요.
Good night.이 너무 흔하다고 생각하면 이 표현을 써 보세요.

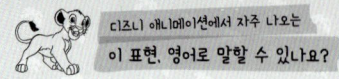
디즈니 애니메이션에서 자주 나오는
이 표현, 영어로 말할 수 있나요?

0326

기분 좋게 상대방을 깨울 때

아침이 밝았어요.

0327

출퇴근 막히는 시간을 피하자고 할 때

막히는 시간은 피해야 해.

0328

힘든 하루를 마감하며

참 긴 하루였어요.

0329

오늘 하루 고생한 상대방을 위로하며

오늘 힘들었겠다.

0330

자기 전에 사랑스럽게 하는 말

좋은 꿈 꿔요.

디즈니 애니메이션에서 자주 나오는
이 표현, 혹시 알고 있나요?

0331-0335.mp3

07 식당 1

0331
Let me take your order.

[알라딘] 웨이터로 변신한 지니가 알라딘에게 주문을 받으며 한 말이죠.
식당에서 종업원이 주문을 받을 때 쓰는 말이에요.
'Are you ready to order?' 혹은 'What can I get for you?' 역시 주문을 받겠다는 표현이에요.

0332
I'll have whatever he's having.

[라따뚜이] 스키너가 식당에서 에고와 똑같은 음식을 주문하며 한 말이에요. 음식을 주문할 때는
'I'll have + 음식 이름'으로 표현하세요. 옆사람이 먹는 게 좋아 보여서 그걸 주문하겠다면 이렇게 말하세요.

0333
Would you care for more Mimosa?

[인크레더블] 제트기를 타고 편하게 쉬고 있는 밥에게 미모사를 더 마실 건지 물어본 말이에요.
'Would you care for ~?'는 무언가를 권할 때 쓰는 표현이에요. 특히 음료 등의 음식을 권할 때 자주 써요.

0334
Dinner is on me!

[빅 히어로] 캐스 이모가 아이들에게 밥을 같이 먹자고 하며 한 말이에요.
'저녁은 내가 쏜대'라는 뜻이에요. 절대 I'll shoot dinner.라고 하지 마세요.
'이건 내가 살게.'라고 하고 싶으면 'This is on me.'라고 하세요.

0335
My treat.

[주토피아] 주디가 닉에게 아이스크림을 사 주면서 한 말이에요.
'제가 대접하는 거예요.', '제가 낼게요.'라고 할 때 심플하게 이 표현을 써 주세요.
treat은 '대접'이란 뜻이에요.

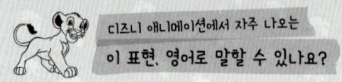

0331 주문을 받을 때
주문하시죠.

0332 옆사람이 먹는 음식을 주문할 때
저 사람 먹는 걸로 주세요.

0333 음료를 권할 때
미모사 더 드시겠어요?

0334 내가 식사를 대접할 때
저녁은 내가 살게!

0335 내가 산다고 말할 때
내가 쏠게.

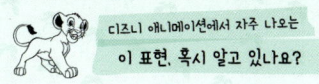

0336-0340.mp3

0336
Breakfast is served.

[알라딘] 알라딘이 훔친 멜론을 원숭이 아부에게 건네주며 장난스럽게 한 말이에요.
식사가 준비되었다고 할 때는 'served'라는 표현을 써요.
'serving'이라고 하지 않는 것에 유의하세요. served 대신 ready를 써도 됩니다.

0337
These are rare delicacies.

[라이온 킹] 티몬이 구하기 힘든 애벌레를 한 입 베어 물며 한 말이죠.
delicacy는 '별미 음식'이란 뜻이고 앞에 '귀한'이란 뜻의 rare가 붙어 rare delicacy라고 하면
'쉽게 맛보기 힘든 별미 음식'이 됩니다. 참고로 seasonal delicacy는 '제철 별미 음식'이란 뜻이에요.

0338
I'm starved.

[라이온 킹] 심바가 배에서 꼬르륵 소리를 내며 한 말이죠.
'정말 배가 고프다.'라는 뜻으로 I'm starving.이라고 해도 돼요.
'I can eat a horse.' 역시 배가 매우 고프다는 뜻이에요. 말을 먹을 수도 있다니 정말 굶주렸다는 의미겠죠?

0339
I'm stuffed.

[라이온 킹] 심바가 거하게 저녁을 먹고 행복하게 한 말이에요.
위의 I'm starved.와는 반대로 정말 배가 부르다는 뜻이에요.
I'm so full.이란 표현도 많이 쓴답니다.

0340
Don't talk with your mouth full.

[뮬란] 무슈가 뮬란에게 음식을 먹으며 말하지 말라고 충고한 말이에요. 직역하면
'입을 가득 채운 채로 말하지 마.'가 되잖아요? 입에 음식을 넣고 말하지 말라고 식사 예절을 가르치는 말이에요.

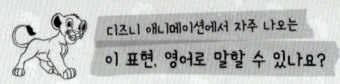

0336 식사 준비를 알릴 때

아침 식사가 준비되었습니다.

0337 먹기 힘든 음식을 접하면서

이건 구하기 힘든 별미야.

0338 정말 배가 고프다고 할 때

배고파.

0339 과식했을 때

배불러.

0340 식사 예절을 말할 때

입에 음식을 넣고 말하지 마.

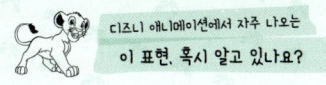

0341-0345.mp3

0341
I'm on the phone.

[몬스터 대학교] 아이가 전화를 하고 있다고 한 말이에요.
'내가 전화 위에 있다'는 말은 '지금 통화 중'이라는 뜻이에요.
통화 중 신호가 계속 울릴 때는 'The line is busy.'라고 해요.

0342
I'll buzz you when it's done.

[주토피아] 불법 약물을 만드는 더그가 전화하겠다고 한 말이에요.
벌이 윙윙거리며 나는 소리를 뜻하는 buzz는 '전화하다'라는 의미로도 쓸 수 있어요.
일이 다 끝나면 전화해서 알려 주겠다는 의미예요.

0343
Hold my calls.

[인크레더블 2] 데버가 엘라스티걸과 대화하기 위해 비서에게 전화를 대기시키라고 한 말이죠.
전화가 오면 자신에게 연결하지 말고 대기시키라고 하는 말이에요.
hold는 '기다리게 하다', '대기시키다'라는 뜻으로 쓰였어요.

0344
Now you want to return my calls.

[인크레더블 2] 데버가 반갑게 전화를 받으면서 한 말이에요. return one's call은 '전화를 해 주다'라는 뜻이에요.
call ~ back 역시 같은 의미죠. 이 표현은 '이제야 나한테 전화를 하는구나.'라는 말이에요.

0345
Call me if you need anything.

[주토피아] 벨웨더가 주디에게 도와주겠다고 약속하며 한 말이에요.
필요한 거 있으면 연락하라는 말입니다. '언제든 연락해.'라고 할 때는 Call me anytime.이라고 해요.

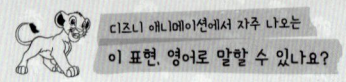

0341

전화 통화하고 있다고 말할 때

나 전화 중이야.

0342

일이 끝나면 전화하겠다고 할 때

다 되면 전화 드릴게요.

0343

자신에게 오는 전화를 대기시키라고 할 때

전화 오면 대기시켜요.

0344

상대방이 전화를 해 준 것에 화답하며

이제야 전화를 해 주는군요.

0345

언제나 도와주겠다고 할 때

필요한 거 있으면 연락해.

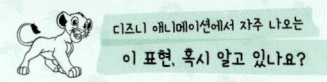

0346-0350.mp3

0346
You are okay with this?

[인크레더블 2] 에드나가 잭잭을 돌보는 게 괜찮다고 생각하는지 바이올렛이 밥에게 물어본 말이에요.
상대방이 이것에 동의하는지 혹은 이것에 만족하는지 물어보는 말이에요.
Are you okay with this?라고 하는 게 더 좋아요.

0347
You know what I'm saying?

[빅 히어로] 캐스 이모가 히로에게 자신의 말을 알아들었는지 물어본 말이에요.
상대방이 내 말을 이해하고 있는지 확인할 때 쓰는 표현입니다.
You know what I'm talking about? 역시 같은 의미로 잘 쓰는 표현이에요.

0348
All set?

[인사이드 아웃] 하키 팀원들이 라일리에게 경기를 뛸 준비가 됐는지 물어본 말이에요.
상대방에게 준비가 되었는지 물어보는 표현으로 Ready?라고 할 수도 있어요.
식당에서 종업원이 '주문하시겠어요?'라고 물어볼 때도 All set?이라고 합니다.

0349
What's that for?

[겨울왕국] 안나가 크리스토프에게 눈구덩이를 파는 이유를 물어본 말이에요.
직역하면 '그것은 무엇을 위한 거니?'가 되잖아요?
목적이나 의도를 물어볼 때 쓰는 표현으로 '그건 뭐하게?'라고 해석하면 자연스러워요.

0350
Let's get a look at you.

[토이 스토리 4] 보 핍이 우디를 만나 어디 수리할 곳이 없는지 확인하며 한 말이에요.
상대방을 살펴보려고 할 때 쓰는 말로 진찰을 하거나 외모를 평가하는 상황에서 주로 하는 말이죠.
get a look at 대신 take a look at으로도 많이 쓴답니다.

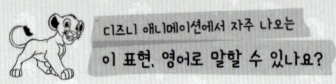
디즈니 애니메이션에서 자주 나오는
이 표현, 영어로 말할 수 있나요?

0346 괜찮은지 물어볼 때

그게 괜찮으세요?

0347 이해하고 있는지 물어볼 때

무슨 말인지 알겠어?

0348 준비가 되었는지 물어볼 때

준비됐어?

0349 목적을 알고 싶을 때

그건 뭐하게요?

0350 상대방을 살펴보며

어디 한번 보자.

망각방지장치 1

하루만 지나도 학습한 내용의 50%를 잊어버립니다. 여러분은 몇 퍼센트나 잊어버렸을까요? 5분 안에 25개를 말해 보세요.

01	우리가 어떻게 아는 사이죠?	_____ me how I know you.	0302
02	오랜만이에요.	It has been a _____.	0307
03	또 만났네!	It's _____ again!	0309
04	갈 시간이야.	_____ to go.	0311
05	안녕!	So _____!	0312
06	연락하자고.	Don't be a _____.	0314
07	만나서 반가웠어!	It was nice _____ you!	0316
08	가야겠어.	We got to _____ going.	0317
09	저 가요!	I'm outta _____!	0318
10	요즘 어때?	What's _____?	0322
11	잘하고 있어요?	How's it _____?	0323
12	아침이 밝았어요.	Rise and _____.	0326
13	막히는 시간은 피해야 해.	We gotta _____ the rush hour.	0327
14	좋은 꿈 꿔요.	_____ dreams.	0330

정답 01 Remind 02 while 03 me 04 Time 05 long 06 stranger 07 meeting 08 get 09 here
10 new 11 hanging 12 shine 13 beat 14 Sweet

199

15	주문하시죠.	Let me take your _____.		0331
16	저녁은 내가 살게!	Dinner is _____ me!		0334
17	내가 쏠게.	My _____.		0335
18	아침 식사가 준비되었습니다.	Breakfast is _____.		0336
19	배고파.	I'm _____.		0338
20	배불러.	I'm _____.		0339
21	입에 음식을 넣고 말하지 마.	Don't talk with your mouth _____.		0340
22	전화 오면 대기시켜요.	_____ my calls.		0343
23	준비됐어?	All _____?		0348
24	그건 뭐하게요?	What's that _____?		0349
25	어디 한번 보자.	Let's get a _____ at you.		0350

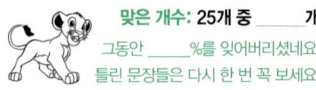

맞은 개수: 25개 중 _____개
그동안 _____%를 잊어버리셨네요.
틀린 문장들은 다시 한 번 꼭 보세요.

정답 15 order 16 on 17 treat 18 served 19 starved 20 stuffed 21 full 22 Hold 23 set 24 for
25 look

디즈니 애니메이션에서 자주 나오는
이 표현, 혹시 알고 있나요?

0351-0355.mp3

0351
I'm just teasing.

[라푼젤] 엄마가 라푼젤에게 농담을 하며 한 말이죠. tease는 '놀리다'라는 뜻이에요. 상대방에게 장난스러운 행동이나 말을 던진 후 '장난이야.'라고 할 때 쓰는 말이에요. I'm just kidding.(농담이야.) 역시 비슷한 말이에요.

0352
You got me!

[카 3] 크루즈가 자동차들의 장난에 속아넘어가서 한 말이죠. 상대방의 장난을 웃으면서 넘길 때 쓰는 말로 '속았네', '낚였네!'라는 의미예요. 또한 안 좋은 행동을 하다가 상대방에게 걸렸을 때 '아, 딱 걸렸네!'라는 의미로도 쓸 수 있어요.

0353
He's just joking around.

[온워드] 발리가 이안의 친구들 앞에서 이상한 말을 하자 농담하는 거라고 이안이 얼버무리며 한 말이에요. joke around는 '농담하다', '쓸데없는 소리를 하다'라는 뜻이에요. around는 생략할 수도 있어요.

0354
Stop taking everything so seriously.

[라푼젤] 엄마가 라푼젤보다 자신이 더 매력적이라고 농담하며 한 말이에요. 매사에 진지한 사람들에게 '너무 진지하게 받아들이지 마.'라고 조언하는 말이에요. 여기에 나오는 take는 '여기다', '생각하다'라는 의미예요.

0355
You wanna hear a joke?

[주토피아] 닉이 주디에게 농담을 하려고 하면서 한 말이에요. '농담 하나 해 줄까?'라는 뜻이에요. 이 말을 하는 사람치고 정말 재미있는 농담을 하는 사람은 별로 없더라구요.

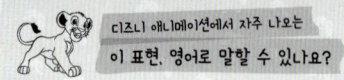

0351

상대방에게 장난친 후 하는 말

그냥 놀리는 거야.

0352

상대방의 장난을 웃으며 넘길 때

낚였네!

0353

쓸데없이 농담한다고 할 때

그냥 농담하는 거야.

0354

매사에 진지한 사람에게 하는 말

너무 심각하게 받아들이지 마.

0355

재미있는 말을 하겠다고 할 때

농담 하나 해 줄까?

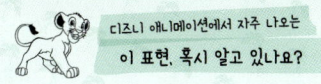

0356-0360.mp3

0356
We're in a really big hurry.

[주토피아] 주디가 급하게 차량 번호를 조회하려고 한 말이에요.
be in a hurry는 '서두르다', '급하다'라는 뜻이에요.
really big이 들어갔으니 '엄청 급하다'는 의미가 되겠죠?

0357
Not a minute to lose!

[미녀와 야수] 벨의 아빠가 사람들에게 야수의 성에 갇힌 벨을 구하러 가자고 재촉하며 한 말이에요.
직역하면 '잃어버릴 시간이 1분도 없다.'가 되네요.
1분 1초도 지체할 시간이 없이 다급하다는 의미예요.

0358
Are you almost done?

[도리를 찾아서] 도리가 쉬지 않고 말을 하자 행크가 아직 할 말이 남았는지 물어본 말이에요.
be done은 '끝나다'라는 의미예요. 상대방이 하던 일이 거의 끝났는지 물어보는 말이죠.
done 대신 finished를 쓸 수도 있어요.

0359
What's taking so long?

[미녀와 야수] 벨이 저녁 식사에 오지 않자 야수가 초조해하며 한 말이죠.
생각보다 시간이 오래 걸릴 때 재촉하듯 '왜 이렇게 오래 걸리는 거니?'라고 물어보는 말이에요.
상대방에게 Why are you taking so long?이라고 물어볼 수도 있어요.

0360
You heard him.

[토이 스토리] 군인 대장이 소대원들에게 우디가 말한 대로 움직이라고 하며 한 말이에요.
이 표현은 그 사람이 말한 대로 빨리 하라고 명령하는 말이에요.
그럼 You heard me.는 '내 말대로 빨리 해.'라는 뜻이 되겠죠?

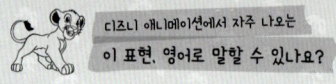
디즈니 애니메이션에서 자주 나오는
이 표현, 영어로 말할 수 있나요?

0356
서둘러야 할 때
우리 진짜 급해요.

0357
다급하다는 의미로
지체할 시간이 없어!

0358
거의 다 끝났는지 물어볼 때
거의 다 했니?

0359
재촉하듯 물어볼 때
왜 이렇게 오래 걸리는 거야?

0360
말한 대로 빨리 움직이라고 할 때
들었지?

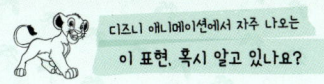

디즈니 애니메이션에서 자주 나오는
이 표현, 혹시 알고 있나요?

0361-0365.mp3

13 사과

0361
A thousand apologies.

[알라딘] 늦었다고 다그치는 자파에게 도적이 죄송하다며 한 말이에요.
apology는 '사과'라는 뜻이에요.
사과를 천 번이나 한다니 정말 미안하다는 의미겠죠?

0362
I didn't mean any harm.

[미녀와 야수] 금지 구역에 들어간 벨이 야수의 호통에 사과하며 한 말이에요.
의도치 않게 자신 때문에 큰 일이 생겼을 때
'해를 끼칠 생각은 없었어요.'라며 사과하는 말이에요.

0363
I'm the one who should be sorry.

[니모를 찾아서] 길이 니모에게 자신의 잘못을 인정하고 사과하며 한 말이죠. I'm the one who ~.는
'~할 사람은 바로 나야.'라는 뜻이에요. 잘못을 내 탓으로 돌리고 정말 미안하다고 할 때 이 표현을 써 보세요.

0364
I didn't mean to upset you.

[노틀담의 꼽추] 콰지모도가 프롤로에게 용서를 구하며 한 말이에요.
I didn't mean to ~.는 '~할 의도는 없었어.'라는 뜻이에요.
상대방이 화가 난 것에 사과하는 말인데 '화나게 하려고 했던 건 아니에요.'라는 뜻이에요.

0365
Sorry to burst your bubble.

[라이온 킹] 심바가 날라와 결혼하지 않겠다고 하자 자주가 안된다며 한 말이에요.
burst your bubble을 직역하면 '너의 풍선을 터트리다'인데 여기서 말하는 풍선은 '희망'을 의미하는 거예요.
이 표현은 상대방의 계획이나 희망을 깨뜨리는 말을 해서 미안하다는 뜻이에요.

디즈니 애니메이션에서 자주 나오는
이 표현, 영어로 말할 수 있나요?

0361

진심으로 사과할 때

정말 미안해요.

0362

의도치 않게 문제가 생겼을 때

해를 끼칠 생각은 없었어요.

0363

잘못을 내 탓으로 돌릴 때

미안할 사람은 바로 나야.

0364

상대방이 화가 난 것에 사과할 때

화나게 하려는 게 아니었어요.

0365

희망을 깨뜨려 미안하다고 할 때

초를 쳐서 미안하네요.

디즈니 애니메이션에서 자주 나오는
이 표현, 혹시 알고 있나요?

0366-0370.mp3

0366

It's not what you think.

[토이 스토리] 장난감들이 자신을 버즈의 살인자로 오해하자 우디가 한 말이에요.
직역하면 '그건 네가 생각하는 것이 아니야.'이잖아요?
즉 '네가 생각하는 그런 게 아냐.', '오해하는 거야.'라고 자신을 변호하는 말이에요.

0367

It's not what it looks like!

[코코] 미구엘이 관리인에게 발각되자 변명하듯 한 말이에요.
실제 보이는 대로 믿지 말라는 표현으로 '정말 그런 게 아냐'라고 해석하는 게 자연스러워요.

0368

I was lost in thought.

[라푼젤] 플린이 무슨 일이 있냐고 묻자 라푼젤이 엄마를 만난 사실을 얼른 감추면서 한 말이에요.
be lost는 '길을 잃다'라는 뜻인데 생각에 길을 잃었으니 '딴생각을 하고 있었다.'는 의미가 돼죠.
'I was distracted.' 역시 비슷한 표현입니다.

0369

What's the difference?

[토이 스토리] 버즈가 앤디의 집과 시드의 집이 다를 것이 없다고 따지며 한 말이죠.
정말 다를 것이 없다고 항변하는 말이에요.
'뭐가 다른데?'라는 의미로 따지듯이 물어보는 거죠.

0370

It's my word against yours.

[주토피아] 벨웨더가 사람들이 주디의 말보다 자신의 말을 더 믿을 거라고 확신하며 한 말이에요.
명백한 증인이 없는 상황에서 상대방과 본인의 말만으로 시시비비를 가려야 하는데
사람들이 누구의 말을 믿겠느냐며 반문하는 표현이에요.

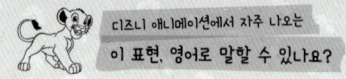
디즈니 애니메이션에서 자주 나오는
이 표현, 영어로 말할 수 있나요?

0366

오해하지 말라고 할 때

오해하지 마.

0367

실제 보이는 대로 믿지 말라고 할 때

그런 게 아니라구요!

0368

깊은 생각에 잠겨 있을 때

딴생각을 하고 있었어요.

0369

두 가지가 다를 게 없다고 항변할 때

뭐가 달라?

0370

상대방과 본인의 말만으로 시시비비를 가릴 때

과연 누구의 말을 믿겠어?

디즈니 애니메이션에서 자주 나오는
이 표현, 혹시 알고 있나요?

0371-0375.mp3

0371

How dare you!

[알라딘] 알라딘의 허풍에 자스민이 매우 불쾌함을 느끼며 한 말이죠.
상대방의 무례한 행동이나 언행에 크게 분노할 때 쓰는 말이에요.
나이가 어리거나 신분이 낮은 사람에게 호통치는 표현입니다.

0372

You don't know what you're talking about.

[코코] 미구엘이 델라 크루즈의 음악을 무시하는 헥터에게 따지면서 한 말이에요. 직역하면 '당신은 무슨 말을 하는지 몰라요.'인데 알지도 못하면서 나서지 말라는 의미로 하는 말이에요. '알고나 말하세요.'라고 해석해도 괜찮아요.

0373

What were you thinking?

[몬스터 대학교] 마이크가 멍청한 짓을 하자 그를 꾸짖으며 한 말이에요.
'무슨 생각으로 그런 거니?'라는 의미로 상대방의 행동을 꾸짖을 때 쓰는 표현이에요.

0374

What are you blathering about?

[라따뚜이] 링귀니가 스프에 대해 뭐라 중얼거리자 화를 내며 물어본 말이에요. blather about은 '허튼 소리를 중얼거리다'라는 뜻인데 상대방이 중얼거리자 나무라듯 던지는 말이에요. '뭐라고 중얼거리는 거니?'라는 의미예요.

0375

Don't you get it?

[토이 스토리 3] 버즈가 말도 안되는 말을 하자 포테이토 헤드가 정신 차리라는 의미로 한 말이죠.
get it은 '이해하다'라는 뜻으로 상대방에게 내 말의 의도나 상황을 이해하는지 물어보는 말이에요.
또한 정신 차리라는 의미로도 쓸 수 있어요.

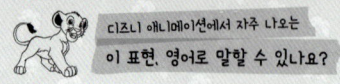

0371

상대방의 행동이 불쾌해서 꾸짖을 때

어딜 감히!

0372

알지도 못하면서 나서지 말라고 할 때

알고나 말해요.

0373

상대방의 행동을 꾸짖을 때

무슨 생각으로 그런 거야?

0374

상대방의 중얼거림이 마음에 들지 않을 때

뭐라고 중얼거리는 거야?

0375

상대방이 이해하고 있는지 확인할 때

모르겠니?

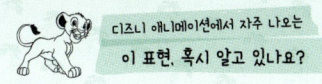

디즈니 애니메이션에서 자주 나오는
이 표현, 혹시 알고 있나요?

0376-0380.mp3

0376

You got it all wrong.

[토이 스토리] 포테이토 헤드가 자신을 오해하고 있자 우디가 억울한 심경으로 한 말이에요.
'잘못 알고 있는 거야.', '오해하는 거야.'라는 뜻이에요.
'제대로 알고 있네.'라고 할 때는 You got it right.이라고 하세요.

0377

You don't understand.

[라푼젤] 집으로 가자고 명령하는 엄마에게 라푼젤이 자신의 생각을 솔직하게 말하면서 한 말이에요.
아무리 설명해도 내 의도를 이해하지 못한다는 느낌이 들 때
'내 뜻을 이해하지 못하는구나.'라는 의미로 하소연하듯 하는 말이에요.

0378

Don't get me wrong.

[토이 스토리 4] 우디가 포키에게 자신의 말을 오해하지 말라면서 한 말이에요.
상대방이 나를 오해하고 있다고 생각할 때 쓰는 표현으로
'날 오해하지 마.'라는 뜻이에요.

0379

This is all a misunderstanding.

[업] 먼츠가 칼에게 실수에서 벌어진 일이니 오해하지 말라며 한 말이에요.
misunderstanding은 '오해'라는 뜻인데 이 표현은 '지금의 일이 모두 오해예요.'라고 변명하는 말이에요.

0380

That's not what I meant.

[알라딘] 자스민이 자신의 정체를 알아차리자 알라딘이 당황하며 한 말이죠.
자신이 한 말이나 행동이 다른 사람에게 오해를 일으킨다는 생각에
'그런 의도가 아니었어요.'라는 의미로 하는 말이에요.

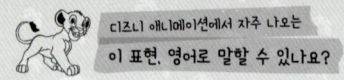
디즈니 애니메이션에서 자주 나오는
이 표현, 영어로 말할 수 있나요?

0376

상대방이 오해하고 있다고 할 때

오해하고 있는 거야.

0377

상대방이 나의 말을 이해하지 못한다고 생각할 때

이해하지 못하실 거예요.

0378

상대방에게 나를 오해하지 말라고 할 때

날 오해하지 마.

0379

상대방이 오해하고 있다고 할 때

모두 오해예요.

0380

나의 말이나 행동이 오해를 일으킬 때

그런 의도가 아니었어요.

디즈니 애니메이션에서 자주 나오는
이 표현, 혹시 알고 있나요?

0381-0385.mp3

0381 ☐☐☐

You're forgiven.

[노틀담의 꼽추] 프롤로가 콰지모도의 행동을 용서하며 한 말이에요.
'I'll forgive you.'처럼 상대방을 용서한다는 말입니다.
옛날 영어 느낌이 물씬 나는 표현이에요.

0382 ☐☐☐

I'm gonna let you go.

[라따뚜이] 링귀니가 레미를 풀어주면서 한 말이죠.
let ~ go는 '놓아주다', '풀어주다'라는 뜻으로 상대방을 보내 주겠다며 아량을 베푸는 표현이에요.
교통 경찰이 '이번에는 봐 드리겠습니다.'라고 할 때 이 말을 씁니다.

0383 ☐☐☐

I have no excuse.

[모아나] 마우이가 테피티에게 자신의 잘못을 시인하며 한 말이에요.
변명하지 않고 자신의 잘못을 인정한다는 표현이에요.
excuse는 '변명'이라는 뜻이에요.

0384 ☐☐☐

I was too hard on her.

[인어공주] 용왕 트라이튼이 에리얼을 혼내고 후회하며 한 말이에요.
'be hard on + 사람'은 '~을 가혹하게 대하다'라는 뜻이에요.
hard 대신 harsh라고 써도 같은 의미예요.

0385 ☐☐☐

Did we do something wrong?

[인크레더블 2] 아이들이 초능력을 사용해서 사람들을 구한 후 그게 잘못인지 물어본 말이에요.
'우리가 무슨 잘못이라도 했어?'라는 의미예요.
분위기가 심상치 않을 때 '나' 혹은 '우리' 때문인지 자책하며 물어보는 말이에요.

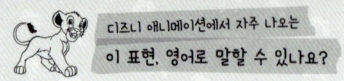

0381 상대방을 용서할 때

용서하마.

0382 상대방을 풀어주면서

널 놔 줄게.

0383 변명하지 않고 자신의 잘못을 인정하며

변명하지 않을게.

0384 그 사람에게 심하게 한 것이 미안해서

내가 걔한테 너무 심했어.

0385 자책하며 물어보는 말

우리가 무슨 잘못이라도 했나요?

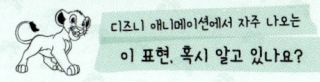 디즈니 애니메이션에서 자주 나오는
이 표현, 혹시 알고 있나요?

0386-0390.mp3

0386
I'll never break that promise.

[라푼젤] 라푼젤이 플린에게 자신이 한 약속을 절대 어기지 않겠다며 한 말이에요.
break the promise는 '약속을 어기다'라는 뜻이고
반대로 '약속을 지키다'는 keep the promise라고 해요.

0387

Cross your heart.

[업] 엘리가 칼에게 비밀을 지킬 것을 맹세하라며 한 말이에요.
'너의 가슴에 십자가를 그어.'라는 말은 '진정성을 가지고 말하라.' 즉, 상대방에게 맹세하라는 말이에요.
반면에 Cross my heart.는 '내 가슴에 십자가를 긋는다'니까 '맹세할게.'라는 뜻이에요.

0388

You have my word.

[미녀와 야수] 벨이 아버지 대신 야수의 성에 있겠다고 약속하며 한 말이에요.
직역하면 '네가 나의 말을 가진다.'가 되네요.
따라서 자신의 말을 믿어도 된다고 약속하는 표현이에요. '약속해요.', '맹세해요.'라는 뜻이에요.

0389

I'll make it up to you.

[라이온 킹] 스카가 심바에게 용서를 구하며 한 말이에요.
상대방에게 무언가를 요청한 뒤 '내가 나중에 갚아 줄게.'라는 의미로 하는 말이에요.
또한 상대방에게 잘못을 한 뒤 미안한 마음으로 이렇게 말할 수도 있어요.

0390

You can count on me.

[미녀와 야수] 보초를 서라는 콕스워스의 명령에 뤼미에르가 자신을 믿으라며 한 말이죠.
count on은 '신뢰하다'라는 뜻으로 자신을 믿어 달라고 할 때 쓰는 표현이에요.
You can trust me.라고 해도 같은 의미예요.

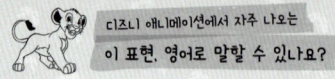
디즈니 애니메이션에서 자주 나오는
이 표현, 영어로 말할 수 있나요?

0386 약속을 지키겠다고 할 때

그 약속을 절대 어기지 않겠어.

0387 전심을 다하라고 할 때

맹세하라고.

0388 자신의 말을 믿어 달라고 할 때

약속해요.

0389 나중에 갚아 준다고 할 때

내가 나중에 보상할게.

0390 자신을 신뢰해 달라고 할 때

절 믿으세요.

디즈니 애니메이션에서 자주 나오는
이 표현, 혹시 알고 있나요?

0391-0395.mp3

0391

For goodness sake,

[주토피아] 주디의 엄마가 아빠의 제안이 못마땅한 듯이 한 말이에요.
갑자기 짜증이나 분노가 치밀 때 혼잣말로 하는 불평이에요.
'참 내,'라는 해석이 가장 어울리네요.

0392

You're distracting me.

[겨울왕국] 크리스토프가 잔소리를 하자 안나가 집중을 할 수 없다며 불평한 말이에요.
distract는 '집중을 방해하다'라는 뜻이에요.
상대방이 번잡스러워서 내가 집중을 할 수 없다고 불평하는 말이죠.

0393

You're not helping.

[도리를 찾아서] 아내 게가 남편 게에게 핀잔을 주며 한 말이죠.
상대방의 도움이 쓸모가 없다고 단도직입적으로 하는 말이에요.
이런 표현은 상처를 줄 수 있으니 자제하는 게 좋겠죠?

0394

He did it again.

[인사이드 아웃] 두려움에 떨고 있는 소심이를 보고 버럭이가 한 말이에요.
이 표현은 그 사람이 안 좋은 일을 다시 시작했다고 할 때 쓰는 말이에요.
'쟤 또 시작이군.'이란 뜻입니다.

0395

Don't be so grumpy.

[메리 포핀스 리턴즈] 마이클이 길거리로 쫓겨날 거라고 불평하자 제인이 그만 투덜거리라고 하며 한 말이에요.
심술 난 표정으로 투덜거리는 사람에게 불평하지 말라고 쏘아붙이는 말이에요.

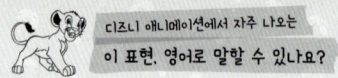
디즈니 애니메이션에서 자주 나오는
이 표현, 영어로 말할 수 있나요?

0391
상대방의 말이 믿기지 않는다는 듯 불평하며
참 내,

0392
상대방이 번잡스럽게 행동할 때
당신 때문에 집중이 안 돼요.

0393
상대방의 도움이 쓸모없다고 생각할 때
당신은 도움이 안 돼.

0394
그 사람이 안 좋은 일을 다시 할 때
쟤 또 시작이야.

0395
불평하지 말라고 할 때
투덜대지 마.

디즈니 애니메이션에서 자주 나오는
이 표현, 혹시 알고 있나요?

0396-0400.mp3

0396 ☐☐☐

Let's get started.

[몬스터 대학교] 나이트 교수가 학생들에게 시험의 시작을 알리며 한 말이에요.
일의 시작을 알리는 말로 회화에서는 'Let's start.'보다 이 표현이 더 자연스러워요.
'자, 시작하자구.'라는 뜻이에요.

0397 ☐☐☐

Let's start this thing over.

[겨울왕국] 올라프가 안나에게 다시 인사를 건네면서 한 말이죠.
start ~ over는 '다시 시작하다'라는 뜻이에요.
앞에서 시도했던 일이 마음에 들지 않아 다시 하자고 제안하는 말이에요.

0398 ☐☐☐

I'm so sorry I'm late.

[인크레더블 2] 에블린이 슈퍼히어로와의 만남에 늦어서 사과하며 한 말이에요.
'늦어서 정말 미안해요.'라는 뜻으로
여러분도 혹시라도 늦을 수 있으니 이 표현이 입에 붙도록 연습해 두세요.

0399 ☐☐☐

I've been looking all over for you.

[인어공주] 해마가 세바스찬에게 용왕의 메시지를 긴급하게 전하면서 한 말이죠. 상대방을 찾으러 사방팔방
다녔다는 뜻이에요. 이 표현은 Where have you been?(어디 갔었니?) 뒤에 세트로 잘 쓰니까 함께 알아 두세요.

0400 ☐☐☐

I'll be back in a few.

[카 3] 맥퀸에게 훈련을 시키고 크루즈가 자리를 비우며 한 말이에요.
'I'll be back.'은 영화 〈터미네이터〉의 대사로 유명한 표현이죠. '곧 올게.'라는 뜻이에요.
in a few는 '곧', '조만간'이란 뜻인데 뒤에 moments나 minutes가 생략되었어요.

0396 일의 시작을 알릴 때

시작하자구.

0397 다시 하자고 제안할 때

이거 다시 시작해요.

0398 지각한 것이 미안할 때

늦어서 정말 미안해요.

0399 상대방을 찾으러 다녔다고 할 때

한참 찾아다녔잖아요.

0400 빨리 돌아올 거라고 말할 때

곧 돌아올게요.

망각방지 장치 1

하루만 지나도 학습한 내용의 50%를 잊어버립니다. 여러분은 몇 퍼센트나 잊어버렸을까요? 5분 안에 25개를 말해 보세요.

01	그냥 놀리는 거야.	I'm just _____ .	0351
02	그냥 농담하는 거야.	He's just joking _____ .	0353
03	농담 하나 해 줄까?	You wanna hear a _____ ?	0355
04	지체할 시간이 없어!	Not a minute to _____ !	0357
05	거의 다 했니?	Are you almost _____ ?	0358
06	정말 미안해요.	A thousand _____ .	0361
07	해를 끼칠 생각은 없었어요.	I didn't _____ any harm.	0362
08	화나게 하려는 게 아니었어요.	I didn't mean to _____ you.	0364
09	초를 쳐서 미안하네요.	Sorry to burst your _____ .	0365
10	오해하지 마.	It's not what you _____ .	0366
11	딴생각을 하고 있었어요.	I was _____ in thought.	0368
12	뭐가 달라?	What's the _____ ?	0369
13	어딜 감히!	How _____ you!	0371
14	뭐라고 중얼거리는 거야?	What are you _____ about?	0374

정답 01 teasing 02 around 03 joke 04 lose 05 done 06 apologies 07 mean 08 upset
09 bubble 10 think 11 lost 12 difference 13 dare 14 blathering

15	이해하지 못하실 거예요.	You don't _____.	0377
16	날 오해하지 마.	Don't get me _____.	0378
17	모두 오해예요.	This is all a _____.	0379
18	용서하마.	You're _____.	0381
19	변명하지 않을게.	I have no _____.	0383
20	내가 걔한테 너무 심했어.	I was too _____ on her.	0384
21	맹세하라고.	_____ your heart.	0387
22	약속해요.	You have my _____.	0388
23	내가 나중에 보상할게.	I'll _____ it up to you.	0389
24	참 내,	For goodness _____,	0391
25	당신 때문에 집중이 안 돼요.	You're _____ me.	0392

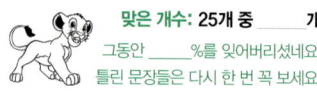

맞은 개수: 25개 중 ____개
그동안 ____%를 잊어버리셨네요.
틀린 문장들은 다시 한 번 꼭 보세요.

정답 15 understand 16 wrong 17 misunderstanding 18 forgiven 19 excuse 20 hard 21 Cross
22 word 23 make 24 sake 25 distracting

망각방지 장치 2

일주일이 지나면 학습한 내용의 70%를 잊어버립니다. 여러분은 몇 퍼센트나 잊어버렸을까요? 디즈니 대화문에서 확인해 보세요.

046 [라이온 킹] 심바, 품바와 티몬을 만나 배고파하며

conversation046.mp3

PUMBAA 배고파. 0338

SIMBA I'm so hungry, I could eat a whole zebra!

TIMON Uhh, we're fresh out of zebra.

SIMBA Any antelope?

TIMON Nope.

> Words fresh 방금 out of ~가 없는 antelope 영양

047 [라이온 킹] 배가 불러 트림하는 심바가 친구들과 대화하며

conversation047.mp3

TIMON Whoa. Nice one, Simba.

SIMBA Thanks. Man, 배불러. 0339

PUMBAA Me, too. I ate like a pig.

SIMBA Pumbaa, you are a pig.

PUMBAA Oh, right.

048 [라이온 킹] 심바가 스카를 제압하자 스카가 용서를 구하며

conversation048.mp3

SCAR What are you going to do? You wouldn't kill your old uncle.

SIMBA No, Scar. I'm not like you.

SCAR Oh, Simba, thank you. You are truly noble. 내가 나중에 보상할게. 0389 I promise. And how can I, uh, prove myself to you? Tell me. Any-anything.

> Words noble 고결한

046

품바 I'm starved. 0338

심바 너무 배고파서 얼룩말 한 마리도 뚝딱하겠어!

티몬 어, 얼룩말은 방금 떨어졌어.

심바 영양은?

티몬 없어.

047

티몬 와. 멋져, 심바.

심바 고마워. 아. I'm stuffed. 0339

품바 나도. 돼지같이 먹었네.

심바 품바, 너 돼지야.

품바 오, 그렇지.

048

스카 어떻게 할 거야? 설마 이 늙은 삼촌을 죽이려는 건 아니지?

심바 아니, 스카. 난 당신과 달라.

스카 오, 심바, 고마워. 넌 정말 고귀한 존재야. I'll make it up to you, 0389 약속해. 내가 어떻게 하면, 어, 내 말을 믿겠니? 말해 봐. 뭐 - 뭐든지 할게.

049

[온워드] 이안, 친구들에게 발리의 말을 농담이라고 얼버무리며   conversation049.mp3

PARTHENOPE	Um, who's Guinevere?
BARLEY	My mighty steed!
BARLEY	Oops, that's embarrassing! That's okay, girl. We'll patch you back up.
IAN	Ugh… 그냥 농담하는 거야. ⁰³⁵³

Words mighty 힘이 센   steed 말   patch 붙이다

050

[토이 스토리] 포테이토 헤드가 우디를 오해하며   conversation050.mp3

POTATO HEAD	Did you all take stupid pills this morning?! Have you forgotten what he did to Buzz? And now you want to let him back over here?
WOODY	No, no, no! 오해하고 있는 거야, ⁰³⁷⁶ Potato Head. Buzz is fine! Buzz is right here. He's with me!
POTATO HEAD	You are a liar!

Words pill 알약   liar 거짓말쟁이

051

[토이 스토리 3] 랏소, 장난감들을 반기면서   conversation051.mp3

LOTSO	First thing you gotta know about me… I'm a hugger!
LOTSO	Oh, look at y'all! 오늘 힘들었겠다, ⁰³²⁹ haven't you?
MRS. POTATO HEAD	Oh, it's been horrible!
LOTSO	Well, you're safe now. We're all cast-offs here – we've been dumped, donated, yard-saled, second-handed, and just plain thrown out…

Words cast-off 버림받은 존재   dump 버리다   donate 기부하다   second-hand 중고로 팔다

049	파테노프	귀네비어가 누구예요?
	빌리	나의 힘센 말이오!
	빌리	참, 당황스럽네! 괜찮아요, 아가씨. 제가 곧 붙여 드릴게요.
	이안	어… he's just joking around. ⁰³⁵³

050	포테이토 헤드	오늘 아침에 다들 이상한 약이라도 먹은 거야? 쟤가 버즈에게 한 짓을 잊은 거니? 이제 다시 받아들이겠다구?
	우디	아니, 아니야! You got it all wrong, ⁰³⁷⁶ 포테이토 헤드. 버즈는 괜찮아! 버즈가 여기에 있어. 나와 함께 있다구!
	포테이토 헤드	거짓말쟁이!

051	랏소	나에 대해서 첫 번째로 알아야 할 것… 난 껴안는 걸 좋아해!
	랏소	너희들 정말! You've been through a lot today, ⁰³²⁹ 그렇지?
	포테이토 헤드 부인	오, 정말 끔찍했어요!
	랏소	이제 안전해. 우리 모두 다 버림받은 존재들이지 – 버려지고, 기부되고, 벼룩 시장에서 팔리고, 중고로 팔리기도 하고 그냥 쓰레기 취급도 당하고…

052 [겨울왕국] 올라프와 안나가 처음 만나서   conversation052.mp3

OLAF   What? Hey! Oh, I love it even more! Hah… All right, 이거 다시 시작해요. 0397 Hi everyone. I'm Olaf. And I like warm hugs.

ANNA   Olaf?... That's right, Olaf.

OLAF   … And you are?

ANNA   Oh, um… I'm Anna.

Words   hug 포옹

053 [겨울왕국] 안나가 산을 오르려고 하자 크리스토프가 그녀를 막으면서   conversation053.mp3

KRISTOFF   I wouldn't put my foot there.

ANNA   당신 때문에 집중이 안 돼요. 0392

KRISTOFF   Or there. How do you know Elsa even wants to see you?

ANNA   I'm just blocking you out cause I gotta concentrate here.

Words   block out 무시하다   concentrate 집중하다

054 [주토피아] 주디가 닉을 다시 만나 사건에 대해 물어보며   conversation054.mp3

HOPPS   Hi! Hello? 또 만났네! 0309

NICK   Hey, it's Officer Toot-toot.

HOPPS   Ha-ha-ho, no, actually it's Officer Hopps, and I'm here to ask you some questions about a case.

NICK   What happened, meter maid? Did someone steal a traffic cone? It wasn't me.

Words   toot-toot 자동차 경적 소리   meter maid 주차 위반 단속 여성 경관   traffic cone 주황색 교통 표시 삼각뿔

052	올라프	뭐라고? 와! 더 좋아! 하… 알았어, let's start this thing over. ⁰³⁹⁷ 안녕 여러분. 난 올라프야. 난 따뜻하게 안아 주는 걸 좋아해.
	안나	올라프?… 그래 맞아, 올라프.
	올라프	… 넌 누구야?
	안나	어, 음… 난 안나야.

053	크리스토프	나라면 거기에 발을 대지 않겠어요.
	안나	You're distracting me. ⁰³⁹²
	크리스토프	거기도요. 엘사가 당신을 보고 싶어하는지 어떻게 아는 거죠?
	안나	난 여기에 집중해야 하니까 당신과 말하지 않겠어요.

054	홉스(주디)	안녕! It's me again! ⁰³⁰⁹
	닉	뛰뛰빵빵 경찰관이시네.
	홉스	하하, 아니야. 난 홉스 경관이라고 해. 어떤 사건에 대해서 물어볼 게 있어서.
	닉	무슨 일인가, 주차 단속 아가씨? 누가 주차 표시를 훔쳐갔나? 난 아니라구.

055 [미녀와 야수] 모리스가 벨을 구하기 위해 사람들에게 도움을 요청하며   conversation055.mp3

MAURICE   Please! Please, I need your help! He's got her. He's got her locked in the dungeon.

LEFOU   Who?

MAURICE   Belle. We must go. 지체할 시간이 없어! 0357

GASTON   Whoa! Slow down, Maurice. Who's got Belle locked in a dungeon?

Words   dungeon 지하 감옥   lock 가두다

056 [미녀와 야수] 야수, 벨이 저녁 식사에 오지 않자 화가 나서   conversation056.mp3

BEAST   왜 이렇게 오래 걸리는 거야? 0359 I told her to come down. Why isn't she here yet?!?

MRS. POTTS   Oh, try to be patient, sir. The girl has lost her father and her freedom all in one day.

LUMIERE   Uh, master. Have you thought that, perhaps, this girl could be the one to break the spell?

Words   patient 침착한   break the spell 마법을 풀다

057 [미녀와 야수] 야수가 금지 구역에 들어간 벨에게 호통치며   conversation057.mp3

BEAST   Why did you come here?

BELLE   I'm sorry.

BEAST   I warned you never to come here!

BELLE   해를 끼칠 생각은 없었어요. 0362

Words   warn 경고하다

055

모리스   제발! 도움이 필요해! 그자가 그녀를 데리고 있어. 지하 감옥에 가둬 놓았다고.

르푸   누구를요?

모리스   벨. 지금 가야 해. **Not a minute to lose!** 0357

개스톤   워! 침착해요, 모리스. 누가 벨을 지하 감옥에 가뒀다구요?

056

야수   **What's taking so long?** 0359 내가 내려오라고 했잖아. 왜 아직 안 오는 거지?!?

포츠 부인   침착하세요, 주인님. 그녀는 아버지와 자유를 하루 만에 다 잃었잖아요.

뤼미에르   주인님. 이 여자가 마법을 풀 수 있다고 생각하지 않으세요?

057

야수   왜 여기에 들어온 거요?

벨   미안해요.

야수   여기는 들어오지 말라고 경고했잖소!

벨   **I didn't mean any harm.** 0362

058 [인어공주] 에리얼을 혼내고 후회하는 용왕 트라이튼을 세바스찬이 위로하며
conversation058.mp3

SEBASTIAN Hm! Teenagers… They think they know everything. You give them an inch, they swim all over you.

TRITON Do you, er, think – 내가 걔한테 너무 심했어? 0384

SEBASTIAN Definitely not. Why, if Ariel was my daughter, I'd show her who was boss.

Words   definitely (부정문에서) 절대로   show ~ who is boss ~를 혼내다

059 [인어공주] 해마가 세바스찬에게 용왕의 메시지를 긴급하게 전하며
conversation059.mp3

SEAHORSE Sebastian! Sebastian, 한참 찾아다녔잖아요. 0399 I've got an urgent message from the sea king.

SEBASTIAN The sea king?

SEAHORSE He wants to see you right away – something about Ariel.

SEBASTIAN He knows!

Words   urgent 다급한   right away 즉시, 당장

060 [빅 히어로] 모두들 히로의 학교 입학을 기뻐하며
conversation060.mp3

GANG Woo-hoo! / Unbelievable! / That was amazing!

CASS All right, geniuses, let's feed those hungry brains. Back to the café, 저녁은 내가 살게! 0334

FRED Yes! Nothing's better than free food! Unless it's moldy or has salmonella.

TADASHI Aunt Cass? We'll catch up, okay?

Words   feed 먹이다   moldy 곰팡이 핀   salmonella 살모넬라 균   catch up 따라가다

231

058

세바스찬 흠! 청소년들이란… 자기들이 모든 걸 다 안다고 생각하죠. 틈만 주면 기어오른다니까요.

트라이튼 **I was too hard on her** 0384 라고 생각해?

세바스찬 전혀 아니죠. 참, 에리얼이 제 딸이었으면 아주 크게 혼냈을 겁니다.

059

해마 세바스찬! 세바스찬, **I've been looking all over for you.** 0399 용왕님께로부터 온 긴급한 메시지가 있습니다.

세바스찬 용왕님?

해마 당장 뵙자고 하십니다 – 에리얼 문제입니다.

세바스찬 알고 계시네!

060

친구들 우후! / 믿을 수 없어! / 정말 잘했어!

카스 이모 자, 천재 여러분, 배고픈 두뇌를 채우도록 하자. 카페로 와, **dinner is on me!** 0334

프레드 그래! 공짜 음식보다 더 좋은 건 없지! 곰팡이가 피거나 살모넬라균이 없다면 말야.

타다시 카스 이모? 곧 따라갈게요, 괜찮죠?

PART 5

감정을 표현할 때 자주 쓰는 표현 100

PART 5 전체 듣기

감사함, 기쁨, 분노, 짜증, 걱정 같은 마음을 표현하고 싶을 때 있죠? 감정과 관련된 표현은 대화에 생동감을 주고 속 깊은 대화를 나눌 수 있는 감초 같은 역할을 하죠. 감정과 관련된 표현을 디즈니 캐릭터의 대화에서 배워볼게요. 열심히 배워서 흥미진진한 대화를 이어가 보세요.

01 감사 1   02 감사 2   03 스트레스 1   04 스트레스 2   05 자신감   06 기쁨   07 흥분   08 안심   09 창피함   10 분노   11 짜증   12 포기   13 동정   14 실망   15 불안   16 걱정   17 놀람   18 자책   19 기타 긍정 감정 표현   20 기타 부정 감정 표현

디즈니 애니메이션에서 자주 나오는
이 표현, 혹시 알고 있나요?

0401-0405.mp3

01 감사 1

0401

I'm grateful for that.

[인크레더블 2] 목숨을 살려 준 것에 대해 데버가 엘라스티걸에게 감사하며 한 말이에요.
grateful은 thankful처럼 '감사하는'이란 뜻이에요.
'~에 대해서 감사하다'라고 할 때는 뒤에 for를 붙인 뒤 감사한 이유를 쓰면 됩니다.

0402

I owe ya.

[주토피아] 닉이 주디에게 감사함을 전하며 한 말이에요.
'신세를 졌네요.'라는 뜻으로
진정한 감사와 함께 미안한 마음도 함께 전달할 수 있는 표현이에요.

0403

I appreciate your concern.

[토이 스토리 3] 전화기 장난감의 조언에 우디가 고마워하며 한 말이죠.
I appreciate 역시 '~에 대해 감사해요'라는 뜻이에요.
상대방이 나를 걱정해 준 것에 감사한다는 표현이에요. Thank you for your concern.이라고 해도 됩니다.

0404

I can't thank you enough.

[주토피아] 닉이 아이스크림 가게에서 주디의 호의에 감사하며 한 말이에요.
'충분히 감사를 드리지 못했다.'는 말은 너무나도 감사한다는 의미겠죠?
상대방의 호의에 크게 감동해서 하는 말이에요.

0405

I'd love to return the favor.

[몬스터 대학교] 설리가 마이크에게 보답하고 싶다는 마음을 표현하면서 한 말이에요.
return the favor는 '호의를 되돌려 주다' 즉 '보답하다'는 의미로
상대방의 행동에 보답하고자 할 때 쓰는 표현이에요.

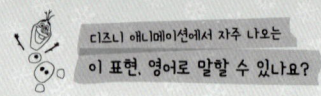

0401

특정 일에 대해 감사를 표현할 때

그것에 대해서 감사드려요.

0402

감사함과 미안함을 함께 표현할 때

신세를 졌네요.

0403

상대방의 걱정에 감사할 때

걱정해 줘서 고마워.

0404

상대방의 행동에 크게 감사하며

뭐라고 감사를 해야 할지.

0405

상대방의 행동에 보답하고자 할 때

보답하고 싶어.

디즈니 애니메이션에서 자주 나오는
이 표현, 혹시 알고 있나요?

0406-0410.mp3

0406
I really appreciate it.

[토이 스토리 4] 방문객이 앤디의 엄마에게 감사를 표현하면서 한 말이에요.
Thank you.가 너무 흔하다는 생각이 들면 이 표현을 쓰는 것도 좋습니다.
발음할 때는 I really는 약하게 흘리고 appreciate을 강하게 해 주세요.

0407
Thank you for everything.

[인크레더블 2] 밥이 딕커와 헤어지며 한 말이죠.
Thank you for ~.는 '~에 대해서 감사해요.'라는 뜻이에요. for 뒤에 감사의 이유를 붙이면 됩니다.
만일 동사를 쓰고 싶으면 -ing 형태로 바꿔 주세요.

0408
You saved the day.

[토이 스토리] 앤디가 역할극 놀이를 하며 우디에게 감사하다고 한 말이에요.
'당신이 오늘을 구했다.'라는 말은 '당신 덕분에 오늘 있던 문제가 해결되었다.'는 뜻이에요.
상대방의 도움으로 일이 해결된 것에 감사하는 표현이죠. You saved my day. 역시 같은 뜻이에요.

0409
I'm forever in your debt.

[인크레더블 2] 엘라스티걸이 연설에서 데브텍 직원들에게 감사함을 표현한 말이에요.
be in debt은 '빚을 지다'라는 뜻이에요.
영원히(forever) 상대방에게 빚을 진 마음은 정말 감사하고 미안한 마음인 거죠.

0410
That's the least we can do.

[인크레더블 2] 데버가 자신의 집에 헬렌의 가족이 지낼 수 있도록 허락하면서 한 말이죠.
직역하면 '그게 우리가 할 수 있는 최소한의 거예요.'인데
상대방을 도와주면서 '그 정도는 해 드릴 수 있어요.'라고 할 때 쓰는 말이에요.

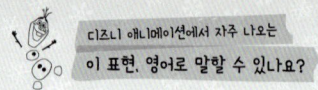

0406 감사함을 표현할 때
정말 감사해요.

0407 상대방의 모든 도움에 대해 감사할 때
모든 일에 감사해요.

0408 일을 해결해 준 것에 감사함을 표할 때
당신 때문에 살았어요.

0409 정말 감사하다고 말할 때
평생의 빚을 졌어요.

0410 겸손하게 도와주면서 하는 말
저희가 그 정도는 해 드릴 수 있죠.

디즈니 애니메이션에서 자주 나오는
이 표현, 혹시 알고 있나요?

0411-0415.mp3

0411
I'm going to lose my mind.

[빅 히어로] 히로가 대학교에 간절히 입학하고 싶어하며 한 말이에요.
lose my mind는 '정신을 못 차리다', '미치다'라는 뜻이에요.
스트레스가 심해서 제정신이 아니라고 할 때 쓰는 말이에요.

0412
I'm insane.

[라따뚜이] 링귀니가 생쥐와 거래를 하려는 자신을 크게 자책하며 한 말이에요.
우리말에도 실수를 한 뒤 '내가 미쳤나 봐.'라고 하면서 자책을 하잖아요.
I'm insane.이 바로 그 표현이에요.

0413
I'm having a breakdown.

[인사이드 아웃] 슬픔이가 크게 스트레스를 받고서 한 말이죠.
breakdown은 '고장'이란 뜻인데 스트레스가 심해 정신적으로 고장난 것도
breakdown 또는 nervous breakdown이라고 해요. '나 멘붕이야.'라는 뜻이 어울리는 표현이에요.

0414
Everything's gonna be all right!

[니모를 찾아서] 도리가 고래 뱃속에 갇힌 말린을 위로하면서 한 말이에요.
'다 잘될 거야.'라는 뜻으로 걱정과 스트레스가 많은 사람에게 건네는 위로의 말이에요.

0415
Get some air.

[라따뚜이] 링귀니가 고생한 레미에게 휴식을 주면서 한 말이죠.
스트레스 받은 사람에게 '나가서 바람 좀 쐬라구.'라는 의미로 하는 말이에요.
Get some fresh air.라고 할 수도 있어요.

03 스트레스 1

239

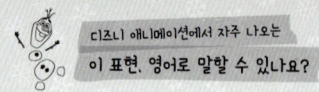

0411 스트레스가 심해서 제정신이 아닐 때

미칠 것 같아.

0412 큰 실수를 하고 자책하며

나 미쳤나 봐.

0413 정신적인 큰 충격을 받고

나 멘붕이야.

0414 걱정이 많은 사람에게 위로하는 말

다 잘될 거야!

0415 스트레스 받은 사람에게 조언하는 말

바람 좀 쐬라구.

디즈니 애니메이션에서 자주 나오는
이 표현, 혹시 알고 있나요?

0416-0420.mp3

0416
You can't do that.

[빅 히어로] 고 고가 자신의 물건을 뺏어가자 와사비가 화를 내며 한 말이에요.
상대방의 능력을 판단하는 말이 아니에요. 상대방이 그런 행동을 해서는 안 된다고 따지는 표현이거든요.
'그러시면 안 되죠.'라는 뜻이에요.

0417
This is unacceptable.

[겨울왕국] 공작이 아렌델에서 쫓겨나면서 한 말이에요.
상대방이 용납할 수 없는 행동이나 말을 했을 때
'절대 안 돼.', '용납할 수 없어.'라는 의미로 쓰는 표현이에요.

0418
How could you?

[라따뚜이] 레미가 음식을 훔치는 장면을 목격한 링귀니가 배신감을 느끼며 한 말이에요.
상대방의 말도 안 되는 행동에 배신감을 느껴 '어떻게 그럴 수가 있니?'라고 비난하는 말이죠.
How could you do that?을 줄인 말이에요.

0419
Don't tell me what to do.

[토이 스토리] 우디가 버즈에게 참견하지 말라고 화내며 한 말이에요.
'이래라저래라 하지 마.'라는 의미예요.
사춘기 아이들이 부모님에게 반항하며, 또는 친구, 연인끼리 말싸움을 할 때 자주 쓰는 말이에요.

0420
He really let me have it.

[온워드] 이안이 자신에게 크게 화를 냈다고 맨티코어가 로렐에게 한 말이에요.
'let + 사람 + have it'은 '~를 공격하다' 혹은 '~에게 엄청 뭐라고 하다'라는 뜻이에요.
불같이 화내며 퍼부어 대는 행동이 'let ~ have it'이에요.

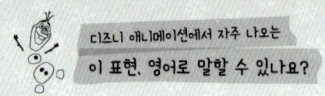
디즈니 애니메이션에서 자주 나오는
이 표현, 영어로 말할 수 있나요?

0416

그런 행동을 하면 안 된다고 할 때

그러면 안 되지.

0417

받아들일 수 없는 행동이라고 말할 때

용납할 수 없어요.

0418

상대방에게 배신감을 느끼며 하는 말

어떻게 그럴 수가 있어?

0419

반항하며 하는 말

이래라저래라 하지 마.

0420

그 사람이 불같이 화를 냈다고 말할 때

걔가 나한테 엄청 뭐라 했어요.

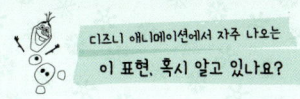

0421-0425.mp3

0421
I'm at the top of my game.

[인크레더블] 엘라스티걸이 인크레더블에게 거만한 태도로 한 말이죠.
'내가 나의 게임에서 탑의 위치에 있다.'라고 직역할 수 있네요.
자신의 분야에서 '내가 최고야.', '내가 제일 잘나가.'라는 의미로 자랑스럽게 하는 말이에요.

0422
It's as simple as that.

[몬스터 대학교] 마이크가 보란 듯이 자신있게 한 말이죠.
정말 쉽고 간단한 일이라고 자신 있게 던지는 말이에요.
It's so simple.이라고 심플하게 쓸 수도 있어요.

0423
Have I ever been wrong?

[인어공주] 갈매기 스커틀이 에릭 왕자의 결혼 소식을 전하면서 한 말이에요.
'언제 내가 틀린 적이 있었어?'라는 뜻이에요.
틀린 적을 말해 보라는 것이 아니라 '난 절대 틀리지 않아.'라며 자신감이 넘치는 표현이에요.

0424
I'm a man of my word.

[메리 포핀스 리턴즈] 윌킨스가 밤 12시까지의 마감시한을 꼭 지키겠다면서 한 말이죠.
자신을 신뢰해도 된다고 장담하며 하는 말이에요.
'난 내가 한 말은 꼭 지키는 사람이야.'라고 해석할 수 있어요.

0425
Why should I care?

[카 3] 스톰이 거만하게 다른 차들은 신경 쓰지 않는다고 하며 한 말이에요.
여기서 care는 '신경 쓰다'라는 의미로 '내가 무슨 상관이야?'라며
어떤 문제에 대해 명확하게 선을 그으면서 거만하게 하는 말이에요.

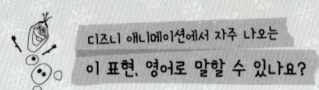
디즈니 애니메이션에서 자주 나오는
이 표현, 영어로 말할 수 있나요?

0421 자신이 최고라고 자만할 때
내가 제일 잘나가요.

0422 간단한 일이라고 말할 때
완전 껌이네.

0423 자신은 틀린 적이 없다고 말할 때
내가 언제 틀린 적이 있었어?

0424 자신을 믿어 달라고 하면서
난 한 말은 꼭 지키는 사람이야.

0425 자신과는 별개의 문제라고 할 때
내가 무슨 상관이야?

디즈니 애니메이션에서 자주 나오는
이 표현, 혹시 알고 있나요?

0426-0430.mp3

0426
I've hit the jackpot!

[인크레더블] 신드롬이 인크레더블 가족을 만나서 매우 기뻐하며 한 말이죠.
대박이 나서 기쁠 때 '잭팟을 터트렸다'라고 하잖아요? 영어로는 hit the jackpot이라고 해요.
'큰 성공을 거두다'라는 뜻이에요.

0427
Terrific!

[주토피아] 주디가 아빠의 말을 듣고 전기 충격기를 받자 아빠가 기뻐하며 한 말이죠.
'잘됐네!', '좋아'라는 뜻으로 상황이 원하는 대로 흘러가 기쁘다는 표현이에요.
상대방의 제안에 전적으로 동의할 때도 쓸 수 있어요.

0428
Sweet!

[빅 히어로] 테디가 데려다 준다고 하자 히로가 기뻐하며 한 말이에요.
상대방의 말에 동의하거나 크게 기뻐하는 표현이에요.
'Cool!', 'Great!'과 같은 의미랍니다.

0429
Gimme Five!

[토이 스토리] 우디가 앤디에게 하이파이브 하자며 한 말이에요.
Gimme는 'Give me'를 발음 그대로 쓴 표현이고, Five는 High five를 줄여 쓴 표현이에요.
상대방에게 하이파이브 하자고 할 때 쓰는 말이에요.

0430
We've earned this.

[몬스터 대학교] 잘나가는 팀의 파티에서 마이크가 팀원들에게 당당하지라며 한 말이죠.
열심히 노력한 것이 좋은 결과로 나타날 때 쓰는 말이에요. '우리가 이것을 얻게 되었다.'는 말은
'이것을 받을 자격이 있다.'는 의미예요. We deserve this!라는 표현도 많이 쓴답니다.

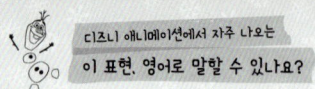
디즈니 애니메이션에서 자주 나오는
이 표현, 영어로 말할 수 있나요?

0426 □□□

아주 크게 기뻐할 때

대박 났네!

0427 □□□

기뻐할 때

잘됐어!

0428 □□□

기뻐하며 동의할 때

좋아!

0429 □□□

하이파이브 하자고 할 때

하이파이브 하자!

0430 □□□

노력의 결과가 좋을 때

우린 자격이 있어.

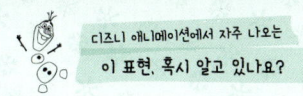

0431-0435.mp3

0431
I'm not finished with you!

[업] 먼츠가 방을 나가려고 하자 러셀이 화가 나서 한 말이죠.
폭풍 잔소리를 하고 있는데 상대방이 갑자기 자리를 박차고 나갈 때 버럭 하는 말이에요.
'내 말 안 끝났어!'라는 뜻이죠.

0432
I can't take it any more!

[알라딘] 자파가 이아고의 목에 크래커를 쑤셔 넣자 크게 화를 내며 한 말이에요.
이 표현에 사용된 take는 '받아들이다', '견디다'라는 뜻이에요.
억누르고 있던 감정을 더 이상 참지 못할 때 하는 말이죠.

0433
You shouldn't be anywhere near here.

[니모를 찾아서] 말린이 니모에게 이곳이 위험하다고 절대 오지 말라며 한 말이에요.
You shouldn't ~.는 '~하지 마.'라는 간접적인 명령 표현이에요. 이 표현은 '여기 근처에 오지 마.'라는 뜻이에요.

0434
Stay calm!

[도리를 찾아서] 도리가 직원에게 잡히자 말린이 도리에게 침착하라면서 한 말이죠.
안절부절 못하는 사람을 진정시키려고 하는 말이에요.
'Calm down!'이라는 표현도 많이 쓴답니다.

0435
You're overreacting.

[인사이드 아웃] 감정들이 호들갑을 떨자 기쁨이가 아무 일도 아니라는 듯이 한 말이죠.
어떤 일이나 사건을 너무 호들갑스럽게 받아들이는 사람을 두고 하는 말로
'오버하는 거야.', '호들갑 떠는 거야.'라는 해석이 적절하네요.

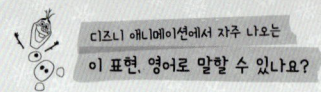
디즈니 애니메이션에서 자주 나오는
이 표현, 영어로 말할 수 있나요?

0431

상대방이 갑자기 자리를 뜨려고 하자

내 말 안 끝났어!

0432

더 이상 감정을 억누르지 못할 때

더 이상 못 참겠어!

0433

이곳으로 오지 말라고 명령할 때

여기 근처에 오지 마.

0434

진정시키려고 할 때

침착해!

0435

호들갑을 떠는 사람에게

오버하는 거야.

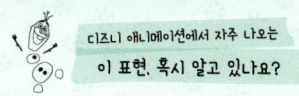

0436
What did I tell you?

[토이 스토리] 앤디가 차에서 장난감을 발견하자 엄마가 그럴 줄 알았다는 의미로 한 말이에요. 자신의 말이 옳았다는 의미로 쓰는 표현으로 '내가 뭐랬어?'라는 뜻이에요.

0437
Things will work out.

[뮬란] 무슈가 뮬란을 안심시키며 한 말이에요. work out은 '잘 풀리다', '해결되다'라는 뜻으로 모든 일들이 다 잘 될 거라고 안심시킬 때 쓰는 표현이에요.

0438
We'll stick with the easy ones.

[온워드] 발리가 이안에게 쉬운 마법부터 연습하자며 한 말이죠. stick with는 '~를 계속하다'라는 뜻이에요. 기술을 익힐 때나 공부를 할 때 '쉬운 걸 계속 해 보자.'라는 의미로 쓰는 말이에요. '쉬운 것부터 해 보자.'고 할 때는 'We'll start with the easy ones.'라고 하세요.

0439
Our prayer has been answered!

[주토피아] 주디가 주차 단속일을 한다고 하자 아빠가 매우 기뻐하며 한 말이에요. '기도 응답을 받았다.'라는 뜻으로 간절히 소망하던 일이 이루어져서 감사하다는 의미예요.

0440
Everyone wins.

[주토피아] 주디가 아빠의 조언을 받아들이자 아빠가 만족해하며 한 말이죠. '모두가 승자.'라는 말은 결과에 상관없이 관련된 사람들이 다 만족할 수 있다는 의미예요. It's a win-win for everyone.이라고도 쓸 수 있어요.

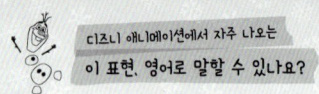

0436
내 말이 옳았다고 할 때
내가 뭐랬어?

0437
일이 잘 풀릴 거라고 안심시킬 때
괜찮을 거야.

0438
쉬운 것을 지속적으로 연습시킬 때
쉬운 걸 계속 해 보자.

0439
소망하던 일이 이루어졌을 때
기도 응답을 받은 거야!

0440
모든 사람이 다 만족할 때
모두 다 윈윈이지.

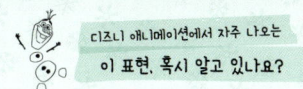

디즈니 애니메이션에서 자주 나오는
이 표현, 혹시 알고 있나요?

0441-0445.mp3

0441
I've never been so insulted.

[알라딘] 알라딘에게 모욕을 당하고 아흐메드 왕자가 화를 내며 한 말이죠.
직역하면 '난 모욕을 받은 적이 없어.'인데
평생 모욕을 받은 경험이 없다는 뜻이 아니라 지금처럼 심하게 모욕감을 느낀 적이 없다는 뜻이에요.

0442
How embarrassing!

[인사이드 아웃] 라일리가 교실에서 울려고 하자 아이들이 창피해하며 한 말이에요.
'너무 창피해!'라는 의미로 쓰는 표현으로
It's so embarrassing.이라고 해도 같은 의미예요.

0443
I'm blushing.

[알라딘] 이아고가 자파의 칭찬에 얼굴이 붉어지면서 한 말이죠.
창피해서 얼굴이 빨개진다는 말이에요.
blush는 '(얼굴이) 상기되다'이고 형태가 비슷한 flush는 '변기의 물을 내리다'이니 꼭 구별해서 쓰세요.

0444
Nothing to be ashamed of.

[도리를 찾아서] 행크가 실수로 먹물을 내뿜자 도리가 그에게 부끄러워하지 말라면서 한 말이에요.
be ashamed of는 '~를 부끄러워하다'인데 앞에 nothing이 있으니까 '창피할 게 없다.'
즉 '창피해할 필요 없다.'는 말이에요.

0445
Don't be bashful.

[인크레더블 2] 데버가 엘라스티걸에게 무대로 올라오라고 하면서 한 말이죠.
bashful은 '수줍어하는'이란 뜻이에요.
'부끄러워하지 마.'라는 의미인데 Don't be shy.라는 표현을 더 많이 쓴답니다.

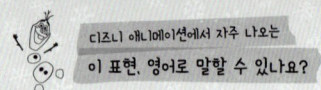

0441

모욕감을 느낄 때

정말 치욕적이야.

0442

창피함을 느낄 때

너무 창피해!

0443

창피해서 얼굴이 빨개질 때

얼굴이 빨개지네요.

0444

부끄러워할 필요가 없다고 할 때

창피할 건 없어.

0445

수줍어하지 말라고 할 때

부끄러워하지 마세요.

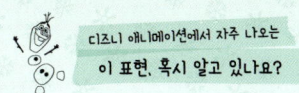

0446-0450.mp3

0446
Don't let it happen again.

[몬스터 주식회사] 로즈가 마이크에게 서류 작업을 계속 미루지 말라고 경고하며 한 말이죠.
직역하면 '그것이 다시 벌어지도록 만들지 마.'가 되잖아요?
다시 그런 실수하지 말라고 상대방에게 따끔하게 경고하는 말이에요.

0447
What took you so long?

[토이 스토리 3] 우디가 생각보다 늦게 도착하자 제시가 이유를 물어본 말이에요.
상대방이 늦거나 일 처리가 오래 걸린 이유를 따지고 묻는 표현이에요.
이 표현의 take는 '(시간이) 걸리다'라는 뜻이에요.

0448
This has gone too far.

[미녀와 야수] 하인들이 벨의 아버지에게 지나칠 정도의 환대를 베풀자 콕스워스가 한 말이죠.
go too far는 '정도를 벗어나는 행동을 하다'라는 뜻으로
상대방이 정도를 많이 벗어나는 행동을 했다고 비난하는 말이에요.

0449
I'm sick of pretending.

[라따뚜이] 레미가 이제는 가식적으로 살고 싶지 않다며 한 말이죠.
be sick of는 '~에 싫증납니다', pretend는 '가식적으로 행동하다'라는 뜻이에요.
따라서 이 표현은 '자신의 진정한 모습을 숨기고 싶지 않다'는 의미예요.

0450
I touched a nerve.

[카 3] 스톰이 경기에 진 맥퀸을 자극하는 행동을 하고 나서 한 말이에요.
touch a nerve는 직역하면 '신경을 건드리다'인데
뇌 수술을 하면서 신경을 건드린다는 말이 아니라 '~를 화나게 하다'라는 뜻이에요.

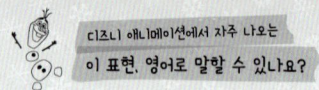

0446
다시 실수하지 말라고 할 때

다시는 그런 짓 하지 마.

0447
늦은 이유를 물을 때

왜 이렇게 오래 걸렸어?

0448
상대방이 정도를 벗어난 행동을 했을 때

이건 너무하네.

0449
더 이상 나의 모습을 숨기고 싶지 않을 때

이제 척하기 싫어.

0450
상대방을 화나게 했을 때

내가 화를 돋웠네.

망각방지장치 1

하루만 지나도 학습한 내용의 50%를 잊어버립니다. 여러분은 몇 퍼센트나 잊어버렸을까요? 5분 안에 25개를 말해 보세요.

01	신세를 졌네요.	I _____ ya.	0402
02	걱정해 줘서 고마워.	I appreciate your _____.	0403
03	보답하고 싶어.	I'd love to _____ the favor.	0405
04	당신 때문에 살았어요.	You saved the _____.	0408
05	평생의 빚을 졌어요.	I'm forever in your _____.	0409
06	나 미쳤나 봐.	I'm _____.	0412
07	나 멘붕이야.	I'm having a _____.	0413
08	바람 좀 쐬라구.	Get some _____.	0415
09	용납할 수 없어요.	This is _____.	0417
10	이래라저래라 하지 마.	Don't tell me _____ to do.	0419
11	내가 제일 잘나가요.	I'm at the top of my _____.	0421
12	난 한 말은 꼭 지키는 사람이야.	I'm a man of my _____.	0424
13	대박 났네!	I've hit the _____!	0426
14	우린 자격이 있어.	We've _____ this.	0430

정답 01 owe 02 concern 03 return 04 day 05 debt 06 insane 07 breakdown 08 air
09 unacceptable 10 what 11 game 12 word 13 jackpot 14 earned

15	더 이상 못 참겠어!	I can't _____ it any more!	0432
16	여기 근처에 오지 마.	You shouldn't be anywhere near _____.	0433
17	침착해!	Stay _____!	0434
18	오버하는 거야.	You're _____.	0435
19	괜찮을 거야.	Things will _____ out.	0437
20	기도 응답을 받은 거야!	Our prayer has been _____!	0439
21	모두 다 원원이지.	Everyone _____.	0440
22	너무 창피해!	How _____!	0442
23	얼굴이 빨개지네요.	I'm _____.	0443
24	왜 이렇게 오래 걸렸어?	What _____ you so long?	0447
25	이제 척하기 싫어.	I'm _____ of pretending.	0449

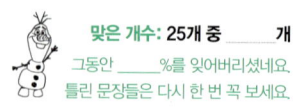

맞은 개수: 25개 중 _____ 개
그동안 _____%를 잊어버리셨네요.
틀린 문장들은 다시 한 번 꼭 보세요.

정답 15 take 16 here 17 calm 18 overreacting 19 work 20 answered 21 wins 22 embarrassing
23 blushing 24 took 25 sick

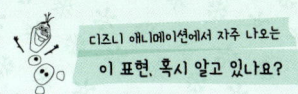

디즈니 애니메이션에서 자주 나오는
이 표현, 혹시 알고 있나요?

0451-0455.mp3

0451
What did you do wrong this time?

[몬스터 주식회사] 기계가 멈추자 랜달이 펑거스에게 짜증내며 한 말이에요.
자꾸 실수하는 사람에게 '이번에는 또 뭐니?'라는 의미로 살짝 짜증내며 하는 말이에요.

0452
What's gotten into you?

[코코] 아빠가 미구엘의 행동을 이해할 수 없다며 한 말이죠.
직역하면 '무엇이 네 안에 들어갔니?'인데 접신했다는 게 아니라
'왜 그러는 거니?'라고 상대방의 갑작스러운 행동의 이유가 궁금해서 물어보는 말이에요.

0453
Heaven knows what you're saying!

[니모를 찾아서] 말린이 고래와 대화를 시도하는 도리에게 짜증내며 한 말이죠. Heaven knows ~는 No one knows ~와 비슷한 의미로 '아무도 ~를 몰라'라는 뜻이에요. 상대방의 말을 아무도 이해하지 못한다고 화내면서 하는 말이에요.

0454
I've gotta think!

[라따뚜이] 레미가 정신없이 떠들어 대는 구스토 유령들에게 조용히 하라며 한 말이죠.
다급한 상황에서 상대방이 다그치자 '생각 좀 하자고!'하면서 쏘아붙이는 표현이에요.
gotta는 have to처럼 '~해야 한다'는 뜻이에요.

0455
Good heavens!

[메리 포핀스 리턴즈] 붐장군이 갑자기 대포를 쏘자 구딩이 깜짝 놀라면서 한 말이에요.
깜짝 놀랄 일이 생겼을 때 쓰는 감탄사로 '이런!', '어머나!'라는 뜻이에요.
또한 짜증이나 화가 날 때도 자주 쓰는 감탄사예요.

257

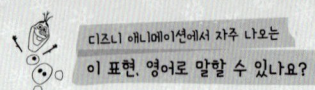

0451

실수가 잦은 사람에게 살짝 짜증내며

이번에는 또 뭐야?

0452

상대방의 갑작스러운 행동에 당황해서

도대체 왜 그러는 거야?

0453

상대방의 말을 이해하지 못할 때

아무도 네가 무슨 말을 하는지 모른다고!

0454

생각할 시간이 필요하다는 의미로

생각 좀 하자고!

0455

깜짝 놀랄 일이 생겨 짜증이 나서

이런!

디즈니 애니메이션에서 자주 나오는
이 표현, 혹시 알고 있나요?

0456-0460.mp3

0456

This is not gonna work.

[몬스터 대학교] 설리가 한심한 팀원들의 행동을 보며 희망이 없다는 생각에 한 말이죠.
불가능하다는 생각에 일을 포기하려는 마음으로 하는 말이에요.
여기서 work는 '효과가 있다', '성공하다'라는 뜻이며 Not gonna work.라고 쓸 수도 있어요.

0457

You're wasting your time.

[몬스터 대학교] 설리가 마이크에게 팀이 성공하지 못할 거라고 장담하며 한 말이죠.
'시간 낭비하는 거야.'라는 의미로 상대방을 포기시킬 때 잘 쓰는 말이에요.
Don't waste your time.(시간 낭비하지 마.)이라고도 쓸 수 있어요.

0458

Let it go!

[주토피아] 보고 서장이 주디에게 집착하지 말라고 하면서 한 말이에요.
고민이 많은 사람에게 '그냥 잊어버려!', '너무 집착하지 마!'라는 의미로 조언하는 말이에요.
또한 '풀어 줘!', '놔 줘!'라는 의미로도 쓸 수 있어요.

0459

Everything's gone.

[주토피아] 차량이 폭발하여 증거가 사라지자 주디가 절망하며 한 말이에요.
be gone은 '사라지다'라는 뜻이에요.
이 표현은 '모든 게 다 없어졌어.'라는 의미로 자포자기하는 심경을 담은 말이에요.

0460

I'm not giving up on you.

[빅 히어로] 테디가 대학교 입학을 포기하려는 히로를 위로하며 한 말이죠.
give up 이 '포기하다'라는 뜻인 건 다들 아시죠?
'너를 포기하다'라고 할 때는 give up on you라고 하는 거 잘 알아 두세요.

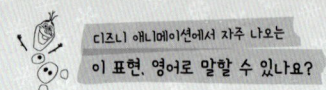
디즈니 애니메이션에서 자주 나오는
이 표현, 영어로 말할 수 있나요?

0456

포기할 때 하는 말

이건 안 될 거야.

0457

상대방을 포기시키는 말

시간 낭비일 뿐이야.

0458

고민을 잊으라고 할 때

잊어버려!

0459

자포자기할 때

다 날아갔어.

0460

상대방을 꼭 지키겠다고 다짐할 때

널 포기하지 않아.

디즈니 애니메이션에서 자주 나오는
이 표현, 혹시 알고 있나요?

0461-0465.mp3

0461
That's unfortunate.

[겨울왕국] 안나가 오켄에게 장사가 힘들어서 안됐다며 위로해 준 말이에요.
'안됐네요.'라는 뜻으로 상대방을 동정할 때 쓰는 표현이에요.

0462
That's awful.

[토이 스토리 4] 보 핍이 소속이 없는 장난감이라고 하자 우디가 안타까워하며 한 말이에요.
이 표현은 물건 등의 상태가 매우 좋지 않다는 의미로 자주 쓰지만
상대방의 끔찍한 불운을 안타까워할 때 쓰기도 해요.

0463
I feel bad for her.

[인사이드 아웃] 교실에서 아이들이 라일리를 동정하며 한 말이죠.
그녀의 안 좋은 상황을 공감하며 동정할 때 쓰는 말이에요.
'feel bad for + 사람'은 '~가 정말 안됐어'라는 감성 표현이에요.

0464
It was a good start.

[온워드] 이안이 마법이 잘 되지 않아 풀이 죽자 발리가 격려하며 한 말이에요.
과거형 was에 주목해 주세요. '시작은 괜찮았어.'라는 뜻이에요.
시작할 때는 나쁘지 않았다며 상대방을 격려하는 의미로 쓰는 말이에요.

0465
Have a heart.

[미녀와 야수] 뤼미에르가 콕스워스에게 벨의 아버지를 불쌍하게 여기라며 한 말이에요.
'심장을 가져.'라는 뜻이 아니에요.
찔러도 피 한 방울 안 나올 것 같은 사람에게 '인정을 베풀어.'라고 따끔하게 하는 말이에요.

13 애정

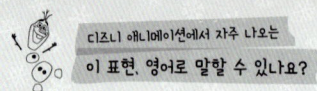
디즈니 애니메이션에서 자주 나오는
이 표현, 영어로 말할 수 있나요?

0461

상대방을 동정할 때

안됐네요.

0462

상대방의 불운을 안타까워할 때

참 안됐구나.

0463

그녀를 동정할 때

쟤 참 안됐다.

0464

시작이 나쁘지 않았다고 할 때

시작은 괜찮았어.

0465

친절하게 대하라고 할 때

인정을 베풀라구.

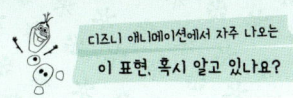

0466-0470.mp3

0466

You've never failed me.

[라따뚜이] 링귀니가 레미에게 감사함을 느끼며 한 말이죠.
'fail + 사람'은 '~를 실망시키다'라는 뜻이에요.
'넌 나를 실망시킨 적이 없다.'라는 말은 상대방이 나의 기대를 항상 만족시켰다는 의미예요.

0467

I won't let you down.

[주토피아] 경찰학교 졸업식에서 주디가 열심히 하겠다고 맹세하며 한 말이죠.
'let + 사람 + down'은 '~를 실망시키다'라는 뜻이에요.
이 표현에는 상대방을 절대 실망시키지 않겠다는 굳은 의지가 담겨 있어요.

0468

It was my one shot.

[카 3] 크루즈가 레이서가 될 기회를 잡지 못했다고 아쉬워하며 한 말이에요.
one last shot이라고 하면 의미가 더 명확해지네요.
'나의 마지막 기회였어요.'라는 뜻이에요.

0469

None of that matters now.

[몬스터 주식회사] 설리가 마이크에게 이제 기록 경신은 중요하지 않다며 한 말이에요.
'이제 다 소용없어.'라는 뜻으로 지금까지 있었던 일들이 이제는 그리 중요하지 않다는 말이에요.

0470

There's nothing I can do.

[도리를 찾아서] 기억을 잃어버린 도리가 자포자기하며 한 말이에요.
'내가 할 수 있는 게 없어.'라는 뜻으로 포기할 때 쓰는 말이에요.

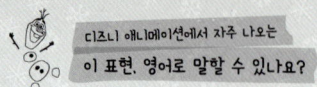
디즈니 애니메이션에서 자주 나오는
이 표현, 영어로 말할 수 있나요?

0466

상대방이 항상 나의 기대에 부흥했다고 할 때

넌 날 실망시킨 적이 없잖아.

0467

열심히 하겠다고 약속할 때

실망시키지 않겠습니다.

0468

마지막 기회였다고 아쉬워하며

내 마지막 기회였어요.

0469

지금까지의 일이 이제 중요하지 않다며

이제 다 소용없어.

0470

포기한다는 말

할 수 있는 게 없어.

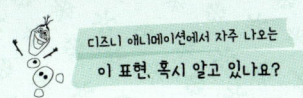

0471-0475.mp3

0471

I was emotionally unbalanced.

[주토피아] 닉이 우울했던 어린 시절을 주디에게 말하면서 한 말이에요. '감정적으로 균형이 맞지 않다'는 말은 불안하고 초조하다는 의미예요. unbalanced 대신 unstable이란 단어를 더 많이 써요.

0472

My nerves are shot!

[인사이드 아웃] 소심이가 곰 이야기를 듣고 신경이 예민해져서 한 말이에요. shot은 '망가진', '엉망인'이란 뜻인데 '신경이 손상되었다'는 뜻이 아니라 스트레스를 많이 받아서 신경이 예민하고 정신적으로 지쳤다는 말이에요.

0473

I'm so jumpy.

[인사이드 아웃] 소심이가 곰 이야기를 듣고 불안해하며 한 말이에요. 마음이 불안할 때는 사소한 것에도 놀라 몸이 들썩거리잖아요? jumpy는 이런 상태를 대변해 주는 단어로 be jumpy 혹은 get jumpy는 '초조해하다'라는 뜻이에요.

0474

He's so tense.

[빅 히어로] 허니가 쇼케이스에서 매우 긴장한 히로를 바라보며 한 말이에요. tense는 긴장을 많이 해서 몸이 경직된 상태를 의미해요. '긴장 좀 풀어.'라고 할 때는 간단하게 'Relax.'라고 하세요.

0475

I'm terrified of heights.

[빅 히어로] 와사비가 베이맥스를 타고 하늘을 날아가면서 한 말이죠. be terrified of는 '~를 무서워하다'라는 뜻이에요. 고소공포증은 acrophobia라고 하는데 문장에서는 I'm acrophobic.이라고 씁니다.

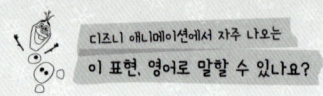
디즈니 애니메이션에서 자주 나오는
이 표현, 영어로 말할 수 있나요?

0471　불안하고 초조했다고 말할 때
마음이 불안했어.

0472　스트레스를 받아 신경이 예민할 때
나 정말 예민하다구!

0473　화들짝 잘 놀라는 상태일 때
너무 불안해.

0474　몸이 경직될 정도로 긴장했을 때
쟤 너무 긴장했어.

0475　높은 곳을 두려워한다고 말할 때
난 높은 곳이 싫어.

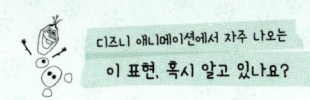

0476-0480.mp3

0476

Don't you worry about a thing.

[도리를 찾아서] 플루크가 니모와 말린을 안심시키며 한 말이죠. '한 가지도 걱정하지 마.'라는 말은 '걱정할 필요가 전혀 없어.'라는 뜻이겠죠? you를 빼고 Don't worry.라고 쓰는 경우가 더 많아요.

0477

We were worried sick!

[인사이드 아웃] 엄마가 집을 나간 라일리를 발견하고 나서 한 말이에요. We were worried so much.가 정석인데 대화체에서는 so much 대신 sick을 쓰기도 해요. worried sick은 '정말 걱정하는'이란 뜻이에요.

0478

Nothing to be concerned about.

[카 3] 크루즈가 스톰에게 아무렇지 않은 듯이 한 말이죠. be concerned about은 '~에 대해 걱정하다'라는 뜻으로 걱정할 필요 없다고 상대방을 안심시키는 표현이에요. Nothing to worry about.도 같은 의미예요.

0479

What are we going to do about it?

[노트르담의 꼽추] 피버스가 프롤로에게 집시들을 어떻게 처리할지 물어본 말이에요. What are we going to do?는 지금의 상황에서 어떻게 할 것인지 상대방의 생각을 물어보는 말이에요. do를 강조해서 발음해 주세요.

0480

What am I supposed to do?

[노트르담의 꼽추] 콰지모도가 에스메랄다를 구하러 갈지 말지를 고민하며 한 말이죠. be supposed to는 '~해야 한다'라는 뜻이에요. 현재 상황에서 자기가 어떻게 행동해야 하는지 의견을 물어보는 말이에요.

디즈니 애니메이션에서 자주 나오는
이 표현, 영어로 말할 수 있나요?

0476

상대방에게 걱정하지 말라고 할 때

걱정할 필요가 전혀 없어.

0477

매우 걱정했다고 할 때

정말 걱정했단다!

0478

걱정할 거 없다며 안심시킬 때

신경 쓸 거 없어.

0479

어떻게 처리할지 물어볼 때

어떻게 할까요?

0480

어떻게 행동해야 좋을지 물어볼 때

나 어떻게 해야 하지?

디즈니 애니메이션에서 자주 나오는
이 표현, 혹시 알고 있나요?

0481-0485.mp3

That was unbelievable.

[온워드] 발리가 증강 마법을 써서 위기를 탈출한 이안을 크게 칭찬하며 한 말이에요.
놀라움과 감탄을 동시에 담아낸 극찬의 표현이에요.
I couldn't believe it!이라고 쓸 수도 있어요.

Don't freak out!

[라푼젤] 플린이 라푼젤의 치유 능력에 놀라자 라푼젤이 겁먹지 말라며 한 말이죠.
Don't freak out on me.는 '날 보고 놀라지 마.'라는 뜻이지만
Don't freak me out.은 '날 놀라게 하지 마.'라는 뜻이니 구별해서 알아 두세요.

You gave me a heart attack.

[빅 히어로] 베이맥스가 갑자기 나타나자 히로가 깜짝 놀라며 한 말이죠.
우리말에서는 깜짝 놀랄 때 '간 떨어진다'고 하는데 영어에서는 '심장 마비에 걸린다'고 표현해요.
'give + 사람 + a heart attack'은 '깜짝 놀라게 하다'라는 뜻이에요.

I have a big surprise!

[라푼젤] 엄마가 깜짝 선물로 라푼젤이 좋아하는 스프를 만들어 주겠다며 한 말이죠.
깜짝 놀랄 만한 물건을 보여주기 전이나 깜짝 놀랄 만한 소식을 말하기 전에 하는 말이에요.
전체적으로 톤을 올려 말해 주세요.

0485
I don't know what to say.

[인크레더블 2] 헬렌이 갑자기 데버에게 큰 선물을 받고 어떻게 답할지 몰라 하며 한 말이에요.
상대방의 갑작스러운 말에 놀라서 대꾸할 말이 생각나지 않는다는 의미로 쓰는 표현이에요.

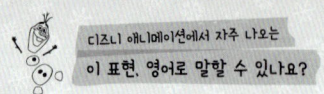
디즈니 애니메이션에서 자주 나오는
이 표현, 영어로 말할 수 있나요?

0481
극찬을 할 때
믿을 수 없어.

0482
놀라지 말라고 할 때
겁먹지 마세요!

0483
깜짝 놀랐을 때
간 떨어지겠네.

0484
놀랄 만한 소식을 알리면서
네가 놀랄 만한 게 있어!

0485
어떻게 반응할지 몰라서
무슨 말씀을 드려야 할지.

디즈니 애니메이션에서 자주 나오는
이 표현, 혹시 알고 있나요?

0486-0490.mp3

 0486

It's my fault.

[도리를 찾아서] 말린이 도리가 납치된 것을 자기 탓으로 돌리며 한 말이죠.
자신의 탓이라고 자책하는 말로 'It's all my fault.'라고 쓰기도 해요.
이 말을 하는 사람에게 'Don't blame yourself.(자책하지 마.)'라고 위로해 주세요.

 0487

I must be out of my mind!

[노틀담의 꼽추] 콰지모도가 자신을 책망하며 한 말이에요.
be out of one's mind는 '정신이 나가다'라는 뜻이에요.
이 말 역시 자책할 때 단골로 등장하는 표현이에요.

 0488

What have I done?

[온워드] 불을 뿜으며 화를 낸 맨티코어가 자책하며 한 말이에요.
자신이 한 행동이 문제를 일으킬 때 스스로를 책망하며 하는 혼잣말이에요.
'내가 무슨 짓을 한 거지?'라는 의미죠.

 0489

What have I got myself into?

[업] 칼이 앞으로의 여정을 걱정하며 한 말이죠.
get into는 '(~한 문제에) 처하다'라는 뜻으로 직역하면 '내가 스스로를 어떤 것에 처하게 한 거지?'가 되죠.
따라서 이 표현은 내가 문제를 자초했다고 자책할 때 쓰는 말이에요.

 0490

That went poorly.

[인크레더블 2] 슈퍼히어로가 오히려 미움을 사게 되자 밥이 속상해서 한 말이죠.
이 표현은 일이 잘 진행되지 않아 속상해서 하는 말이에요.
That didn't go well.이라고 해도 됩니다.

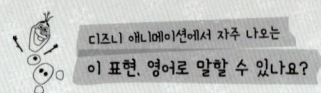

0486 자책하며 말할 때

내 잘못이야.

0487 제정신이 아니었다고 말할 때

내가 정신이 나갔나 봐!

0488 스스로를 책망할 때

내가 뭘 한 거지?

0489 문제를 자초했다고 자책할 때

도대체 내가 무슨 짓을 한 거지?

0490 일이 잘 진행되지 않았을 때

잘 안됐어.

디즈니 애니메이션에서 자주 나오는
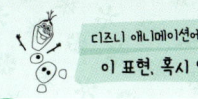 **이 표현, 혹시 알고 있나요?**

0491-0495.mp3

0491 I'm so proud of you.

[인크레더블 2] 밥이 헬렌을 매우 자랑스러워하며 한 말이죠.
'네가 너무 자랑스러워.'라는 의미로 상대방을 뿌듯하게 생각한다는 말이에요.
나이가 어린 사람이 윗사람에게 이렇게 말할 수도 있어요. 전혀 건방진 게 아니에요.

0492 That's very kind of you.

[미녀와 야수] 친절하게 의상을 추천하는 옷장 부인에게 벨이 감동을 받아 한 말이에요.
상대방의 친절에 감사하는 표현이에요.
How kind!라고 짧게 말해도 같은 의미랍니다.

0493 You have no idea.

[라이온 킹] 스카가 심바에게 자신의 계획을 짐작도 못 할 거라고 살짝 비틀며 한 말이죠.
'넌 생각이 없다.'가 아니에요. '짐작할 수 없을 정도로 대단하다'고 할 때 쓰는 말이에요.
또한 내가 하려는 말을 상대방이 이해하기 어렵다고 짐작할 때도 쓸 수 있어요.

0494 We'll make good on it.

[인크레더블] 딕커가 인크레더블 가족에게 크게 감사하며 한 말이에요.
make good on은 '맡은 의무를 다하다'라는 뜻이에요.
이 표현은 상대방에게 약속한 것을 지키겠다고 하거나 빚 등을 갚겠다고 할 때 씁니다.

0495 My pleasure!

[토이 스토리 4] 앤디의 엄마가 도울 수 있어 기쁘다고 하면서 한 말이에요.
Thank you!에 대한 응답으로 You're welcome.만 알고 계셨다면 앞으로 이 표현을 써 보세요.
You're welcome.만큼이나 자주 쓰는 표현이에요.

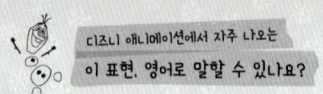

0491

상대방을 뿌듯해하며

당신이 너무 자랑스러워.

0492

상대방의 친절에 감사할 때

친절도 하셔라.

0493

상대방이 짐작하지 못한다고 생각할 때

넌 짐작도 못 할 거다.

0494

상대방의 호의에 크게 감사하며

이 빚 꼭 갚을게요.

0495

당연한 일을 했다는 듯

천만에요!

디즈니 애니메이션에서 자주 나오는 이 표현, 혹시 알고 있나요?

0496-0500.mp3

20 기타 부정 감정 표현

0496
Don't shut me out.

[겨울왕국] 안나가 엘사에게 마음의 문을 닫지 말라면서 한 말이죠.
shut ~ out은 '~를 차단하다'라는 뜻이에요.
상대방이 자신을 일부러 멀리한다는 생각이 들 때 마음의 문을 닫지 말라고 하는 말이에요.

0497
He's at it again.

[토이 스토리] 렉스가 무언가를 꾸미는 우디를 보면서 한 말이죠.
be at it again은 '하지 말라는 일을 다시 하다'라는 뜻이에요.
가령 게임하지 말라고 했는데 게임을 한다든가 할 때 '또 저러네.'라는 의미로 쓸 수 있어요.

0498
You gotta be kidding!

[토이 스토리 4] 포테이토 헤드가 회전목마에서 우디를 만나는 것이 터무니없다는 의미로 한 말이죠.
상대방의 말에 믿을 수 없다는 듯 반응할 때 쓰는 표현이에요.
'농담이지?', '말도 안 돼'라는 뜻이에요.

0499
What's wrong with him?

[인크레더블 2] 밥이 잭잭에게 무슨 문제가 있는지 헬렌에게 물어본 말이에요.
What's wrong with ~?는 무엇이 잘못되었는지 물어보는 말이에요.

0500
We're going through a rough time.

[몬스터 주식회사] 설리가 회사의 힘든 사정을 얘기하며 한 말이에요. go through는 '~를 겪다'라는 뜻이고
rough time은 '힘든 시기'라는 뜻이에요. 현재 상황이 많이 좋지 않다고 할 때 쓰는 표현이에요.

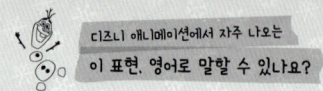

0496

마음의 문을 닫지 말라고 할 때

날 멀리하지 마.

0497

하지 말라는 일을 다시 했을 때

쟤 또 저러네.

0498

상대방의 말을 못 믿겠다는 듯

말도 안 돼!

0499

그 사람에게 무슨 문제가 있는지 물어보며

쟤 왜 저래?

0500

현재 상황이 좋지 않다고 하며

우리는 힘든 시기를 겪고 있어요.

망각방지 장치 1

하루만 지나도 학습한 내용의 50%를 잊어버립니다. 여러분은 몇 퍼센트나 잊어버렸을까요? 5분 안에 25개를 말해 보세요.

01	도대체 왜 그러는 거야?	What's gotten _____ you?	0452
02	생각 좀 하자고!	I've gotta _____ !	0454
03	이런!	Good _____ !	0455
04	시간 낭비일 뿐이야.	You're _____ your time.	0457
05	잊어버려!	Let it _____ !	0458
06	안됐네요.	That's _____ .	0461
07	쟤 참 안됐다.	I feel _____ for her.	0463
08	인정을 베풀라구.	Have a _____ .	0465
09	넌 날 실망시킨 적이 없잖아.	You've never _____ me.	0466
10	실망시키지 않겠습니다.	I won't let you _____ .	0467
11	이제 다 소용없어.	None of that _____ now.	0469
12	나 정말 예민하다구!	My nerves are _____ !	0472
13	쟤 너무 긴장했어.	He's so _____ .	0474
14	정말 걱정했단다!	We were worried _____ !	0477

정답 01 into 02 think 03 heavens 04 wasting 05 go 06 unfortunate 07 bad 08 heart 09 failed
10 down 11 matters 12 shot 13 tense 14 sick

15	나 어떻게 해야 하지?	What am I _____ to do?	0480
16	겁먹지 마세요!	Don't _____ out!	0482
17	간 떨어지겠네.	You gave me a _____ attack.	0483
18	네가 놀랄 만한 게 있어!	I have a big _____!	0484
19	내 잘못이야.	It's my _____.	0486
20	내가 정신이 나갔나 봐!	I must be out of my _____!	0487
21	당신이 너무 자랑스러워.	I'm so _____ of you.	0491
22	넌 짐작도 못 할 거다.	You have no _____.	0493
23	천만에요!	My _____!	0495
24	날 멀리하지 마.	Don't _____ me out.	0496
25	쟤 왜 저래?	What's _____ with him?	0499

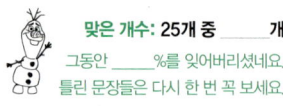

맞은 개수: 25개 중 _____ 개
그동안 _____ %를 잊어버리셨네요.
틀린 문장들은 다시 한 번 꼭 보세요.

정답 15 supposed 16 freak 17 heart 18 surprise 19 fault 20 mind 21 proud 22 idea
23 pleasure 24 shut 25 wrong

061 [인크레더블 2] 데버가 밥과 헬렌에게 집을 제공하자
conversation061.mp3

HELEN But who-whose house - is it?

DEAVOR It's my house. I have several. I'm not using that one. Stay as long as you need.

HELEN 무슨 말씀을 드려야 할지… 0485

BOB How about - THANKS!

Words as long as ~만큼 오래

062 [인크레더블 2] 밥이 헬렌에게 매우 자랑스럽다고 말하면서
conversation062.mp3

HELEN I'm tellin' ya honey, it was a SAGA!

BOB That's fantastic, honey. And on your first NIGHT. 당신이 너무 자랑스러워. 0491 Really.

HELEN 당신이 자랑스러워요, 0491 honey. I know you want to get out there and you will, soon. And you'll be amazing. I couldn't have done this if you hadn't taken over so well.

Words saga 영웅 전설 take over (일 등을) 인수하다

063 [니모를 찾아서] 도리가 말린에게 일이 잘 해결될 거라고 안심시키며
conversation063.mp3

MARLIN Dory!

DORY He says it's time to let go. 다 잘될 거야! 0414

MARLIN How do you know!? How do you know something bad isn't gonna happen!?

Words let go 고민하지 말고 잊다

061 헬렌 하지만 여긴 누구 집이죠?

데버 제 집이에요. 전 집이 여러 채예요. 그건 지금 안 쓰는 거예요. 원하시는 만큼 거기서 지내시면 됩니다.

헬렌 **I don't know what to say...** 0485

밥 '감사합니다!'라고 하면 되지.

062 헬렌 정말이지 여보, 정말 끝내줬어요!

밥 잘됐어, 여보. 첫날부터 잘한 거잖아. **I'm so proud of you.** 0491 정말이야.

헬렌 **I'm proud of you,** 0491 여보. 당신이 밖에서 일하고 싶어하는 거 알아요. 곧 그럴 거예요. 그리고 당신도 아주 잘할 거예요. 당신이 이렇게 잘해 주지 못했다면 나도 이렇게 할 수 없었을 거예요.

063 말린 도리!

도리 얘 말로는 고민하지 말고 잊으라네! **Everything's gonna be all right!** 0414

말린 네가 어떻게 알아!? 나쁜 일이 생기지 않을 거란 걸 어떻게 아냐구!?

064

[주토피아] 경찰학교 졸업식에서 주디가 열심히 하겠다고 맹세하며   conversation064.mp3

BELLWETHER   Congratulations, Officer Hopps.

HOPPS   실망시키지 않겠습니다. ⁰⁴⁶⁷ This has been my dream since I was a kid.

BELLWETHER   You know it's a – it's a real proud day for us little guys.

Words   since ~이후로

065

[주토피아] 주디가 주차 단속 경관으로 일한다고 하자 부모님이 매우 기뻐하며   conversation065.mp3

MRS. HOPPS   Oh my sweet heaven – Judy, are you a meter maid?

HOPPS   What? Oh, this? No. It's just a temporary –

MRS. HOPPS   It's the safest job on the force!

MR. HOPPS   She's not a real cop! 기도 응답을 받은 거야! ⁰⁴³⁹

MRS. HOPPS   Glorious day!

Words   sweet heaven 기쁨의 감탄사   meter maid 주차 위반 단속 여성 경관   temporary 임시의

066

[주토피아] 주디, 보고 서장에게 주차 단속일을 거부하면서   conversation066.mp3

BOGO   Do you think the mayor asked what I wanted when he assigned you to me?

HOPPS   But sir! –

BOGO   Life isn't some cartoon musical where you sing a little song and your insipid dreams magically come true. So 잊어버려! ⁰⁴⁵⁸

Words   mayor 시장   assign 배정하다   insipid 재미없는

064 벨웨더   축하해요, 홉스 경관.

홉스(주디)   **I won't let you down.** ⁰⁴⁶⁷ 어렸을 때부터 전 이것을 꿈꿨습니다.

벨웨더   우리같이 작은 동물들에게 오늘은 정말 자랑스러운 날이에요.

065 홉스 부인   어머나 - 주디야, 너 주차 단속 경관이 된 거니?

홉스(주디)   네? 이거요? 아니에요. 그냥 임시로 -

홉스 부인   경찰에서 가장 안전한 일이잖아!

홉스 씨   진짜 경찰이 아닌 거구나!
Our prayers have been answered! ⁰⁴³⁹

홉스 부인   영광스러운 날이네!

066 보고 서장   시장님이 자네를 이곳으로 보냈을 때 내 의견을 물어봤다고 생각하나?

홉스   하지만 서장님!

보고 서장   인생은 노래 한 곡으로 재미없는 꿈이 마법처럼 이루어지는 만화 뮤지컬이 아니야. 그러니까 **let it go!** ⁰⁴⁵⁸

067 [온워드] 맨티코어가 로렐에게 이안에 대해 설명하며   conversation067.mp3

MANTICORE   Yeah, that skinny kid of yours is pretty fearless.

LAUREL   No, no. You mean the big one. Barley.

MANTICORE   No, the little guy. Woo, 걔가 나한테 엄청 뭐라 했어요. ⁰⁴²⁰

LAUREL   What? No, look… You said you could help them. Right?

Words   skinny 깡마른   fearless 용맹스러운

068 [인사이드 아웃] 스트레스 받은 슬픔이를 기쁨이가 위로하며   conversation068.mp3

SADNESS   I know. I'm sorry. Something's wrong with me. I uh… It's like 나 멘붕이야. ⁰⁴¹³

JOY   넌 멘붕이 아니야. ⁰⁴¹³ It's stress.

SADNESS   I keep making mistakes like that. I'm awful…

JOY   Nooo, you're not.

Words   awful 끔찍한

069 [인사이드 아웃] 부모님이 집을 나간 라일리를 발견하고 나서   conversation069.mp3

DAD   Riley, there you are! Thank goodness!

MOM   Oh, 정말 걱정했단다! ⁰⁴⁷⁷ Where have you been? It's so late…

DAD   Honey, what happened? Are you alright?

MOM   We didn't know where you were. We asked the neighbors, we called the school, I talked to your teacher…

Words   neighbor 이웃

067

맨티코어 맞아요, 그 마른 애가 정말 용감하더라구요.

로렐 아니요. 큰애 말씀이신가 봐요. 발리예요.

맨티코어 아니, 작은애요. 우, **he really let me have it.** 0420

로렐 네? 아니에요. 저기… 당신이 그 애들을 도와줄 수 있다고 하셨죠?

068

슬픔 알아. 미안해. 나한테 뭐가 잘못됐나 봐. 나 음… **I'm having a breakdown** 0413 한 것 같아.

기쁨 **You're not having a breakdown.** 0413 스트레스야.

슬픔 그런 실수나 계속하고. 난 최악이야…

기쁨 아니야, 그렇지 않아.

069

아빠 라일리, 여기에 있었구나! 세상에!

엄마 오, **we were worried sick!** 0477 어디에 있었던 거야? 너무 늦었잖아…

아빠 애야, 무슨 일이 있었어? 괜찮아?

엄마 네가 어디에 있는지 몰랐어. 이웃에게 물어보고 학교에도 전화하고, 네 선생님과도 이야기했어…

070

[빅 히어로] 히로가 테디의 학교에 들어갈 결심을 하면서   conversation070.mp3

HIRO I have to go here. If I don't go to this nerd school, 미칠 것 같아. ⁰⁴¹¹ How do I get in?

TADASHI Every year, the school has a student showcase.

TADASHI You come up with something that blows Callaghan away, you're in. But it's gotta be great.

Words nerd 공부만 하는 괴짜   get in 입학하다   blow ~ away ~의 마음을 사로잡다

071

[빅 히어로] 테디가 히로를 태워 주겠다고 하면서   conversation071.mp3

TADASHI Hey. I'll take you.

HIRO Really?

TADASHI I can't stop you from going, but I'm not gonna let you go on your own.

HIRO 좋아! ⁰⁴²⁸

Words stop ~ from … ~가 …하는 것을 막다   on one's own 혼자 힘으로, 자기 스스로

072

[빅 히어로] 쇼케이스에서 너무 긴장한 히로를 친구들이 격려하며   conversation072.mp3

FRED Oh, you have nothing to fear, little fellow.

HONEY 쟤 너무 긴장했어. ⁰⁴⁷⁴

HIRO No, I'm not.

HONEY Relax, Hiro, your tech is amazing. Tell him, Go Go.

Words fear 두려워하다   tech 기술

| 070 | 히로 | 나 여기를 다녀야겠어. 이 괴짜들의 학교에 못 들어가면, **I'm going to lose my mind.** 0411 어떻게 입학하지? |

| | 타다시(테디) | 해마다 학교에서 학생들의 쇼케이스가 있어. |

| | 타다시(테디) | 칼라한의 마음을 사로잡을 만한 걸 보여주면 입학하는 거야. 헌데 정말 좋은 것이어야 해. |

| 071 | 타다시(테디) | 이봐. 내가 태워 줄게. |

| | 히로 | 정말로? |

| | 타다시(테디) | 네가 가는 것을 말릴 수는 없지만 혼자 가게 그냥 둘 수는 없지. |

| | 히로 | **Sweet!** 0428 |

| 072 | 프레드 | 걱정할 거 없어, 친구. |

| | 허니 | **He's so tense.** 0474 |

| | 히로 | 아니야, 긴장 안 했어. |

| | 허니 | 긴장 풀어, 히로, 너의 기술은 굉장하다구. 고 고, 히로에게 뭐라고 말해 줘. |

073 [겨울왕국] 안나가 엘사에게 마음의 문을 닫지 말라고 하며   conversation073.mp3

ELSA Goodbye, Anna.

ANNA Elsa, wait…

ELSA I'm just trying to protect you.

ANNA You don't have to protect me. I'm not afraid. Please 날 멀리 하지 마 ⁰⁴⁹⁶ again.

> **Words** protect 보호하다   afraid 두려워하는

074 [니모를 찾아서] 말린이 도리에게 고래 언어를 하지 말라고 하며   conversation074.mp3

MARLIN Dory! 아무도 네가 무슨 말을 하는지 모른다고! ⁰⁴⁵³ See, he's swimming away.

DORY COOOME BAAAAAAAACK!

MARLIN He's not coming back. You offended him.

DORY Maybe a different dialect. MOOOOOOOO! MOOOOOAAAAA..!

> **Words** offend 기분 나쁘게 하다   dialect 방언, 사투리

075 [토이 스토리] 우디가 다른 장난감 앞에서 버즈와 친한 척하며   conversation075.mp3

WOODY Yeah, hey Buzz. Let's show the guys our new secret best-friends hand shake. 하이파이브 하자, ⁰⁴²⁹ man!

HAMM Something's screwy here.

WOODY So, you see? We're friends now, guys. Aren't we, Buzz? You bet. Gimme a hug.

> **Words** screwy 이상한

073

엘사   잘가, 안나.

안나   엘사, 기다려…

엘사   난 널 보호하려는 거야.

안나   언니가 날 보호할 필요는 없어. 난 두렵지 않아. 제발 다시는 **don't shut me out.** ⁰⁴⁹⁶

074

말린   도리! **Heaven knows what you're saying!** ⁰⁴⁵³ 거봐, 저 고래 그냥 가잖아.

도리   도도돌 아아아아아 와와와!

말린   돌아오지 않을 거야. 네가 기분 나쁘게 했으니까.

도리   다른 사투리일지도 몰라. 무우우우웅! 무우우우아아아!

075

우디   그래, 이봐 버즈. 친구들에게 우리만의 베프 악수를 보여주자. **Gimme five,** ⁰⁴²⁹ 친구!

햄   뭔가 이상한데.

우디   보이지? 우린 이제 친구야, 얘들아. 그렇지 않니, 버즈? 물론이지. 허그해 줘.

찾아보기

ㄱ

가고 있어요. 46
가야겠어. 186
가젤과 아는 사이에요? 182
간 떨어지겠네. 270
갈 시간이야. 184
걔가 나한테 엄청 뭐라 했어요. 242
걔가 너무 심했어. 158
걔도 어쩔 수 없다구. 150
거의 다 했니? 204
걱정할 필요가 전혀 없어. 268
걱정해 줘서 고마워. 236
겁내지 말아요. 130
겁먹지 마세요! 270
경고만 하고 보내 주겠어. 104
고작 그거냐? 158
곧 돌아올게요. 220
공지합니다. 164
과연 누구의 말을 믿겠어? 208
과찬이세요. 132
괜찮으시면 말씀 좀… 128
괜찮을 거야. 148
괜찮을 거야. 250
구체적으로 말해 봐. 106
귀찮게 해서 미안해. 128
그 사람에게 심하게 하지 마. 76
그 약속을 절대 어기지 않겠어. 216
그 얘기는 끝났잖니. 156
그거 아세요? 124
그러면 돼. 68
그거야. 68

그건 뭐하게요? 198
그건 어때? 138
그것에 대해서 감사드려요. 236
그게 괜찮으세요? 198
그냥 놀리는 거야. 202
그냥 농담하는 거야. 202
그냥 알아 두라고. 50
그냥 좀 우울해서. 100
그냥 하는 말이에요. 78
그녀가 말하는 대로 하세요. 146
그래 봤자 뭐가 달라지겠어? 94
그러든가 말든가. 74
그러면 돼. 136
그러면 안 되지. 242
그런 건 없어요. 108
그런 걸로 알고 있을게. 136
그런 것 같아. 14
그런 게 아니라구요! 208
그런 의도가 아니었어요. 212
그런 정신 좋아! 96
그럴 수 있지. 28
그럴 줄 알았어! 30
그럴게요. 164
그렇게 될 줄 몰랐어요. 164
그렇게 보지 마! 80
그렇게 보지 마. 80
그렇게 하도록! 150
그렇다니까! 68
그렇지! 26
그렇지! 42
그만 좀 할래? 36

그만 좀 할래요? 38
그만해! 38
그만해. 36
긍정적으로 생각해. 148
기도 응답을 받은 거야! 250
기분 나빠하지 마. 80
기분 나쁘게 한 건 아니죠? 134
기운 내. 148
꼭 그런 건 아니야. 78
꼭 연락해. 184
끔찍하군. 108

ㄴ

나 놀리는 거지? 92
나 멘붕이야. 240
나 미쳤나 봐. 240
나 어떻게 해야 하지? 268
나 전화 중이야. 196
나 정말 예민하다구! 266
나 좀 이상해. 100
나, 너의 완팬이잖아. 180
나도 그랬어. 84
나도 끼워 줘! 52
나도 마찬가지야! 84
나도 어쩔 수 없어. 80
나서지 마. 130
나중에 또 봐! 186
나중에 만나. 186
나한테 뭐라구요? 154
낚였네! 202

난 결정했어. 150
난 높은 곳이 싫어. 266
난 다른 생각이에요. 152
난 됐어. 74
난 말 다 했어. 156
난 이 일에서 빠질게. 164
난 한 말은 꼭 지키는 사람이야. 244
날 내버려 둬. 92
날 멀리하지 마. 276
날 설득할 순 없을 거예요. 150
날 오해하지 마. 212
내 마지막 기회였어요. 264
내 말 안 끝났어! 248
내 말 잘 들어. 16
내 말 좀 들어 봐. 154
내 말이! 68
내 실수야. 52
내 잘못이야. 272
내가 걔한테 너무 심했어. 214
내가 나중에 보상할게. 216
내가 무슨 상관이야? 244
내가 뭐랬어? 250
내가 뭘 잘못했는데? 162
내가 뭘 한 거지? 272
내가 쏠게. 192
내가 어디까지 말했지? 128
내가 언제 틀린 적이 있었어? 244
내가 영광이지. 134
내가 정리해 볼게요. 142
내가 정신이 나갔나 봐! 272
내가 제일 잘나가요. 244
내가 하는 대로 해. 146
내가 해결할게! 24

내가 화를 돋웠네. 254
너무 과한 부탁인가요? 102
너무 불안해. 266
너무 신경 쓰지 마. 130
너무 심각하게 받아들이지 마. 202
너무 우쭐대지 마. 130
너무 창피해! 252
너에게 달렸어. 98
너희 때문에 얘가 집중을 못 하잖아. 158
넌 날 실망시킨 적이 없잖아. 264
넌 우리에게 귀감이 돼. 40
넌 이제 혼자야. 74
넌 짐작도 못 할 거다. 274
넌 훨씬 더 괜찮은 아이야. 132
널 놔 줄게. 214
널 포기하지 않아. 260
네 말 이해가 안 돼. 82
네 이야기 많이 들었어. 180
네가 놀랄 만한 게 있어! 270
네가 먼저 그랬잖이! 154
네가 무슨 짓을 했나 봐라. 158
네가 일을 더 망치는 거라구. 160
네가 틀리면? 152
놀라지 마. 44
농담 하나 해 줄까? 202
농담해? 28
누가 그런 소리를 해요? 72
누가 신경 쓴대? 94
누가 알았겠어? 94
눈물이 나려고 해. 100
늦어서 정말 미안해요. 220
니가 어떻게 알아? 162

ㄷ

다 날아갔어. 260
다 되면 전화 드릴게요. 196
다 쏟아 내. 98
다 잘될 거야! 240
다시는 그러지 매! 146
다시는 그런 짓 하지 마. 254
다행이야. 104
당근이지. 84
당신 때문에 살았어요. 238
당신 때문에 집중이 안 돼요. 218
당신 알 바가 아니죠. 92
당신은 도움이 안 돼. 218
당신이 너무 자랑스러워. 274
당신이나 잘하세요. 92
당장은 그렇지. 108
대단해! 26
대박 났네! 246
대박! 24
더 이상 말하지 마. 34
더 이상 못 참겠어! 248
더는 수작 부리지 마! 36
도대체 내가 무슨 짓을 한 거지? 272
도대체 왜 그러는 거야? 258
도와줄까? 102
동의해? 136
됐어! 24
됐어요. 74
들어오렴. 52
들었지? 204
딱 맞춰 왔는데! 104
딴생각을 하고 있었어요. 208
또 만났네! 182

ㅁ

마음대로 해. 74
마음이 불안했어. 266
마음이 안 좋아요. 100
막히는 시간은 피해야 해. 190
만나서 반가웠어! 186
만나서 정말 반가웠어. 126
말 돌리지 마. 80
말대답하지 마. 146
말도 안 돼! 276
말도 안 돼! 38
말도 안 돼! 94
말도 안 돼. 30
말로 해. 154
말리지 마. 20
말은 내가 할게. 142
맙소사! 22
맞아! 14
맞아. 98
맹세하라고. 216
맹세해. 78
먼저 해. 108
멋져! 40
멋져! 48
멋지네. 52
멋지네요. 26
멋지네요. 48
멋진 계획이야! 40
멋집니다! 42
모두 다 원인이지. 250
모두 오해예요. 212
모든 일에 감사해요. 238
모르겠니? 210

목소리 낮춰! 34
무슨 말씀을 드려야 할지. 270
무슨 말이야? 90
무슨 말인지 알겠어? 198
무슨 문제라도 있나요? 140
무슨 상관이야? 70
무슨 생각으로 그런 거야? 210
무슨 소리야? 70
무슨 소용이야? 82
무슨 일 있었어? 140
무슨 일이 있어도 150
무슨 짓을 한 거니? 162
무슨 짓이야? 70
물러서. 20
물론이죠. 136
물론이지. 136
뭐 하자는 겁니까? 162
뭐가 그리 급해? 138
뭐가 달라? 208
뭐가 문제야? 70
뭐가 있나 한번 볼까? 140
뭐라고 감사를 해야 할지. 236
뭐라고 중얼거리는 거야? 210
미모사 더 드시겠어요? 192
미안할 사람은 바로 나야. 206
미칠 것 같아. 240
믿을 수 없어! 22
믿을 수 없어. 270

ㅂ

바람 좀 쐬라구. 240
바로 그거야! 14

바로 그거야! 42
바로 그거야. 68
바로 이거지. 14
반드시 그러겠습니다. 78
방해해서 죄송해요. 104
배고파. 194
배불러. 194
배짱 좋은데. 160
변명하지 않을게. 214
보답하고 싶어. 236
보여줄 게 있어. 124
본때를 보여줘! 148
본론만 말해. 142
부끄러운 줄 알아야지. 158
부끄러워하지 마세요. 252
부탁할게. 102
불만 있어? 154
(빨리) 말해 봐! 18

ㅅ

상상해 봐. 52
생각 좀 하자고! 258
설리라고 부르세요. 180
설마! 38
성질 좀 죽이세요. 160
세상에나. 22
속단하지 말자고. 164
송구스럽지만 134
쉬었다 합시다. 146
쉬운 걸 계속 해 보자. 250
쉿! 34
시간 낭비일 뿐이야. 260

291

시간 다 됐어! 126
시작은 괜찮았어. 262
시작하자구. 220
시작해 볼까? 42
신경 쓸 거 없어. 268
신세를 졌네요. 236
실례 좀 할게요. 104
실망시키지 않겠습니다. 264

ㅇ

아무것도 아니야. 100
아무도 네가 무슨 말을 하는지 모른다고! 258
아침 식사가 준비되었습니다. 194
아침이 밝았어요. 190
안 그래도 되는데. 102
안 될 것 같은데. 38
안 믿어. 78
안녕! 182
안녕! 184
안됐네. 76
안됐네요. 262
알겠다. 50
알겠어? 50
알고나 말해요. 210
알아서 해 봐. 18
알아야겠어! 90
약속해요. 216
어디 가니? 138
어디 있었어? 138
어디 한번 보자. 198

어디 한번 해 보시지. 160
어딜 감히! 210
어떻게 그럴 수가 있어? 242
어떻게 그렇게 확신하니? 94
어떻게 됐어요? 140
어떻게 이럴 수가. 30
어떻게 할까요? 268
어째서? 72
어쩌라고? 72
어쩜 그럴 수 있니? 162
어처구니가 없군. 22
얼굴이 빨개지네요. 252
여기 근처에 오지 마. 248
여기 있었네. 46
여기야! 46
연락하자고. 184
열 좀 식혀. 44
오늘 무슨 일 있었어요? 188
오늘 좀 되네. 96
오늘 힘들었겠다. 190
오랜만이에요. 182
오버하는 거야. 248
오해하고 있는 거야. 212
오해하지 마. 208
와서 뺏어 봐. 160
완전 껌이네. 244
완전 에너자이저네! 132
완전 프로네! 132
왜 그래? 28
왜 그래? 72
왜 그런지 알겠네. 90
왜 다시 온 거야? 138
왜 이렇게 오래 걸렸어? 254

왜 이렇게 오래 걸리는 거야? 204
왜 저래? 70
왜? 72
왠일이에요? 96
요즘 괜찮으시죠? 188
요즘 어때? 188
용납할 수 없어요. 242
용서하마. 214
우리 진짜 급해요. 204
우리가 무슨 잘못이라도 했나요? 214
우리가 어떻게 아는 사이죠? 180
우리는 힘든 시기를 겪고 있어요. 276
우리도 그래! 84
우린 자격이 있어. 246
이 말을 해야겠어. 18
이 빚 꼭 갚을게요. 274
이 이야기는 다 끝났잖아. 156
이거 다시 시작해요. 220
이건 구하기 힘든 별미야. 194
이건 너무하네. 254
이건 안 될 거야. 260
이걸 써 봐. 106
이것 봐! 16
이게 그거니? 90
이게 누구신가? 12
이게 다야? 50
이게 무슨 일이지? 140
이따 봐. 126
이래라저래라 하지 마. 242
이런 거야. 124
이런! 22
이런! 258
이럴 줄 알았어. 92

이리로 오라고 했어. 36
이번에는 또 뭐야? 258
이상하게 들리겠지만. 142
이제 다 소용없어. 264
이제 척하기 싫어. 254
이제야 전화를 해 주는군요. 196
이해하지 못하실 거예요. 212
이해해. 106
인정을 베풀라구. 262
인정해. 98
입에 음식을 넣고 말하지 마. 194
입에서 맴도는데. 82
있잖아요. 124
잊어버려! 260

ㅈ

자, 가자고! 42
자, 얼른요. 30
자, 이제 다 말했어요. 156
자기소개 해 봐요. 180
자리 좀 비켜 주실래요? 128
(자세히) 말해 봐. 18
자세히 말해 줄래요? 102
잘 가. 184
잘 들어 봐. 124
잘 들어 봐. 16
잘 들어! 16
잘 안됐어. 272
잘됐네. 48
잘됐어! 246
잘하고 있어요? 188

잘하네! 40
잘했어! 24
잠깐. 12
잠깐만! 12
잠깐만요. 12
잠시 실례해도 될까요? 128
쟤 너무 긴장했어. 266
쟤 또 시작이야. 218
쟤 또 저러네. 276
쟤 부추기지 마. 132
쟤 왜 저래? 276
쟤 저래도 돼? 76
쟤 참 안됐다. 262
저 가요! 186
저 사람 먹는 걸로 주세요. 192
저기 간다! 46
저기 말이야. 76
저기에 있어! 46
저녁은 내가 살게! 192
저는 애초부터 반대였습니다. 152
저희 가족이에요. 182
저희가 그 정도는 해 드릴 수 있죠. 238
전 매우 반대예요. 152
전 이만. 134
전화 오면 대기시켜요. 196
절 믿으세요. 216
절대 안 돼요. 152
점점 더 잘하는걸. 86
정말 감사해요. 238
정말 걱정했단다! 268
정말 대단해. 26
정말 미안해요. 206

정말 싫었다구. 76
정말 치욕적이야. 252
정말 훌륭해! 40
정신 차례! 36
정신 차례! 98
정신 차리자. 86
제가 해 드릴게요. 134
제발 망치지 마! 130
조심해! 20
조용히 좀 해 줄래? 34
조용히 해! 34
좋아! 246
좋아요! 156
좋은 꿈 꿔요. 190
좋은걸. 48
좋은데! 26
주목. 16
주문하시죠. 192
준비됐고말고! 96
준비됐어? 198
즐거웠어요. 126
지금 당장. 106
지나갈게요. 20
지나갑니다. 20
지당하신 말씀. 84
지체할 시간이 없어! 204
지켜보고 있다구. 30
진심은 아니지? 28
진정해. 44
진짜야? 28
진짜예요. 14
짜잔! 12

293

ㅊ

참 긴 하루였어요. 190
참 내. 218
참 안됐구나. 262
참고로 말씀드리면 142
창피할 건 없어. 252
천만에요! 274
천재적이었어! 48
초를 쳐서 미안하네요. 206
친절도 하셔라. 274
침착하게 해. 44
침착해! 248

ㅋ

크게 말해. 18

ㅌ

털어놔 봐! 106
투덜대지 마. 218

ㅍ

평생의 빚을 졌어요. 238
필요한 거 있으면 연락해. 196

ㅎ

하나도 모르겠어. 82
하이파이브 하자! 246
한 가지 물어볼게요. 90
한번 해 보자. 44

한번 해 봐. 148
한참 찾아다녔잖아요. 220
할 수 있는 게 없어. 264
할 수 있어! 86
할 일이 많겠군. 126
할머니에게 안부 전해 줘. 188
해 봐도 될까? 108
해냈어! 24
해를 끼칠 생각은 없었어요. 206
혹시 모르잖아. 50
화나게 하려는 게 아니었어요. 206
확신이 안 서. 82
훌륭해! 86
힘내. 96

M

MU 파이팅! 86

30장면으로 끝내는
스크린 영어회화 – 겨울왕국

국내 유일! 〈겨울왕국〉 전체 대본 수록!

영어 고수들은 영화를 외운다!
하루 한 장면, 30일 안에 영화 한 편을 정복한다!

구성
- 전체 대본
- 훈련용 워크북
- mp3 CD

강윤혜 지음 | 336쪽 | 18,000원

난이도	첫걸음	초급	중급	고급
대상	영화 대본으로 재미있게 영어를 배우고 싶은 독자
기간	30일
목표	30일 안에 영화 주인공처럼 말하기

디즈니·픽사 애니메이션에 등장하는 이 말, 무슨 뜻일까요?

01
[미녀와 야수] 상대방 말을 끊을 때 쓰는 말

칩 하지만 진짜로 엄마, 제가 봤어요.
포츠 부인 그런 허무맹랑한 말을 지어내면 안 되지.
칩 하지만 진짜로 엄마, 제가 봤어요.
포츠 부인 **Not another word.**

▶ 정답은 1권 58쪽에

02
[빅 히어로] 상대방을 칭찬할 때 쓰는 말

고고 멋져. 잘했어, 히로.
와사비 그래! 잘했어, 꼬마야!
프레드 **You just blew my mind.**

▶ 정답은 1권 60쪽에

03
[도리를 찾아서] 아무 것도 모를 때 쓰는 말

행크 어떻게 지느러미에 꼬리표가 달려 있다는 걸 잊을 수가 있어?
도리 아니. 미안해.
    내가 단기기억상실증이 있거든.
행크 우리가 무슨 말을 했는지 기억하지 못하는 거야?
도리 **Not a clue.** 우리가 무슨 말을 했지?

▶ 정답은 1권 114쪽에

04
[라이온 킹] 배가 부를 때 쓰는 말

티몬 와, 멋져, 심바.
심바 고마워. **I'm stuffed.**
품바 나도, 돼지같이 먹었네.
심바 품바, 너 돼지야.
품바 오, 그렇지.

▶ 정답은 1권 224쪽에

Speak Like a Native English Speaker - Disney 1000 Sentences
네이티브는 쉬운 영어로 말한다 – 디즈니 1000문장 편

9 791165 212421 03740

ISBN 979-11-6521-242-1

값 16,000원

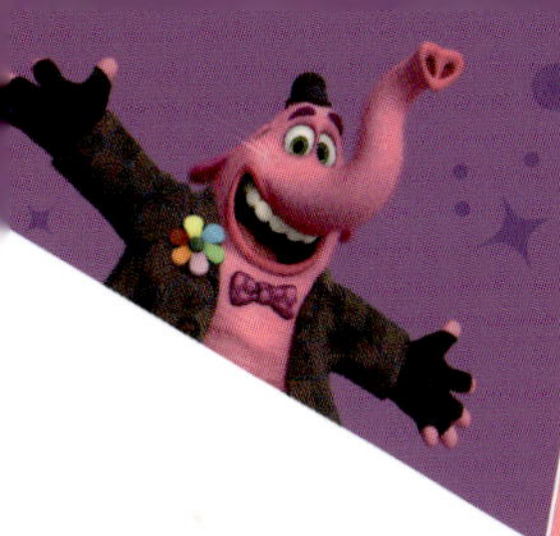

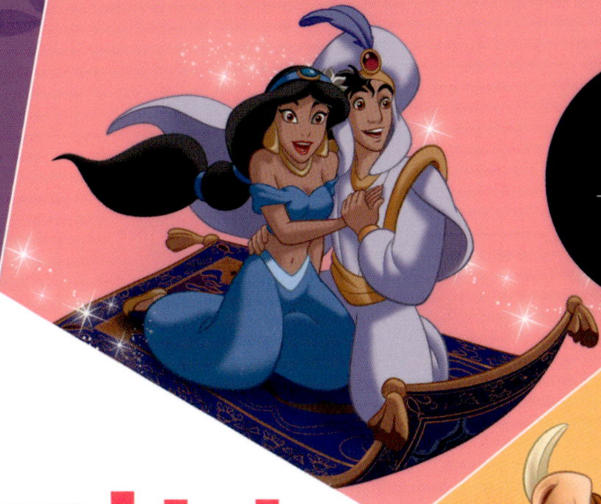

2권

0501~1000 문장

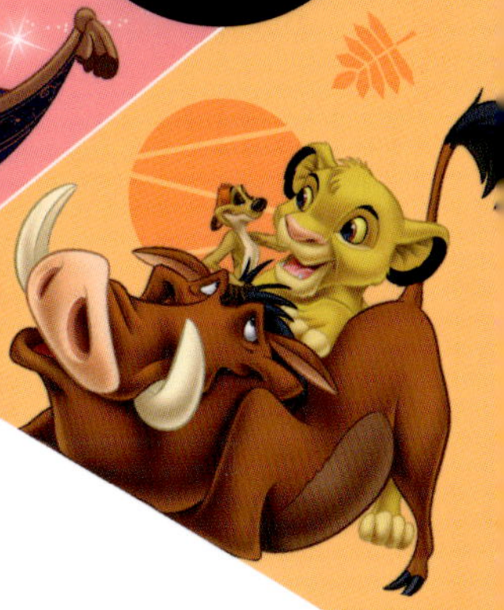

네이티브는 쉬운 영어로 말한다

박용호 지음

DISNEY

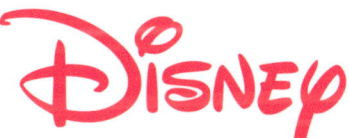

1000 문장 편

디즈니 캐릭터가 입에 달고 사는 1000문장을 모았다!

디즈니 추천 성우가 녹음한 **mp3 파일 무료 다운로드**

길벗 이지:톡

독자의 **1초**를 아껴주는 정성!

—

세상이 아무리 바쁘게 돌아가더라도

책까지 아무렇게나 빨리 만들 수는 없습니다.

인스턴트 식품 같은 책보다는

오래 익힌 술이나 장맛이 밴 책을 만들고 싶습니다.

길벗이지톡은 독자여러분이 우리를 믿는다고 할 때 가장 행복합니다.

나를 아껴주는 어학도서, 길벗이지톡의 책을 만나보십시오.

독자의 1초를 아껴주는 정성을 만나보십시오.

미리 책을 읽고 따라해본 2만 베타테스터 여러분과 무따기 체험단, 길벗스쿨 엄마 2% 기획단,
시나공 평가단, 토익 배틀, 대학생 기자단까지!
믿을 수 있는 책을 함께 만들어주신 독자 여러분께 감사드립니다.

(주)도서출판 길벗   www.gilbut.co.kr
길벗 이지톡   www.gilbut.co.kr
길벗 스쿨   www.gilbutschool.co.kr

mp3 파일 다운로드 무작정 따라하기

길벗 홈페이지(www.gilbut.co.kr)로 오시면 mp3 파일 및 관련 자료를 다양하게 이용할 수 있습니다.

1단계 　도서명 ▼ 　　　　　　　　　　　　　　 검색 　에 찾고자 하는 책이름을 입력하세요.

2단계 　검색한 도서로 이동하여 〈자료실〉에서 mp3 파일을 다운로드 받으세요.

네이티브는 쉬운 영어로 말한다
Disney 1000
문장편

| 2권 | 0501-1000 문장

박용호(라이언 박) 지음

네이티브는 쉬운 영어로 말한다
- 디즈니 1000문장 편

The Native Speaks Easily - Disney 1000 Sentences

초판 발행 · 2020년 12월 10일
초판 3쇄 발행 · 2022년 10월 15일

해설 · 라이언 박(박용호)
발행인 · 이종원
발행처 · (주)도서출판 길벗
브랜드 · 길벗이지톡
출판사 등록일 · 1990년 12월 24일
주소 · 서울시 마포구 월드컵로 10길 56(서교동)
대표 전화 · 02)332-0931 | **팩스** · 02)323-0586
홈페이지 · www.gilbut.co.kr | **이메일** · eztok@gilbut.co.kr

기획 및 책임 편집 · 김지영(jiy7409@gilbut.co.kr) | **표지 디자인** · 최주연 | **본문 디자인** · 장선숙
제작 · 이준호, 손일순, 이진혁 | **마케팅** · 이수미, 장봉석, 최소영
영업관리 · 심선숙 | **독자지원** · 윤정아, 최희창

교정교열 · 기본기획 | **전산편집** · 기본기획 | **오디오 녹음** · 와이알미디어
CTP 출력 및 인쇄 · 북토리 | **제본** · 신정제본

- 잘못된 책은 구입한 서점에서 바꿔 드립니다.
- 이 책은 저작권법에 따라 보호받는 저작물이므로 무단전재와 무단복제를 금합니다.
  이 책의 전부 또는 일부를 이용하려면 반드시 사전에 저작권자와 (주)도서출판 길벗의 서면 동의를 받아야 합니다.
- 책 내용에 대한 문의는 길벗이지톡 홈페이지(www.eztok.co.kr) 고객센터에 올려 주세요.

ISBN 979-11-6521-242-1 03740 (길벗 도서번호 301067)
Copyright © 2020 Disney / Pixar. All rights reserved.

정가 16,000원

독자의 1초까지 아껴주는 정성 길벗출판사
길벗 | IT실용, IT/일반 수험서, IT전문서, 경제경영서, 취미실용서, 건강실용서, 자녀교육서
더퀘스트 | 인문교양서, 비즈니스서
길벗이지톡 | 어학단행본, 어학수험서
길벗스쿨 | 국어학습서, 수학학습서, 유아학습서, 어학학습서, 어린이교양서, 교과서

페이스북 · www.facebook.com/gilbuteztok
네이버 포스트 · http://post.naver.com/gilbuteztok
유튜브 · https://www.youtube.com/gilbuteztok

▶ 이 책의 1000문장은 아래 26개의 디즈니·픽사 대본에서 추출하였습니다.

- 겨울왕국 Frozen, 2013
- 노틀담의 꼽추 The Hunchback Of Notre Dame, 1996
- 도리를 찾아서 Finding Dory, 2016
- 라따뚜이 Ratatouille, 2007
- 라이온 킹 The Lion King, 1994
- 라푼젤 Tangled, 2010
- 메리 포핀스 리턴즈 Mary Poppins Returns, 2018
- 모아나 Moana, 2016
- 몬스터 대학교 Monsters University, 2013
- 뮬란 Mulan, 1998
- 미녀와 야수 Beauty and the Beast, 1991
- 빅 히어로 Big Hero 6, 2014
- 알라딘 Aladdin, 1992
- 업 Up, 2009
- 온워드: 단 하루의 기적 Onward, 2020
- 인크레더블 The Incredibles, 2004
- 인크레더블 2 Incredibles 2, 2018
- 인사이드 아웃 Inside Out, 2015
- 인어공주 The Little Mermaid, 1989
- 주먹왕 랄프 Wreck-It Ralph, 2012
- 주토피아 Zootopia, 2016
- 카 3 Cars 3, 2017
- 코코 Coco, 2017
- 토이 스토리 Toy Story, 1995
- 토이 스토리 3 Toy Story 3, 2010
- 토이 스토리 4 Toy Story 4, 2019

머리말

네이티브처럼 말하기, 어렵지 않아요!

영어회화 잘하는 비법? 애니메이션 대본을 학습하세요!

전생에 한국 사람이었던 건 아닐까 의심이 될 정도로 한국말을 잘하는 외국인들을 보면 우리말을 잘하는 비법이 궁금할 겁니다. 헌데 의외로 비법은 간단합니다. 바로 한국인이 자주 쓰는 표현을 적재적소에 써 주는 거죠. 외국인 친구가 "오늘 불금인데, 칼퇴하고 한 잔 어때? 내가 쏠게."라고 말한다면 "이야~ 한국 사람 다 됐네."라는 반응이 바로 나올 거예요. 마찬가지로 우리도 원어민들이 자주 쓰는 표현을 상황에 딱 맞게 써 주면 "어라, 이 친구 영어 좀 하네?"라는 감탄과 함께 칭찬을 들을 수 있겠죠? 그럼 원어민들이 실생활에서 자주 쓰는 표현은 어디서 배울 수 있을까요? 바로 애니메이션입니다. 애니메이션에는 슬랭과 욕설이 나오지 않고, 실용적인 영어 표현이 많이 나옵니다. 특히 대사 선택에 각별히 주의를 기울인다는 디즈니·픽사 애니메이션으로 학습한다면 더 쉽게 실생활에 활용할 수 있겠죠?

영어, 디즈니·픽사 캐릭터처럼 쉽고 간단하게 쓰세요!

우리나라에 체류하는 외국인들은 우리의 영어 표현에 놀란다고 합니다. 같은 표현을 해도 어렵고 복잡한 문장을 쓴다는 거예요. 우리가 영어를 어렵게 느끼는 것은 어렵고 복잡한 문장이 제대로 된 영어일 거라는 선입견 때문입니다. 하지만 네이티브가 실제로 자주 쓰는 표현은 정말 쉽고 간단합니다. 디즈니·픽사 애니메이션에 나오는 대사들을 들어 보세요. 어려운 단어보다는 쉬운 단어로 된 문장, 긴 문장보다는 짧고 간단한 문장들이 훨씬 많이 쓰입니다. Way to go!는 무슨 뜻일까요? '가던 길 가!'라는 뜻입니다. 어렵게 Keep going to the way you are heading to! 이렇게 길게 쓸 필요 없다는 것이죠. 이 책에서는 네이티브들은 자주 쓰지만 우리는 무슨 뜻인지 이해하기 어려운 표현 위주로 골랐습니다. 우리가 아는 쉬운 단어로 표현된 짧은 문장이기 때문에 쉽게 외울 수 있을 거예요.

외국어 베스트셀러 〈네이티브는 쉬운 영어로 말한다〉 시리즈를 디즈니·픽사와 접목했다!

이 책은 25만 독자가 선택한 〈네이티브는 쉬운 영어로 말한다〉 시리즈로 26개의 디즈니·픽사 애니메이션에서 자주 쓰인 1000문장을 뽑아 콘텐츠를 구성했습니다. 디즈니·픽사에서 수시로 등장하는 주옥 같은 문장들이니 단순히 쓱 보고 끝이 아니라, 제대로 익혀서 써먹는 게 중요하겠죠? 문장을 제대로 익혔는지 확인하고 넘어갈 수 있도록 망각방지장치를 끼워 넣어 50문장을 배우고 한 번, 100문장을 배우고 또 한 번, 이렇게 까먹을 만할 때 다시 확인하고 알려 주니까 오래 기억할 수 있습니다.

이 책의 공부법

하루 5분, 디즈니·픽사 5문장 영어 습관법

부담과 욕심은 내려놓고, 하루에 5문장씩만 익혀 보세요. 매일매일의 습관이 쌓여 곧 실력이 됩니다!

1단계 출근길 1분 30초 **영어 표현을 보고 어떤 의미인지 생각해 보세요.**

한 페이지에 5문장의 영어 표현이 정리되어 있습니다. 문장을 보고 어떤 의미인지 생각해 보세요. 다음 페이지를 넘겨 우리말 뜻을 확인합니다. 뜻을 알아맞히지 못했다면 상단 체크 박스에 표시하고 다음 문장으로 넘어가세요.

2단계 이동 시 짬짬이 2분 **mp3 파일을 들으며 따라해 보세요.**

책으로 공부한 후에는 mp3 파일을 활용해 확실히 내 입에 붙이는 훈련에 돌입합니다. 오디오를 들으면서 큰 소리로 따라해 봅니다. 실제로 디즈니·픽사 애니메이션의 주인공이 된 것처럼 얼굴 표정까지 살려서 따라 말해 보세요.

3단계 퇴근길 1분 30초 **체크된 표현 중심으로 한 번 더 확인합니다.**

이제 영어 표현을 제대로 익혔는지 확인해 볼까요? 책에 체크해 놓은 문장을 중심으로 앞 페이지에서는 영어를 보면서 우리말 뜻을 떠올려 보고, 뒤 페이지에서는 해석을 보면서 영어 문장을 말해 봅니다. 5초 이내에 바로 튀어나오게 말할 수 있다면 성공입니다!

망각방지 복습법

인간은 망각의 동물! 채워 넣을 것이 수없이 많은 복잡한 머릿속에서 입에 익숙지 않은 영어 문장은 1순위로 빠져나가겠지요. 그러니 자신 있게 외웠다고 넘어간 표현들도 하루만 지나면 절반 이상 잊어버립니다. 망각이론을 근거로 체계적이고 과학적으로 복습할 수 있는 망각방지시스템을 도입하여 책 순서대로만 따라와도 자연스럽게 복습과 암기가 이루어집니다.

1단계 **망각방지장치 ❶**

50문장을 공부한 후 복습에 들어갑니다. 통문장을 외워서 말해야 한다는 부담 없이 핵심 키워드만 비워 놓아 가볍게 기억을 떠올려 볼 수 있습니다. 문장을 완성하지 못했다면 체크하고 다시 앞으로 돌아가 한 번 더 복습합니다.

2단계 **망각방지장치 ❷**

100문장을 공부할 때마다 복습할 수 있게 15개의 대화문을 넣었습니다. 우리말 부분을 영어 표현으로 바꿔 말해 보세요. 네이티브들이 쓰는 생생한 대화문으로 복습하면 앞에서 배운 문장을 실제 회화에서 어떻게 써먹을 수 있는지 감이 잡힐 거예요.

이 책의 구성

mp3
해당 페이지를 공부할 수 있는 mp3 파일입니다. 오디오만 들어도 충분한 학습이 가능하도록 우리말 해석부터 영문까지 모두 싣고, 성별이나 개인에 따른 속도, 억양 차이 등에도 적응할 수 있도록 디즈니가 추천한 네이티브 남녀 각 한 번씩 읽었습니다.

소주제
다섯 문장은 연관 없는 낱개의 문장이 아닙니다. 다섯 문장이 하나의 주제로 연결되어 있어, 하나의 문장만 읽어도 연관된 나머지 문장이 줄줄이 기억날 수 있도록 구성했습니다.

영어 문장
한 페이지에 5문장을 넣었습니다. 디즈니·픽사 캐릭터들이 자주 쓰는 표현들 중에서도 쉬운 단어로 이루어져 있지만 막상 실제 사용하기는 쉽지 않은 문장으로만 가려 뽑았습니다. 처음 보는 단어들이 아니므로 한두 번만 제대로 학습해도 쉽게 기억할 수 있습니다.

핵심 해설
표현에 대한 핵심 설명을 간단하게 정리했습니다. 가볍게 읽고 넘어가세요.

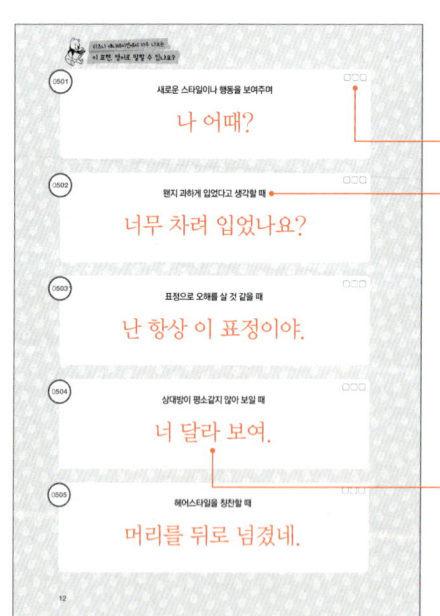

체크 박스
우리말을 보면서 영어로 자연스럽게 말할 수 없을 때 체크하세요. 나중에 체크한 문장만 집중적으로 학습합니다.

상황 설명
어떤 상황에서 주로 활용할 수 있는 말인지 딱 감이 오도록 간결하고 감각적으로 설명했습니다. 내가 그 상황에 처했다고 상상하며 실전처럼 연습해 보세요.

우리말 해석
영문 바로 뒤 페이지에 해석을 넣었습니다. 영어 문장의 뜻과 뉘앙스를 100% 살려 가장 자연스러운 우리말로 해석했습니다. 우리말만 보고도 영어가 바로 튀어 나올 수 있게 연습하세요!

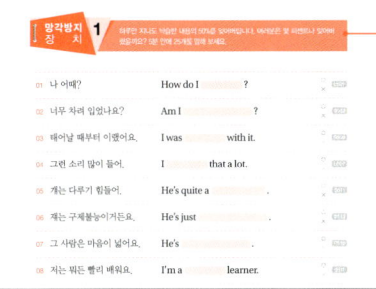

복습 망각방지장치 ❶

표현 50개마다 문장을 복습할 수 있는 연습문제를 넣었습니다. 빈칸에 들어갈 말을 넣어 5초 이내에 문장을 말해 보세요. 틀렸으면 오른쪽의 표현 번호를 참고해 그 표현이 나온 페이지로 돌아가서 다시 한 번 확인하고 넘어가세요.

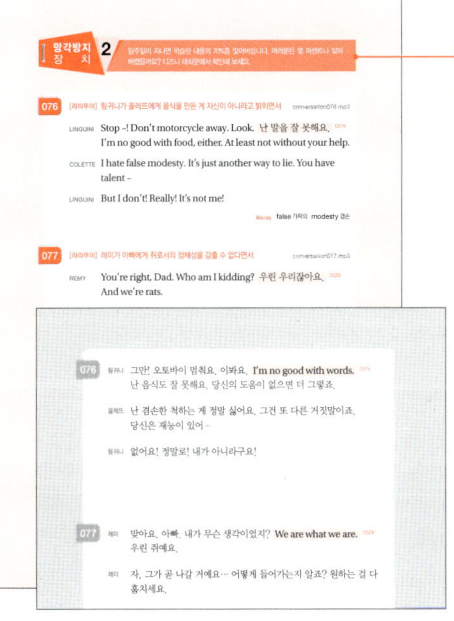

복습 망각방지장치 ❷

이 책에 나오는 문장들이 실생활에서 정말 쓰이는 문장인지 궁금하다고요? 표현 100개를 익힐 때마다 배운 표현을 제대로 활용할 수 있는 디즈니·픽사 애니메이션 속 대화문을 15개씩 넣었습니다. 애니메이션 상황 속에서 우리말 부분을 영어 표현으로 바꿔 말해 보세요. 뒷장에 나온 정답과 해석을 보면서 바로바로 확인합니다.

mp3 파일 활용법

책에 수록된 모든 예문은 디즈니가 추천한 성우가 직접 녹음했습니다. 오디오만 들어도 이 책의 모든 문장을 외울 수 있도록 영어 문장뿐 아니라 우리말 해석까지 녹음했습니다. 한 페이지에 담긴 5문장을 묶어 파일을 구성하여 모르는 부분만 골라서 들을 수 있습니다. 영어 문장이 입에 붙을 때까지 듣고 큰 소리로 따라하세요! mp3 파일은 길벗이지톡 홈페이지(gilbut.co.kr)에서 무료로 다운로드 받을 수 있습니다.

| 1단계: 예문 mp3 | 그냥 들으세요! | 상황 설명 ➡ 우리말 해석 ➡ 영어 문장 2회 (남/녀) |
| 2단계: 훈련용 mp3 | 영어로 말해 보세요! | 우리말 해석 ➡ 답하는 시간 ➡ 영어 문장 1회 |

차례

2권

Part 6 개인 신상을 말할 때 쓰는 표현 100 ⋯ 9
- 망각방지장치 ❶ ⋯ 31, 53
- 망각방지장치 ❷ ⋯ 55

Part 7 취미, 관심사를 말할 때 쓰는 표현 100 ⋯ 65
- 망각방지장치 ❶ ⋯ 87, 109
- 망각방지장치 ❷ ⋯ 111

Part 8 학교, 가정, 직장에서 쓰는 표현 100 ⋯ 121
- 망각방지장치 ❶ ⋯ 143, 165
- 망각방지장치 ❷ ⋯ 167

Part 9 사랑과 우정을 나누며 쓰는 표현 100 ⋯ 177
- 망각방지장치 ❶ ⋯ 199, 221
- 망각방지장치 ❷ ⋯ 223

Part 10 고난을 극복하며 쓰는 표현 100 ⋯ 233
- 망각방지장치 ❶ ⋯ 255, 277
- 망각방지장치 ❷ ⋯ 279

찾아보기 ⋯ 289

1권

- Part 1 제일 많이 쓰는 한마디 100
- Part 2 리액션을 할 때 쓰는 표현 100
- Part 3 깊이 대화할 때 쓰는 표현 100
- Part 4 일상생활에서 자주 쓰는 표현 100
- Part 5 감정을 표현할 때 자주 쓰는 표현 100

PART 6

개인 신상을 말할 때 쓰는
표현 100

PART 6 전체 듣기

나의 외모나 성격, 취향과 관련된 것을 말하거나 상대를 평가할 때 자주 쓰는 표현들을 디즈니 애니메이션에서 알아볼게요. 친해지는 과정에서 꼭 필요한 표현들이니 제대로 익혀 활용해 보세요.

01 외모 1   02 외모 2   03 성격 1   04 성격 2   05 성격 3   06 성향 1   07 성향 2   08 건강 1
09 건강 2   10 취향 1   11 취향 2   12 평가   13 과거   14 경험   15 능력   16 경제력   17 현재 상태 1   18 현재 상태 2   19 속담, 격언   20 개인 신상 기타 표현

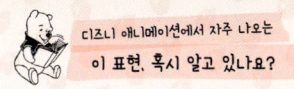

0501-0505.mp3

How do I look?

[토이 스토리 4] 개비 개비가 차 마시는 모습을 흉내내며 포키에게 물어본 말이에요. 새로운 옷을 입거나 헤어 스타일을 바꾼 뒤 상대방의 의견을 물어볼 때 자주 사용하는 표현이에요.

Am I overdressed?

[인크레더블 2] 밥이 턱시도를 차려 입고 미라지에게 물어본 말이에요. overdressed는 '옷을 오버하게 입은' 즉 '너무 과하게 차려 입은'이란 뜻이에요. 반대로 underdressed는 '대충 입은'이란 의미죠.

It's how I always look.

[도리를 찾아서] 말린이 자신은 항상 근심이 있는 표정이라고 하면서 한 말이죠. 평상시 표정은 바꾸기 힘들잖아요? 표정 때문에 자주 오해를 사는 사람들이 '난 항상 이 표정이야.'라며 스스로를 변호하며 하는 말이에요.

You look different.

[인크레더블 2] 토니가 바이올렛에게 호감을 가지고 말을 붙이며 한 말이에요. 상대방이 평소와 달라 보이는데 딱히 그게 뭔지 감이 안 올 때는 이 표현을 사용해 보세요.

You're wearing your hair back.

[인크레더블] 바이올렛이 머리를 뒤로 넘긴 것을 밥이 알아보고 한 말이죠. '머리를 뒤로 넘기다'는 'wear one's hair back'이라고 합니다. All back style(올백 스타일)은 완전 콩글리시예요.

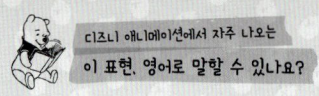

0501

새로운 스타일이나 행동을 보여주며

나 어때?

0502

왠지 과하게 입었다고 생각할 때

너무 차려 입었나요?

0503

표정으로 오해를 살 것 같을 때

난 항상 이 표정이야.

0504

상대방이 평소같지 않아 보일 때

너 달라 보여.

0505

헤어스타일을 칭찬할 때

머리를 뒤로 넘겼네.

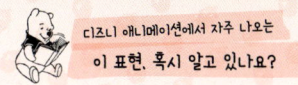

0506-0510.mp3

0506
I was born with it.

[겨울왕국] 안나가 자신의 하얀 머리에 대해 한스에게 한 말이에요.
be born with ~는 '~를 타고 나다'라는 뜻으로
선천적인 재능이나 외모 등을 설명할 때 쓰는 표현이에요.

0507
I get that a lot.

[인사이드 아웃] 기쁨이가 빙봉을 아는 척하자 그런 말을 많이 듣는다며 한 말이죠.
이 표현에 사용된 get은 '~한 소리를 듣다'라는 뜻이에요.
상대방이 하는 말이 새삼스럽지 않고 자주 듣는 말이라고 할 때 이 표현을 사용해요.

0508
What a guy!

[미녀와 야수] 마을 사람들이 개스톤을 크게 칭찬하며 한 말이에요.
'What a + 사람'은 그 사람의 성격이나 외모를 칭찬할 때 쓰는 표현이에요.

0509
You're looking fabulous today.

[몬스터 주식회사] 마이크가 로즈에게 부탁을 하기 위해 그녀의 외모를 칭찬하며 한 말이에요.
fabulous는 '멋진', '근사한'이란 뜻으로 상대방의 옷이나 외모 등을 칭찬할 때 쓰는 말이에요.

0510
It's not a pretty picture.

[알라딘] 지니가 죽은 사람을 살리는 것은 흉측하다며 한 말이에요.
마음에 들지 않는 장면이라는 의미예요.
또한 상대방의 스타일을 부정적으로 말하고 싶을 때도 자주 사용한답니다.

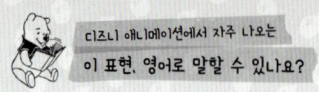

0506 타고난 나의 모습을 말할 때

태어날 때부터 이랬어요.

0507 상대방이 한 말을 많이 듣는다는 의미로

그런 소리 많이 들어.

0508 그 남자를 폭풍 칭찬할 때

정말 멋진 남자야!

0509 상대방의 외모를 칭찬할 때

오늘 근사한데요.

0510 마음에 들지 않는 모습이라고 할 때

좋아 보이지는 않아요.

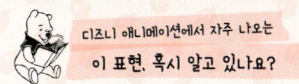

디즈니 애니메이션에서 자주 나오는
이 표현, 혹시 알고 있나요?

0511-0515.mp3

0511
He's quite a handful.

[토이 스토리 4] 제어하기 힘든 포키를 보면서 버즈가 한 말이에요.
handful은 '다루기 힘든 사람'이란 뜻이에요.
아이들을 다루기 힘들다고 할 때 이 표현을 사용한답니다. out of control 역시 같은 뜻이에요.

0512
He's too sensitive.

[몬스터 주식회사] 마이크가 설리와 언쟁을 하다 그의 예민한 성격을 비난하며 한 말이에요.
sensitive는 예민하고 쉽게 신경이 날카로워지는 사람을 가리키는 단어예요.
피부에만 쓰는 표현이 아니랍니다.

0513
He's just impossible.

[노틀담의 꼽추] 사람을 깔고 앉은 자신의 말을 보며 피버스가 한 말이에요.
못 말리는 행동을 일삼는 사람을 가리킬 때 impossible을 사용해 보세요.
'구제불능'이란 해석이 가장 잘 어울리네요.

0514
You're such a charmer.

[몬스터 주식회사] 셸리아가 마이크에게 키스하고 그를 칭찬하며 한 말이죠.
charmer는 '매력이 넘치는 사람'이란 뜻으로 상대방의 성격이나 행동에 감동해서 칭찬하는 말이에요.

0515
He's generous.

[알라딘] 황금 주화를 사람들에게 나눠 주는 알라딘의 모습에 사람들이 감격하며 한 말이죠.
generous한 사람은 '아량이 넓은', '이해심이 많은' 사람이에요.
kind and generous처럼 kind와 세트로 붙여서 자주 사용해요.

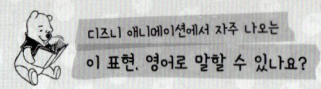

0511

뒤치다꺼리하기가 힘든 아이가 있을 때

걔는 다루기 힘들어.

0512

너무 예민한 사람을 가리켜

쟤는 너무 예민해.

0513

못 말리는 행동을 하는 사람에게

쟤는 구제불능이거든요.

0514

매력적인 상대방을 칭찬하며

당신 정말 매력적이에요.

0515

무한한 신뢰와 감사의 마음을 담아서

그 사람은 마음이 넓어요.

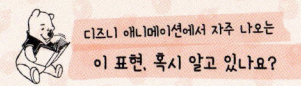

0516-0520.mp3

0516 ☐☐☐

I'm a fast learner.

[알라딘] 알라딘에게 인정을 받으려고 자스민이 한 말이죠.
영어에서는 사람의 특징을 설명할 때 '형용사 + 동사 + -er' 표현을 자주 사용해요.
fast learner는 '습득력이 빠른 사람'을 가리키는 말이에요.

 0517 ☐☐☐

I'm used to it.

[라푼젤] 플린이 성을 바라보면서 멋진 풍경에 편안해졌다는 의미로 한 말이죠.
be used to는 '~에 익숙하다'라는 뜻이에요.
어떤 일이나 상황을 자주 접해서 괜찮다고 말할 때 사용하는 표현이에요.

 0518 ☐☐☐

I was tired of living alone.

[주먹왕 랄프] 랄프가 더 이상 외롭게 사는 게 싫다면서 한 말이에요.
be tired of는 '싫증나다'라는 뜻이에요.
I'm sick and tired of ~라고 해도 끔찍하게 싫다는 의미를 전달할 수 있어요.

 0519 ☐☐☐

I'm such a hypocrite.

[인크레더블 2] 엘라스티걸이 자신을 위선자라고 자책하며 한 말이죠.
such a는 뒤에 나오는 명사를 강조해 주는 역할로 '정말로', '진짜로'라는 뜻이에요.
such a hypocrite은 '진짜 위선자' 즉 '위선 덩어리'라는 뜻이 되겠죠?

 0520 ☐☐☐

I felt like an outcast.

[인크레더블 2] 보이드가 초능력을 가진 자신이 다른 사람과 달라서 외로웠다며 한 말이죠.
outcast는 원래 '사회적으로 추방된 사람'을 지칭하는 말이었는데
요즘은 '왕따'의 의미로 자주 사용해요. loner 역시 '왕따'라는 뜻이에요.

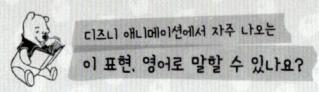

0516 습득력을 과시하며 말할 때

저는 뭐든 빨리 배워요.

0517 어떤 상황을 자주 접해 괜찮다고 할 때

난 이제 익숙하네.

0518 더 이상 혼자 지내기 싫다고 할 때

혼자 살기 싫었어.

0519 크게 자책하며

전 위선 덩어리예요.

0520 아무도 나를 이해하지 못한다고 느낄 때

왕따 같았어요.

디즈니 애니메이션에서 자주 나오는
이 표현, 혹시 알고 있나요?

0521-0525.mp3

0521 ☐☐☐

You're a coward!

[코코] 미구엘이 헥터의 노래를 훔쳐간 델라 크루즈를 비난하며 한 말이죠.
용기를 내지 못하거나 비겁한 사람에게 따지면서 하는 말이에요.
You are chicken.이나 You have no gut.이라고 해도 같은 의미가 됩니다.

0522 ☐☐☐

It runs in my family.

[니모를 찾아서] 단기 기억 상실증이 집안 내력이라고 도리가 한 말이에요.
가족들이 비슷한 성격이거나 특이한 체질이 있다는 말이에요.
'우리 가족 다 그래.', '집안 내력이야.'라는 뜻이에요.

05 성격 3

0523 ☐☐☐

You're so immature.

[인크레더블] 바이올렛이 대쉬에게 철이 없다는 듯 훈계하며 한 말이죠.
성숙하지 못하고 책임감이 없는 사람에게 '철 좀 들어라.'라는 의미로 쓰는 표현이에요.
Grow up!이라고 짧게 쏘아붙일 수도 있어요.

0524 ☐☐☐

You're so weird.

[라이온 킹] 심바가 스카의 행동을 이해할 수 없다는 의미로 한 말이죠.
알다가도 모를 것 같은 이상한 행동을 하는 사람들에게 가장 적절한 말이에요.
또한 평소와 다르게 이상한 행동을 하는 사람에게도 쓸 수 있어요.

0525 ☐☐☐

You're so cute.

[온워드] 발리가 이안이 마법에 대해 아무것도 모른다는 말투로 한 말이죠.
'너 정말 귀여워.'라는 칭찬의 의미로 많이 쓰이지만
비꼬는 표정에 부정적인 말투를 장착하면 '너 정말 순진하구나.'라는 의미가 됩니다.

19

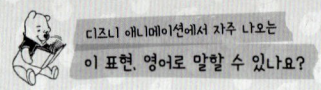

0521
비겁한 사람에게 따지면서

당신은 겁쟁이야!

0522
가족력을 말할 때

집안 내력이야.

0523
철없는 행동을 하는 사람에게 혀를 차며

넌 정말 철부지야.

0524
이상한 행동을 하는 상대방에게

정말 이상하세요.

0525
상대방을 비꼬는 말투로

너 정말 순진하구나.

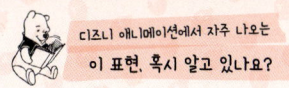 디즈니 애니메이션에서 자주 나오는
이 표현, 혹시 알고 있나요?

0526-0530.mp3

 0526

It defines who I am.

[인크레더블 2] 헬렌이 초능력을 쓰지 말라고 하자 대쉬가 실망하며 한 말이죠.
나의 행동, 취향, 스타일 등을 통해 나의 정체성이 나타난다는 의미예요.
'그래야 나다운 거야.'라고 해석할 수 있어요.

 0527

I belong here.

[겨울왕국] 엘사가 다시는 아렌델로 돌아가지 않겠다면서 한 말이에요.
지금 있는 이곳이 편안하고 소속감을 느낀다는 표현이에요.
반대로 I don't belong here.라고 하면 '난 여기가 맞지 않아.'라는 뜻이 됩니다.

 0528

This isn't me.

[인크레더블 2] 헬렌이 새로운 엘라스티걸 의상을 입고 마음에 안 들어 하며 한 말이죠.
'나답지 않아.'라는 의미로 지금 이 상태가 진정한 나의 모습이 아니라는 말이에요.
'이게 바로 나야.'라고 할 때는 This is me.라고 하세요.

 0529

We are what we are.

[라따뚜이] 레미가 쥐로서의 정체성을 당당하게 언급한 말이죠.
우리의 정체성을 당당하게 주장하는 말이에요.
what 대신 who를 써도 됩니다. I am who I am.은 '나는 나야.'라는 뜻이에요.

 0530

You are one of us.

[몬스터 대학교] 팀원들이 설리를 반기며 한 말이에요.
직역하면 '너는 우리 중 하나다.'이잖아요? 상대방이 우리와 다를 바 없이 비슷한 입장이라는 뜻이에요.
또한 상대방이 우리 소속이라고 말할 때도 쓸 수 있어요.

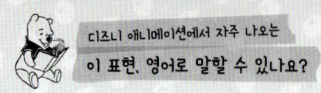
디즈니 애니메이션에서 자주 나오는
이 표현, 영어로 말할 수 있나요?

0526

나의 진정한 모습을 말하며

그래야 나다운 건데.

0527

이곳이 더 편하다는 의미로

난 여기가 더 어울려.

0528

현재 나의 모습을 부인할 때

이건 내 모습이 아니야.

0529

결의에 찬 목소리로 우리의 정체성을 말할 때

우린 우리잖아요.

0530

상대방이 우리와 같은 편이라고 할 때

너도 우리 편이야.

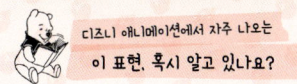

0531-0535.mp3

0531 ☐☐☐

I'm afraid she's rather odd.

[미녀와 야수] 사람들이 벨에 대해서 한 말이에요.
I'm afraid는 '~인 것 같아'라는 뜻으로 약간 부정적인 생각을 말할 때 쓰는 표현이에요.
odd는 weird처럼 이상한 행동을 하는 사람을 묘사하는 단어랍니다.

0532 ☐☐☐

She's nothing like the rest of us.

[미녀와 야수] 마을 사람들이 벨은 자신과 다른 것 같다며 한 말이에요. nothing like는 '~와는 다른'이란 뜻이에요.
nothing like the rest of us는 우리와는 다른 특이한 성향을 의미합니다.

0533 ☐☐☐

You do kinda stand out.

[알라딘] 시장에서는 자스민의 외모가 튄다며 알라딘이 농담처럼 한 말이죠.
stand out은 외모나 행동으로 '눈에 띄다'라는 뜻이에요.
남들에게 묻히지 않고 특출나게 보이는 사람에게 이런 표현을 쓸 수 있겠죠?

0534 ☐☐☐

I'm not sure I fit in here.

[미녀와 야수] 벨이 마을 사람들과 어울리지 못하겠다며 한 말이에요.
fit in은 '~에 적합하다'라는 뜻이에요.
소속감이 없고, 사람들과도 잘 맞지 않는다고 느껴질 때 이렇게 말해 보세요.

0535 ☐☐☐

I hate to be picky.

[주먹왕 랄프] 랄프가 자신은 까탈스럽게 따지는 성격이 아니라며 한 말이죠.
까탈스러운 것을 싫어하고 매사 '좋은 게 좋은 거'라는 성격을 가진 사람이 하는 말이에요.
picky는 '까탈스러운'이란 뜻이에요.

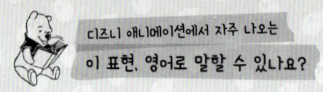

0531

이상하게 행동하는 사람을 보면서

쟤 좀 이상한 것 같아.

0532

남들과는 다른 성향을 지닌 사람을 말할 때

쟤는 우리랑 달라.

0533

튀는 외모나 튀는 행동을 하는 사람에게

좀 튀잖아요.

0534

남들과의 거리가 느껴질 때

내가 여기에 어울리는지 모르겠어.

0535

까탈스러운 게 딱 질색이라고 할 때

까탈스럽게 굴고 싶지 않아.

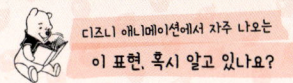

0536
He's in excellent health.

[인크레더블 2] 밥이 집에서 떨어져 있는 헬렌에게 잭잭이 건강히 잘 지낸다며 한 말이죠.
in excellent health는 '매우 건강한'이란 뜻이에요.
반대로 '건강이 좋지 않은'이라고 할 때는 in poor health라고 해요.

0537
Fit as a fiddle.

[주먹왕 랄프] 펠릭스가 자신의 건강을 사람들에게 과시하며 한 말이죠.
정말 건강한 상태를 유지하는 사람을 가리키는 말이에요.
fiddle은 '바이올린'이란 뜻인데 날렵한 바이올린처럼 좋은 몸매를 유지한다는 의미겠죠?

0538
He's not well.

[코코] 델라 크루즈가 자신을 비난하는 헥터를 가리키며 한 말이에요.
well은 '건강한'이란 뜻으로 육체뿐만 아니라 정신적인 건강까지 전체적으로 다루는 단어예요.
He's not okay.라고 할 수도 있어요.

0539
I got food poisoning.

[코코] 헥터가 소시지를 먹다 질식한 게 아니라 식중독으로 사망했다고 주장하며 한 말이죠.
food poisoning은 음식에 독이 들어가서 생긴 병, 즉 '식중독'이라는 뜻이에요.

0540
Are you hurt?

[빅 히어로] 테디가 싸움에 휘말린 히로를 걱정하면서 한 말이죠.
다친 곳이 있는지 물어보는 표현이에요.
injured 역시 '다친'이란 뜻이지만 스포츠 경기 등에서 '부상 당한'이란 의미로 쓰여요.

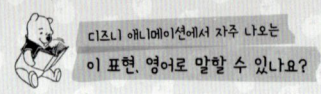
디즈니 애니메이션에서 자주 나오는
이 표현, 영어로 말할 수 있나요?

0536

건강한 상태라고 말할 때

걔는 아주 건강해.

0537

강철 같은 체력을 과시하며

정말 건강하다구.

0538

건강하지 않은 사람에 대해 말할 때

그 사람 정상이 아니에요.

0539

식중독에 걸렸다는 말

전 식중독에 걸렸어요.

0540

상대방을 걱정하며

다쳤어?

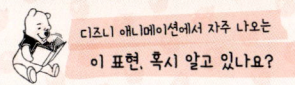

0541-0545.mp3

0541 ☐☐☐

You have a mild allergy to peanuts.

[빅 히어로] 베이맥스가 히로를 진단하면서 한 말이죠. have an allergy to는 '~에 알레르기가 있다'라는 뜻이에요. 심각하지 않고 약간 있다는 의미로 mild를 붙인 거예요. be allergic to ~라고 해도 같은 표현이 됩니다.

0542 ☐☐☐

Your blood pressure is elevated.

[빅 히어로] 베이맥스가 스트레스를 받은 히로를 진단하며 한 말이죠. '혈압이 올라갔다.'라는 뜻이며 is elevated 대신에 went up이라고 해도 같은 의미예요. 반대로 떨어졌다고 할 때는 went down이라고 해 주세요.

0543 ☐☐☐

I'm light-headed.

[도리를 찾아서] 베일리가 머리를 감싸쥐고 아프다는 듯이 한 말이에요. light-headed는 머리가 어지러운 증상을 말해요. dizzy 혹은 woozy 역시 머리가 어지럽다는 뜻이에요.

0544 ☐☐☐

I felt a pain in my stomach.

[코코] 헥터가 자신이 사망한 원인을 생각하던 중에 한 말이에요. feel a pain in ~은 '~에 통증을 느끼다'라는 뜻이에요. in 뒤에 신체 부위를 나타내는 단어를 써 주세요. feel 대신 have를 써도 됩니다.

0545 ☐☐☐

I suffer from short-term memory loss.

[도리를 찾아서] 어린 도리가 잘 잊어버리는 습성을 고백하며 한 말이죠. 지병이 있거나 어떤 병을 앓고 있다고 할 때는 I suffer from ~이란 표현을 사용해 보세요. 그리고 memory loss는 '기억 상실증'을 의미합니다.

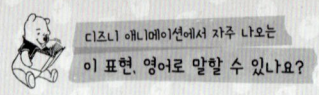
디즈니 애니메이션에서 자주 나오는
이 표현, 영어로 말할 수 있나요?

0541

알레르기가 있는 사람에게

땅콩 알레르기가 약간 있어.

0542

화를 내는 사람에게

혈압이 올라갔어.

0543

주변이 핑 돌면서 어지럽다고 할 때

어지러워.

0544

갑자기 복부에 통증을 느꼈을 때

배가 아팠어.

0545

방금 들은 말을 잊어버리고서

단기 기억 상실증이 있어요.

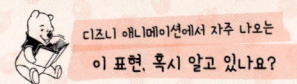

디즈니 애니메이션에서 자주 나오는
이 표현, 혹시 알고 있나요?

0546-0550.mp3

0546

I'm not a baby person.

[인크레더블 2] 에드나가 책잭을 맡기려는 밥에게 아이를 좋아하지 않는다면서 한 말이죠.
'a + 명사 + person'은 '~를 좋아하는 사람'이란 뜻이에요.
I like ~라고 할 수도 있는데 이 표현은 I don't like babies.라고 쓸 수 있어요.

0547

I'm a hugger.

[토이 스토리 3] 랏소가 환영의 의미로 장난감들을 껴안으며 한 말이에요.
인사를 나눌 때 악수 대신 포옹하는 것을 즐긴다는 의미예요.
포옹을 하면서 이 말을 하면 상대방이 덜 민망해할 것 같기도 하네요.

0548

I've got a thing for brunettes.

[라푼젤] 라푼젤의 머리가 갈색으로 변하자 플린이 마음에 들어 하면서 한 말이죠.
I've got a thing for ~.는 '~에 끌려.'라는 뜻으로 이유 없이 어떤 것에 매력을 느낀다고 할 때 쓰는 표현이에요.
brunette은 갈색 머리를 말하는데 brown hair보다 더 많이 사용합니다.

0549

You're tech savvy.

[인크레더블 2] 헬렌이 기계를 잘 다루는 에블린을 칭찬하며 한 말이죠.
tech savvy는 첨단 기기를 잘 다루는 사람을 뜻해요.
반대로 '기계치'는 Luddite라고 해요. You're such a Luddite.은 '당신 정말 기계치네요.'라는 뜻이에요.

0550

She goes gaga for it.

[업] 케빈이 초콜릿을 좋아한다고 러셀이 한 말이죠.
go gaga for ~ 혹은 go gaga over ~는 '~를 열광적으로 좋아하다'라는 뜻이에요.
go crazy for ~라고 해도 미칠 듯이 좋아하는 성향을 나타낼 수 있어요.

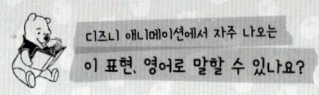
디즈니 애니메이션에서 자주 나오는
이 표현, 영어로 말할 수 있나요?

0546

아이를 좋아하지 않는다고 말할 때

난 애를 좋아하지 않아.

0547

인사로 진하게 포옹하면서

난 껴안는 걸 좋아해요.

0548

끌리는 것을 말할 때

난 갈색 머리에 끌려.

0549

기계를 잘 다루는 상대방을 부러워하며

기계를 잘 다루시잖아요.

0550

이성을 잃으며 좋아한다고 할 때

걔는 그거에 환장해요.

망각방지 장치 1

하루만 지나도 학습한 내용의 50%를 잊어버립니다. 여러분은 몇 퍼센트나 잊어버렸을까요? 5분 안에 25개를 말해 보세요.

01	나 어때?	How do I _____ ?	0501
02	너무 차려 입었나요?	Am I _____ ?	0502
03	태어날 때부터 이랬어요.	I was _____ with it.	0506
04	그런 소리 많이 들어.	I _____ that a lot.	0507
05	걔는 다루기 힘들어.	He's quite a _____ .	0511
06	쟤는 구제불능이거든요.	He's just _____ .	0513
07	그 사람은 마음이 넓어요.	He's _____ .	0515
08	저는 뭐든 빨리 배워요.	I'm a _____ learner.	0516
09	난 이제 익숙하네.	I'm _____ to it.	0517
10	전 위선 덩어리예요.	I'm such a _____ .	0519
11	당신은 겁쟁이야!	You're a _____ !	0521
12	넌 정말 철부지야.	You're so _____ .	0523
13	정말 이상하세요.	You're so _____ .	0524
14	난 여기가 더 어울려.	I _____ here.	0527

정답 01 look 02 overdressed 03 born 04 get 05 handful 06 impossible 07 generous 08 fast
09 used 10 hypocrite 11 coward 12 immature 13 weird 14 belong

15	너도 우리 편이야.	You are _____ of us.	0530
16	좀 튀잖아요.	You do kinda _____ out.	0533
17	내가 여기에 어울리는지 모르겠어.	I'm not sure I _____ in here.	0534
18	까탈스럽게 굴고 싶지 않아.	I hate to be _____.	0535
19	정말 건강하다구.	Fit as a _____.	0537
20	전 식중독에 걸렸어요.	I got food _____.	0539
21	다쳤어?	Are you _____?	0540
22	어지러워.	I'm _____.	0543
23	배가 아팠어.	I felt a _____ in my stomach.	0544
24	난 애를 좋아하지 않아.	I'm not a baby _____.	0546
25	걔는 그거에 환장해요.	She goes _____ for it.	0550

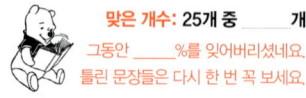

맞은 개수: 25개 중 ___ 개
그동안 ___ %를 잊어버리셨네요.
틀린 문장들은 다시 한 번 꼭 보세요.

정답 15 one 16 stand 17 fit 18 picky 19 fiddle 20 poisoning 21 hurt 22 light-headed 23 pain
      24 person 25 gaga

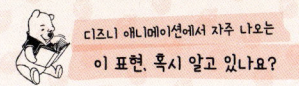

0551-0555.mp3

0551

You're gonna love it!

[인어공주] 왕궁의 하인이 저녁 식사에 대해 한 말이에요.
근사하고 놀라운 무언가를 '짜잔'하고 보여주기 전에 하는 말이에요.
이런 말을 하면 상대방의 기대가 살짝 올라가겠죠?

0552

This is better than I ever imagined.

[몬스터 대학교] 설리가 마이크와 함께 일할 메일룸을 살펴보며 감탄하면서 한 말이죠.
큰 기대를 하지 않았는데 생각보다 괜찮다는 의미예요. imagined 대신 thought나 expected를 쓸 수 있어요.

0553

It's all I want.

[도리를 찾아서] 행크가 해양 연구소에서 계속 살고 싶다고 하면서 한 말이죠.
단 하나의 소망을 말할 때 사용하는 표현이에요.
이 말을 들으면 말하는 사람의 진심이나 절박함이 느껴져서 마음이 움직일 수밖에 없을 것 같아요.

0554

It's to die for.

[라이온 킹] 스카가 심바에게 아빠의 깜짝 선물이 정말 좋은 거라고 하면서 한 말이죠.
to die for는 '목숨을 내놓을 수 있을 정도로 훌륭한'이란 뜻이에요.
to-die-for bag(정말 멋진 가방), to-die-for shoes(황홀하게 하는 신발)처럼 쓸 수 있어요.

0555

You're a man of good taste!

[업] 먼츠가 자신의 팬이라는 칼에게 농담으로 한 말이죠.
고급 취향을 가진 사람을 칭찬하는 말로 '안목 있는 분이군요'라고 해석할 수 있어요.
간단하게 You have good taste!라고 할 수도 있어요.

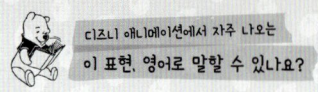

0551

'짜잔'하고 보여주기 전에 하는 말

틀림없이 좋아할 거예요!

0552

기대했던 것보다 더 좋다고 칭찬할 때

생각보다 더 좋은데.

0553

간절하게 소망을 말할 때

내가 원하는 건 그게 전부야.

0554

목숨과 바꿀 수 있을 만큼 좋은 물건을 말할 때

정말 좋은 거야.

0555

고급 취향을 칭찬할 때

안목 있는 분이군요!

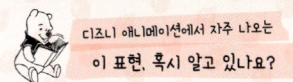

0556-0560.mp3

0556

I was wrong about him.

[겨울왕국] 한스에 대한 배신감에 안나가 한 말이에요.
I was wrong about ~은 자신의 평가가 잘못된 것임을 시인할 때 쓰는 표현이에요.
반대로 자신의 평가가 옳았을 때는 I was right about ~이라고 합니다.

0557

He was surly.

[인크레더블 2] 에블린이 피자 배달부가 감옥에 갈 만한 사람이라며 한 말이죠.
surly는 sure에 -ly를 붙인 단어가 아니에요.
'성질이 못된', '무례한'의 뜻으로 surely(확실하게)와 surly(못된)는 완전 다른 단어랍니다.

0558

He's not worth it!

[토이 스토리 3] 우디가 비열한 랏소를 맹렬히 비난하며 한 말이에요.
'그럴 가치도 없는 인간이야'라는 뜻이에요.
이 말을 할 때는 그 사람에 대한 분노와 노여움을 담아내야 합니다.

0559

You're selling yourself short.

[토이 스토리 4] 보 핍이 우디에게 자신감을 가지라고 하며 한 말이에요.
자신의 능력을 과소평가하는 사람에게 자신감을 심어 주려고 하는 말이에요.
'sell + 사람 + short'는 '~를 과소평가하다'라는 뜻이에요.

0560

There's something about them.

[라따뚜이] 레미가 인간들을 특별하게 생각하며 한 말이죠. There's something about + 사람'은 그 사람에게
딱 꼬집어 설명할 수 없는 매력이나 능력이 있다는 의미예요. 이야기의 서두에서 인물을 소개할 때 자주 쓰는 표현이죠.

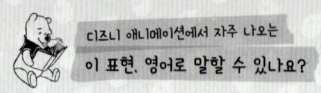

0556 내 판단이 잘못되었음을 시인할 때

내가 그 사람을 잘못 봤어.

0557 무례한 사람이라고 말할 때

그는 무례했어요.

0058 누군가를 맹렬히 비난할 때

그 사람은 그럴 가치도 없어!

0559 겸손병(?)에 걸린 친구에게

넌 스스로를 과소평가하고 있어.

0560 그들을 특별하게 생각하며

그들에겐 뭔가 특별한 게 있어.

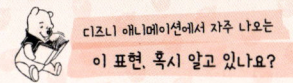

디즈니 애니메이션에서 자주 나오는
이 표현, 혹시 알고 있나요?

0561-0565.mp3

0561
For old time's sake.

[토이 스토리 4] 우디가 옛친구 보 핍에게 도움을 요청하며 한 말이죠.
과거에 있었던 행복한 순간을 떠올리며 무언가를 하도록 제안하거나 요청하는 말이에요.
'옛정을 생각해서.'라고 해석할 수 있어요.

0562
Those are the days.

[토이 스토리 4] 옛날 장난감들이 과거를 추억하며 한 말이에요.
과거의 기억을 떠올리며 그때로 다시 돌아가고 싶은 마음을 표현하는 말이죠.
'옛날이 좋았어.'라는 뜻이에요.

0563
It's very old school.

[카 3] 샐리가 맥퀸의 생각이 구식이라고 놀리며 한 말이에요.
old school은 현대적인 것과는 거리가 먼 구식의 물건이나 구태의연한 생각을 하는 사람을 의미해요.
old-fashioned라고 할 수도 있어요.

0564
You're history.

[카 3] 덕 허드슨이 퇴물이 된 신세를 한탄하며 한 말이죠.
'당신은 역사다.'라며 칭찬하는 말이 아니에요.
이 표현은 '한물갔다'라는 의미로 상대방이 예전만큼의 존재감이 없다는 뜻이에요.

0565
We got off to a bad start.

[겨울왕국] 올라프가 안나와의 첫 만남부터 좋지 않았다고 하면서 한 말이죠.
어떤 일의 시작이 매우 안 좋았다고 말할 때 사용하는 표현이에요.
get off to~는 '~를 향해 떠나다'라는 의미가 있어요.

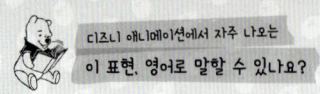

0561

오랜 친구에게 어려운 제안을 할 때

옛정을 생각해서 말이야.

0562

리즈 시절을 그리워하며

옛날이 좋았지.

0563

구닥다리라고 살짝 비꼬면서

정말 구식이네요.

0564

존재감이 사라진 레전드에게

당신은 한물갔어요.

0565

출발부터 징조가 좋지 않았을 때

시작이 안 좋았어요.

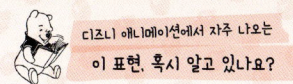

0566-0570.mp3

0566
I've never done this before.

[뮬란] 뮬란이 무슈에게 자기가 경험이 없어 실수했다고 사과하며 한 말이죠.
한 번도 해 본 경험이 없다는 말이에요.
done 대신 tried를 써서 I've never tried this before.라고도 합니다.

0567
I should've known.

[몬스터 대학교] 나이트 교수가 설리를 알아봤어야 했는데 그러지 못했다며 한 말이죠.
미리 알고 있어야 했는데 그러지 못해서 안타깝다는 말이에요.
should have p.p.는 '~했어야 했는데 (하지 못했다)'라는 뜻이에요.

0568
It's been years!

[토이 스토리 3] 슬링키가 아이들과 오랫동안 못 놀았다며 한 말이죠.
어떤 일을 오랫동안 하지 못해 아쉬움과 절박한 심경을 담은 표현이에요.
또한 오랫동안 못 만난 상대를 만날 때 '정말 오랜만이야!'란 의미로도 쓸 수 있어요.

0569
I'm getting the hang of it.

[도리를 찾아서] 말린이 탱크를 차례로 뛰어넘으며 요령을 터득했다는 의미로 한 말이죠.
get the hang of ~는 '~를 다루는 법을 익히다'라는 뜻으로
어떤 것의 작동법이나 이치를 이해하기 시작했다는 의미로 쓰는 말이에요.

0570
We've come to terms with it.

[주먹왕 랄프] 악당인 클라이드가 이제는 악당의 모습을 긍정적으로 받아들이게 되었다며 한 말이죠.
come to terms with ~는 '~를 받아들이게 되다'라는 뜻으로
예전에 부정적으로 생각하던 것을 긍정적으로 수용하게 되었다는 의미예요.

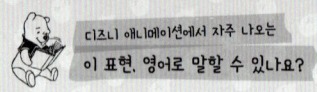

0566

경험이 없음을 솔직히 털어놓을 때

이런 걸 해 본 경험이 없어서.

0567

잘 몰라서 안타까워할 때

미리 알았어야 했는데.

0568

정말 오랜만에 무언가를 할 때

정말 오래 됐죠!

0569

비로소 무언가를 알게 될 때

이제 알겠네요.

0570

이제는 받아들일 준비가 되었다고 말할 때

우리도 그걸 받아들이게 됐어.

디즈니 애니메이션에서 자주 나오는
이 표현, 혹시 알고 있나요?

0571-0575.mp3

0571
You're a natural!

[온워드] 발리가 이안의 마법을 칭찬하면서 한 말이에요.
뛰어난 재능을 보여주는 사람을 격하게 칭찬하는 표현이에요.
You're so talented!(넌 정말 재능이 있어!) 역시 타고난 능력을 칭찬하는 말입니다.

0572
You're the best of the best.

[인크레더블] 의상을 고쳐 주겠다는 에드나에게 밥이 찬사를 보내면서 한 말이죠.
최고 중에서도 최고니 정말 최고의 칭찬의 표현이군요.
반대로 정말 최악이라고 혹평할 때는 You're the worst of the worst.라고 합니다.

0573
I'm such a dummy with dates.

[주먹왕 랄프] 랄프가 게임 탄생 30주년 기념일을 까먹었다면서 한 말이죠. 누구나 약점으로 생각하는 영역이 있잖아요?
I'm such a dummy with ~는 자신이 잘 못하는 분야를 말할 때 사용하는 표현이에요.

0574
I'm no good with words.

[라따뚜이] 링귀니가 꼴레뜨에게 자신은 말을 잘 못한다며 한 말이에요.
'~를 잘 못해.'라고 말할 때는 I'm no good with ~.라고 써요.
만약 계산을 잘 못한다면 I'm no good with numbers.라고 하세요.

0575
You lay it on thick every time.

[카 3] 리버 스콧이 허풍을 떨며 자신의 경기를 설명하자 내쉬가 살짝 비난하며 한 말이죠.
우리말의 '조미료를 쳐서 말한다'는 표현처럼 허풍과 과장을 섞어 말하는 것을 lay it on thick이라고 해요.

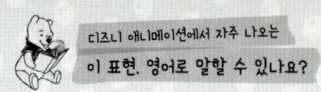
디즈니 애니메이션에서 자주 나오는
이 표현, 영어로 말할 수 있나요?

0571
뛰어난 재능을 칭찬할 때
타고났구나!

0572
아낌없이 상대방을 칭찬할 때
당신은 최고 중에 최고예요.

0573
특별한 기념일을 잊어버린 후
난 날짜에 약해.

0574
남 앞에서는 벙어리가 되어 버릴 때
난 말을 잘 못해요.

0575
조미료를 너무 심하게 치며 말하는 사람에게
넌 항상 허풍이 심해.

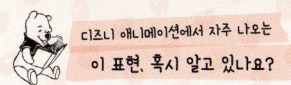

0576-0580.mp3

0576

I'm on a fixed income.

[인크레더블] 딱한 처지에 있는 고객이 밥에게 호소하며 한 말이에요.
고정된 수입으로 생계를 유지한다고 할 때 쓰는 표현이에요.
fixed는 '고정된'이란 뜻이랍니다.

0577

I'm broke!

[라푼젤] 현상금을 위해 플린을 잡으려는 블라드가 신세를 한탄하며 한 말이죠.
돈을 다 잃고 빈털터리가 되었다는 뜻이에요.
I'm bankrupt!(나 파산했어!) 역시 비슷한 표현이에요.

0578

I have full coverage.

[인크레더블] 밥의 고객이 자신의 상황을 설명하면서 한 말이에요.
요즘 '보험으로 커버한다'는 표현을 자주 쓰잖아요?
full coverage는 '완전히 커버할 수 있는 보험' 즉 '종합 보험'을 의미해요.

0579

We just got settled.

[인크레더블] 헬렌이 다시 영웅이 되고 싶어하는 밥에게 지금의 삶에 만족한다며 한 말이죠.
불안정한 생활을 접고 한 곳에 가정을 이루고 정착했다는 뜻이에요.
get settled는 '자리를 잡다', '정착하다'라는 뜻이에요.

0580

The guy's too high profile.

[빅 히어로] 아이들이 마스크 악당이 누구인지 추측하면서 한 말이죠.
어디서 무엇을 하든 세간의 이목을 받는 사람들을 high profile이라고 해요.
반대로 low profile은 '별로 주목을 받지 못하는 사람'을 말합니다.

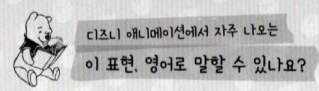
디즈니 애니메이션에서 자주 나오는
이 표현, 영어로 말할 수 있나요?

0576

고정된 수입으로 생활한다고 말할 때

고정된 수입으로 살아요.

0577

돈을 날리고 신세를 한탄할 때

난 빈털터리야!

0578

보험 가입의 유무를 말할 때

난 종합 보험이 있어요.

0579

한 곳에 정착하고 나름 만족해하며

우린 막 자리를 잡았어요.

0580

세간의 이목을 끄는 사람을 가리키며

그 사람은 너무 거물급이야.

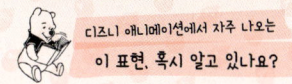

디즈니 애니메이션에서 자주 나오는
이 표현, 혹시 알고 있나요?

0581-0585.mp3

0581
I'm totally excited.

[니모를 찾아서] 니모를 곧 찾을 수 있다고 도리가 기뻐하며 한 말이죠.
날아갈 것 같은 기분을 표현하는 말이에요.
totally는 '정말', '아주'라는 뜻으로 자주 쓰는 표현이에요.

0582
I'm by myself.

[도리를 찾아서] 아이들이 주변에 없자 니모가 자기 혼자라고 생각하며 한 말이에요.
by oneself는 '혼자서'라는 뜻이에요.
I'm on my own.도 '난 혼자야.'라는 말이에요.

0583
I got homesick.

[코코] 헥터가 순회 공연을 하던 자신의 예전 모습을 떠올리며 한 말이죠.
'~병에 걸렸어.'라고 할 때는 I got ~.을 사용해요.
homesick은 home(집)이 그리워서 마음이 sick(아픈) 병, 즉 '향수병'을 뜻합니다.

0584
I'm beat.

[인크레더블 2] 대쉬가 피곤해하며 엘라스티걸에게 한 말이에요.
beat는 '때리다'라는 뜻인데 너무 피곤하면 누군가에게 두들겨 맞은 것 같은 느낌이잖아요.
I'm beat.는 '정말 피곤해.'라는 뜻이에요. I'm exhausted. 혹은 I'm so tired.도 같은 의미예요.

0585
I'm in deep trouble.

[인크레더블] 프로즌이 밥에게 자신의 고민을 이야기하면서 한 말이에요.
'큰 문제가 생겼어.'라는 뜻으로 deep 대신 big이나 serious를 써도 좋아요.
문제가 정말 심각하다면 deep이나 big을 길게 발음해 주세요.

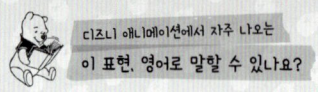

0581

매우 기쁘다고 할 때

나 정말 기뻐.

0582

모두가 떠나고 혼자 남아 있을 때

난 혼자야.

0583

집이 그리울 때

나 향수병에 걸렸어.

0584

너무 피곤하다고 할 때

너무 피곤해요.

0585

상대방에게 심각한 고민을 이야기할 때

큰 문제가 생겼어.

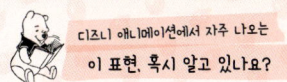

디즈니 애니메이션에서 자주 나오는
이 표현, 혹시 알고 있나요?

0586-0590.mp3

0586

You must be famished.

[인어공주] 집사 그림스비가 저녁 식사 자리에서 에리얼에게 한 말이죠.
배고파 보이는 사람에게 다정하게 '시장하시겠어요.'라고 하는 말이에요.
famished는 '배가 고픈'이란 뜻인데 hungry나 starving을 더 자주 사용한답니다.

0587

You're soaked to the bone.

[미녀와 야수] 뤼미에르가 비에 흠뻑 젖은 벨의 아빠에게 한 말이에요.
뼈까지 젖었다면 정말 완전히 젖은 거 아니겠어요?
soaked to the bone은 '홀딱 젖은'이란 뜻이에요. 장대비를 맞거나 물에 빠진 사람에게 하는 말이죠.

0588

You look ghastly.

[인크레더블 2] 에드나가 안색이 안 좋은 밥에게 한 말이죠.
얼굴이 안 좋아 보이는 사람을 걱정해서 하는 말로 아프거나, 침울해 보일 때도 쓸 수 있는 표현이에요.
Are you okay?라는 표현과 함께 사용하면 더 좋아요.

0589

Does it hurt when I touch it?

[빅 히어로] 베이맥스가 발을 다친 히로를 진단하면서 한 말이에요.
환자의 상태를 체크할 때 의사들이 가장 많이 물어보는 표현이에요.
'여기 만지면 아프니?'라는 뜻이죠. Does it hurt?라고 짧게 물어볼 수도 있어요.

0590

Why don't you get some sleep?

[업] 칼이 러셀에게 눈 좀 붙이라며 한 말이죠. get some sleep은 '푹 잔다'의 느낌이 아니라
'몇 시간이라도 잠을 자려고 하다'라는 뜻이에요. 푹 잘 수는 없지만 조금이라도 눈을 붙여 보라는 의미예요.

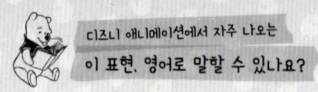

0586
배고파 보이는 사람에게 친절하게
시장하시겠어요.

0587
수건을 건네야 할 정도로 흠뻑 젖은 사람에게
흠뻑 젖었네요.

0588
얼굴이 안 좋은 상대방을 걱정하며
안색이 안 좋아 보여.

0589
의사가 가장 많이 하는 말
만지면 아프니?

0590
조금이라도 눈을 붙여 보라고 제안할 때
잠을 좀 자는 게 어떠니?

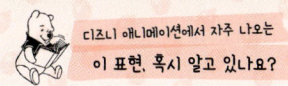
디즈니 애니메이션에서 자주 나오는
이 표현, 혹시 알고 있나요?

0591-0595.mp3

0591
Be true to yourself.

[인크레더블] 밥이 사람들에게 항상 조언하는 말이죠.
남들의 시선을 너무 의식하지 말고 솔직하고 당당하게 내가 원하는 것을 하면서 살라는 말입니다.
'스스로에게 솔직해 봐.'라고 해석할 수 있어요.

0592
Luck favors the prepared.

[인크레더블] 에드나가 잭잭의 유니폼도 준비했다고 하면서 한 말이죠.
'준비된 자들에게 기회가 온다.'는 의미의 격언이에요.
'the + 형용사'는 '~한 사람들'이란 뜻이에요. Chance favors the prepared mind.라고 쓰기도 합니다.

0593
Live your dream!

[라푼젤] 갈고리 손 건달이 플린이 도망치는 것을 도와주며 한 말이죠.
마음 속에 품고 있는 꿈을 실현하면서 살라고 조언하는 말이에요.
참고로 '너만의 인생을 살라.'는 Live your own life.도 알아 두세요.

0594
Things aren't always what they seem.

[알라딘] 절망하는 알라딘에게 자파가 눈에 보이는 것만 믿지 말라는 의미로 한 말이죠.
이 표현은 '겉으로 보이는 게 다는 아니다.'라는 뜻으로 보이는 것만 믿지 말라는 의미예요.

0595
Fear always works.

[주토피아] 벨웨더가 자신의 계략을 주디에게 말하면서 한 말이에요.
사람들을 위협하면 모든 일이 해결된다는 의미예요.
이 표현에서 work는 '효과가 있다', '먹히다'라는 뜻이에요.

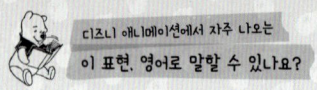

0591

남의 시선을 걱정하는 사람에게

스스로에게 솔직하세요.

0592

부지런히 생활하도록 조언하며

행운은 준비된 자들에게 찾아오지.

0593

꿈꾸는 사람들에게

꿈을 펼쳐 봐!

0594

눈에 보이는 것만 믿지 말라며

겉으로 보이는 게 다는 아니지.

0595

억압과 위협으로 사람들을 조정하면서

두려움은 항상 먹히지.

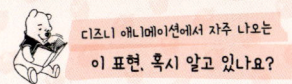 디즈니 애니메이션에서 자주 나오는
이 표현, 혹시 알고 있나요?

0596-0600.mp3

 0596

He's a man of great integrity.

[알라딘] 술탄 왕이 알라딘을 백성들에게 소개하며 한 말이에요.
a man of ~ 는 '~한 사람'이란 뜻으로 사람의 됨됨이나 성품을 말할 때 쓰는 표현이에요.
뒤에는 honesty(정직) 같은 성품을 나타내는 명사를 쓰면 됩니다.

 0597

I'm an excellent judge of character.

[알라딘] 술탄 왕이 자파에게 알라딘의 성품을 제대로 파악하고 있다고 자부하며 한 말이죠.
'사람 보는 눈이 좋아.' 혹은 '사람을 잘 봐.'라는 뜻이에요.

 0598

It keeps bread on the table.

[노틀담의 꼽추] 에스메랄다가 자신은 춤을 추며 생계를 이어간다고 한 말이에요.
이 표현은 '이 일로 먹고 살 수 있다.'라는 의미예요.
bring home the bacon 역시 '돈을 벌어 오다'라는 뜻이에요.

 0599

There's not a scratch on you!

[인크레더블 2] 밥이 잭잭의 초능력에 감탄하며 한 말이죠.
가벼운 상처 하나 없이 멀쩡하다는 말이에요. '상처'라고 해서 wound 혹은 scar를 쓰면 아주 어색해요.
wound는 '심한 상처', scar는 '상처 자국'이란 뜻이거든요.

 0600

Who does she think she is?

[미녀와 야수] 벨에게 청혼을 거절당한 개스톤이 불평하며 한 말이죠.
자기가 제일인 줄 알고 남을 배려하지 않는 사람을 비판하는 말이에요.
Who do you think you are?(네가 뭐가 그리 잘났는데?)처럼 대놓고 따질 때도 쓸 수 있어요.

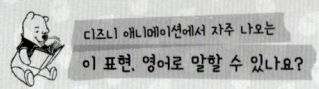

0596 그 남자의 훌륭한 성품에 대해 말할 때

그는 정말 진실된 사람이오.

0597 나의 판단력을 높게 평가하며

난 사람 보는 눈이 좋다구.

0598 생계를 유지한다는 의미로

먹고는 살 수 있으니까요.

0599 멀쩡한 상태에 감탄하며

상처 하나 없네!

0600 안하무인격인 사람을 비난할 때

자기가 뭐라도 되는 줄 아네.

망각방지 장치 1

하루만 지나도 학습한 내용의 50%를 잊어버립니다. 여러분은 몇 퍼센트나 잊어버렸을까요? 5분 안에 25개를 말해 보세요.

01	내가 원하는 건 그게 전부야.	It's all I _____ .	0553
02	정말 좋은 거야.	It's to _____ for.	0554
03	안목 있는 분이군요!	You're a man of good _____ !	0555
04	그는 무례했어요.	He was _____ .	0557
05	그 사람은 그럴 가치도 없어!	He's not _____ it!	0558
06	옛정을 생각해서 말이야.	For old time's _____ .	0561
07	옛날이 좋았지.	Those are the _____ .	0562
08	정말 구식이네요.	It's very old _____ .	0563
09	당신은 한물갔어요.	You're _____ .	0564
10	미리 알았어야 했는데.	I should've _____ .	0567
11	이제 알겠네요.	I'm getting the _____ of it.	0569
12	타고났구나!	You're a _____ !	0571
13	난 날짜에 약해.	I'm such a _____ with dates.	0573
14	난 말을 잘 못해요.	I am no good with _____ .	0574

정답 01 want 02 die 03 taste 04 surly 05 worth 06 sake 07 days 08 school 09 history
10 known 11 hang 12 natural 13 dummy 14 words

15	난 빈털터리야!	I'm _____!	0577
16	난 종합 보험이 있어요.	I have full _____.	0578
17	그 사람은 너무 거물급이야.	The guy's too high _____.	0580
18	난 혼자야.	I'm by _____.	0582
19	나 향수병에 걸렸어.	I got _____.	0583
20	너무 피곤해요.	I'm _____.	0584
21	시장하시겠어요.	You must be _____.	0586
22	잠을 좀 자는 게 어떠니?	Why don't you get some _____?	0590
23	스스로에게 솔직하세요.	Be _____ to yourself.	0591
24	먹고는 살 수 있으니까요.	It keeps _____ on the table.	0598
25	상처 하나 없네!	There's not a _____ on you!	0599

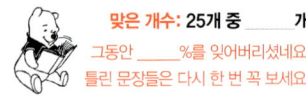

정답 15 broke 16 coverage 17 profile 18 myself 19 homesick 20 beat 21 famished 22 sleep
23 true 24 bread 25 scratch

망각방지장치 2

일주일이 지나면 학습한 내용의 70%를 잊어버립니다. 여러분은 몇 퍼센트나 잊어버렸을까요? 디즈니 대화문에서 확인해 보세요.

---

076 [라따뚜이] 링귀니가 꼴레뜨에게 음식을 만든 게 자신이 아니라고 밝히면서   conversation076.mp3

LINGUINI Stop –! Don't motorcycle away. Look. 난 말을 잘 못해요. 0574 I'm no good with food, either. At least not without your help.

COLETTE I hate false modesty. It's just another way to lie. You have talent –

LINGUINI But I don't! Really! It's not me!

         Words   false 가짜의   modesty 겸손

---

077 [라따뚜이] 레미가 아빠에게 쥐로서의 정체성을 감출 수 없다면서   conversation077.mp3

REMY You're right, Dad. Who am I kidding? 우린 우리잖아요. 0529 And we're rats.

REMY Well, he'll leave soon... and now you know how to get in. Steal all you want.

DJANGO You're not coming?

REMY I've lost my appetite.

         Words   lose one's appetite 입맛이 없다

---

078 [알라딘] 알라딘이 자스민 공주를 시장에서 만나면서   conversation078.mp3

ALADDIN So, uh, this is your first time in the marketplace, huh?

JASMINE Is it that obvious?

ALADDIN Well, 당신 좀 튀잖아요. 0533

ALADDIN I mean, uh... you don't seem to know how dangerous... Agrabah can be.

         Words   marketplace 시장   obvious 티가 나는

076

링귀니 그만! 오토바이 멈춰요. 이봐요. I'm no good with words. 0574
난 음식도 잘 못해요. 당신의 도움이 없으면 더 그렇죠.

꼴레뜨 난 겸손한 척하는 게 정말 싫어요. 그건 또 다른 거짓말이죠.
당신은 재능이 있어 -

링귀니 없어요! 정말로! 내가 아니라구요!

077

레미 맞아요, 아빠. 내가 무슨 생각이었지? We are what we are. 0529
우린 쥐예요.

레미 자, 그가 곧 나갈 거예요… 어떻게 들어가는지 알죠? 원하는 걸 다 훔치세요.

장고 넌 안 가니?

레미 전 입맛이 없어요.

078

알라딘 그래서, 오늘 시장에 처음 온 건가요?

자스민 티가 나나요?

알라딘 음, you do kinda stand out. 0533

알라딘 제 말은, 어… 아그라바가 얼마나 위험한지 모르시는 것 같아서요.

079 [겨울왕국] 한스가 안나의 흰머리를 가리키며

conversation079.mp3

HANS What's this?

ANNA 태어날 때부터 이랬어요. 0506 although I dreamt I was kissed by a troll.

HANS I like it.

Words   troll 작은 도깨비 괴물

080 [겨울왕국] 안나가 엘사에게 함께 돌아가자고 하자 엘사가 이를 거부하며

conversation080.mp3

ELSA … You belong in Arendelle.

ANNA So do you.

ELSA No, 난 여기가 더 어울려. 0527 Alone. Where I can be who I am without hurting anybody.

ANNA … Actually, about that…

Words   hurt 다치게 하다, 마음을 아프게 하다

081 [겨울왕국] 안나가 올라프에게 한스의 배신을 말해 주며

conversation081.mp3

OLAF So, where's Hans? What happened to your kiss?

ANNA 내가 그 사람을 잘못 봤어. 0556 It wasn't true love.

OLAF Huh. But we ran all the way here.

ANNA Please Olaf, you can't stay here; you'll melt.

Words   all the way 내내   melt 녹다

079

한스　이게 뭐예요?

안나　I was born with it, ⁰⁵⁰⁶ 난 트롤이 키스를 해서 그렇다고 생각하지만…

한스　멋지네요.

080

엘사　… 넌 아렌델이 어울려.

안나　언니도 그래.

엘사　아니야. I belong here. ⁰⁵²⁷ 혼자서 말이야. 사람들에게 해를 끼치지 않고 나의 진정한 모습으로 지낼 수 있는 곳에서 말이지.

안나　… 사실, 그게…

081

올라프　한스는 어디에 있어? 키스는 어떻게 된 거야?

안나　I was wrong about him. ⁰⁵⁵⁶ 진정한 사랑이 아니었어.

올라프　어. 하지만 우리가 여기까지 서둘러 왔잖아.

안나　올라프, 넌 여기에 있으면 안 돼. 넌 녹아 없어질 거야.

082 [빅 히어로] 베이맥스가 히로를 진단하며   conversation082.mp3

HIRO What's in the spray, specifically?

BAYMAX The primary ingredient is bacitracin.

HIRO It's a bummer, I'm actually allergic to that.

BAYMAX You are not allergic to bacitracin.
땅콩 알레르기가 약간 있어. ⁰⁵⁴¹

Words   specifically 구체적으로   primary 주된   ingredient 성분   bummer 실망(스러운 일)

083 [빅 히어로] 히로와 친구들이 가면을 쓴 악당의 정체를 추측하며   conversation083.mp3

FRED Think about it. Krei wanted your microbots, and you said no – but rules don't apply to a man like Krei!

HIRO There's no way. 그 사람은 너무 거물급이야. ⁰⁵⁸⁰

HONEY Then who was that guy in the mask?

HIRO I don't know. We don't know anything about him.

Words   apply to ~에 적용되다

084 [빅 히어로] 베이맥스가 발가락을 다친 히로를 진단하며   conversation084.mp3

HIRO Oh, I just stubbed my toe a little. I'm fine.

BAYMAX On a scale of one to ten, how would you rate your pain?

HIRO A zero. I'm okay, really. Thanks, you can shrink now.

BAYMAX 만지면 아프니? ⁰⁵⁸⁹

Words   stub one's toe 발가락을 찧다   scale 수치   rate 평가하다   shrink 줄어들다, 피하다

082

히로 　스프레이 성분이 뭐야, 구체적으로?

베이맥스 　주된 성분은 바시트라신이야.

히로 　안됐네, 난 그거에 알레르기가 있잖아.

베이맥스 　넌 바시트라신에 알레르기가 없어. You do have a mild allergy to peanuts. 0541

083

프레드 　생각해 봐. 크레이가 너의 마이크로봇을 원했지만 넌 안 된다고 했지. 크레이 같은 사람은 법도 통하지 않는다구!

히로 　말도 안 돼. The guy's too high profile. 0580

허니 　그럼 마스크를 쓴 그 사람은 누구라는 거야?

히로 　잘 모르겠어. 그에 대해서는 아무것도 모르겠어.

084

히로 　그냥 발가락을 좀 다쳤어. 괜찮아.

베이맥스 　1부터 10까지 너의 통증을 수치로 말해 볼래?

히로 　0이야. 난 정말 괜찮아. 고맙지만 이제 그만해도 돼.

베이맥스 　Does it hurt when I touch it? 0589

085 [인크레더블] 의상을 고쳐 주겠다는 에드나에게 밥이 감사를 표하며

conversation085.mp3

BOB You know I'm retired from hero work.

E As am I, Robert. Yet here we are.

BOB I only need a patch job, E. For sentimental reasons.

E Fine. I will also fix the hobo suit.

BOB E, 당신은 최고 중에 최고예요. ⁰⁵⁷²

Words retire 은퇴하다 patch job 덧대기 작업 sentimental 감성적인 hobo 떠돌이

086 [인크레더블] 에드나가 헬렌에게 잭잭의 유니폼에 대해 이야기하며

conversation086.mp3

HELEN What in heaven's name do you think the baby will be doing???

E Well, I'm sure I don't know, darling. 행운은 준비된 자들에게 찾아오지. ⁰⁵⁹² I didn't know the baby's powers so I covered the basics –

HELEN Jack-Jack doesn't have any powers.

Words in heaven's name 도대체 cover the basics 기본적인 것을 준비하다

087 [인크레더블 2] 토니가 바이올렛을 알아보자 바이올렛이 기뻐하며

conversation087.mp3

TONY You're uhh – Violet, right?

VIOLET That's me.

TONY 너… 달라 보여. ⁰⁵⁰⁴

VIOLET I feel different. Is different okay…?

085

밥　제가 영웅 일에서 은퇴했잖아요.

에드나　나도 그렇지, 로버트. 하지만 우리가 지금 이러고 있잖아.

밥　그냥 덧대기만 하면 됩니다. 감성적인 이유들 때문에 말이죠.

에드나　좋아. 이 낡은 옷도 고쳐 줄게.

밥　에드나, **you're the best of the best.** ⁰⁵⁷²

086

헬렌　그 아기가 도대체 뭘 할 거라는 거예요???

에드나　나도 잘 모르겠어. **Luck favors the prepared.** ⁰⁵⁹² 그 아기의 초능력이 뭔지 잘 몰라서 그냥 기본적인 것만 준비했어.

헬렌　잭잭은 초능력이 없어요.

087

토니　네가… 바이올렛이지?

바이올렛　그래.

토니　**You look… different.** ⁰⁵⁰⁴

바이올렛　다른 느낌이 들어. 다른 게 괜찮은 거지…?

088 [인크레더블 2] 초능력을 쓰지 말라는 헬렌에게 아이들이 반항하며

conversation088.mp3

VIOLET You said things were different now –

HELEN And they were. ON THE ISLAND. But I didn't mean that from now on you can –

VIOLET So now we've gotta go back to never using our powers?

DASH 그래야 나다운 건데. 0526

Words define 정의하다

089 [인크레더블 2] 엘라스티걸이 에블린의 계략으로 피자 배달부를 체포하자

conversation089.mp3

ELASTIGIRL But it doesn't bother you that an innocent man is in jail?

EVELYN Ehh, 그는 무례했어요. 0557 And the pizza was cold.

ELASTIGIRL I counted on you.

EVELYN That's why you failed.

Words bother 신경쓰게 하다 innocent 순진한 count on ~를 믿다

090 [업] 러셀이 새를 길들인 방법을 먼츠에게 알려 주며

conversation090.mp3

RUSSELL Yeah! That's my new giant bird pet. I trained it to follow us.

MUNTZ Follow you? Impossible. How?

RUSSELL She likes chocolate.

MUNTZ Chocolate?

RUSSELL Yeah, I gave her some of my chocolate. 걔는 그거에 환장해요. 0550

Words gaga (너무 좋아서) 거의 제정신이 아닌

088　바이올렛　이제는 다를 거라고 말씀하셨잖아요 -

　　　헬렌　그랬지. 섬에서는. 하지만 내 말은 지금부터 너희들이 -

　　　바이올렛　그럼 이제는 초능력을 쓰지 않던 때로 돌아간다는 거네요?

　　　대쉬　**It defines who I am.** ⁰⁵²⁶

089　엘라스티걸　순진한 사람을 감옥에 집어넣고 마음이 편한가 보죠?

　　　에블린　음, **he was surly.** ⁰⁵⁵⁷ 그리고 피자도 다 식었잖아요.

　　　엘라스티걸　난 당신을 믿었어요.

　　　에블린　그래서 당신이 실패한 거죠.

090　러셀　그래요! 저의 애완 공룡 새예요. 우리를 따라오도록 제가 훈련시켰어요.

　　　먼츠　너희를 따라와? 불가능해. 어떻게 그렇게 한 거지?

　　　러셀　걔가 초콜릿을 좋아하거든요.

　　　먼츠　초콜릿?

　　　러셀　네, 제 초콜릿을 나눠줬어요. **She goes gaga for it.** ⁰⁵⁵⁰

PART 7

취미, 관심사를 말할 때 쓰는 표현 100

PART 7 전체 듣기

취미, 관심사, 좋아하는 음식이 잘 맞는 친구를 만나면 정말 잘 통하는 기분이죠? 이과 관련된 표현을 디즈니 애니메이션에서 배워볼게요. 관심사가 비슷한 친구를 만나거나 친해지고 싶은 친구를 만났을 때 적극적으로 활용해 보세요.

01 패션   02 파티   03 영화, 쇼핑   04 공연   05 물건, 소장품   06 여행 1   07 여행 2   08 스포츠 1   09 스포츠 2   10 운전 1   11 운전 2   12 놀이   13 기계 1   14 기계 2   15 독서   16 애완동물   17 음식   18 속담, 격언   19 취미, 관심사 기타 표현 1   20 취미, 관심사 기타 표현 2

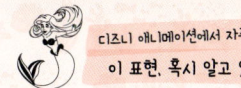
디즈니 애니메이션에서 자주 나오는
이 표현, 혹시 알고 있나요?

0601-0605.mp3

I love your dress.

[주토피아] 주디가 미스터 빅의 딸이 입은 드레스를 칭찬하며 한 말이죠.
I love your ~는 상대방의 물건을 칭찬할 때 쓰는 표현이에요. Nice ~라고 해도 됩니다.
매우 감탄한 표정으로 말한다면 폭풍 칭찬이 될 수 있어요.

It goes well with your head.

[토이 스토리] 인형 놀이에서 한나가 버즈에게 모자를 씌우며 한 말이에요.
go well with ~는 '~에 어울리다'라는 뜻이에요.
그 물건이 상대방에게 어울린다고 말할 때 쓰는 표현이에요.

That's too bland.

[몬스터 대학교] 마이크의 자기 소개가 너무 평범한 것 같다는 생각으로 한 말이죠.
평범한 행동이나 밋밋한 옷차림을 말하는 표현이에요.
bland가 음식맛을 묘사할 때는 '자극적이지 않은', '아무 맛도 안 나는'의 뜻이에요.

Isn't this a bit much?

[인크레더블 2] 헬렌이 데버가 마련해 준 집이 너무 과하다고 생각하며 한 말이죠.
자신이 생각하는 것보다 좀 과한 것 같다고 하는 말이에요.
a bit much(좀 과한) 대신에 too much(너무 과한)라고 할 수도 있어요.

What's with the costume?

[주토피아] 미스터 빅이 주디의 옷을 지적하며 한 말이에요.
상대방이 입은 옷이 너무 이상해 보일 때 '옷이 왜 그래?'라는 의미로 쓰는 표현이에요.
What's with ~?는 의도나 이유를 따지듯이 물어보는 말이에요.

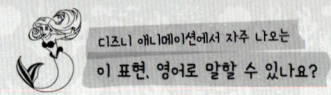

0601

상대방의 옷차림을 칭찬할 때

드레스 멋있어.

0602

어울리는 패션 아이템을 칭찬할 때

당신 머리에 어울리네요.

0603

눈에 띄지 않는다고 할 때

너무 평범해.

0604

과하다고 생각할 때

좀 과하지 않나?

0605

상대방의 옷이 못마땅해 보일 때

복장이 왜 그 모양이야?

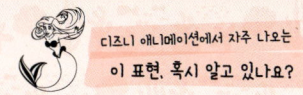

0606-0610.mp3

0606
We're happy to have you!

[몬스터 대학교] 대학교 동아리 소개를 들으러 온 학생들에게 한 말이에요.
모임에 온 사람을 환영하며 하는 말이에요. 또한 사회자가 방청객들에게 인사말로 쓰기도 해요.
be happy to는 '~해서 기쁘다'라는 표현이에요.

02 파티

0607

Gather around!

[노틀담의 꼽추] 클로핀이 광장에 사람들을 불러 모으며 한 말이에요.
흩어져 있는 사람들을 한 곳으로 모을 때는 이 표현을 크게 외쳐 주세요.
'모이세요!', '이리 오세요!'라는 뜻이에요.

0608

I wanna make a toast!

[코코] 아빠가 감정이 벅차올라 가족들에게 건배를 제안하며 한 말이죠.
make a toast를 '토스트를 만들다'라고 생각하지 마세요.
이 표현은 파티에 온 사람들에게 건배를 제안하는 말이에요.

0609

Make a wish!

[몬스터 대학교] 무당벌레를 보고 스퀴쉬가 소원을 빌라면서 귀엽게 한 말이에요.
'소원을 빌어'라는 뜻이에요.
주로 생일 케이크의 촛불을 끄기 전에 하는 말이죠.

0610

Is the night still young?

[인크레더블] 밥이 자신의 결혼식에 늦지 않게 도착해서 한 말이에요.
한창 흥이 올랐는데 파티를 그만두기에는 아쉬움이 많이 남잖아요?
'초저녁밖에 안 됐잖아?'라는 뜻이에요.

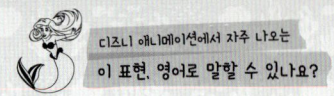

0606 모임에 온 사람에게 하는 말

와 주셔서 너무 기쁘군요!

0607 사람들을 모을 때

모이세요!

0608 건배를 제안할 때

건배합시다!

0609 상대방에게 소원을 빌라고 할 때

소원을 빌어!

0610 아직 늦은 밤이 아니라고 하면서

초저녁밖에 안 됐잖아?

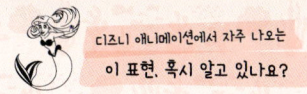

0611-0615.mp3

Enjoy the movie.

[인크레더블 2] 밥이 영화 데이트를 하는 바이올렛에게 좋은 시간 보내라며 한 말이에요.
Enjoy ~는 상대방이 무언가를 즐기길 바란다는 의도로 하는 말이에요.
Enjoy your meal.(식사 잘 하세요.)처럼 쓸 수 있어요.

Save me a seat.

[인크레더블 2] 바이올렛이 토니에게 영화관 자리를 맡아 달라며 한 말이에요.
'내 자리 맡아 줘.'라는 뜻으로 Save a seat for me.라고 할 수도 있어요.
여러 자리를 맡아 달라고 할 때는 'Save us seats.'라고 하면 됩니다.

Feel free to look around.

[토이 스토리 4] 골동품 가게 주인이 보니의 엄마에게 천천히 둘러보라며 한 말이에요.
'편하게 둘러보세요.'라는 뜻으로 점원이 손님들에게 하는 말이에요. 점원들은
Let me know if you need anything.이라는 말도 자주 하는데 '필요하신 거 있으면 말씀하세요'라는 뜻입니다.

No exchange or refunds.

[알라딘] 지니가 세가지 소원을 말하면 절대 되돌릴 수 없다며 재미있게 한 말이죠.
70% 이상의 파이널 세일이 되면 자주 듣는 표현이에요.
'교환이나 환불이 안된다'는 뜻이에요.

Keep the change.

[온워드] 도깨비가 건방진 태도로 주유소 주인에게 한 말이죠.
점원이 거스름돈을 주려고 할 때 거만하게 '잔돈 됐어.'라는 의미로 하는 말이에요. 갑질하는 손님처럼 보일 수 있으니
이 표현은 삼가해 주세요. 잔돈이 필요 없으면 계산대 앞에 있는 tip jar(점원에게 팁을 주는 통)에 넣어 주세요.

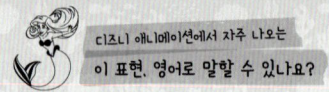

0611

좋은 시간을 보내라는 의미로

영화 잘 보고 와.

0612

자리를 부탁할 때

내 자리 맡아 줘.

0613

손님에게 친절하게 하는 말

편하게 둘러보세요.

0614

파이널 세일에서의 불문율

교환, 환불 안 돼요.

0615

허세 부리는 손님들이 잘 쓰는 말

잔돈 됐어.

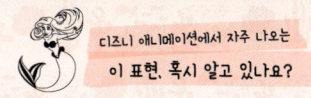 디즈니 애니메이션에서 자주 나오는
이 표현, 혹시 알고 있나요?

0616-0620.mp3

 0616

You have to loosen up.

[코코] 헥터가 공연을 앞두고 미구엘에게 조언한 말이에요.
'긴장 풀어.'라는 의미로 Relax. 말고 이 표현도 자주 사용하니까 꼭 알아 두세요.
'힘 빼.'라는 뜻도 있어요.

 0617

Break a leg.

[빅 히어로] 쇼케이스 발표 전 아이들이 히로를 응원하며 한 말이에요.
'다리를 부러뜨려.'라는 살벌한 의미가 아니에요.
공연이 시작되기 전에 긴장하고 있는 상대방에게 화이팅을 외치는 표현이에요.

 0618

You're on standby!

[코코] 무대 담당자가 미구엘에게 출연 대기를 알리며 한 말이죠.
이 표현은 무대 바로 뒤에서 출연자에게 대기를 지시하는 말이에요.
on standby는 '대기 중'이라는 뜻이에요.

 0619

The show must go on.

[코코] 델라 크루즈가 무대 뒤에 쓰러져 있는 헥터를 지나가면서 한 말이에요.
어떤 어려움이 있어도 '쇼는 계속되어야 한다.'라는 의미의 표현이에요.
전설적인 록 그룹 퀸의 노래 제목으로 더 유명한 말이죠.

 0620

You're in for a treat.

[인크레더블 2] 데버가 만찬장에 참여한 사람들을 환영하며 한 말이에요.
공연에서 사회자가 관중들에게 좋은 시간을 약속하며 하는 말로
'멋진 시간이 될 것입니다.'라고 해석할 수 있어요.

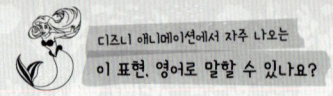

0616

긴장한 사람에게 하는 말

긴장 풀어.

0617

공연 바로 전에 응원하는 말

잘해 봐.

0618

출연자를 대기시킬 때

대기하세요!

0619

힘들어도 공연을 올릴 것을 결단하며

쇼는 계속되어야 해.

0620

관중들에게 기대를 갖게 하는 말

멋진 시간이 될 것입니다.

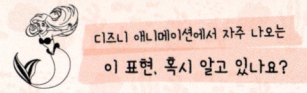

0621-0625.mp3

They mean a lot to me.

[토이 스토리 3] 앤디가 보니에게 소중한 장난감들을 건네주며 한 말이죠.
자신에게 특별한 의미가 있는 물건에 대해 말할 때 사용하는 표현이에요.
They are so special to me.라고 할 수도 있어요.

They are not for sale.

[빅 히어로] 히로가 크레이에게 마이크로봇은 판매용이 아니라며 한 말이에요.
for sale은 '판매용'이란 뜻이에요. 이와 관련해서 on sale도 알아 두세요.
on sale은 '할인을 하는'이란 뜻이랍니다.

Keep your hands off of my stuff!

[토이 스토리 3] 돼지 저금통 햄이 렉스에게 따지면서 한 말이죠. '내 물건을 함부로 건드리지 마'라는 뜻이에요.
Keep your hands off of ~.는 '~에서 손 떼.'라고 명령하는 표현이에요. Hands off!라고 짧게 쓸 수도 있어요.

Good as new.

[토이 스토리 4] 벤슨이 포키의 팔을 다시 붙여 주자 개비 개비가 만족해하면서 한 말이에요.
어떤 물건을 고쳐서 완전히 새것처럼 보인다는 의미예요.
'새것 같아.'라고 해석할 수 있어요.

They're a dime a dozen!

[토이 스토리 3] 바비가 자신의 옷을 망치려고 하자 켄이 개의치 않는다는 듯이 한 말이에요.
a dime a dozen은 '너무 흔해서 가치가 없는'이란 뜻이에요.
우리말로 '흔해 빠진'이란 표현이 가장 잘 어울리는 말이에요.

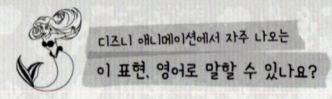

0621

소중한 물건에 대해 말할 때

내겐 큰 의미가 있는 것들이야.

0622

판매용이 아니라고 말할 때

파는 게 아니에요.

0623

상대방이 내 물건을 함부로 만질 때

내 물건에서 손 떼!

0624

헌것이 새것으로 탈바꿈할 때

새것 같아.

0625

쉽게 구할 수 있는 물건을 가리키며

흔해 빠진 거야!

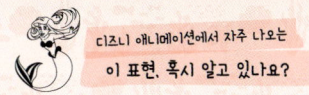 디즈니 애니메이션에서 자주 나오는
이 표현, 혹시 알고 있나요?

0626-0630.mp3

Where are we?

[인사이드 아웃] 기쁨이와 슬픔이가 기억 저장소에 떨어진 후 위치를 파악하며 한 말이에요.
현재 위치를 파악하기 힘들 때 사용하는 표현으로
'우리가 어디지?'보다는 '여기가 어디지?'라고 하는 게 더 자연스럽겠죠?

Are we there yet?

[인크레더블] 대쉬가 밥에게 다 왔는지 물어본 말이에요.
목적지에 거의 도착했는지 물어보는 표현으로 살짝 보채는 말이에요.
아직 도착하지 않았다고 대답하고 싶으면 'Not yet.'이라고 하세요.

We'll be there in no time.

[미녀와 야수] 길을 잃은 벨의 아빠가 말에게 곧 도착할 거라며 한 말이에요.
Are we there yet?이란 질문에 '곧 도착할 거야.'라는 의미로 쓰는 표현이에요.
in no time은 '곧', '조만간'이란 뜻이에요. soon이라고 할 수도 있어요.

Almost there.

[알라딘] 알라딘이 자스민을 목적지로 데리고 가며 한 말이에요.
목적지에 거의 다 도착했다고 알리는 말이죠.
We're almost there.라는 문장을 줄인 표현이에요.

We get there when we get there!

[인크레더블] 대쉬가 언제 도착하는지 보채며 물어보자 밥이 짜증내며 한 말이죠.
자꾸 보채며 다 왔는지 물어보는 사람에게 쏘아붙이듯 하는 말이에요. '다 오면 다 온 줄 알아.'라는 뜻입니다.

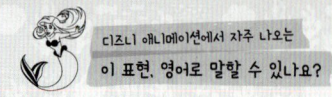

0626

현재 위치를 파악하기 힘들 때

여기가 어디지?

0627

목적지에 다 왔는지 물어볼 때

다 온 거예요?

0628

조만간 목적지에 도착한다고 알릴 때

곧 도착할 거야.

0629

목적지가 얼마 남지 않았을 때

거의 다 왔어요.

0630

자꾸 보채는 사람에게 쏘아붙이듯 하는 말

그냥 다 오면 다 온 줄 알아!

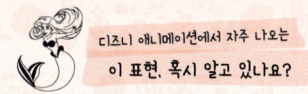

0631
We're here.

[니모를 찾아서] 바다거북 크러쉬가 말린과 도리에게 목적지에 도착했다며 한 말이에요.
'다 왔어.', '도착했어.'라는 뜻으로 목적지에 도착했음을 알리는 말입니다.

0632
It really is quite a view.

[도리를 찾아서] 말린이 멋진 산호초 광경을 바라보며 한 말이에요.
끝내주는 경치를 보면서 감탄하는 표현으로 quite a는 '아주 멋진'이란 뜻이에요.
such a 역시 같은 의미가 있어요.

0633
Right on schedule.

[인사이드 아웃] 생각의 기차가 스케줄에 맞게 오자 기뻐하며 한 말이죠.
대중교통이 정해진 시간에 도착했을 때 '시간 맞춰서 오네.'라는 의미로 쓰는 표현이에요.
사람들이 약속된 시간에 맞춰 왔을 때도 이 표현을 쓸 수 있어요.

0634
Let's hit the road.

[토이 스토리 4] 보니의 아빠가 출발하자고 하며 한 말이죠.
자동차 여행을 시작할 때 누구나 이 말을 외치는 것 같아요.
'자 출발하자.'라는 뜻이에요. 자동차 여행뿐 아니라 일반적인 일을 시작할 때도 이 표현을 쓸 수 있어요.

0635
It's good to be back.

[인크레더블] 밥이 다시 영웅으로 일하게 되어 기쁘다며 한 말이죠.
여행에서 집으로 돌아오거나 직장으로 복귀했을 때 쓸 수 있는 말로 '돌아오니 정말 좋아.'라는 뜻이에요.
'So happy to be back.' 역시 같은 의미예요.

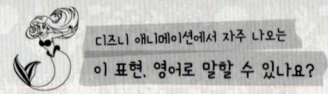
디즈니 애니메이션에서 자주 나오는
이 표현, 영어로 말할 수 있나요?

0631
목적지에 도착했을 때
다 왔어.

0632
끝내주는 경치에 감탄하며
경치 끝내주네.

0633
대중교통을 기다리며
시간에 맞게 오네.

0634
여행을 시작할 때
출발하자.

0635
다시 복귀해서 기쁘다며
돌아오니 좋네.

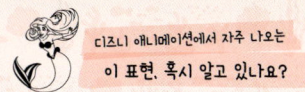

0636-0640.mp3

0636

Everybody stick together.

[몬스터 대학교] 경기를 하기 전에 칼라가 모두 합심하자며 팀원들에게 한 말이에요.
stick together를 직역하면 '함께 달라붙다'가 되는데
이 표현은 '뭉치다', '서로 도와주다'라는 의미예요.

0637

Take your place at the starting line!

[몬스터 대학교] 경기 시작을 위해 선수들에게 출발선에 서라고 한 말이에요. 이 표현은 육상, 수영 등의 경기에서
심판이 선수들을 출발선에 서도록 지시하는 말이에요. take one's place는 '자리하다'라는 뜻이에요.

0638

On your mark! Get set! Go!

[카 3] 경기의 출발을 알린 신호예요.
'제자리! 준비! 출발!'이라는 뜻으로 육상, 수영 등의 기록 경기에서 출발을 알릴 때 사용하는 표현이에요.

0639

A huge upset!

[카 3] 스톰이 역전승을 거두자 캐스터가 흥분해서 한 말이에요.
기적처럼 경기가 역전이 될 때 캐스터들이 감탄하며 하는 말이에요.
스포츠 경기에서 사용되는 upset은 '예상치 못한 승리'나 '역전'을 의미해요.

0640

I won first place.

[인사이드 아웃] 빙봉이 트로피를 들고 감격해서 한 말이죠. '1등을 했다'는 뜻이에요.
I'm the winner.(내가 이겼어.), I won the contest!(내가 대회 1등이야!),
I finished first.(내가 제일 먼저 들어왔어.) 등도 자주 쓰는 표현이에요.

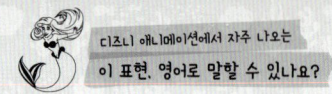

0636
흩어지지 말고 함께 할 것을 강조하며

뭉쳐야 해.

0637
선수를 출발선에 위치시키며

출발선에 위치하시오!

0638
출발선에서 심판이 하는 말

제자리! 준비! 출발!

0639
역전의 드라마가 펼쳐질 때

대단한 역전이군요!

0640
1등을 한 것에 감격스러워하며

내가 1등이야.

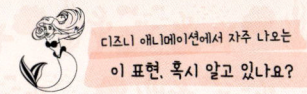

0641
I'll go first.

[몬스터 대학교] 마이크가 팀원들의 순서를 정해 주며 한 말이죠.
순서를 정해서 해야 할 일이 있을 때 '내가 먼저 하겠다.'라는 의미예요.
I'll do first.라고 하면 매우 어색해요. 상대방에게 순서를 양보할 때는 You go first.라고 하세요.

0642
I'll take him down.

[몬스터 대학교] 레지가 매치에서 꼭 승리하겠다는 각오로 한 말이죠.
스포츠에서 특정 상대를 마크하며 해결하겠다는 의미로 사용하는 표현이에요.
take ~ down은 '쓰러뜨리다', '제거하다'라는 의미예요.

0643
Bring it on!

[카 3] 크루즈가 맥퀸과 훈련 경기를 하기 전에 한 말이에요.
경기에 임하기 전에 자신 있게 외치는 말로 '덤벼 봐!', '어디 해 봐!'라는 뜻이에요.

0644
Let's see what you got.

[카 3] 경기 중 맥퀸이 바비 스위프트에게 도전적으로 한 말이에요.
경기 전에 상대에게 도전적으로 하는 말로 '얼마나 잘하나 보자.'라는 의미예요.
또한 상대의 능력을 파악하려고 할 때 '어디 한번 해 봐.'라는 의미로 이 표현을 쓸 수 있어요.

0645
This is all about teamwork.

[몬스터 대학교] 경기 전에 로지가 팀워크의 중요성에 대해 한 말이죠.
팀 스포츠에서 협동을 강조하는 말이에요.
This is all about ~.은 '~가 중요해.'라는 뜻으로 필수적인 항목을 설명할 때 사용하는 표현입니다.

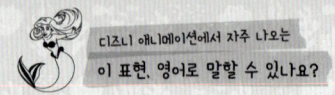

0641

내가 앞장서 일을 하겠다는 의미로

내가 먼저 할게.

0642

상대를 제압하겠다는 의지를 보이며

내가 저놈을 제압하고 말겠어.

0643

경기 전 자신 있게 외치는 말

해보자구요!

0644

상대에게 도전적으로

얼마나 잘하나 보자.

0645

팀 스포츠에서 협동을 강조하며

팀워크가 중요해.

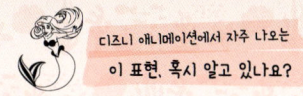

디즈니 애니메이션에서 자주 나오는
이 표현, 혹시 알고 있나요?

0646-0650.mp3

0646
Ready to go for a ride?

[빅 히어로] 크레이가 파일럿에게 비행 준비가 되었는지 물어본 말이에요.
자동차, 자전거, 비행기 등을 즐길 준비가 되었는지 물어보는 표현이에요.
go for a ride는 '드라이브하다'라는 뜻이에요.

0647
Hop in!

[인사이드 아웃] 기쁨이가 빙봉에게 수레에 올라타라며 한 말이에요.
차에 타라고 하는 말로 Get in!이라고 해도 됩니다.
오토바이나 자전거 등 지붕이 없는 것에 올라타는 것은 Hop on. 혹은 Get on.이라고 해야 해요.

0648
Buckle up!

[카 3] 장내 아나운서가 경기 전 자동차 관중들의 기대를 고조시키며 한 말이에요.
안전벨트를 매려면 버클(buckle)을 채워야 하잖아요? 거기서 나온 표현이에요.
Fasten your seatbelt. 혹은 Seatbelt!라고 해도 됩니다.

0649
Thanks for the ride.

[토이 스토리] 우디가 버즈에게 RC카를 태워 준 것에 감사하며 한 말이죠.
차를 태워 준 상대에게 고마움을 표현할 때 쓰는 말이에요.
My pleasure.(천만에요.), Any time.(언제든 말만 하세요.) 등으로 대답할 수 있어요.

0650
Drive safely.

[인크레더블 2] 에드나가 밥에게 작별 인사하며 한 말이죠.
운전하는 사람에게 헤어지면서 하는 말로 '운전 조심해요.'라는 뜻이에요.
차 없이 걸어다니는 사람에게 '차 조심하세요.'라고 할 때는 'Watch the road.'라고 하세요.

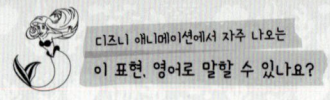

0646
드라이브를 즐길 준비가 되었는지 물어보며
한번 가 볼까?

0647
상대방에게 차에 타라고 명령할 때
타!

0648
안전벨트를 착용하라고 할 때
안전벨트 매세요!

0649
차를 태워 준 상대에게 고마움을 표현할 때
태워 줘서 고마워.

0650
운전자에게 작별 인사할 때
운전 조심해요.

망각방지 장치 1

하루만 지나도 학습한 내용의 50%를 잊어버립니다. 여러분은 몇 퍼센트나 잊어버렸을까요? 5분 안에 25개를 말해 보세요.

01	드레스 멋있어.	I _____ your dress.	0601
02	너무 평범해.	That's too _____.	0603
03	와 주셔서 너무 기쁘군요!	We're _____ to have you!	0606
04	모이세요!	_____ around!	0607
05	건배합시다!	I wanna make a _____!	0608
06	초저녁밖에 안 됐잖아?	Is the night still _____?	0610
07	내 자리 맡아 줘.	_____ me a seat.	0612
08	교환, 환불 안 돼요.	No _____ or refunds.	0614
09	긴장 풀어.	You have to _____ up.	0616
10	잘해 봐.	_____ a leg.	0617
11	멋진 시간이 될 것입니다.	You're in for a _____.	0620
12	새것 같아.	Good as _____.	0624
13	흔해 빠진 거야!	They're a _____ a dozen!	0625
14	다 온 거예요?	Are we _____ yet?	0627

정답 01 love 02 bland 03 happy 04 Gather 05 toast 06 young 07 Save 08 exchange 09 loosen
10 Break 11 treat 12 new 13 dime 14 there

15	다 왔어.	We're __here__.	0631
16	시간에 맞게 오네.	Right on __schedule__.	0633
17	출발하자.	Let's hit the __road__.	0634
18	제자리! 준비! 출발!	On your __mark__! Get set! Go!	0638
19	대단한 역전이군요!	A huge __upset__!	0639
20	내가 저놈을 제압하고 말겠어.	I'll take him __down__.	0642
21	얼마나 잘하나 보자.	Let's see what you __got__.	0644
22	타!	__Hop__ in!	0647
23	안전벨트 매세요!	__Buckle__ up!	0648
24	태워 줘서 고마워.	Thanks for the __ride__.	0649
25	운전 조심해요.	Drive __safely__.	0650

맞은 개수: 25개 중 ____개

그동안 ____%를 잊어버리셨네요.
틀린 문장들은 다시 한 번 꼭 보세요.

정답 15 here 16 schedule 17 road 18 mark 19 upset 20 down 21 got 22 Hop 23 Buckle
24 ride 25 safely

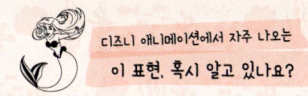
디즈니 애니메이션에서 자주 나오는
이 표현, 혹시 알고 있나요?

0651-0655.mp3

0651 Stay in your seat.

[인크레더블 2] 헬리콥터가 추락하자 엘라스티걸이 대시에게 한 말이에요.
자리에 앉아 있으라는 뜻으로 비행기 승무원이 승객들에게 자리에 착석하라고 할 때나
아이들에게 차에서 가만히 있으라고 할 때 잘 쓰는 표현이에요.

0652 Merge into traffic!

[온워드] 운전 강사가 이안에게 고속도로에 진입하라고 다급하게 소리치며 한 말이죠.
이 표현은 '고속도로로 진입해!'라고 명령하는 말이에요.
미국 고속도로 진입로에는 MERGE라는 표시가 크게 적혀 있어요.

0653 Pick it up!

[카 3] 크루즈가 맥퀸에게 속도를 올리라며 한 말이에요.
pick up은 '기술을 익히다', '들어올리다' 등의 뜻으로 잘 쓰이는 말이죠.
운전을 할 때 Pick it up!이라고 하면 '속도를 올려!'라는 말이 돼요.

0654 Floor it!

[도리를 찾아서] 도리가 바다를 발견하고 행크에게 전속력으로 트럭을 운전하라며 한 말이에요.
'(액셀을) 밟아!'라는 뜻으로
운전하는 사람에게 급하게 속도를 올리라고 명령하는 말이에요.

0655 Pull over!

[온워드] 운전 강사가 이안에게 차를 멈추라고 한 말이에요.
운전하는 사람에게 차를 갓길 등에 세우라는 의미죠.
Stop the car.도 '차 세워.'라고 할 수 있지만 어디든 상관없이 차를 멈추기만 하면 되는 거예요.

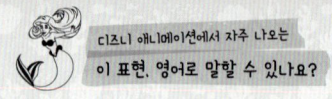

0651 자리에 계속 앉아 있으라며
자리에 앉아 계세요.

0652 고속도로에 진입해야 하는 순간
진입해!

0653 너무 천천히 운전하는 사람에게
속도를 올려요!

0654 갑자기 속력을 내야 하는 순간
밟아!

0655 차를 멈추라고 할 때
차 세워!

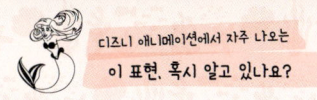 디즈니 애니메이션에서 자주 나오는
이 표현, 혹시 알고 있나요?

0656-0660.mp3

0656

Whoever gets the most wins.

[업] 러셀이 아빠와의 자동차 세기 놀이의 규칙을 설명하며 한 말이죠.
많이 맞추는 사람이 이기는 놀이의 규칙을 설명할 때 하는 말이에요.
Whoever comes first wins.도 많이 쓰는데 '빨리 들어오는 사람이 이기는 거야.'라는 뜻이에요.

0657

Take your pick.

[토이 스토리 3] 악당이 우디에게 아이를 구할 것인지 자신을 체포할 것인지 선택하라며 한 말이죠.
몇 가지 선택 사항 중 하나를 고르라는 말이에요.
pick은 '고르기', '선택'이란 뜻이에요.

0658

How about we play a game?

[니모를 찾아서] 도리가 말린에게 맞추기 게임을 제안하며 한 말이에요.
게임을 하자고 제안하는 표현이에요.
How about ~?은 '~할까?'라는 의미로 상대방에게 무언가를 제안할 때 쓰는 표현이에요.

0659

Gotcha!

[라이온 킹] 심바가 아빠와 술래 잡기를 하며 한 말이에요.
I got you!를 줄인 말로 아이들의 놀이에서 술래를 붙잡으며 '잡았다'라고 할 때 쓰는 표현이에요.
또한 상대방의 말을 이해하고 '알겠어'의 의미로도 쓸 수 있어요.

0660

Made you look.

[알라딘] 지니가 마지막 엔딩 자막을 가지고 관객들과 장난치며 한 말이죠.
손가락 동작으로 상대방의 시선을 끈 후 상대방이 쳐다보면 '속았지롱?'하며
Made you look!이라고 놀리는 거예요. 정말 유치하지 않나요?

12 놀이

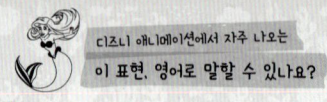

0656 놀이의 규칙을 설명할 때

가장 많이 하는 사람이 이기는 거예요.

0657 선택권을 줄 때

선택해.

0658 게임을 하자고 제안할 때

게임 하나 할까?

0659 술래를 붙잡으며

잡았다!

0660 유치한 장난을 하며

속았지?

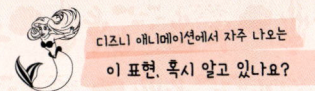
디즈니 애니메이션에서 자주 나오는
이 표현, 혹시 알고 있나요?

0661-0665.mp3

0661

What's that button do?

[토이 스토리] 렉스가 버즈 몸에 붙은 버튼을 궁금해하며 한 말이에요.
직역하면 '저 버튼은 무엇을 하니?'가 되잖아요?
What's ~ do?는 물건의 용도나 목적을 물어보는 표현이에요.

0662

Care to demonstrate?

[인크레더블 2] TV에서 기자가 인크레더빌의 특수 장치를 시연해 달라고 요청한 말이에요.
상대방에게 시연을 요청할 때 쓰는 표현이죠.
Would you care to ~?는 '~해 주시겠어요?'라는 뜻으로 무언가를 요청하는 표현이에요.

0663

How do you turn this off?

[토이 스토리 4] 엄마가 보니에게 버즈를 끄는 법을 물어본 말이에요.
기계를 끄는 법을 몰라 당황하며 물어보는 표현이에요.
turn off는 '(기계 등을) 끄다'라는 뜻으로 반대말은 turn on이에요.

0664

Shut it down!

[빅 히어로] 크레이의 테스트가 실패하자 장군이 포털을 당장 중지시키라고 한 말이에요.
shut down은 '(기계 등을) 끄다, 중지시키다'라는 뜻으로
거대한 기계나 대규모 프로그램 등을 끄거나 중지시킬 때 쓴답니다.

0665

It was beyond repair.

[인크레더블 2] 밥이 인크레더빌이 수리가 불가능하다고 생각하면서 한 말이에요.
beyond repair는 수리를 해도 복구가 불가능한 상태를 의미해요.

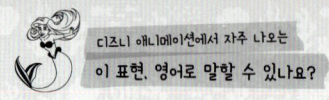
디즈니 애니메이션에서 자주 나오는
이 표현, 영어로 말할 수 있나요?

0661
버튼이 어떤 용도인지 궁금할 때
저 버튼은 무슨 용도지?

0662
시연을 요청할 때
시연해 주시겠어요?

0663
작동법을 몰라 당황하며
이거 어떻게 끄니?

0664
큰 기계를 멈추려고 할 때
중지시켜!

0665
복구가 불가능한 물건을 가리켜
수리할 수 없었어요.

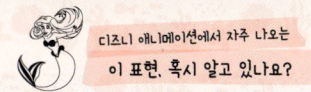 디즈니 애니메이션에서 자주 나오는
이 표현, 혹시 알고 있나요?

0666-0670.mp3

How does this work?

[겨울왕국] 크리스토프가 올라프를 신기한 듯 바라보며 한 말이에요.
너무 신기해서 작동 원리가 궁금한 물건들이 종종 있잖아요?
'이건 어떻게 움직이는 거지?'라는 뜻으로 궁금한 듯 물어보는 표현이에요.

Let's see if your gadget works.

[인크레더블 2] 데버가 에블린의 장치가 제대로 작동하는지 확인하며 한 말이에요.
상대방의 기계가 제대로 작동되는지 지켜보겠다는 뜻이에요.
이때 work는 '일하다'가 아니라 '작동하다'라는 뜻이에요.

It's still on.

[빅 히어로] 히로가 포털이 아직 켜져 있음을 발견하고 한 말이에요.
기계 등이 꺼지지 않고 여전히 작동되고 있다는 뜻이에요.
또한 '(계획, 운동 경기 등이) 중단되지 않고 여전히 진행 중이다'라는 뜻으로도 쓸 수 있어요.

That's toasty.

[빅 히어로] 베이맥스가 껴안자 아이들이 행복해하며 한 말이에요.
toasty는 따뜻하고 포근한 상태를 의미해요.
갓 구운 toast를 연상하면 기억하기 쉽겠죠?

I can't steer it.

[인크레더블 2] 인크레더블이 제어가 안 되는 터널러 안에서 어쩔 줄 몰라 하며 한 말이죠.
자동차, 배, 비행기 등을 아무리 애를 써도 마음대로 조종할 수 없을 때 쓰는 표현이에요.
I can't control it.도 같은 의미예요.

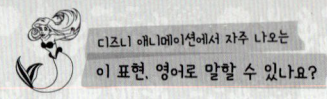

0666

작동의 원리가 궁금한 물건을 보며

이게 어떻게 움직이는 거지?

0667

상대방의 물건이 제대로 되는지 지켜보면서

네 장치가 잘 되나 보자구.

0668

기계가 여전히 돌아가고 있다고 말할 때

아직 켜져 있어.

0669

따뜻하고 포근한 물건을 만지며

따뜻해서 좋아.

0670

차를 마음대로 조종할 수 없을 때

조종이 안 돼.

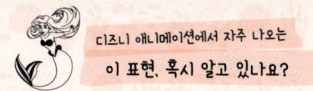 디즈니 애니메이션에서 자주 나오는
이 표현, 혹시 알고 있나요?

0671-0675.mp3

15 독서

0671
I'll borrow this one.

[미녀와 야수] 벨이 책방 주인에게 책을 빌리려고 한 말이에요.
도서관에서 책을 빌리려고 할 때 쓰는 표현으로 '대출할게요.'처럼
격식 있는 말을 쓰고 싶다면 I'll check out this one.이라고 하세요.

0672
A real page turner!

[인사이드 아웃] 기쁨이가 슬픔이에게 재미있는 책을 소개하며 한 말이에요.
페이지(page)를 계속 넘기게(turn) 만드는 책은 정말 재미있는 책이겠죠?
너무 재미있어서 계속 읽게 되는 책을 말할 때 쓰는 표현이에요.

0673
I couldn't put it down.

[미녀와 야수] 벨이 책이 너무 재미있었다며 한 말이에요.
책이 너무 재미있어서 집중하다 보면 손에서 내려놓을 수가 없게 되죠.
'도저히 내려놓을 수 없었어.'라는 뜻이에요. put ~ down은 '~을 내려놓다'라는 뜻이에요.

0674
Her nose stuck in a book!

[미녀와 야수] 벨이 항상 책을 끼고 있는 것을 못마땅해하며 한 말이죠.
'책에 코를 박고 있어.'라는 의미로 책에 흠뻑 빠진 사람들의 모습을 묘사하는 말이에요.

0675
Why don't you read it to me?

[미녀와 야수] 벨이 야수에게 다정하게 책을 읽어 달라며 한 말이에요.
꿀성대를 가진 사람에게 책을 읽어 달라고 하는 것만큼 로맨틱한 데이트가 또 있을까요?
이 표현은 '읽어 주시겠어요?'라고 요청하는 말이에요.

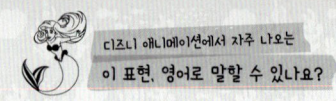

0671 책을 빌릴 때

이걸 빌릴게요.

0672 정말 흥미로운 책이라고 말할 때

진짜 재미있는 책이야!

0673 손에서 놓고 싶지 않은 마음으로

내려놓을 수 없었어요.

0674 책에 흠뻑 빠진 모습으로

책에 코를 박고 있다니까!

0675 책을 읽어 달라고 요청할 때

내게 읽어 줄래요?

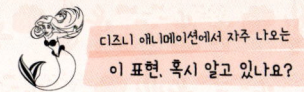

디즈니 애니메이션에서 자주 나오는
이 표현, 혹시 알고 있나요?

0676-0680.mp3

0676
Take it easy.

[알라딘] 원숭이 아부가 꽥꽥대며 울자 알라딘이 진정시키며 한 말이죠.
이성을 잃고 날뛰는 애완동물을 진정시키면서 하는 말이에요.
Easy.라고 짧게 말해도 됩니다.

0677
Settle down.

[토이 스토리 4] 우디가 강아지 장난감 슬링키를 진정시키며 한 말이에요.
애완동물들이 너무 크게 짖어 대며 소란을 피우자 진정시키려고 하는 말로
'가만있어.', '진정해.'라는 뜻이에요.

0678
Down!

[토이 스토리] 애완견 스커드가 우디의 발을 물자 한 말이에요.
애완동물을 훈련시키는 명령어 중 '엎드려'에 해당하는 말이에요.
'앉아.'는 'Sit.', '기다려.'는 'Stay.', '물고 와.'는 'Fetch.'라고 해요.

0679
Atta girl!

[인사이드 아웃] 기쁨이가 슬픔이를 애완동물 취급하듯 말리면서 한 말이죠.
애완동물을 칭찬할 때 쓰는 말로 암컷은 Atta girl. / Good girl.이라고 하고
수컷은 Atta boy. / Good boy.라고 해요. 아이를 칭찬할 때도 쓸 수 있어요.

0680
One at a time!

[업] 한꺼번에 말하려는 개들에게 먼츠가 한 마리씩 말하라고 명령한 말이에요.
많은 애완동물이 한꺼번에 몰려들 때 '한 마리씩 순서를 지켜.'라는 의미로 쓰는 말이죠.
one at a time은 '한 번에 하나씩'이란 뜻이에요.

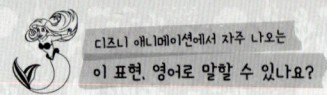

디즈니 애니메이션에서 자주 나오는
이 표현, 영어로 말할 수 있나요?

0676

애완동물을 진정시킬 때

진정해.

0677

소란스러운 애완동물을 진정시킬 때

가만있어.

0678

애완동물을 훈련시킬 때

엎드려!

0679

애완동물을 칭찬할 때

착하지!

0680

많은 애완동물들이 몰려들 때

한 마리씩 순서를 지켜!

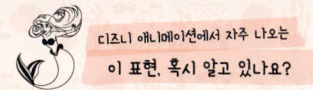

 0681

This is really good.

[빅 히어로] 캐스 이모가 빵을 한 입 베어물고 한 말이죠.
'맛있어.'를 영어로 하라고 하면 Delicious.를 떠올리겠지만 사실 원어민들은 이 표현을 더 많이 써요.
음식뿐 아니라 다른 것을 칭찬할 때도 두루두루 쓸 수 있어요.

 0682

It's very refreshing.

[인크레더블 2] 밥이 패밀리 레스토랑에서 맛있게 물을 마시면서 한 말이죠.
먹었을 때 기분이 상쾌해지고 입맛을 돋게 한다는 뜻이에요.
우리말로 '상큼해.'라는 표현이 가장 적절할 것 같군요.

 0683

We are all out of wine.

[라따뚜이] 술에 취한 링귀니에게 스키너가 한 말이에요.
out of는 '~가 다 떨어진'이란 뜻이고 앞에 all을 붙이면 완전히 다 떨어졌다는 의미를 강조할 수 있어요.
We are all out of ~.는 '~가 다 떨어졌어.'라는 표현이에요.

 0684

I've lost my appetite.

[라따뚜이] 쥐들에게 음식을 훔치라고 하고 정작 레미는 함께 참여하지 않으면서 한 말이에요.
직역하면 '식욕을 잃어버렸어.'인데 '입맛이 없어.'라는 의미로 쓰는 표현이에요.

 0685

Save some for me!

[코코] 헥터가 고모들에게 술병을 건네고 자신의 몫도 좀 남겨 두라며 한 말이에요.
이 표현은 함께 음식을 먹지 못하고 급하게 자리를 떠야 할 때
'내 것 좀 남겨 줘!'라는 의미로 쓸 수 있어요.

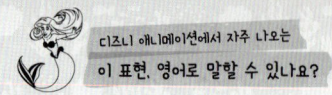

0681

맛있는 음식을 먹으며

정말 끝내주네.

0682

입맛 도는 음식을 먹으며

정말 상큼해.

0683

와인이 바닥을 보일 때

와인이 다 떨어졌어.

0684

별로 먹고 싶지 않을 때

입맛이 없어요.

0685

함께 음식을 먹지 못할 때

내 것도 남겨 둬요!

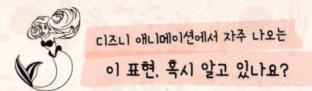 디즈니 애니메이션에서 자주 나오는
이 표현, 혹시 알고 있나요?

0686-0690.mp3

Life's too short to take no for an answer.

[카 3] 루이스 내쉬가 크루즈에게 인생에 대해 조언한 말이죠. '포기하며 살기에는 인생이 너무 짧다.'는 말이에요. 인생의 질문에 No라는 부정적 대답보다는 Yes의 긍정적인 마음이 꼭 필요합니다!

I must follow my heart.

[코코] 델라 크루즈가 음악에 대한 열정을 노래한 거예요. 심장이 뛰는 일을 하기로 결심하는 표현이군요. 이 말을 할 때는 가슴이 뜨겁게 달아오르는 느낌이 들어요.

You can't teach an old dog new tricks.

[토이 스토리 4] 우디가 보 핍의 새로운 생각을 받아들이지 못하자 보 핍이 한 말이에요. 나이가 많은 사람들이 새로운 것을 배우기 힘들다는 뜻이에요.

Finders keepers.

[알라딘] 자파가 알라딘의 램프를 훔치면서 한 말이죠. 아이들이 놀이에서 주로 하는 말로 '찾는 사람이 임자.'라는 뜻이에요.

Long live the king!

[라이온 킹] 하이에나들이 스카를 새로운 왕으로 추대하면서 한 말이에요. 신하들이 왕의 만수무강을 기원하며 외치는 말로 '폐하, 만수무강 하소서!'라는 뜻이에요.

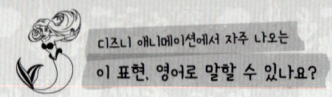

0686

쉽게 포기하지 말라고 조언할 때

포기하기에는 인생이 너무 짧아.

0687

가슴이 뜨겁게 달아오르는 일을 하겠다며

마음 가는 대로 하겠어요.

0688

노인들이 새로운 생각을 받아들이기 힘들다며

늙은이에게 새로운 걸 가르치긴 힘들지.

0689

물건을 먼저 찾는 사람이 가지는 것이라고 할 때

찾는 사람이 임자.

0690

왕의 만수무강을 빌며 하는 말

폐하, 만수무강하소서!

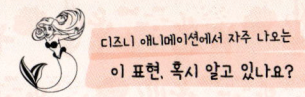 디즈니 애니메이션에서 자주 나오는
이 표현, 혹시 알고 있나요?

0691-0695.mp3

 0691

It's my favorite.

[미녀와 야수] 벨이 가장 좋아하는 책이라며 한 말이에요.
'내가 제일 좋아하는 거야.'라는 뜻으로
자신이 좋아하는 것을 이야기할 때 꼭 쓰는 표현이니까 잘 익혀 두도록 하세요.

 0692

Might come in handy.

[인사이드 아웃] 공상이 필요할지도 모른다고 생각하며 버럭이가 한 말이에요.
100% 사용한다는 확신은 없지만 곁에 두면 쓸지도 모른다는 말이죠.
come in handy는 '이용하다'라는 뜻이에요.

 0693

This thing's as hard as rock.

[주먹왕 랄프] 던컨이 아주 단단한 컵케익을 만지면서 한 말이죠.
정말 단단한 것을 말할 때 자주 사용하는 표현이에요.
단단함을 더 강조하려고 as hard as iron/diamond라고 쓰면 어색해요. '단단한' 것은 바위가 최고예요.

 0694

You're doing pretty well for a first timer.

[니모를 찾아서] 등교 첫날 말린이 니모를 잘 배웅하자 이웃이 이를 칭찬하며 한 말이에요.
first timer는 '처음 하는 사람'이란 뜻이에요. 이 표현은 처음 하는 것치고는 잘하는 거라고 격려하는 말이에요.

 0695

I'll have someone look at it.

[주먹왕 랄프] 게임이 고장 나자 주인이 사람을 불러 점검하겠다며 한 말이에요.
이 표현은 전문가를 불러 점검하도록 하겠다고 말할 때 씁니다.

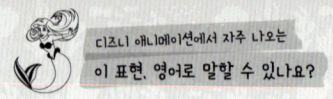

0691

최애템을 말할 때

내가 제일 좋아하는 거예요.

0692

사용 가능성을 생각해서 말할 때

쓸모가 있을지 몰라.

0693

매우 단단한 물건을 바라보며

바위처럼 단단하네.

0694

경험이 없는 상대방을 칭찬하며

처음 하는 것치고는 잘하네요.

0695

전문가를 부르겠다고 할 때

사람 불러서 점검해 볼게.

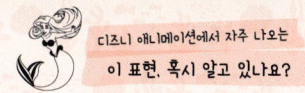

디즈니 애니메이션에서 자주 나오는
이 표현, 혹시 알고 있나요?

0696-0700.mp3

0696
This is really happening.

[주먹왕 랄프] 경기를 시작하기 전에 바넬로피가 잔뜩 흥분해서 한 말이죠.
학수고대하던 일이 일어나기 바로 전에 기대에 부풀어서 하는 말로
'드디어 하네요.'라는 뜻이에요.

0697
Just pretend I'm not here.

[토이 스토리 3] 엄마가 불쑥 앤디 방에 들어온 것에 사과하며 한 말이에요.
실수로 상대방의 프라이버시를 방해할 때 미안한 마음으로 하는 말이에요.
'내가 없다고 생각해.'라는 뜻이에요.

0698
He'll wreck the party.

[주먹왕 랄프] 랄프가 파티에 온다는 소식을 듣고 그가 파티를 망칠 거라고 걱정하며 한 말이에요.
wreck the party는 '파티를 망치다'라는 뜻이에요.
같은 의미로 crash the party라고 하기도 해요.

0699
Can I get a picture with you?

[인크레더블 2] 사람들이 엘라스티걸에게 함께 사진 찍을 것을 요청하며 한 말이죠.
'사진 같이 찍어도 될까요?'라고 허락을 구할 때 사용하는 표현이에요.

0700
Want to head to Tappers?

[주먹왕 랄프] 스트리트 파이터 게임 캐릭터들이 일이 끝난 후 술 한잔 먹으러 가자며 한 말이에요.
Want to head to ~?는 '~에 갈래?'라고 제안하는 말이에요.
head to는 go to와 비슷한 표현으로 '~에 가다'라는 뜻이에요.

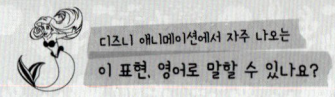

0696

기대에 부풀어

드디어 하는군요.

0697

상대방의 프라이버시를 방해할 때

내가 없다고 생각해.

0698

파티가 엉망이 될까 봐 걱정하며

걔가 파티를 망칠 거예요.

0699

사진 촬영 허락을 구할 때

같이 사진 찍어도 될까요?

0700

함께 갈 것을 제안할 때

Tappers에 갈래?

망각방지 장치 1

하루만 지나도 학습한 내용의 50%를 잊어버립니다. 여러분은 몇 퍼센트나 잊어버렸을까요? 5분 안에 25개를 말해 보세요.

01	속도를 올려요!	_____ it up!	0653
02	밟아!	_____ it!	0654
03	차 세워!	_____ over!	0655
04	선택해.	Take your _____ .	0657
05	게임 하나 할까?	How _____ we play a game?	0658
06	시연해 주시겠어요?	Care to _____ ?	0662
07	중지시켜!	_____ it down!	0664
08	수리할 수 없었어요.	It was beyond _____ .	0665
09	따뜻해서 좋아.	That's _____ .	0669
10	진짜 재미있는 책이야!	A real page _____ !	0672
11	진정해.	Take it _____ .	0676
12	가만있어.	_____ down.	0677
13	착하지!	_____ girl!	0679
14	정말 상큼해.	It's very _____ .	0682

정답 01 Pick 02 Floor 03 Pull 04 pick 05 about 06 demonstrate 07 Shut 08 repair 09 toasty 10 turner 11 easy 12 Settle 13 Atta 14 refreshing

15	입맛이 없어요.	I've lost my _____.	0684
16	내 것도 남겨 둬요!	_____ some for me!	0685
17	마음 가는 대로 하겠어요.	I must follow my _____.	0687
18	찾는 사람이 임자.	Finders _____.	0689
19	쓸모가 있을지 몰라.	Might come in _____.	0692
20	바위처럼 단단하네.	This thing's as _____ as rock.	0693
21	사람 불러서 점검해 볼게.	I'll have someone _____ at it.	0695
22	드디어 하는군요.	This is really _____.	0696
23	내가 없다고 생각해.	Just _____ I'm not here.	0697
24	걔가 파티를 망칠 거예요.	He'll _____ the party.	0698
25	같이 사진 찍어도 될까요?	Can I get a _____ with you?	0699

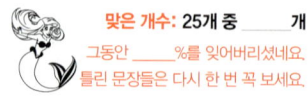

맞은 개수: 25개 중 _____ 개
그동안 _____%를 잊어버리셨네요.
틀린 문장들은 다시 한 번 꼭 보세요.

정답 15 appetite 16 Save 17 heart 18 keepers 19 handy 20 hard 21 look 22 happening
23 pretend 24 wreck 25 picture

망각방지장치 2

일주일이 지나면 학습한 내용의 70%를 잊어버립니다. 여러분은 몇 퍼센트나 잊어버렸을까요? 디즈니 대화문에서 확인해 보세요.

091 [미녀와 야수] 벨이 책방 주인에게 책을 빌리면서
conversation091.mp3

BELLE Good morning. I've come to return the book I borrowed.

BOOKSELLER Finished already?

BELLE Oh, 내려놓을 수 없었어요. ⁰⁶⁷³ Have you got anything new?

BOOKSELLER Not since yesterday.

BELLE That's all right. 이걸… 빌릴게요. ⁰⁶⁷¹

092 [미녀와 야수] 벨과 야수가 책에 대해서 이야기하며
conversation092.mp3

BEAST Could you read it again?

BELLE Here – 내게 읽어 줄래요? ⁰⁶⁷⁵

BEAST Uh… alright. I can't.

BELLE You mean you never learned?

BEAST I learned – a little. It's just been so long.

093 [인사이드 아웃] 기쁨이가 슬픔이에게 책을 읽을 것을 권하면서
conversation093.mp3

JOY Well, have you read this one? This seems interesting, "Long Term Memory retrieval, Volume 47?"

SADNESS No.

JOY Ohhh, 진짜 재미있는 책이야! ⁰⁶⁷²

Words long term 장기간의 retrieval 검색

091

벨　　　안녕하세요. 빌린 책을 반납하러 왔어요.

서점 주인　벌써 다 읽었니?

벨　　　오, I couldn't put it down. ⁰⁶⁷³ 새로 들어온 거 있어요?

서점 주인　어제 이후로는 없지.

벨　　　그래도 괜찮아요. I'll borrow… this one. ⁰⁶⁷¹

092

야수　　다시 읽어 줄래요?

벨　　　여기요 – why don't you read it to me? ⁰⁶⁷⁵

야수　　어… 알았어요. 못하겠어요.

벨　　　읽는 법을 배운 적이 없다는 말인가요?

야수　　배우긴 했어요 – 조금. 너무 오래 전 일이라서요.

093

기쁨　　음, 이건 읽어 봤어? "장기 기억 검색 제 47권", 재미있을 것 같지 않니?

슬픔　　아니.

기쁨　　오, a real page turner! ⁰⁶⁷²

094 [빅 히어로] 쇼케이스 발표 전 아이들이 히로를 응원하며

conversation094.mp3

HONEY We love you, Hiro! Good luck!

GO GO Don't mess it up.

WASABI 잘해 봐, ⁰⁶¹⁷ little man!

FRED Science! Yeah!

Words mess ~ up ~를 망치다

095 [빅 히어로] 크레이가 히로에게 마이크로봇을 자신에게 팔라고 제안하며

conversation095.mp3

KREI Hiro, I'm offering you more money than any fourteen-year-old could imagine.

HIRO I appreciate the offer, Mr. Krei. But 파는 게 아니에요. ⁰⁶²²

KREI I thought you were smarter than that.

Words offer 제안하다

096 [빅 히어로] 아이들이 베이맥스를 따뜻한 난로처럼 껴안으며

conversation096.mp3

FRED Ahhh. It's like spooning a warm marshmallow.

HONEY So nice.

WASABI Ohhh yeah. 따뜻해서 좋아. ⁰⁶⁶⁹

GO GO Ahhh. Good robot.

Words spoon 껴안다

094

허니   우린 널 사랑해, 히로! 행운을 빌어!

고고   망치지 말라구.

와사비   **Break a leg,** ⁰⁶¹⁷ 꼬마 친구!

프레드   과학! 좋아!

095

크레이   히로, 난 여느 14살 아이들이 상상하는 것보다 더 많은 돈을 제안하는 거야.

히로   그런 제안은 감사해요, 크레이 씨. 하지만 **they're not for sale.** ⁰⁶²²

크레이   네가 더 현명할 거라 생각했는데.

096

프레드   아. 따뜻한 마시멜로우를 껴안는 것 같아.

허니   너무 좋아.

와사비   아, 그래. **That's toasty.** ⁰⁶⁶⁹

고고   아. 좋은 로봇이네.

097 [인크레더블 2] 밥이 바이올렛의 남자친구 토니에게 말을 걸면서

conversation097.mp3

TONY Hello.

BOB This is really good water. 정말 상큼해. ⁰⁶⁸² Spring water, is it?

TONY I don't know, sir. I think it's tap.

BOB Well, it is very good.

Words tap 수돗물

098 [겨울왕국] 안나가 올라프에게 엘사가 있는 곳으로 데려가 달라고 부탁하며

conversation098.mp3

ANNA Do you think you could show us the way?

OLAF Yeah. Why?

KRISTOFF 이게 어떻게 움직이는 거지? ⁰⁶⁶⁶

OLAF Stop it, Sven. Trying to focus here. Yeah, why?

KRISTOFF I'll tell you why. We need Elsa to bring back summer.

Words bring back 다시 가져오다

099 [카 3] 맥퀸이 시뮬레이션으로 레이스 경기를 펼치며

conversation099.mp3

SIMULATOR You have been passed by Jackson Storm.

MCQUEEN Wait, Storm's in here?!

CRUZ For motivation! Storm races at 207. 속도를 올려요, ⁰⁶⁵³ Mr. McQueen!

MCQUEEN I'm trying!

Words pass 추월하다   motivation 동기 부여

097

토니　안녕하세요.

밥　　물 맛 좋구나. **It's very refreshing.** ⁰⁶⁸² 광천수 맞지?

토니　잘 모르겠어요. 아마도 수돗물일 거예요.

밥　　그래도 맛있구나.

098

안나　　　우리를 안내해 줄 수 있니?

올라프　　그래. 근데 왜?

크리스토프　**How does this work?** ⁰⁶⁶⁶

올라프　　그만해, 스벤. 집중하려고 하잖아. 그래, 근데 왜?

크리스토프　내가 이유를 알려줄게. 엘사가 여름을 다시 되돌려 놓길 바라거든.

099

시뮬레이터　잭슨 스톰에 추월당하셨습니다.

맥퀸　　잠깐, 스톰이 여기 들어왔어?!

크루즈　동기 부여를 하려구요! 스톰은 207마일로 달린다구요. **Pick it up,** ⁰⁶⁵³ 맥퀸 씨!

맥퀸　　나도 노력 중이야!

100　[토이 스토리] 버즈가 다른 장난감들과 처음 만나 인사하며
conversation100.mp3

BUZZ　I am Buzz Lightyear. I come in peace.

REX　Oh, I'm so glad you're not a dinosaur!

BUZZ　Why, thank you… Now thank you all for your kind welcome.

REX　Say! 저 버튼은 무슨 용도지? ⁰⁶⁶¹

BUZZ　I'll show you.

101　[토이 스토리 3] 햄과 렉스가 버즈의 관심을 끌기 위해 싸우는 척하며
conversation101.mp3

HAMM　Hey! Whadda you think you're doing?!

HAMM　I told you – 내 물건에서 손 떼! ⁰⁶²³

REX　Make a move, Porky!

BUZZ　Hey! No fighting! Break it up!

Words　Make a move! 비켜!, 움직여!　Break it up! 떨어지란 말야!

102　[토이 스토리 4] 보니의 엄마가 가방을 찾으러 골동품 가게로 다시 돌아와서
conversation102.mp3

MARGARET　Can I help you with anything?

BONNIE'S MOM　We called about the backpack?

MARGARET　Oh, yes. I couldn't find it.

MARGARET　편하게 둘러보세요. ⁰⁶¹³

Words　feel free to 마음대로 ~하다

100

버즈　나는 버즈 라이트이어야. 평화를 위해 왔지.

렉스　네가 공룡이 아니라 너무 다행이야!

버즈　아, 고마워… 모두 다 환영해 줘서 고마워.

렉스　와! **What's that button do?** ⁰⁶⁶¹

버즈　보여줄게.

101

햄　이봐! 무슨 짓이야?!

햄　내가 말했지 – **keep your hands off of my stuff!** ⁰⁶²³

렉스　비켜, 돼지놈아!

버즈　이봐! 싸우지 마! 떨어져!

102

마가렛　뭐 찾으시는 거 있으세요?

보니의 엄마　가방 때문에 전화 드렸어요.

마가렛　아, 네. 못 찾겠던데요.

마가렛　**Feel free to look around.** ⁰⁶¹³

103　[도리를 찾아서] 바다거북 크러쉬가 말린과 도리에게 출구를 알리며　conversation103.mp3

CRUSH　All right, 다 왔어, 0631 dudes! Get ready! Your exit's comin' up, man!

MARLIN　Where!? I don't see it!

DORY　Right there! I see it! I see it!

MARLIN　You mean the swirling vortex of terror!?

> **Words**　exit 출구　swirling 소용돌이치는　vortex 소용돌이　terror 공포

104　[도리를 찾아서] 도리와 말린이 멋진 산호초 장관을 바라보며　conversation104.mp3

DORY　Yeah. I did it.

DORY　Hm.

MARLIN　Hm. 경치 끝내주네. 0632

DORY　Yup. Unforgettable.

> **Words**　unforgettable 잊을 수 없는

105　[인크레더블] 헬렌이 가족을 태운 차를 비행기에 연결한 채로 날아가며　conversation105.mp3

DASH　다 온 거예요? 0627

BOB　그냥 다 오면 다 온 줄 알아! 0630

BOB　HOW YOU DOING, HONEY???

HELEN　DO I HAVE TO ANSWER???

| 103 | 크러쉬 | 자, **we're here,** ⁰⁶³¹ 친구들! 준비해! 너희들의 출구가 다가오고 있어! |

말린 어디? 안 보이는데!

도리 저기! 보인다! 보여!

말린 저 공포의 소용돌이 말하는 거야!?

| 104 | 도리 | 그래. 내가 해냈어. |

도리 흠.

말린 흠. **It really is quite a view.** ⁰⁶³²

도리 그래. 잊을 수 없을 정도로 멋지군.

| 105 | 대쉬 | **Are we there yet?** ⁰⁶²⁷ |

밥 **We get there when we get there!** ⁰⁶³⁰

밥 거기 어때, 자기???

헬렌 꼭 대답을 해야 알겠어요???

PART 8

학교, 가정, 직장에서 쓰는
표현 100

PART 8 전체 듣기

우리의 주된 생활은 집, 학교, 회사에서 이루어지죠. 각 장소에서 자주 쓰이는 표현을 디즈니 애니메이션 속에서 배워보아요. 제대로 익혀서 알맞은 장소와 상황에 적절히 활용해 보세요.

01 학교 1   02 학교 2   03 자녀 1   04 자녀 2   05 부모, 어른   06 가족   07 일 처리 1   08 일 처리 2   09 일 처리 3   10 일의 진행 1   11 일의 진행 2   12 해결 의지   13 동기 부여   14 근무 시간   15 책임감   16 업무 능력   17 인간 관계   18 속담, 격언   19 학교, 가정, 직장 기타 표현 1   20 학교, 가정, 직장 기타 표현 2

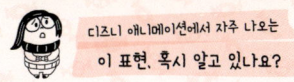

디즈니 애니메이션에서 자주 나오는
이 표현, 혹시 알고 있나요?

0701-0705.mp3

01 학교 1

0701

I'm a dance major.

[몬스터 대학교] 테리가 팀원들에게 자신을 소개하며 한 말이에요.
I'm a ~ major.는 전공을 말할 때 쓰는 표현이에요.
I'm majoring in ~.이라고 해도 되지만 간단하게 이렇게 쓰기도 한답니다.

0702

We're falling behind.

[몬스터 대학교] 어린 마이크가 다른 아이들에 뒤쳐져 있어 선생님을 재촉하며 한 말이에요.
직역하면 fall behind는 '뒤로 떨어지다'가 되잖아요?
사람들과 함께 가지 못하고 뒤처지고 있다는 뜻이에요.

0703

You have been a good boy.

[빅 히어로] 베이 맥스가 히로에게 막대사탕을 주면서 칭찬한 말이에요.
'넌 말을 잘 들었어.'라는 뜻으로 말을 잘 들은 아이를 칭찬할 때 쓰는 표현이에요.
여자아이일 경우에는 girl이라고 바꿔 주세요.

0704

It's a school night!

[몬스터 대학교] 설리와 마이크가 밤에 소리를 지르자 옆방에 있던 사람이 조용히 하라며 한 말이에요.
평일 밤을 뜻하는 표현으로 내일 학교에 가야 하는데 밤늦게까지 안 자고 있는 아이들에게 쓰는 말이에요.
어른들이 다음 날 출근을 해야 한다는 의미로도 쓸 수 있어요.

0705

We skip school.

[인사이드 아웃] 라일리가 학교를 빠질 거라고 소심이가 한 말이에요.
직역하면 '학교를 건너뛴다'가 되잖아요? skip school은 '고의로 학교를 빠지다'라는 뜻이에요.
skip class는 '고의로 수업을 빠지다'라는 말이 됩니다.

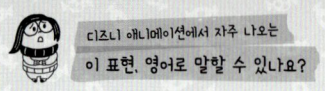

0701 전공을 말할 때
난 춤 전공이야.

0702 무리에서 떨어져 있다고 말할 때
우리가 뒤처지고 있다고.

0703 아이에게 칭찬할 때
넌 말을 잘 들었어.

0704 평일 밤을 의미하며
내일 학교 가는 날이야!

0705 학교에 가기 싫을 때 하는 말
우린 학교를 빠질 거야.

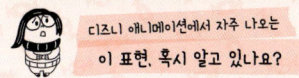

0706-0710.mp3

0706

We'll stop right here for today.

[도리를 찾아서] 레이 선생님이 수업을 마치면서 한 말이에요.
'오늘은 여기까지 하자.'라는 뜻으로 선생님이 수업을 마치거나 퇴근할 때 하는 말이에요.

0707

That's all for now.

[빅 히어로] 테디가 녹화를 마무리하며 한 말이죠.
어떤 일을 마치면서 하는 말로 지금은 여기서 끝내고 다음에 또 일을 시작하자는 의미예요.
선생님뿐만 아니라 TV 토크쇼의 사회자들이 끝마무리 인사로 잘 쓰는 말이에요.

0708

Who are we missing?

[몬스터 대학교] 선생님이 아이들의 숫자를 세며 한 명이 안 보이자 한 말이에요.
'누가 없는 거죠?'하며 선생님이 출석을 체크할 때 결석생이 누구인지 물어보는 말이에요.

0709

That is so clever.

[토이 스토리 4] 선생님이 포키를 만든 보니를 칭찬하며 한 말이에요.
상대방이 좋은 아이디어를 내거나 현명하게 일을 처리했을 때 '기발한데.', '똑똑해.'의 의미로 하는 말이에요.
That's so brilliant.라고 칭찬하기도 해요.

0710

That is some remarkable improvement.

[몬스터 대학교] 나이트 교수가 마이클의 기량 향상을 칭찬하며 한 말이에요.
'많이 발전했구나.'라는 뜻으로 처음보다 눈에 띄는 발전을 보여준 학생을 칭찬할 때 쓰는 표현이에요.

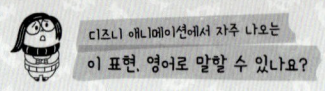

0706

수업을 마치며

오늘은 여기까지 하자.

0707

끝마무리 인사로 하는 말

지금은 여기까지.

0708

출석을 체크할 때 하는 말

누가 없는 거죠?

0709

좋은 아이디어를 칭찬하며

기발한데.

0710

발전을 보이는 학생을 칭찬하며

정말 발전했구나.

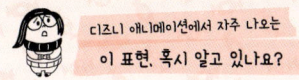

디즈니 애니메이션에서 자주 나오는
이 표현, 혹시 알고 있나요?

0711-0715.mp3

0711
Sweetie pie?

[도리를 찾아서] 아내 물고기가 어린 도리를 다정하게 부른 말이에요.
어린아이를 사랑스럽게 부르는 말로 Sweetheart, Sweetie, Sweet patootie, Honey 역시 비슷한 단어예요.
아이뿐 아니라 연인을 부를 때도 쓸 수 있어요.

0712
Is that clear?

[인어공주] 용왕 트라이튼이 에리얼에게 다시는 해변으로 가지 말라고 훈계한 뒤 한 말이에요.
부모가 자녀에게 폭풍 잔소리를 한 후 '알겠니?'라고 할 때 쓰는 표현이에요.
Do I make myself clear? 역시 동일한 상황에서 쓸 수 있는 표현이에요.

0713
That's my girl.

[인크레더블 2] 바이올렛이 듬직하게 행동하자 밥이 그녀를 칭찬하며 한 말이죠.
아이를 칭찬할 때 쓰는 대표적인 표현이에요.
남자아이일 경우에는 That's my boy.라고 하세요. 애완동물을 칭찬할 때도 쓸 수 있어요.

0714
You're stronger than that.

[온워드] 발리가 이안에게 자전거 타는 법을 가르쳐 주면서 한 말이죠.
아이에게 용기를 심어 주기 위해서 하는 말이에요.
'넌 훨씬 더 강한 아이야.'라는 뜻으로 아이의 잠재력을 끌어올릴 수 있는 말이죠.

0715
It was just a phase.

[토이 스토리 4] 보 핍이 아이가 성장하는 과정일 뿐이라며 대수롭지 않게 한 말이에요.
phase는 '단계'라는 뜻으로 많이 쓰이지만 청소년들이 꼭 거쳐야 하는 '성장 과정'이란 뜻도 있어요.
이 표현은 사춘기 성장통을 겪는 아이들에게 할 수 있는 조언이에요.

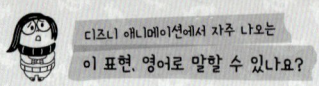

0711

아이를 사랑스럽게 부를 때

얘야?

0712

폭풍 잔소리를 마치면서

알겠니?

0713

아이를 칭찬할 때

역시 우리 딸.

0714

아이의 잠재력을 끌어올릴 때

넌 훨씬 더 강한 아이야.

0715

성장통을 겪는 아이에게

그냥 성장하는 과정이었어.

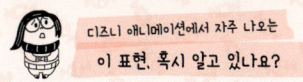 디즈니 애니메이션에서 자주 나오는
이 표현, 혹시 알고 있나요?

0716-0720.mp3

0716

End of argument.

[코코] 음악가가 되겠다는 미구엘을 아빠가 심하게 반대하며 한 말이에요.
논쟁 중에 '더 이상 듣기 싫어.', '그만해.'라고 일방적으로 말할 때 쓰는 표현이에요.
Enough!라고 간단하지만 단호하게 말할 수도 있어요.

0717

You're not off the hook!

[토이 스토리 3] 엄마가 몰리에게 방을 정리하라고 잔소리하며 한 말이죠.
'빠져나갈 생각하지 마.'라는 뜻으로 경고하는 말이에요. off the hook은 '어려운 상황에서 벗어난'이란 뜻이에요.
반대로 on the hook은 '어려운 상황에 처한'이란 뜻이랍니다.

0718

Watch where you're going.

[도리를 찾아서] 어린 도리에게 앞을 보고 다니라고 혼내면서 한 말이에요.
한눈 팔며 걷다가 누군가에게 부딪히면 이런 소리를 들을지도 몰라요.
'똑바로 보고 다녀!'라는 뜻이에요. Watch it!으로 말할 수도 있어요.

0719

Stop with the mumbling.

[라푼젤] 엄마가 자꾸 혼잣말을 하는 라푼젤을 꾸짖으며 한 말이죠.
'중얼거리지 마.'라는 뜻이며 Stop mumbling.이라고 쓸 수도 있어요.
mumble은 남들이 알아들을 수 없는 소리로 혼자 중얼거리는 행동을 말합니다.

0720

No cursing!

[카 3] 로스코가 맥퀸과 크루즈에게 경기의 규칙을 설명하며 한 말이에요.
나쁜 말을 하는 아이에게 '욕하지 마'라고 하는 표현이에요.
No swearing! 혹은 No foul language! 역시 같은 뜻이에요.

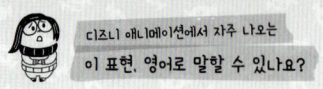

0716

일방적으로 논쟁을 마치면서

더 이상 그만해.

0717

아이에게 경고할 때

빠져나갈 생각하지 마!

0718

한눈 팔고 걸어가는 아이에게

똑바로 보고 다녀.

0719

혼자서 중얼대는 아이에게

중얼거리지 마.

0720

나쁜 말을 하지 말라고 할 때

욕하지 마세요!

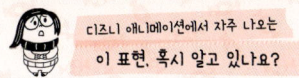

디즈니 애니메이션에서 자주 나오는
이 표현, 혹시 알고 있나요?

0721-0725.mp3

0721

I won't let you down.

[뮬란] 뮬란이 아빠의 기대를 한몸에 받고 실망시키지 않겠다며 한 말이죠.
상대방을 설득해서 마음을 돌린 후 결의에 차서 하는 말이에요.
'실망시키지 않을게요.'라는 뜻입니다. let down은 '실망시키다'라는 뜻이에요.

0722

You won't be sorry.

[카 3] 스털링과 계약을 하며 맥퀸이 자신있게 한 말이에요.
'후회하지 않으실 거예요.'라는 뜻으로 상대방을 설득하며 하는 말이에요.
sorry는 '미안한'이란 뜻도 있지만 '후회하는'이란 뜻으로도 쓰인답니다.

0723

Something's up with Mom.

[인크레더블] 바이올렛이 엄마가 이상하다고 생각하면서 한 말이에요.
평소와 달라 보이거나 이상한 행동을 하는 사람을 가리켜 하는 말이에요.
Something's up with ~.는 '~가 좀 이상해.', '~에게 무슨 일이 있는 것 같아.'라는 뜻이에요.

0724

I can take care of myself.

[라따뚜이] 레미가 아빠에게 걱정하지 말라고 하며 한 말이에요.
자신을 아직도 어린애 취급하는 부모에게 '제 일은 제가 알아서 해요.'라고 말하는 표현이에요.
take care of ~는 '~를 돌보다'라는 뜻이에요.

0725

I did learn from the best.

[몬스터 주식회사] 설리가 워터누즈 덕분에 성공할 수 있었다며 한 말이에요.
'최고에게 배웠잖아요.'라는 뜻이에요.
부모님이나 선생님께 이 말을 한다면 정말 뿌듯해하실 것 같아요.

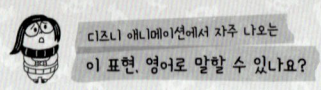
디즈니 애니메이션에서 자주 나오는
이 표현, 영어로 말할 수 있나요?

0721
상대방의 마음을 돌린 후 당차게 하는 말
실망시키지 않을게요.

0722
상대방을 설득할 때 쓰는 말
후회하지 않으실 거예요.

0723
평소와 달라 보이는 행동을 할 때
엄마가 좀 이상해.

0724
아직도 어린애 취급을 하는 부모에게
혼자 할 수 있다구요.

0725
최고의 고수에게 배웠다고 말할 때
최고에게 배웠잖아요.

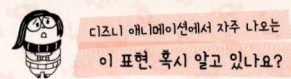

0726-0730.mp3

0726
It's in my blood.

[라따뚜이] 링귀니가 자신이 구스토의 아들이라고 하며 한 말이에요. 가족이기 때문에 어떤 선천적인 특성을 물려받았다는 의미예요. '피는 속일 수 없지.' 혹은 '피를 물려받았지.'라고 해석할 수 있어요.

0727
Family comes first.

[코코] 미구엘이 할머니에게 가족이 가장 소중하다며 한 말이에요. 무슨 일이 있어도 가족을 제일 중요하게 여겨야 한다는 표현이에요. '~ comes first.'는 '~이 가장 우선이야.'라는 뜻이에요.

0728
A bird's gotta leave the nest.

[라따뚜이] 레미가 아빠에게 독립하겠다며 한 말이죠. 직역하면 '새는 둥지를 떠나야 한다.'가 되네요. 여기서 새는 '자녀'를, 둥지는 '부모의 품'을 의미하는 거예요. 언젠가는 아이가 부모의 품을 떠나야 한다는 뜻이에요.

0729
We're home.

[인사이드 아웃] 부모님이 집에 돌아와 라일리를 찾으며 한 말이에요. 외출하고 집에 들어오면서 '우리 왔어.'라는 의미로 사용하는 표현이에요. '나 왔어.'라고 하고 싶으면 'I'm home.'이라고 하세요.

0730
There's no place like home.

[토이 스토리] 이상한 장난감들에게서 도망치는 우디가 집을 그리워하며 한 말이에요. 영화 <오즈의 마법사>에서 도로시의 대사로 더 유명한 말이죠. '집보다 더 좋은 곳은 없어.'라는 뜻으로 집과 가족을 그리워하는 표현이에요.

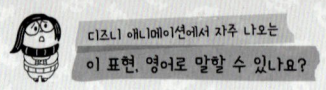

0726

혈통을 당당하게 말하며

피를 물려받았죠.

0727

가족이 가장 중요하다고 말할 때

가족이 우선이에요.

0728

자녀의 발전을 생각하면서

언젠간 부모의 품을 떠나야죠.

0729

집에 들어오면서 하는 말

우리 왔다.

0730

집을 그리워하며

집보다 좋은 곳은 없지.

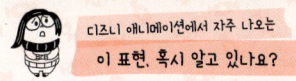

0731-0735.mp3

0731

I know the drill.

[인크레더블 2] 부모님이 외출하면서 잭잭을 걱정하자 바이올렛이 알아서 하겠다며 한 말이에요. drill은 '훈련'이란 뜻으로 반복 훈련을 통해 상황에 어떻게 대처하는지 안다고 할 때 쓰는 표현이에요. You know the drill.은 '어떻게 하는지 알고 있겠지?'라는 뜻이에요.

0732

I have a system.

[빅 히어로] 와사비가 난장판 속에서도 자신만의 체계가 있다며 한 말이에요. 자신만의 일하는 방식이 있다는 말로 '나만의 일하는 방식이 있어요.'라는 해석이 적절하네요.

0733

I am self-taught.

[모아나] 모아나가 독학을 해서 배를 잘 조종할 줄 안다고 하면서 한 말이에요. 혼자만의 노력으로 무언가를 터득했다는 말로 '독학으로 익혔어요.'라는 뜻이에요. I learned by myself.라고도 할 수 있어요.

0734

Stick to the plan.

[토이 스토리 4] 보 핍이 계획대로 진행하라고 명령한 말이에요. 이 표현은 이미 계획했던 대로 일을 진행하라는 말이에요. stick to ~는 '~를 고수하다', '계속 ~를 하다'라는 의미예요.

0735

I followed my gut.

[온워드] 발리가 직감을 믿고 게임했다고 자랑스럽게 한 말이죠. 이성적으로 생각해서 내린 결론이 아니라 느낌으로 결정했다는 말이에요. gut은 '복부', '배'라는 뜻인데 '배에서 나오는 감정' 즉 '직감'을 의미하기도 해요. gut feeling이라고도 합니다.

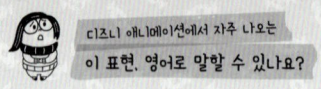

0731

상황에 어떻게 대처해야 하는지 안다고 할 때

저도 어떻게 하는지 알아요.

0732

내 방식으로 일을 처리하려고 할 때

나만의 일하는 방식이 있어.

0733

스스로 터득했다고 말할 때

독학으로 익혔어요.

0734

원래 계획했던 것을 따르라고 할 때

계획대로 해.

0735

이성보다는 감성을 믿을 때

난 직감을 믿었어.

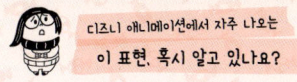

0736-0740.mp3

0736
This is priority number one.

[주토피아] 보고 서장이 경찰들에게 실종 사건이 제일 중요하다고 한 말이에요.
priority number one은 가장 중요하게 먼저 처리해야 하는 일을 의미해요.
top priority 역시 같은 의미입니다.

0737
I've got a glitch to deal with.

[주먹왕 랄프] 캔디왕이 랄프를 던전에 가두고 자리를 뜨면서 한 말이죠.
'사소한 문제가 생겼어.'라는 뜻으로 사소한 문제가 생겨 상대방에게 양해를 구하고 자리를 뜨면서 하는 말이에요.
glitch는 '작은 문제'라는 뜻이에요.

0738
Proceed.

[업] 칼이 러셀에게 말을 계속해 보라면서 한 말이에요.
상대방에게 어떤 말이나 행동을 중단하지 말고 계속하라는 말이에요.
명령어이기 때문에 부하 직원 등에게 하는 표현입니다.

0739
Take as much time as you need.

[카 3] 스털링이 더스티에게 천천히 생각해 보라면서 한 말이죠. 직역하면 '필요한 만큼의 시간을 가지세요.'가 되는데
상대방에게 서두르지 말고 일을 진행하라는 의미예요. '천천히 하세요.'라고 해석하세요.

0740
Let's sleep on it.

[인사이드 아웃] 버럭이가 소심이에게 곰곰이 생각해 보자면서 한 말이에요.
'그 위에서 자자.'라는 뜻이 아니에요.
상대방에게 시간을 가지고 생각해 보자고 제안할 때 하는 말입니다.

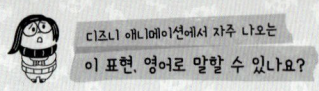

0736 가장 중요한 일에 대해 말할 때

이게 제일 중요한 일이야.

0737 문제가 생겨서 상대방에게 양해를 구할 때

사소한 문제가 생겼어.

0738 중단하지 말고 계속하라고 할 때

계속해.

0739 서두르지 말고 일을 진행하라고 할 때

천천히 해요.

0740 시간을 가지고 생각해 보자고 할 때

좀 생각해 보자고.

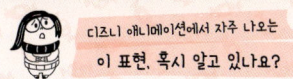 디즈니 애니메이션에서 자주 나오는
이 표현, 혹시 알고 있나요?

0741-0745.mp3

09 일 처리 3

0741
I already took care of it.

[온워드] 이안이 귀네비어에 페인트칠을 이미 했다고 하면서 한 말이에요.
'내가 이미 해결했어.'라는 뜻이에요. 상대방이 모르게 일을 해결한 후 이렇게 말한다면 멋있어 보이지 않을까요?
take care of는 '(일을) 해결하다'라는 뜻이에요.

0742
You've done the work.

[카 3] 스털링이 맥퀸에게 은퇴를 권유하며 한 말이죠.
'넌 할 만큼 했어.'라는 뜻으로 상대방에게 수고했다고 하는 말이에요.
You've done your job.이라고도 할 수 있어요.

0743
There's gotta be a better way.

[인사이드 아웃] 기쁨이가 더 좋은 방법을 궁리하면서 한 말이에요.
'더 좋은 방법이 있을 거야.'라는 뜻으로 지금보다 더 나은 방법을 찾아보자는 의도로 하는 말이에요.
gotta는 '~임에 틀림없어'라는 뜻이에요.

0744
Never doubted you for a second.

[토이 스토리] 우디가 한 말이 맞았다는 의미로 슬링키가 한 말이에요.
상대방을 언제나 신뢰하고 있었다는 말로 '한 번도 널 의심해 본 적이 없어.', '넌 항상 옳잖아.'라고 해석합니다.

0745
You made all that happen.

[도리를 찾아서] 말린이 도리에게 지금까지의 모든 일을 감사하며 한 말이죠.
성공의 공을 상대방에게 돌릴 때 사용하는 표현이에요.
'당신이 이 모든 것을 가능하게 했어요.' 즉 '다 당신 덕택이에요.'라는 뜻이에요.

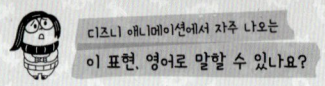

0741

미리 일을 처리한 뒤 소식을 전할 때

내가 이미 해결했어.

0742

상대방에게 수고했다는 의미로

자넨 할 만큼 했어.

0743

더 나은 방법을 찾아보자고 할 때

더 좋은 방법이 있을 거야.

0744

상대방을 언제나 신뢰하고 있었다고 말할 때

한 번도 널 의심한 적이 없어.

0745

성공의 공을 상대방에게 돌릴 때

다 네 덕택이야.

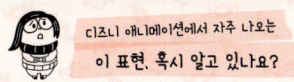

디즈니 애니메이션에서 자주 나오는
이 표현, 혹시 알고 있나요?

0746-0750.mp3

0746 ☐☐☐

That's the way it's done.

[카 3] 메이터가 작업을 하면서 흥얼거리며 한 말이에요.
'그렇게 하는 거야.'라는 뜻으로
지금의 방식대로 일을 진행하는 것이 옳다는 말입니다.

0747 ☐☐☐

So far, so good.

[인어공주] 용왕이 에리얼의 비밀을 아직 모른다고 만족해하면서 세바스찬이 한 말이에요.
'지금까지는 좋아.'라는 뜻으로
현재까지 일이 잘 진행되고 있는 것에 만족하며 하는 말이에요.

0748 ☐☐☐

That was a stroke of genius.

[토이 스토리] 장난감들이 시드를 골탕 먹이자 우디가 그들을 칭찬하며 한 말이에요.
a stroke of genius는 '천재의 한 수' 즉 '매우 훌륭한 생각'을 뜻합니다.
상대방을 크게 칭찬할 때 쓰는 표현이에요.

0749 ☐☐☐

It's under control!

[토이 스토리 3] 버즈가 우디에게 일이 계획대로 진행되고 있다면서 한 말이죠.
'(일이) 잘 진행되고 있다.'는 뜻이에요.
또한 문제가 진정 국면에 접어들면서 해결되고 있다는 의미로도 쓸 수 있어요.

0750 ☐☐☐

I'm impressed.

[주토피아] 가젤이 클로하우저의 춤 솜씨에 감탄하며 한 말이죠.
상대방의 행동이나 상황에 대해 놀라워하며 감탄할 때 이 표현을 사용합니다.

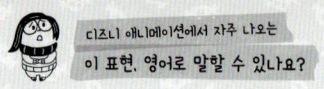
디즈니 애니메이션에서 자주 나오는
이 표현, 영어로 말할 수 있나요?

0746
계속 그런 식으로 하라고 할 때
그렇게 하는 거야.

0747
현재까지 일이 잘 풀릴 때
지금까지는 좋아.

0748
상대방을 크게 칭찬할 때
정말 좋은 생각이었어.

0749
일이 잘 진행되고 있을 때
잘되고 있어!

0750
감탄할 때
놀라운데요.

망각방지 장치 1

하루만 지나도 학습한 내용의 50%를 잊어버립니다. 여러분은 몇 퍼센트나 잊어버렸을까요? 5분 안에 25개를 말해 보세요.

01	난 춤 전공이야.	I'm a dance _____ .	0701
02	내일 학교 가는 날이야!	It's a school _____ !	0704
03	누가 없는 거죠?	Who are we _____ ?	0708
04	기발한데.	That is so _____ .	0709
05	알겠니?	Is that _____ ?	0712
06	그냥 성장하는 과정이었어.	It was just a _____ .	0715
07	더 이상 그만해.	End of _____ .	0716
08	똑바로 보고 다녀.	_____ where you're going.	0718
09	욕하지 마세요!	No _____ !	0720
10	후회하지 않으실 거예요.	You won't be _____ .	0722
11	혼자 할 수 있다구요.	I can take _____ of myself.	0724
12	피를 물려받았죠.	It's in my _____ .	0726
13	우리 왔다.	We're _____ .	0729
14	저도 어떻게 하는지 알아요.	I know the _____ .	0731

정답 01 major 02 night 03 missing 04 clever 05 clear 06 phase 07 argument 08 Watch 09 cursing 10 sorry 11 care 12 blood 13 home 14 drill

15	계획대로 해.	**Stick** to the plan.	0734
16	난 직감을 믿었어.	I followed my **gut**.	0735
17	이게 제일 중요한 일이야.	This is **priority** number one.	0736
18	사소한 문제가 생겼어.	I've got a **glitch** to deal with.	0737
19	좀 생각해 보자고.	Let's **sleep** on it.	0740
20	자넨 할 만큼 했어.	You've **done** the work.	0742
21	한 번도 널 의심한 적이 없어.	Never **doubted** you for a second.	0744
22	다 네 덕택이야.	You made all that **happen**.	0745
23	지금까지는 좋아.	So **far**, so good.	0747
24	잘되고 있어!	It's under **control**!	0749
25	놀라운데요.	I'm **impressed**.	0750

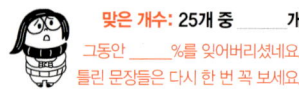

맞은 개수: 25개 중 _____ 개
그동안 _____%를 잊어버리셨네요.
틀린 문장들은 다시 한 번 꼭 보세요.

정답 15 Stick 16 gut 17 priority 18 glitch 19 sleep 20 done 21 doubted 22 happen 23 far 24 control 25 impressed

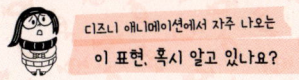
디즈니 애니메이션에서 자주 나오는
이 표현, 혹시 알고 있나요?

0751-0755.mp3

0751

This isn't going anywhere.

[도리를 찾아서] 다시마 숲에서 길을 잃은 도리가 더 이상의 진전이 없자 한 말이에요.
일의 진전이 안 보일 때 하는 말로 '진전이 없어.', '잘 안되는걸.'이라고 해석합니다.
This isn't getting anywhere.라고 할 수도 있어요.

0752

This could not be worse.

[도리를 찾아서] 행크가 도리 때문에 일이 엉망이 되자 그녀를 탓하면서 한 말이에요.
직역하면 '더 나빠질 순 없어.'가 되잖아요? '정말 최악이야.'라는 뜻이에요.
상황이 매우 안 좋을 때 쓰는 표현이에요.

0753

That ship has sailed.

[인크레더블] 버디가 밥에게 자신의 과거에 대해 말하지 말라고 하면서 한 말이죠.
기회를 놓쳤을 때 우리말로는 '버스 떠났어.'라고 하잖아요? 영어에서는 '배가 떠났어.'라고 해요.
그 일이 끝났으니 더 이상 말하지 말라는 뜻으로 하는 말이에요.

0754

Things are really messed up.

[인사이드 아웃] 기쁨이가 없어서 일이 제대로 돌아가지 않는다며 까칠이가 한 말이죠.
'완전 엉망이야.'라는 뜻으로 일이 정돈되지 않고 혼란스러운 상태를 의미해요.
mess up은 '어지럽히다', '망치다'라는 뜻이에요.

0755

You have gone above and beyond.

[도리를 찾아서] 플루크와 러더가 새를 불러오자 말린이 새를 타고 가고 싶지 않다면서 한 말이죠. 상대가 필요 이상의 일을
했다는 의미예요. '너무 오버했네.'처럼 살짝 부정적으로 쓸 수도 있고, '정말 열심히 했군.'처럼 긍정적으로 쓸 수도 있어요.

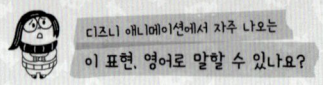

0751

일의 진전이 보이지 않을 때

이래서는 안 되는데.

0752

상황이 매우 안 좋을 때

최악이야.

0753

더 이상 말하지 말라면서

버스 떠났다구.

0754

일이 매우 혼란스러울 때

완전 엉망이야.

0755

상대방이 필요 이상의 일을 했다며

너무 앞서간 거야.

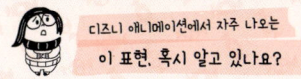

디즈니 애니메이션에서 자주 나오는
이 표현, 혹시 알고 있나요?

0756-0760.mp3

0756
I'll make this right.

[겨울왕국] 안나가 엘사 등의 문제를 다 해결하겠다고 결심하며 한 말이죠.
잘못된 일을 바로잡겠다고 결심할 때 하는 말로
'내가 제대로 해 놓겠어요.'라는 뜻이에요.

0757
I gotta fix this.

[인크레더블 2] 밥이 딕커에게 전화해 바이올렛과 토니의 일을 해결하겠다며 한 말이에요.
fix는 '물건을 고친다'고 할 때도 쓸 수 있지만
'상황을 바로잡는다'라는 뜻으로도 자주 씁니다.

0758
I don't care what it takes.

[미녀와 야수] 벨의 아빠가 벨을 구하고야 말겠다며 단호하게 한 말이에요.
직역하면 '무엇이 필요하든 상관하지 않아.'가 되네요.
'무슨 일이 있어도 반드시 하겠어.'라는 뜻으로 굳은 결의를 보여주는 말이에요.

0759
Just leave it to me.

[카 3] 맥이 맥퀸에게 변장을 책임지겠다고 하면서 한 말이에요.
'내게 맡겨 둬.'라는 뜻으로 내가 책임지고 일을 해결하겠다는 말이에요.

0760
Worth a shot.

[모아나] 마우이가 모아나의 제안을 받아들이며 한 말이에요.
'해볼 만해.', '밑져야 본전이지.'라는 뜻으로 성공의 가능성이 조금이라도 보이는 일이라는 말입니다.
shot은 '시도'라는 뜻이에요.

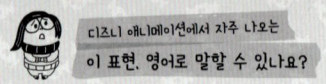

0756 잘못된 일을 바로잡겠다고 할 때

내가 제대로 해 놓겠어요.

0757 상황을 개선하려고 할 때

내가 바로 잡아야겠어요.

0758 굳은 의지를 보여주고자 할 때

무슨 일이 있어도 하고야 말겠어.

0759 내가 책임지겠다고 말할 때

제게 맡겨 두세요.

0760 해볼 만한 일이라고 할 때

밑져야 본전이잖아.

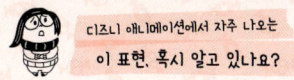

0761
Today is a big day.

[라따뚜이] 꼴레뜨가 오늘 아주 중요한 일이 있다며 한 말이에요.
'오늘은 중요한 날이에요.'라는 뜻이에요.
특별한 행사나 중요한 일을 해야 하는 날 마음을 다잡으며 하는 말이에요.

0762

You're doing great.

[모아나] 토로가 문신을 잘 참아내고 있다고 모아나가 격려하며 한 말이에요.
'잘하고 있어.'라는 뜻으로
상대방이 일을 잘하고 있다고 칭찬하는 말이에요.

0763

Stay focused.

[온워드] 발리가 이안에게 마법에 집중하라고 소리치며 한 말이에요.
상대방에게 집중하라고 질책하는 말로 짧게 Focus!라고 해도 돼요.
Pay attention!이란 표현도 상대방의 집중을 강조하는 말이에요.

0764

Let's get this over with.

[라푼젤] 근위병 대장이 플린에게 사형을 집행하겠다고 하면서 한 말이죠.
별로 하고 싶지 않은 일을 빨리 끝내자는 의미로 쓰는 표현이에요.
'빨리 해치우자.', '빨리 끝내 버리자.'라는 뜻이에요.

0765

We can figure it out.

[온워드] 발리가 이안에게 다시 해결책을 찾아보자고 격려하면서 한 말이죠.
서로가 머리를 맞댄다면 문제를 해결할 수 있다는 긍정의 표현이에요.
figure out은 '(깊이 생각을 한 후) 알아내다'라는 뜻이에요.

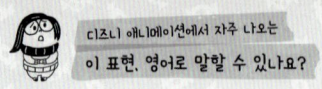

0761

중요한 일이 있는 날 각오를 다잡으며

오늘은 중요한 날이에요.

0762

일을 잘하고 있다고 칭찬할 때

잘하고 있어.

0763

상대방에게 집중하라고 질책할 때

집중해.

0764

하고 싶지 않은 일을 해치우려고 할 때

빨리 끝내 버리자.

0765

같이 해결책을 찾을 수 있다고 말할 때

알아낼 수 있을 거야.

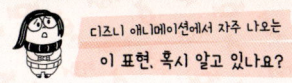

디즈니 애니메이션에서 자주 나오는
이 표현, 혹시 알고 있나요?

0766-0770.mp3

0766

Duty calls.

[온워드] 콜트 경관이 무전을 받고 집을 나서며 한 말이에요.
대화 도중에 일이 생겨 자리를 떠야 하는 상황에서 쓰는 표현이에요.
'일하러 가야 해.', '일 때문에 가야겠어.' 등으로 해석할 수 있어요.

0767

Call it a day.

[라푼젤] 술집에서 플린이 라푼젤에게 집에 데려다 주겠다고 하면서 한 말이죠.
하고 있던 일을 끝내자는 의미에요. 퇴근 시간이 되었거나 수업을 마칠 때 하는 말이에요.
영업을 종료했다는 의미로도 쓸 수 있어요.

0768

Don't work too hard.

[빅 히어로] 캐스 이모가 히로에게 쉬어가면서 공부하라고 한 말이죠.
우리는 '열심히 해.'라고 하면서 대화를 마무리하는데 영어에서는 반대로 Don't work too hard.라고 합니다.
'쉬어 가면서 해.'라는 해석이 제일 자연스러울 것 같군요.

0769

My shift is up.

[코코] 경찰관이 근무 교대 시간임을 알리면서 한 말이에요.
'내 근무 시간이 끝났어.'라는 뜻이에요.
'게임 오버'처럼 My shift is over.라고 해도 같은 의미가 됩니다.

0770

He's on a business trip.

[인크레더블] 헬렌이 비서에게 밥이 출장 중이라며 한 말이에요.
be on a trip은 '여행 중이다'라는 뜻이에요.
여기에 business를 붙이면 '사업차 하는 여행' 즉 '출장 중이다'라는 의미가 되는 거예요.

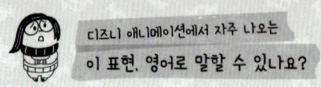

0766

일이 생겨서 자리를 떠야 할 때

일하러 가야겠어.

0767

일을 마칠 때

오늘 여기까지 하자구요.

0768

대화를 마무리하면서 하는 말

쉬어 가며 해.

0769

근무 시간이 끝났다고 말할 때

내 근무 시간이 끝났어.

0770

출장 중이라고 알릴 때

그는 출장 중이에요.

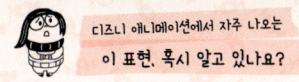

디즈니 애니메이션에서 자주 나오는
이 표현, 혹시 알고 있나요?

0771-0775.mp3

15 책임감

0771

You are the boss.

[주토피아] 닉이 주디의 말을 어쩔 수 없이 따르면서 한 말이죠.
상대방이 일을 지시하자 마지못해서 하겠다고 할 때 사용하는 표현이에요.
약간 비꼬는 말투로 '분부대로 하지요.', '알겠다고요.'라는 뜻으로 하는 말이에요.

0772

You should be responsible for this.

[라따뚜이] 스키너가 꼴레뜨에게 링귀니에 대한 책임을 물으며 한 말이죠.
이 표현은 상대방에게 책임을 묻는 말이에요. be responsible for ~는 '~을 책임지다'라는 뜻이에요.

0773

He's the heart and soul of the team.

[몬스터 대학교] 마이크가 팀의 핵심이라고 설리가 하드스크래블 총장에게 한 말이에요.
'그는 팀의 심장과 영혼이다.'라고 해석할 수 있겠네요. 이 말은 팀의 핵심, 꼭 필수적인 사람이란 의미예요.

0774

You've done enough.

[도리를 찾아서] 니모가 다치자 말린이 도리에게 더 이상 나서지 말라면서 한 말이죠.
'넌 할 만큼 했어.'라는 뜻으로 상대방이 지금까지 노력한 것을 인정하면서 하는 말이에요.
또한 상대방에게 참견하지 말고 가만히 있으라는 의미로도 쓸 수 있어요.

0775

I don't blame you.

[주토피아] 주디가 닉에게 용서를 구하면서 한 말이죠.
'네 탓이 아니야.'라는 뜻으로 상대방의 잘못이 아니라고 할 때 쓰는 표현이에요.
영화 〈굿 윌 헌팅〉에 등장해 더 유명해진 대사 It's not your fault.도 같은 뜻이에요.

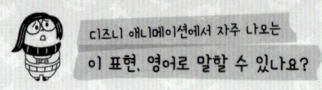

0771
비꼬는 말투로 하겠다고 할 때
분부대로 하지요.

0772
상대방에게 책임을 물을 때
네가 책임져야지.

0773
팀의 필수적인 사람이라고 말할 때
그가 이 팀의 중심입니다.

0774
상대방에게 할 만큼 했다며
이제 됐어.

0775
상대방의 잘못이 아니라고 할 때
네 탓이 아니지.

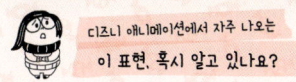

0776-0780.mp3

0776

Give it everything you've got.

[몬스터 대학교] 나이트 교수가 학생들에게 시험에 대해 설명한 뒤 최선을 다하라며 한 말이죠.
'최선을 다해 봐.'하면 대부분 Do your best.를 떠올리잖아요?
이 표현 역시 용기를 북돋울 때 쓰는 말이에요. Give it all you've got. 역시 동일한 뜻이에요.

0777

Show me what you got.

[코코] 거리의 악사가 미구엘의 연주를 들어보려고 하면서 한 말이에요.
'어디 한번 해 봐.'라는 뜻으로 상대방의 실력을 파악하려고 할 때 쓰는 표현이에요.
오디션이나 면접을 볼 때 자주 사용하는 말이죠.

0778

He works harder than anyone.

[몬스터 대학교] 설리가 하드스크래블 총장에게 마이크의 노력을 설명하며 한 말이에요.
열심히 일하는 사람을 칭찬할 때 쓰는 말로 '누구보다 열심히 일합니다.'라는 뜻이에요.
He's a hard worker.라고 짧게 쓸 수도 있어요.

0779

He might make a good sidekick.

[인크레더블] 신드롬이 잭잭을 납치한 뒤 가족에게 협박하듯 한 말이죠.
돈키호테의 산초, 셜록 홈즈의 왓슨처럼 sidekick은 주인공을 옆에서 도와주는 조력자 같은 사람을 의미해요.
또한 make는 '만들다'가 아니라 '~가 되다'라는 뜻으로 쓰였어요.

0780

You're better than that.

[라따뚜이] 구스토가 음식을 훔치는 레미를 훈계하며 한 말이에요.
'넌 더 잘할 수 있어.'라는 뜻으로
상대방의 잠재력을 이끌어 내고자 할 때 쓰는 말이에요.

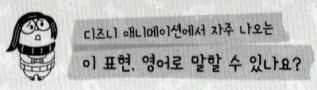

0776 용기를 북돋을 때 하는 말

최선을 다해 봐.

0777 실력 한번 보자고 할 때

어디 한번 해 봐.

0778 열심히 일하는 사람을 칭찬할 때

걔는 누구보다 더 열심히 해요.

0779 조력자의 자질이 있는 사람에 대해 말할 때

그는 좋은 조력자가 될 수 있을 거예요.

0780 상대방의 잠재력을 끌어내고자 할 때

넌 더 잘할 수 있어.

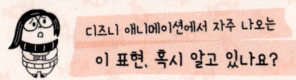

디즈니 애니메이션에서 자주 나오는
이 표현, 혹시 알고 있나요?

0781-0785.mp3

0781
He's good at people.

[인크레더블 2] 오빠가 사람들과의 교류를 잘한다고 에블린이 한 말이에요.
be good at people은 '인간관계가 좋다', '사람들을 잘 다룬다'는 뜻이에요.
He's a people person.이라고도 하는데 의미는 비슷합니다.

0782
I'm not against her.

[주먹왕 랄프] 캔디왕이 바넬로피를 반대하는 게 아니라 오히려 보호하려고 한다면서 한 말이죠.
'be against + 사람'은 '~에 반대하다'라는 뜻이에요.
이 표현은 어떤 사람의 생각에 반대하지 않는다고 할 때 쓰는 말이에요.

0783
Group hug.

[알라딘] 지니가 알라딘과 자스민을 동시에 껴안으며 한 말이에요.
이 표현은 여러 명이 다정하게 껴안으면서 하는 말이에요.
단체 사진을 찍을 때는 Group shot.이라고 해요. 영어, 참 쉽죠?

0784
Speaking of the devil,

[주토피아] 기디온 그레이가 때마침 도착하자 아빠가 한 말이에요.
어떤 사람에 대해서 이야기를 하고 있는데 때마침 그 사람이 등장할 때 하는 말이에요.
'호랑이도 제 말 하면 온다더니,'라는 뜻이에요.

0785
I'm totally behind you.

[인사이드 아웃] 까칠이가 기쁨이를 전적으로 지지한다고 하며 한 말이죠.
상대방에 대한 전폭적인 지지를 보여주는 말이에요.
'전적으로 당신을 지지해요.'라는 뜻으로 I totally support you.라고 할 수도 있어요.

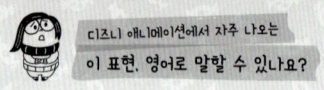

0781 어울리는 것을 좋아하는 사람에 대해 말할 때

그는 인간관계가 좋아요.

0782 다른 사람을 반대하지 않는다고 할 때

그녀를 반대하는 건 아냐.

0783 단체로 껴안으면서 하는 말

다 같이 껴안는 거야.

0784 때마침 그 사람이 등장할 때

호랑이도 제 말 하면 온다더니

0785 상대방을 밀어주겠다고 할 때

전적으로 당신을 지지해요.

디즈니 애니메이션에서 자주 나오는
이 표현, 혹시 알고 있나요?

0786-0790.mp3

0786
Every second counts.

[라따뚜이] 꼴레뜨가 링귀니에게 요리는 매우 힘든 일이라고 훈계하며 한 말이에요.
직역하면 '매초가 중요하다.'가 되네요.
시간의 중요성을 나타내는 말로 '시간은 금이다.'라는 속담과 같은 의미예요.

0787
Ignorance is bliss.

[노틀담의 꼽추] 빅터가 콰지모도에게 프롤로 몰래 축제에 참여하라고 꼬드기며 한 말이에요.
bliss는 '행복', ignorance는 '무지'이니 '무지가 행복이다.'라고 해석할 수 있어요.
우리 속담의 '모르는 게 약이다.'와 같은 표현이에요.

0788
It's a man's world.

[인크레더블 2] 에블린이 남성 중심의 세상을 비판하자 엘라스티걸이 동조하며 한 말이죠.
노래 가사에도 자주 등장하는 표현이에요.
남성 중심의 세상을 비판하는 말로 '남자들이 득세하는 세상이야.'라는 뜻이에요.

0789
Seize your moment.

[코코] 미구엘이 델라 크루즈의 조언을 생각하면서 한 말이에요.
'매순간을 소중히 생각해.'라는 뜻으로 매순간을 소중히 여기고 충실히 살아가도록 조언하는 표현이에요.
Seize the day. / Seize the moment. 역시 같은 의미예요.

0790
Quid pro quos.

[알라딘] 지니가 소원을 빌 때 생각해야 할 것들이 있다고 하며 한 말이에요.
상대방에게 대가를 기대하고 일을 해 준다고 할 때 쓰는 말로
'대가가 있어.', '조건이 있어.' 등으로 해석할 수 있어요.

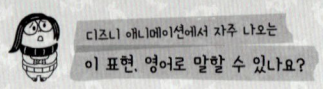

0786 시간의 소중함을 말할 때

시간은 금이에요.

0787 알 필요가 없다고 말할 때

모르는 게 약이야.

0788 남성 중심의 세상을 비판할 때

남자들을 위한 세상이다.

0789 인생의 조언으로

순간을 소중히 여겨.

0790 대가를 기대하고 일을 제안할 때

조건이 있어요.

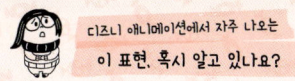

0791-0795.mp3

0791
I need (a little bit of) me time.

[인크레더블 2] 집안 살림으로 피곤한 밥이 푸념하며 한 말이에요.
'나만의 시간이 필요해.'라는 의미로 쓰는 표현이에요.
I want to be alone.은 '혼자 있고 싶으니까 방해하지 마.'라는 의미로 약간 우울한 느낌이 있어요.

0792
Give her some space.

[도리를 찾아서] 선생님이 아이들에게 도리에게서 떨어지라고 하면서 한 말이죠.
사람들에게 너무 둘러싸여 있을 때 '좀 놔 둬.'라는 의미로 쓰거나
사람들이 너무 괴롭힐 때 '좀 내버려 둬.'라는 의미로 쓸 수 있어요. Leave her alone.이라고 할 수도 있어요.

0793
I'm stuck with you.

[업] 칼이 러셀에게 어쩔 수 없이 함께 있어야 한다며 한 말이죠.
'be stuck with + 사람'은 '~와 함께 지내다'라는 뜻으로
내 의지와 상관없이 누군가와 함께 시간을 보내야 한다는 다소 부정적인 의미가 있는 표현이에요.

0794
No one's going anywhere.

[코코] 할머니가 가족들에게 절대 외출하지 말라고 하면서 한 말이에요.
'아무도 못 나가.', '다들 여기 있어.'라는 뜻이에요.
여러 사람에게 꼭 여기에 있어야 한다고 강압적으로 하는 말이에요.

0795
No time to talk.

[뮬란] 무슈가 뮬란에게 빨리 일어나서 훈련해야 한다고 재촉하며 한 말이에요.
시간이 촉박하다고 할 때 쓰는 표현이에요.
말할 시간도 없으니 빨리 움직이라는 뜻입니다.

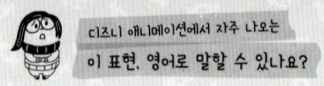

0791
혼자만의 시간이 필요하다면서
나만의 시간이 필요해.

0792
그녀에게서 물러서라고 하며
그녀에게서 떨어져.

0793
상대방과 어쩔 수 없이 함께 있다면서
너와 계속 함께 있어야 해.

0794
사람들에게 나가지 말라고 명령하며
다들 여기 있어.

0795
시간이 촉박하다며
말할 시간도 없어.

디즈니 애니메이션에서 자주 나오는
이 표현, 혹시 알고 있나요?

0796-0800.mp3

20 학교, 가정, 직장 기타 표현 2

0796
Something is definitely going on.

[인사이드 아웃] 엄마의 버럭이가 라일리에게 무슨 일이 생겼다며 한 말이에요. 평소와는 다르게 이상한 분위기를 감지하며 하는 말이에요. '무슨 일이 있는 것 같아.'라는 뜻이에요.

0797
Long story.

[토이 스토리 4] 우디가 포키에게 일어난 일을 간단히 설명할 수 없다며 한 말이죠. 말을 하자니 너무 길어질 것 같아 하지 않겠다는 말이에요. Long story short도 알아 두면 좋을 것 같군요. '요점만 말하면'이란 뜻이에요.

0798
That's another thing.

[겨울왕국] 공작이 한스의 의견과 생각이 다르다며 한 말이에요. 상대방이 하는 말이 자신이 생각하는 것과 다를 때 쓰는 표현이에요. '그건 다른 문제죠.'라고 해석합니다.

0799
For the record,

[라푼젤] 라푼젤이 플린에게 실제 이름이 확실히 마음에 든다며 한 말이에요. 자신이 하는 말을 상대방에게 확실하게 해 두고자 할 때 쓰는 표현이에요. '확실히 말해 두겠는데,'라는 뜻이에요.

0800
Let's face it.

[라따뚜이] 레미가 아빠에게 자신들이 훔치는 것은 쓰레기일 뿐이라고 따지면서 한 말이죠. 껄끄러운 말을 해야 할 때는 이 표현을 먼저 쓰고 본격적으로 말을 꺼내도록 하세요. '솔직히 말이지,'라는 뜻이에요. Let's be honest.도 동일한 표현입니다.

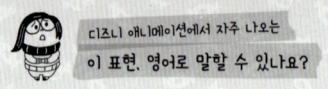
디즈니 애니메이션에서 자주 나오는
이 표현, 영어로 말할 수 있나요?

0796 뭔가 이상한 낌새가 있을 때

확실히 뭔가 있어.

0797 장황하게 말하고 싶지 않을 때

말하자면 길어.

0798 상대방과 생각이 다를 때

그건 다른 문제죠.

0799 확실히 각인시키고자 할 때

확실히 말해 두는데

0800 껄끄러운 말을 하기 전에

솔직히 말하자구요.

망각방지 장치 1

하루만 지나도 학습한 내용의 50%를 잊어버립니다. 여러분은 몇 퍼센트나 잊어버렸을까요? 5분 안에 25개를 말해 보세요.

01	최악이야.	This could not be _____.	0752
02	버스 떠났다구.	That _____ has sailed.	0753
03	완전 엉망이야.	Things are really _____ up.	0754
04	내가 제대로 해 놓겠어요.	I'll make this _____.	0756
05	내가 바로 잡아야겠어요.	I gotta _____ this.	0757
06	제게 맡겨 두세요.	Just _____ it to me.	0758
07	믿져야 본전이잖아.	Worth a _____.	0760
08	집중해.	Stay _____.	0763
09	빨리 끝내 버리자.	Let's get this _____ with.	0764
10	일하러 가야겠어.	_____ calls.	0766
11	오늘 여기까지 하자구요.	_____ it a day.	0767
12	쉬어 가며 해.	Don't work too _____.	0768
13	그는 출장 중이에요.	He's on a _____ trip.	0770
14	분부대로 하지요.	You are the _____.	0771

정답 01 worse 02 ship 03 messed 04 right 05 fix 06 leave 07 shot 08 focused 09 over
10 Duty 11 Call 12 hard 13 business 14 boss

165

15	네가 책임져야지.	You should be _____ for this.	○ ×	0772
16	이제 됐어.	You've done _____.	○ ×	0774
17	네 탓이 아니지.	I don't _____ you.	○ ×	0775
18	어디 한번 해 봐.	Show me _____ you got.	○ ×	0777
19	그녀를 반대하는 건 아냐.	I'm not _____ her.	○ ×	0782
20	호랑이도 제 말 하면 온다더니	Speaking of the _____,	○ ×	0784
21	전적으로 당신을 지지해요.	I'm totally _____ you.	○ ×	0785
22	모르는 게 약이야.	Ignorance is _____.	○ ×	0787
23	순간을 소중히 여겨.	_____ your moment.	○ ×	0789
24	너와 계속 함께 있어야 해.	I'm _____ with you.	○ ×	0793
25	확실히 말해 두는데	For the _____,	○ ×	0799

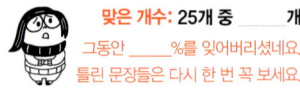

맞은 개수: 25개 중 _____ 개
그동안 _____ %를 잊어버리셨네요.
틀린 문장들은 다시 한 번 꼭 보세요.

정답 15 responsible 16 enough 17 blame 18 what 19 against 20 devil 21 behind 22 bliss
23 Seize 24 stuck 25 record

망각방지장치 2

일주일이 지나면 학습한 내용의 70%를 잊어버립니다. 여러분은 몇 퍼센트나 잊어버렸을까요? 디즈니 대화문에서 확인해 보세요.

106 [겨울왕국] 안나가 엘사를 찾으러 가려고 하자 한스가 그녀를 말리며 conversation106.mp3

HANS Anna, no. It's too dangerous.

ANNA Elsa's not dangerous. I'll bring her back, and 내가 제대로 해 놓겠어요. 0756

HANS I'm coming with you.

ANNA No, I need you here to take care of Arendelle.

Words take care of ~ ~를 돌보다

107 [겨울왕국] 한스가 사람들을 도와주자 공작이 그에게 따지면서 conversation107.mp3

DUKE Prince Hans, are we just expected to sit here and freeze while you give away all the Arendelle's tradable goods?

HANS Princess Anna has given her orders and…

DUKE And 그건 다른 문제죠; 0798 has it dawned on you that your princess may be conspiring with a wicked sorceress to destroy us all?

Words tradable goods 교역품 conspire 음모를 꾸미다 sorceress 여자 마법사

108 [뮬란] 뮬란, 선을 보러 가기 전 아버지를 안심시키며 conversation108.mp3

FAZU Mulan, you should already be in town. We're counting on you to…

MULAN Uphold the family honor. Don't worry, Father. 실망시키지 않을게요. 0721 Wish me luck!

FAZU Hurry! I'm going to… pray some more.

Words uphold 지키다 pray 기도하다

| 106 | 한스 | 안나, 안 돼요. 너무 위험해요. |

안나 엘사는 위험하지 않아요. 내가 데려오겠어요 그리고 **I'll make this right.** 0756

한스 같이 가겠어요.

안나 아니에요. 당신은 여기서 아렌델을 돌봐 주세요.

| 107 | 공작 | 한스 왕자님, 왕자님이 아렌델의 교역품을 나눠 주는 동안 우리는 그냥 앉아서 덜덜 떨고 있어야 하나요? |

한스 안나 공주님이 명령을 하셔서…

공작 하지만 **that's another thing;** 0798 공주님이 우리를 없애기 위해서 사악한 마녀와 계략을 세운다고 생각하지는 않으신가요?

| 108 | 파주 | 뮬란, 지금 마을에 있어야 하는 거 아니니? 우린 널 믿는단다… |

뮬란 우리 집안의 명예를 지키겠어요. 걱정 마세요, 아버지. **I won't let you down.** 0721 행운을 빌어 주세요!

파주 서둘러라! 난 기도를… 더 해야겠구나.

109 [라따뚜이] 레미가 음식 쓰레기를 훔치는 것에 대해 아빠와 이야기하며   conversation109.mp3

DJANGO Now don't you feel better, Remy? You've helped a noble cause.

REMY Noble? We're thieves, Dad. And what we're stealing is – 솔직히 말하자구요, 0800 garbage.

DJANGO It isn't stealing if no one wants it.

REMY If no one wants it, why are we stealing it?

Words   noble cause 고귀한 일   garbage 쓰레기

110 [라따뚜이] 구스토가 음식을 훔치는 레미를 훈계하며   conversation110.mp3

GUSTEAU What are you doing?

REMY I'm hungry! I don't know where I am and I don't know when I'll find food again…

GUSTEAU Remy, 넌 더 잘할 수 있어. 0780 You are a cook! Cooks make. Thives take. You are not a thief.

Words   thief 도둑

111 [라따뚜이] 링귀니가 음식 평론가 에고를 맞이하는 중요한 날에 하는 말   conversation111.mp3

LINGUINI C-come… COME IN!!

COLETTE 오늘은 중요한 날이에요. 0761 You should say smething to them.

LINGUINI Like what…?

COLETTE You are the boss. Inspire them.

Words   inspire 감동을 주다

109 장고 기분 좋지 않니, 레미? 훌륭한 일에 동참하는 거잖아.

레미 훌륭하다구요? 우리는 도둑이에요, 아빠. 그리고 우리가 훔치는 건 – let's face it, ⁰⁸⁰⁰ 쓰레기잖아요.

장고 아무도 원하지 않으면 훔치는 게 아니지.

레미 아무도 원하지 않는데 우리는 왜 훔치는 거죠?

110 구스토 뭐하는 거야?

레미 배가 고파서요! 어디에 있는지도 모르겠고 언제 다시 음식을 발견할지도 모르잖아요…

구스토 레미, you are better than that. ⁰⁷⁸⁰ 넌 좋은 요리사야! 요리사는 음식을 만들어. 도둑들은 훔칠 뿐이야. 넌 도둑이 아니야.

111 링귀니 드…들어오세요!!

꼴레뜨 Today is a big day. ⁰⁷⁶¹ 저 사람들에게 한마디 해요.

링귀니 어떤 말…?

꼴레뜨 당신이 책임자잖아요. 감동을 줘 봐요.

112 [인사이드 아웃] 감정들이 새로운 곳에서 우울해하는 라일리에 대해 말하며   conversation112.mp3

JOY   Okay, I admit it. We had a rough start. But think of all the good things that –

ANGER   No, Joy. There's absolutely no reason for Riley to be happy right now. Let us handle this.

FEAR   I say 우리 학교를 빠지자 ⁰⁷⁰⁵ tomorrow and lock ourselves in the bedroom.

Words   rough 힘든   handle 해결하다   lock 잠그다

113 [인사이드 아웃] 감정들이 다시 돌아온 조이를 반기면서   conversation113.mp3

FEAR   Oh, thank goodness you're back, Joy. We were just trying to make more happy memories! Happy memories! That's all we wanted to do!

DISGUST   완전 엉망이야. ⁰⁷⁵⁴ Everything is broken! Go, get up there! You've gotta fix this!

Words   broken 끝장난   fix 해결하다

114 [인어공주] 트라이튼이 에리얼에게 해변으로 가지 말라고 훈계하면서   conversation114.mp3

TRITON   Don't you take that tone of voice with me young lady. As long as you live under my ocean, you'll obey my rules!

ARIEL   But if you would just listen –

TRITON   Not another word – and I am never, NEVER to hear of you going to the surface again. 알겠니? ⁰⁷¹²

Words   tone of voice 말투   obey 지키다   surface 바다 위

112 기쁨   알았어, 인정해. 시작이 힘들었어. 하지만 좋은 일들이 생길 거라고 생각하도록 –

버럭   아니야, 기쁨아. 라일리가 지금 기뻐할 이유가 전혀 없잖아. 우리가 이 상황을 해결하도록 하자.

소심   내일 **we skip school** ⁰⁷⁰⁵ 그리고 방문을 잠그고 있자.

113 소심   어머나, 돌아왔구나 기쁨아. 우린 좋은 기억을 더 많이 만들려고 하던 참이있어! 좋은 기억들 말이야! 그렇게만 하려고 했다구!

까칠   **Things are really messed up.** ⁰⁷⁵⁴ 다 망했다구! 저기로 올라가! 네가 이걸 해결해야 해!

114 트라이튼   나한테 그런 말투로 말하지 마. 네가 내 바다에서 살고 있는 한, 내 규칙을 따라야 해!

에리얼   하지만 아빠가 제 말을 좀 들어 주시면…

트라이튼   이제 말하지 마 – 네가 바다 위로 올라가겠다는 말을 더 이상 듣고 싶지 않다. **Is that clear?** ⁰⁷¹²

115 [토이 스토리 3] 장난감들이 우디에게 데이케어 센터로 간다고 통보하며   conversation115.mp3

WOODY What's going on? Don't you know this box is being donated?

BUZZ 잘되고 있어! ⁰⁷⁴⁹ We have a plan!

REX We're going to Day Care!

WOODY Day Care?! What – have you all lost your marbles?!

Words   donate 기부하다   lose one's marbles 제정신이 아니다

116 [토이 스토리 4] 우디가 보 핍의 아이(몰리)에 대해 설명하면서   conversation116.mp3

WOODY Oh, Bo's kid was something special. She was the cutest thing, but... so afraid of the dark.

BO 그냥 성장하는 과정이었어. ⁰⁷¹⁵

WOODY Oh, you weren't there in the beginning. Hearing Molly cry each night, broke every toy's heart. And then... Bo came into the room.

Words   afraid 무서워하는   break one's heart 마음을 아프게 하다

117 [토이 스토리 4] 버즈가 우디에게 포키의 행방을 물어보며   conversation117.mp3

DUCKY We're gonna get a kid, we're getting a kid...

BO Alright, let's go.

BUZZ Where's Forky?

WOODY 말하자면 길어… ⁰⁷⁹⁷

115

우디 무슨 일이야? 이 상자가 기부될 거라는 거 모르니?

버즈 **It's under control!** ⁰⁷⁴⁹ 우리는 다 계획이 있어!

렉스 우린 데이케어 센터로 갈 거야!

우디 데이케어 센터? 뭐라고 – 다들 정신 나간 거 아냐?

116

우디 보의 아이는 아주 특별했어. 정말로 귀여웠지, 하지만… 어둠을 너무 무서워했어.

보 **It was just a phase.** ⁰⁷¹⁵

우디 네가 처음부터 거기 없어서 그래. 매일 밤 몰리가 우는 소리 때문에 장난감들의 마음이 얼마나 아팠는데. 그럴 때 보가 방으로 들어온 거야.

117

더키 우리도 애가 생긴다, 우리도 애가 생긴다구…

보 자, 이제 가자고.

버즈 포키는 어디에 있어?

우디 **Long story...** ⁰⁷⁹⁷

118 [인크레더블] 헬렌, 밥이 퇴사했다는 사실을 전화로 알게 되고
conversation118.mp3

SECRETARY Mr. Parr no longer works at Insuricare.

HELEN What do you mean? He – 그는 출장 중이에요, 0770 a company retreat –

SECRETARY My records say he was terminated almost two months ago.

E So, you don't know where he is…

Words retreat 철회, 수행 terminate 끝내다

119 [인크레더블 2] 바이올렛이 잭잭을 돌보겠다고 부모님께 말하면서
conversation119.mp3

VIOLET Where are you going?

BOB The fresh air is especially good tonight.

HELEN If Jack-Jack wakes up –

VIOLET 저도 어떻게 하는지 알아요. 0731

Words especially 특히 drill 절차

120 [인크레더블 2] 에블린이 오빠와의 사업을 엘라스티걸에게 설명하며
conversation120.mp3

EVELYN Yeah, I invent the stuff, 그는 인간관계가 좋아요 0781 – pleasing them, engaging them, figuring out what they want. I never know what people want.

ELASTIGIRL What do you think they want?

EVELYN Ease. People will trade quality for ease every time. It may be crap, but hey, it's convenient –

Words invent 발명하다 please 기쁘게 하다 engage 관계를 맺다 ease 편안함 crap 짜증나는

118 비서   파 씨는 인슈리케어에서 더 이상 일을 하지 않으세요.

    헬렌   무슨 말씀이세요? 그 사람 – **he's on a business trip,** 0770
           회사 일정으로 말이죠.

    비서   제 기록으로는 두 달 전에 퇴직하셨어요.

    에드나 그러니까 넌 지금 그 사람이 어디에 있는지 모른다는 거네…

119 바이올렛 어디 가세요?

    밥   오늘 밤공기가 무척 좋네.

    헬렌   잭잭이 깨면 –

    바이올렛 **I know the drill.** 0731

120 에블린   네, 저는 물건을 개발하고, **he's good at people** 0781 –
           사람들을 기쁘게 하고, 그들과 동참하고, 그들이 원하는 걸
           알아가는 거죠. 난 사람들이 뭘 원하는지 정말 모르겠어요.

    엘라스티걸 그들이 뭘 원하는 것 같아요?

    에블린   편안함. 사람들은 편안함을 위해 매번 다른 것들을 바꾸려고 해요.
           짜증날 수 있지만 편하니까 –

PART 9

사랑과 우정을 나누며 쓰는
표현 100

PART 9 전체 듣기

절친한 친구와의 우정, 사랑을 나눌 때의 감정은 삶을 풍요롭게 살아가는 데 정말 큰 역할을 하곤 하죠. 디즈니 애니메이션에서도 자주 다루는 소재라 다양한 표현을 익힐 수 있어요. 확실히 익혀서 친구와 연인에게 적극적으로 활용해 보세요.

01 매력 02 이상형 03 호감 1 04 호감 2 05 호감 3 06 데이트 07 데이트 조언 08 사랑 고백 1 09 사랑 고백 2 10 사랑 고백 3 11 사랑 싸움 1 12 사랑 싸움 2 13 헤어짐 14 진심 15 결혼 16 우정 1 17 우정 2 18 속담, 격언 19 사랑, 우정 기타 표현 1 20 사랑, 우정 기타 표현 2

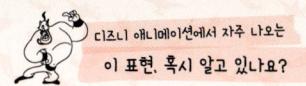 디즈니 애니메이션에서 자주 나오는
이 표현, 혹시 알고 있나요?

0801-0805.mp3

 0801

Look at you.

[인사이드 아웃] 아빠가 귀여운 라일리를 바라보며 한 말이죠.
본격적인 대화를 하기 전에 상대방의 관심을 끌려는 말이에요.
외모뿐 아니라 상대방이 처한 상황 등을 말할 때 사용해요. '너 정말…', '와…' 정도의 추임새라고 생각하시면 좋아요.

 0802

You're irresistible.

[노틀담의 꼽추] 휴고가 콰지모도의 매력을 칭찬하며 한 말이에요.
상대방의 매력이 너무 치명적이어서 거부할 수 없을 정도라는 의미죠.
irresistible은 '거부할 수 없는'이란 뜻이에요.

 0803

You look dashing.

[인크레더블] 미라지가 턱시도를 입은 밥을 칭찬하며 한 말이에요.
'근사해 보여요.'라는 뜻으로 상대방의 의상이나 외모를 칭찬할 때 쓰는 표현이에요.

 0804

You're one of a kind.

[노틀담의 꼽추] 휴고가 콰지모도의 매력을 칭찬하며 한 말이에요.
이 세상에 하나밖에 없다고 할 정도로 상대방의 매력을 폭풍 칭찬하는 말이에요.
one of a kind는 '유일무이한', '유니크한'이란 뜻이에요.

 0805

You're adorable.

[인크레더블 2] 헬렌이 사랑스럽게 밥의 손을 잡으며 한 말이죠.
사랑스러운 매력을 가진 사람에게 푹 빠져서 하는 말이에요.
'너무 사랑스러워.'라는 뜻이에요.

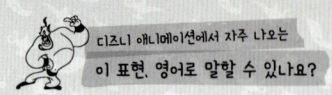
디즈니 애니메이션에서 자주 나오는
이 표현, 영어로 말할 수 있나요?

0801

상대방의 모습을 보면서

너 정말…

0802

상대방의 매력을 칭찬하며

넌 너무 매력적이야.

0803

상대방의 외모를 칭찬할 때

근사해 보여요.

0804

상대방을 폭풍 칭찬할 때

넌 유일무이한 존재지.

0805

상대방이 사랑스러울 때

당신, 너무 사랑스러워요.

디즈니 애니메이션에서 자주 나오는
이 표현, 혹시 알고 있나요?

0806-0810.mp3

0806
He's gorgeous!

[미녀와 야수] 마을 여자들이 개스톤의 매력에 반해서 한 말이죠.
아주 화려한 외모를 가진 남자에게 반했을 때 하는 말이에요.
He's hot! 역시 '저 사람 정말 멋져!'라는 뜻이에요.

0807
I can't get it out of my head.

[인어공주] 에릭 왕자가 에리얼의 아름다운 목소리를 생생히 기억하며 한 말이에요.
그 사람의 매력이 너무 강렬해서 머릿속에서 지울 수 없다는 의미예요.
'머리에서 떠나지 않아.'라는 뜻입니다.

0808
She's the one.

[미녀와 야수] 뤼미에르가 야수의 성에 있는 벨을 발견하고 한 말이에요.
the one은 '이상형'이나 '신적인 존재', '고대하던 사람'을 의미해요.
내가 찾던 이상형을 발견했을 때 '내가 찾던 사람이야.', '나의 반쪽이야.'라는 뜻으로 쓸 수 있는 표현이에요.

0809
You remind me of someone.

[알라딘] 자스민이 알라딘을 보고 시장에서 만난 사람이 떠오른다고 한 말이에요.
'당신을 보니 누가 생각나네요.'라는 뜻으로 비슷한 느낌의 누군가를 만날 때 쓰는 말이에요.
또한 작업 멘트로도 잘 쓰는 말이죠. remind ~ of …는 '~에게 …가 생각나게 하다'라는 표현이에요.

0810
He's no Prince Charming.

[미녀와 야수] 야수가 꿈에 그리던 왕자는 아니지만 매력적이라고 생각하며 벨이 한 말이에요.
백마 탄 왕자님은 Prince Charming이라고 해요.
직역해서 a prince riding a white horse라고 하면 너무 콩글리시 냄새가 납니다.

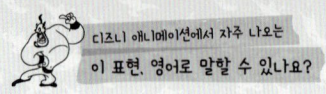
디즈니 애니메이션에서 자주 나오는
이 표현, 영어로 말할 수 있나요?

0806

화려한 외모를 가진 사람에게

저 사람 정말 멋져!

0807

머리에 각인되었다고 할 때

머리에서 떠나지 않아.

0808

고대하던 사람을 만났을 때

그녀가 우리가 찾던 사람이야.

0809

비슷한 느낌의 사람을 만날 때

당신을 보니 누가 생각나네요.

0810

누구나 꿈꾸는 사람이 아니라는 의미로

그는 백마 탄 왕자는 아니야.

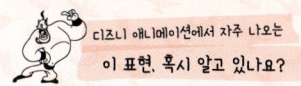 디즈니 애니메이션에서 자주 나오는
이 표현, 혹시 알고 있나요?

0811-0815.mp3

 0811

I'm getting kinda fond of you.

[알라딘] 알라딘이 지니를 포옹하자 지니도 알라딘에게 호감을 표현하면서 한 말이에요.
'당신이 좋아지려고 해요.'라는 뜻이에요. I like you.(당신이 좋아요.)보다 더 로맨틱하게 들리지 않나요?

 0812

This is awkward.

[겨울왕국] 안나가 한스와 함께 있는 분위기가 어색해서 한 말이에요.
'이거 어색하네.'라는 뜻으로
두 사람 사이의 분위기가 어색하고 이상야릇하게 흘러갈 때 쓰는 표현이에요.

 0813

I bump into you.

[겨울왕국] 안나가 한스를 우연히 만나 사랑에 빠진 것을 노래로 고백한 말이에요.
여기서 bump into ~는 '~와 우연히 마주치다'라는 뜻이에요.
운명적인 만남처럼 이상형과 마주쳤을 때 이 표현을 써 보세요.

 0814

I'm just full of surprises.

[미녀와 야수] 개스톤이 갑자기 벨의 집을 방문해서 인사로 한 말이에요.
직역하면 '내가 놀라움으로 가득하다.'가 되잖아요?
이 말은 '난 놀라운 매력이 있어요.'라는 뜻으로 상대방에게 나의 매력을 어필하려고 하는 말이에요.

 0815

Are you some sort of love expert?

[겨울왕국] 안나가 크리스토프에게 사랑에 대해 뭘 아냐고 따지듯이 물어본 말이죠.
'Are you some sort of ~?'는 '~라도 되나 보죠?'라는 뜻으로 상대방에게 살짝 따지듯이 하는 말이에요.

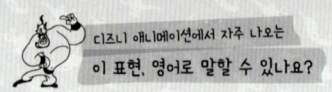

0811 상대방에 대한 호감이 생기려고 할 때

당신이 좋아지려고 해요.

0812 둘 사이의 어색한 분위기를 느끼며

이거 어색하네.

0813 상대방을 우연히 만나

당신과 우연히 마주친 거예요.

0814 나의 매력을 어필할 때

난 놀라운 매력이 있죠.

0815 연애에 대해 뭘 아는는 듯

연애 박사라도 되나 보죠?

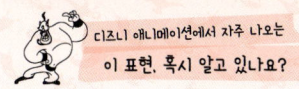
디즈니 애니메이션에서 자주 나오는
이 표현, 혹시 알고 있나요?

0816-0820.mp3

Do I know you?

[알라딘] 자스민이 왕자로 분장한 알라딘을 알아보고 한 말이에요.
모르는 사람이 반갑게 아는 척을 할 때 살짝 경계를 하며 물어보는 말이에요.
'우리 만난 적 있나요?'라는 뜻이에요.

Mind if I squeeze in next to you?

[토이 스토리 3] 제시가 버즈 옆에 앉아도 되는지 물어본 말이죠.
squeeze in은 '억지로 껴서 앉다'라는 뜻이에요. 상대방 옆에 밀착해서 앉아야 할 때 허락을 구하는 표현이에요.

Can I say something crazy?

[겨울왕국] 안나가 한스에게 뜬금없이 물어본 말이에요.
'실없는 소리 해도 될까요?'라는 뜻으로
다소 무례하거나 뜬금없이 들릴 수도 있는 말을 하려고 할 때 쓰는 말이에요.

You seem hardly to have aged at all.

[메리 포핀스 리턴즈] 마이클이 오랜만에 메리 포핀스를 만나 감탄하며 한 말이죠. 오랜만에 만난 사람에게
전혀 나이를 먹은 것 같지 않다면서 칭찬하는 말이에요. '세월이 비껴간 것 같으세요.'라고 해석하면 좋겠죠?

You've got something on your face.

[온워드] 새달리아가 이안의 얼굴에 뭔가 묻은 것을 발견하고 한 말이에요. '얼굴에 뭐 묻었어.'라는 뜻이에요.
얼굴에 묻은 것을 닦아 주면서 '내가 해 줄게.'라고 할 때는 간단하게 'Let me.'라고 하세요.

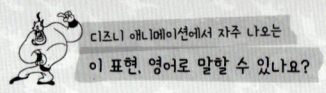

0816

모르는 사람이 아는 척할 때 경계하면서

우리 만난 적 있나요?

0817

상대방 바로 옆에 앉아도 되는지 물어볼 때

옆에 앉아도 될까요?

0818

뜬금없는 질문을 할 때

실없는 소리 해도 될까요?

0819

예전과 비슷한 모습을 한 상대방에게

세월이 비껴간 것 같군요.

0820

상대방의 얼굴에 묻은 것을 발견하고

네 얼굴에 뭐 묻었어.

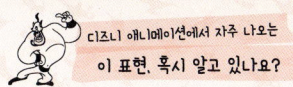

0821-0825.mp3

0821
I've never felt this way about anyone.

[미녀와 야수] 야수가 벨에 대한 감정을 고백하며 한 말이에요. '누군가에게 이런 감정 처음이야.'라는 뜻으로 사랑의 경험이 없는 사람들이 마음의 변화를 느끼면서 하는 고백이에요.

0822
You've stolen my heart.

[알라딘] 자스민이 자파에게 마음을 고백하며 한 말이죠. 상대방에게 나의 사랑을 고백할 때 쓰는 표현이에요. '당신이 내 마음을 훔쳐갔다.'는 말은 '당신에게 내 마음을 뺏겨 버렸다.'는 의미가 되는 거죠.

0823
I'm hardly breathing.

[미녀와 야수] 마을 처녀들이 개스톤의 매력에 흠뻑 빠져서 한 말이에요. 숨을 헐떡이며 '숨을 잘 못 쉬겠어.'라고 할 때 이 표현을 쓸 수 있지만 누군가의 매력에 빠져 '숨을 쉴 수가 없어.'라는 의미로도 쓸 수 있어요.

0824
I'll give you two some time alone.

[주먹왕 랄프] 캔디왕이 랄프와 배넬로피에게 자리를 비켜 주면서 한 말이죠. 이 표현은 둘만의 시간을 가질 수 있도록 자리를 비켜 주면서 하는 말이에요. I'll leave you two alone.이라고 해도 비슷한 의미가 됩니다.

0825
I'll give you a lift.

[메리 포핀스 리턴즈] 잭이 메리 포핀스에게 친절하게 자전거를 태워 주겠다며 한 말이죠. 이 표현은 상대방에게 호감을 가지고 차를 태워 주겠다는 말이에요. I'll give you a ride.라는 말도 잘 쓴답니다.

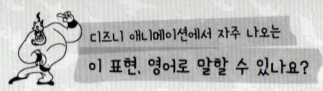

0821

사랑의 감정을 처음 느낄 때

누군가에게 이런 감정 처음이야.

0822

나의 사랑을 고백할 때

당신에게 내 마음을 뺏겨 버렸어요.

0823

누군가의 매력에 빠져서

숨도 잘 못 쉬겠어.

0824

두 사람이 대화할 수 있는 시간을 허락하며

둘만의 시간을 갖도록 자리를 비켜 주지.

0825

태워 주겠다고 말할 때

태워 줄게요.

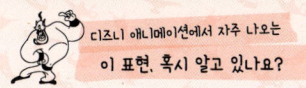

디즈니 애니메이션에서 자주 나오는
이 표현, 혹시 알고 있나요?

0826-0830.mp3

0826
Are you free today?

[도리를 찾아서] 러더가 베키에게 데이트를 신청하며 한 말이에요.
데이트 신청에서 상대방의 스케줄 확인은 필수겠죠?
'오늘 한가해요?'라고 물어보는 말이에요.

0827
I'm supposed to go out with her.

[인크레더블 2] 토니가 바이올렛과 데이트할 생각이라고 하면서 한 말이에요.
go out은 '외출하다'라는 뜻으로 자주 쓰이는데 이 표현처럼 '데이트하다'라는 뜻으로도 활용할 수 있어요.

0828
I asked her out to a movie.

[인크레더블 2] 토니가 바이올렛에게 영화 데이트를 신청했다고 하면서 한 말이에요.
ask ~ out은 '~에게 데이트 신청을 하다'라는 뜻이에요.
뒤에 to a movie를 붙이면 '영화 데이트를 신청하다'라는 뜻이 되겠죠?

0829
You have to close your eyes.

[미녀와 야수] 야수가 벨에게 깜짝 이벤트를 하려고 한 말이에요. 상대방에게 깜짝 이벤트를 하기 전에
눈을 감으라고 하는 표현이에요. 눈을 뜨지 말고 계속 감고 있으라고 할 때는
Keep your eyes closed.라고 하세요. No peeking.은 '실눈 뜨고 보기 없기.'라는 뜻이에요.

0830
I made it for you.

[주먹왕 랄프] 바넬로피가 랄프에게 직접 만든 캔디 하트를 선물하며 한 말이죠.
사랑하는 사람에게 직접 무언가를 만들어서 선물할 때 쓰는 말이에요.
뒤에 by myself 같은 표현을 굳이 붙일 필요는 없어요.

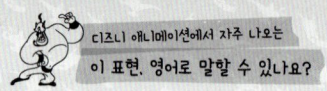

0826

데이트 신청의 필수 표현

오늘 한가해요?

0827

그녀와 데이트를 하겠다고 말할 때

그녀와 데이트하려고 해.

0828

그녀와 영화를 보러 간다고 할 때

그녀에게 영화 데이트 신청했어.

0829

깜짝 이벤트의 필수 표현

눈을 감아요.

0830

직접 만들어 선물할 때

내가 널 위해 만든 거야.

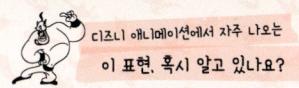 디즈니 애니메이션에서 자주 나오는
이 표현, 혹시 알고 있나요?

0831-0835.mp3

0831
Look her in the eyes!

[도리를 찾아서] 플루크가 러더에게 베키의 마음을 사로잡는 방법을 알려주며 한 말이죠.
Look at her eyes.는 눈을 쳐다보는 동작에 중점을 두는 거예요. 눈에 문제가 있다거나 할 때 쓰는 표현이죠.
하지만 'look + 사람 + in the eyes'는 '(사랑 등의) 감정을 가지고 눈을 바라보다'라는 의미예요.

0832

Shower her with compliments.

[미녀와 야수] 하인들이 야수에게 한 데이트 조언이에요. 직역하면 '칭찬으로 그녀를 샤워시키세요.'가 되잖아요?
이 말은 '칭찬을 많이 하세요.'라는 뜻이에요. shower ~ with …는 '~에게 …를 많이 해주다'라는 뜻이에요.

0833

Put him to the test.

[라푼젤] 엄마가 라푼젤에게 플린의 마음을 시험해 보라고 하면서 한 말이에요.
그 사람의 속마음을 시험해 보라고 할 때 이 표현을 쓸 수 있어요.
'그 사람을 시험해 봐.'라는 뜻이에요.

0834

Don't push it.

[인크레더블 2] 아빠가 토니에게 인사하라고 강요하자 바이올렛이 창피해하며 한 말이죠.
물론 '밀지 마세요.'라는 뜻으로도 쓰지만
'나에게 너무 강요하지 마세요.'라는 뜻으로도 자주 쓰는 표현이에요.

0835

These things take time.

[미녀와 야수] 포츠 부인이 사랑에 빠지는 데는 시간이 걸린다며 한 말이에요.
'이런 일은 시간이 걸려.'라는 뜻이에요.
take에는 많은 뜻이 있는데 뒤에 시간과 관련된 단어가 오면 '(시간이) 걸리다'라는 뜻이 됩니다.

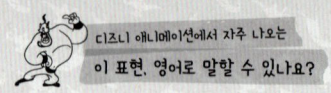
디즈니 애니메이션에서 자주 나오는
이 표현, 영어로 말할 수 있나요?

0831 사랑의 감정으로 눈을 바라보라고 할 때

그녀의 눈을 봐!

0832 칭찬을 많이 하라고 할 때

그녀에게 폭풍 칭찬을 하세요.

0833 그의 마음을 떠보고 싶을 때

그를 시험해 봐.

0834 상대방이 압박한다고 느낄 때

강요하지 마세요.

0835 시간이 필요한 일에 대해 말할 때

이런 일은 시간이 걸리지.

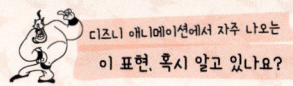 디즈니 애니메이션에서 자주 나오는
이 표현, 혹시 알고 있나요?

0836-0840.mp3

0836
You confess your love.

[미녀와 야수] 뤼미에르가 야수에게 사랑을 고백하라고 조언한 말이에요.
confess는 '자백하다'라는 뜻으로 많이 쓰이지만 이 표현에서는 '고백하다'라는 뜻으로 쓴 거예요.
'사랑한다고 하세요.'라는 뜻이에요.

0837

You fall in love with her.

[미녀와 야수] 야수가 벨과 사랑에 빠지는 상상을 하며 한 말이에요.
'fall in love with + 사람'은 '~와 사랑에 빠지다'라는 뜻이에요.
'fall for + 사람' 역시 '~를 사랑하게 되다'라는 뜻으로 잘 쓰는 표현이에요.

0838

There's a spark between them.

[미녀와 야수] 벨과 야수의 분위기가 심상치 않음을 포츠 부인이 감지하며 한 말이죠. 여기서 말하는 spark는 '불꽃 같은 사랑의 감정'을 뜻하는 거예요. chemistry 역시 '사랑하는 감정'을 말하는 단어예요.

0839

I like everything about you.

[몬스터 주식회사] 마이크가 첼리아에게 사랑 고백을 하며 한 말이에요.
직역하면 '당신에 대한 모든 것이 다 좋아.'가 되는군요.
이 말보다 더 좋은 사랑 고백이 또 있을까요?

0840

Did you miss me?

[주먹왕 랄프] 바넬로피가 랄프에게 다정하게 다가와 한 말이에요.
사랑하는 연인들은 한순간도 떨어져 있기 싫잖아요?
잠시 떨어져 있다가 '나 보고 싶었어?'라고 할 때 이 표현을 쓰는 거예요.

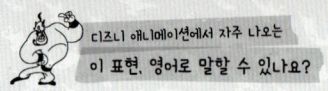

0836 사랑을 고백하라고 할 때

사랑한다고 하세요.

0837 사랑에 빠졌다고 할 때

그녀를 사랑하게 되는 거죠.

0838 두 사람이 사랑하는 것을 감지하고

둘 사이가 뜨겁네요.

0839 애인의 모든 것을 사랑한다고 할 때

당신의 모든 것이 좋아.

0840 잠시 떨어져 있다가 다시 만날 때

나 보고 싶었어?

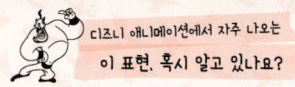

0841-0845.mp3

0841
I have something for you.

[라푼젤] 라푼젤이 플린에게 가방을 건네주면서 한 말이에요.
'줄 게 있어.'라는 뜻으로 상대방에게 무언가를 건네기 전에 하는 말이에요.
I got this for you.(너를 위해 준비했어.)라는 표현도 알아 두세요.

0842
I want you to have this.

[인크레더블 2] 데버가 엘라스티걸에게 기념품을 건네주며 한 말이죠.
직역하면 '네가 이걸 가졌으면 해.'라고 할 수 있어요.
상대방에게 소중한 물건 등을 전달하며 하는 말로 '이거 받아.', '이제 네 꺼야.'라는 뜻이에요.

0843
We deserve each other.

[인크레더블 2] 에드나가 잭잭과 자신이 죽이 잘 맞는다고 하면서 한 말이에요.
상대방과의 케미가 잘 맞는다고 생각할 때 쓰는 표현이에요. You deserve each other.는
'너희는 잘 어울려.'라는 칭찬의 의미도 되지만 '끼리끼리 사귀는군.'처럼 부정적인 의미도 있어요.

0844
I want to be with you.

[토이 스토리 3] 바비 인형이 켄에게 사랑을 고백하며 한 말이죠.
'당신과 함께 있고 싶어요.'라는 뜻의 사랑 고백이에요.
떨어져 있어야 하는 연인들에게 꼭 필요한 표현이네요.

0845
I'm running out of time.

[코코] 마침내 이멜다 할머니를 만난 헥터, 시간이 많지 않아 다급한 마음으로 한 말이죠.
'run out of ~'는 '~를 다 써버리다'라는 뜻이에요.
'내가 시간을 다 써 버렸다.'는 '내게 남은 시간이 얼마 없다.'는 말이겠죠?

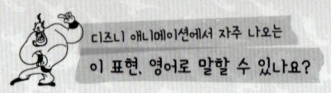

0841

상대방에게 무언가를 건네기 전에 하는 말

줄 게 있어요.

0842

소중한 물건을 전달하며 하는 말

이거 받아요.

0843

상대방과 케미가 잘 맞는다고 말할 때

우린 서로 잘 어울려.

0844

떨어지기 싫은 마음을 담아

당신과 함께 있고 싶어요.

0845

시간이 촉박하다는 의미로

남은 시간이 얼마 없어.

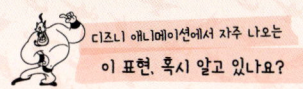
디즈니 애니메이션에서 자주 나오는
이 표현, 혹시 알고 있나요?

0846-0850.mp3

0846
What do you say, my dear?

[알라딘] 자파가 자스민에 청혼을 하며 한 말이에요.
상대방에게 무언가를 제안한 뒤에 생각을 물어보는 표현으로 '어때?'라는 뜻이에요.
my dear는 '자기'라는 뜻으로 연인을 다정하게 부르는 말이에요.

0847
I've saved the best for last.

[노틀담의 꼽추] 콰지모도가 에스메랄다에게 파리의 전경을 보여주며 한 말이죠.
'가장 좋은 걸 남겨 두었어요.'라는 뜻으로
마지막에 가장 좋은 것을 남겨 두고 상대방을 놀라게 할 때 쓰는 표현이에요.

0848
There's something I want to show you.

[미녀와 야수] 야수가 벨에게 깜짝 이벤트를 선보이기 전에 한 말이에요.
'보여주고 싶은 게 있어요.'라는 뜻으로 깜짝 이벤트의 단골 멘트입니다.

0849
At your service.

[토이 스토리 3] 버즈가 로봇 장난감을 만나서 군대식으로 인사하며 한 말이죠.
신하나 하인이 왕이나 주인에게 '분부대로 하겠습니다.', '말씀만 하십시오.'라는 뜻으로 자주 쓰는 표현이에요.
연애를 할 때는 애인의 말을 다 들어주겠다는 의미가 됩니다.

0850
Sleep well, princess.

[알라딘] 자스민을 방에 데려다 주고 알라딘이 작별 인사로 한 말이에요.
'잘 자요.'라는 뜻으로 자기 전에 하는 인사예요.
Sleep tight.라고 해도 같은 뜻이 됩니다.

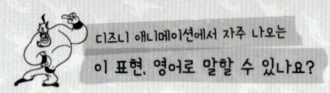

0846 제안을 하고 생각을 물어볼 때

어때요, 자기?

0847 마지막에 놀라게 해 주려고 할 때

가장 좋은 걸 남겨 두었어요.

0848 깜짝 이벤트를 선보일 때

보여주고 싶은 게 있어요.

0849 충성을 맹세할 때

분부만 내리십시오.

0850 자기 전에 하는 말

잘자요, 공주님.

망각방지 장치 1

하루만 지나도 학습한 내용의 50%를 잊어버립니다. 여러분은 몇 퍼센트나 잊어버렸을까요? 5분 안에 25개를 말해 보세요.

01	근사해 보여요.	You look _____.	0803
02	넌 유일무이한 존재지.	You're one of a _____.	0804
03	당신, 너무 사랑스러워.	You're _____.	0805
04	저 사람 정말 멋져!	He's _____!	0806
05	머리에서 떠나지 않아.	I can't get it out of my _____.	0807
06	당신을 보니 누가 생각나네요.	You _____ me of someone.	0809
07	그는 백마 탄 왕자는 아니야.	He's no Prince _____.	0810
08	이거 어색하네.	This is _____.	0812
09	당신과 우연히 마주친 거예요.	I _____ into you.	0813
10	우리 만난 적 있나요?	Do I _____ you?	0816
11	숨도 잘 못 쉬겠어.	I'm hardly _____.	0823
12	태워 줄게요.	I'll give you a _____.	0825
13	오늘 한가해요?	Are you _____ today?	0826
14	그녀에게 영화 데이트 신청했어.	I _____ her out to a movie.	0828

정답 01 dashing 02 kind 03 adorable 04 gorgeous 05 head 06 remind 07 Charming
08 awkward 09 bump 10 know 11 breathing 12 lift 13 free 14 asked

15	눈을 감아요.	You have to _____ your eyes.	0829
16	내가 널 위해 만든 거야.	I _____ it for you.	0830
17	그녀에게 폭풍 칭찬을 하세요.	Shower her with _____.	0832
18	그를 시험해 봐.	Put him to the _____.	0833
19	강요하지 마세요.	Don't _____ it.	0834
20	사랑한다고 하세요.	You _____ your love.	0836
21	둘 사이가 뜨겁네요.	There's a _____ between them.	0838
22	나 보고 싶었어?	Did you _____ me?	0840
23	줄 게 있어요.	I have _____ for you.	0841
24	우린 서로 잘 어울려.	We _____ each other.	0843
25	분부만 내리십시오.	At your _____.	0849

정답 15 close 16 made 17 compliments 18 test 19 push 20 confess 21 spark 22 miss
23 something 24 deserve 25 service

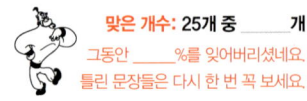

맞은 개수: 25개 중 ____개
그동안 ____%를 잊어버리셨네요.
틀린 문장들은 다시 한 번 꼭 보세요.

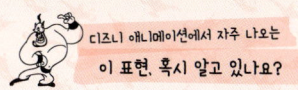

0851-0855.mp3

0851

I'm doing this for your own good.

[주먹왕 랄프] 바넬로피가 경기에 못 나가도록 랄프가 그녀의 카트를 부수면서 한 말이죠. 상대방이 원하지 않더라도 상대방을 위한 일이라고 말할 때 쓰는 표현이에요. for your own good 대신 for your own sake, for your own benefit이라고 써도 됩니다.

0852

You're not making sense.

[몬스터 주식회사] 로맨틱한 식당에서 마이크가 이상한 말을 계속하자 셀리아가 이상하다는 듯이 한 말이에요. 상대방이 동문서답을 하는 등 이해가 되지 않는 말이나 행동을 할 때 쓰는 표현이에요.

0853

I'm so cross with you.

[주먹왕 랄프] 펠릭스가 랄프 때문에 고생한 것을 생각하면서 화를 내며 한 말이에요. '너 때문에 화가 나.'라는 뜻으로 상대방에게 분노를 표출할 때 쓰는 말이에요. I'm so mad at you.라고 쓸 수도 있어요.

0854

He's not for me.

[미녀와 야수] 벨이 개스톤에 대해 혐오감을 드러내며 한 말이에요. 직역하면 '그는 나를 위한 것이 아니다.'가 되잖아요? 이 말은 '그는 나와 맞지 않아.'라는 뜻이에요. 인연이 아니라고 할 때 쓰는 표현이에요.

0855

She'd turn away from me.

[라이온 킹] 날라가 진실을 알게 되면 자신에게서 돌아설 거라고 심바가 걱정하며 한 말이에요. turn away는 '돌아서다', '등을 돌리다'라는 뜻이에요. 마음이 돌아서서 헤어지게 되는 상황을 표현하는 말이에요.

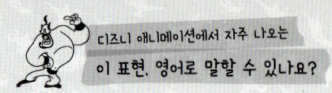
디즈니 애니메이션에서 자주 나오는
이 표현, 영어로 말할 수 있나요?

0851

상대방을 위해서 하는 일이라고 할 때

너를 위해서 이러는 거야.

0852

상대방의 말이나 행동이 이해되지 않을 때

당신 좀 이상해요.

0853

상대방에게 분노를 표출할 때

너 때문에 화가 나.

0854

인연이 아니라고 할 때

그는 나와 안 맞아요.

0855

마음이 돌아설 때

그녀가 내게 등을 돌릴 거야.

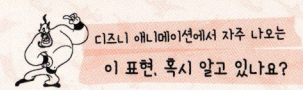
디즈니 애니메이션에서 자주 나오는
이 표현, 혹시 알고 있나요?

0856-0860.mp3

0856

Things are complicated around here.

[토이 스토리 3] 켄이 바비에게 상황이 복잡하게 흘러간다고 설명하며 한 말이죠. 현재 상황이 매우 복잡해서 간단하게 설명할 수 없을 때 하는 말이에요. complicated는 '복잡한'이란 뜻이에요.

0857

She rebuffed my affections.

[주먹왕 랄프] 칼혼이 자신의 사랑을 거절했다고 펠릭스가 우울해하며 한 말이에요.
'그녀가 내 사랑을 거절했어.'라는 뜻이에요.
고전 영어 표현이라 요즘은 같은 의미로 She turned me down.이라고 많이 씁니다.

0858

It's hopeless.

[미녀와 야수] 벨이 자신과 사랑에 빠질 가능성이 없다고 야수가 자포자기하며 한 말이에요.
'가망이 없어.'라는 뜻으로 자포자기하는 심경으로 하는 말이에요.

0859

Have it your way.

[미녀와 야수] 개스톤이 자신의 청혼을 받아들이지 않으면 아빠를 해치겠다고 벨에게 협박하며 한 말이죠.
상대방이 말을 듣지 않자 '네 맘대로 하든가.'라는 뜻으로 하는 말이에요.
말싸움에서 화를 내며 할 수도 있고 포기하는 마음으로 할 수도 있어요.

0860

What did you do that for?

[메리 포핀스 리턴즈] 애나벨이 조지에게 왜 그렇게 행동했는지 따지며 물어본 말이에요.
'도대체 왜 그런 거야?'라는 뜻으로
상대방의 이해할 수 없는 행동의 이유를 따져 물을 때 쓰는 말이에요.

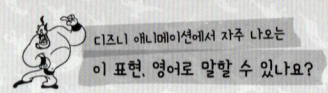
디즈니 애니메이션에서 자주 나오는
이 표현, 영어로 말할 수 있나요?

0856

상황이 매우 복잡하게 진행될 때

지금 상황이 복잡해요.

0857

실연당했다고 할 때

그녀가 내 사랑을 거절했어.

0858

자포자기의 심경으로

가망이 없어.

0859

상대방이 말을 잘 듣지 않자

맘대로 하든가.

0860

상대방의 행동을 이해할 수 없다는 듯 따지며

왜 그런 거야?

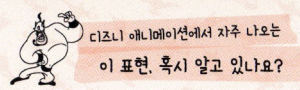

0861-0865.mp3

0861

We're through!

[토이 스토리 3] 바비가 켄에게 결별을 선언하며 한 말이죠.
'우린 끝났어요!'라는 뜻으로 결별을 선언하는 말이에요.
be through는 '끝이 나다'라는 뜻이에요. We're over!라고 해도 같은 말이에요.

0862

I want nothing to do with you.

[코코] 에밀다 할머니가 헥터에게 원망하듯 한 말이에요.
'더 이상 너와 엮이고 싶지 않아.'라는 뜻이에요. 결별할 때 가슴에 비수로 꽂힐 수 있는 말이니 가급적 쓰지 맙시다.

0863

I just don't deserve you.

[미녀와 야수] 벨이 개스톤의 청혼을 거절하며 한 말이죠.
'당신은 내게 과분해요.'라는 뜻으로 상대방의 마음을 거절할 때 쓰는 표현이에요.
You are out of my league. 역시 '당신은 과분한 존재예요.'라는 뜻입니다.

0864

She turned him down flat.

[미녀와 야수] 르푸가 벨이 개스톤의 청혼을 거절했다고 떠벌리며 한 말이죠.
turn + 사람 + down은 '~의 제안을 거절하다'라는 뜻 외에 '~의 사랑을 거절하다'라는 뜻으로도 많이 쓰여요.
flat은 '완강히', '단칼에'라는 의미예요.

0865

Riley's better off without me.

[인사이드 아웃] 라일리에게 자신은 도움이 되지 않는다며 슬픔이가 자책하며 한 말이에요.
be better off without me는 '~는 내가 없는 게 더 나아'라는 뜻이에요.
이별에 대해 자책하는 표현이죠.

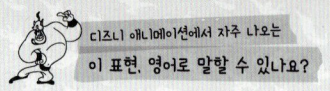

0861

결별을 선언하며 하는 말

우린 끝났어요!

0862

결별할 때 비수를 꽂는 말

더 이상 당신과 엮이고 싶지 않아.

0863

상대방의 마음을 거절하는 말

난 당신이 과분해요.

0864

사랑을 거절할 때 쓰는 말

그녀가 그를 완강히 거절했죠.

0865

이별하며 자책할 때 하는 말

라일리는 내가 없는 게 더 나아.

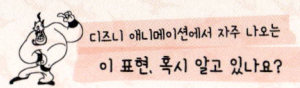 디즈니 애니메이션에서 자주 나오는
이 표현, 혹시 알고 있나요?

0866-0870.mp3

0866

The thing is...

[카 3] 맥퀸이 힘들게 훈련에 관한 이야기를 꺼내며 한 말이에요.
'실은 말야…', '사실은…'이란 뜻으로 꺼내기 힘든 말을 해야 할 때 쓰는 표현이에요.

0867

You care for the girl, don't you?

[미녀와 야수] 뤼미에르가 벨에 대한 야수의 마음을 확인하며 한 말이죠. 상대방의 감정을 확인할 때 쓰는 표현이에요.
care for는 '호감이 있다', '좋아하다'라는 뜻이에요. You like her, don't you?라고 해도 됩니다.

0868

More than anything.

[미녀와 야수] 야수가 벨을 진정으로 사랑한다고 하며 한 말이에요.
사랑하는지 물어보는 질문에 '그 무엇보다도.', '정말로.'라고 대답하는 표현이에요.

0869

If anything happens to her...

[겨울왕국] 한스가 안나를 걱정하면서 한 말이에요.
사랑하는 사람에게 나쁜 일이 생길까 봐 걱정하는 표현이에요.
'그녀에게 무슨 일이라도 생긴다면…'이라고 해석할 수 있어요.

0870

You know what I mean?

[라푼젤] 라푼젤이 플린에게 호감을 보이는 말을 한 뒤 자신의 의도를 이해했는지 물어본 말이죠.
자신의 마음을 상대방이 이해했는지 물어볼 때 쓰는 표현이에요.
특히 사랑 고백을 하면서 내 감정을 제대로 전달하지 못한 것 같아 이런 질문을 많이 하죠.

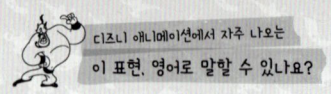
디즈니 애니메이션에서 자주 나오는
이 표현, 영어로 말할 수 있나요?

0866 꺼내기 힘든 말을 해야 할 때

실은 말야…

0867 상대방의 감정을 확인할 때

그녀를 좋아하죠, 그렇죠?

0868 진심으로 대답할 때

그 무엇보다도.

0869 나쁜 일이 생길까 봐 걱정스러울 때

그녀에게 무슨 일이라도 생기면…

0870 자신의 마음을 이해했는지 물어볼 때

무슨 말인지 이해하겠어요?

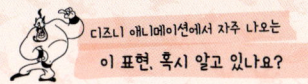 디즈니 애니메이션에서 자주 나오는
이 표현, 혹시 알고 있나요?

0871-0875.mp3

0871

We are made for each other.

[토이 스토리 3] 켄과 바비가 사랑스러운 눈빛으로 서로를 바라보며 한 말이죠.
직역하면 '서로를 위해서 만들어졌다.'가 되잖아요? 이 표현은 '천생연분'을 의미해요.
We're a match made in heaven. 역시 같은 뜻이에요.

0872

Marry me.

[인크레더블 2] 한 남자가 엘라스티걸에게 청혼하며 한 말이에요.
무릎을 꿇고 'Will you marry me?(결혼해 줄래?)'라는 표현을 쓰는 경우가 더 많아요.

0873

The prince is getting hitched.

[인어공주] 갈매기 스커틀이 왕자의 결혼 소식을 알리면서 한 말이에요.
get hitched는 '결혼하다'라는 뜻이에요. tie the knot 혹은 get married 역시 '결혼하다'라는 뜻이에요.

0874

For better or worse.

[인크레더블 2] 헬렌이 밥에게 항상 함께 하겠다고 고백하며 한 말이에요.
혼인 서약서에 꼭 등장하는 표현이죠.
'좋을 때나 나쁠 때나.'라는 뜻으로 어떤 일이 있어도 상대방을 사랑하겠다는 결심을 말하는 표현이에요.

0875

We're living happily ever after.

[라푼젤] 라푼젤이 플린과 행복한 생활을 하고 있다고 하면서 한 말이죠.
해피 엔딩을 의미하는 표현이에요. live happily ever after는 '행복하게 잘살다'라는 뜻이에요.

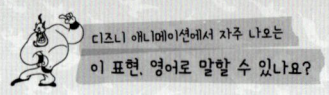

0871
천생연분이라고 할 때

우린 천생연분이에요.

0872
청혼할 때

나와 결혼해 줘요.

0873
결혼한다는 소식을 전할 때

왕자님이 결혼하신대.

0874
사랑을 확신하며 말할 때

좋을 때나 나쁠 때나.

0875
행복하게 살고 있다고 할 때

우린 행복하게 잘살고 있어요.

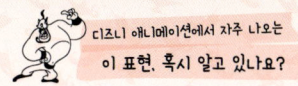
디즈니 애니메이션에서 자주 나오는
이 표현, 혹시 알고 있나요?

0876-0880.mp3

0876

I'd love you to meet my friend.

[주토피아] 닉이 나무늘보 플래시에게 주디를 소개하며 한 말이에요. 상대방에게 친구를 소개할 때 쓰는 표현이에요. '내 친구를 만났으면 해.'라는 해석보다는 '내 친구를 소개할게.'가 더 자연스럽겠죠?

0877

Give me some.

[빅 히어로] 프레드가 히스플리프에게 주먹을 부딪히는 인사를 하며 한 말이에요. 젊은 사람들이 하이파이브, 어깨 부딪히기 등으로 다소 과격하게 인사하자고 할 때 쓰는 표현이에요. 격식을 차리는 자리에서 이런 말은 피하도록 하세요.

0878

We'll hang out another time.

[도리를 찾아서] 도리가 물고기들이 자신에게서 멀어지자 작별 인사하며 한 말이죠. hang out은 '(친구들과) 어울리다, 놀다'라는 뜻이에요. play도 '놀다'의 뜻이 있지만 어린 아이들이 쓰는 말이에요. 성인들끼리의 play는 다소 성적인 의미가 있어요.

0879

To our friendship!

[코코] 돈 히달고가 델라 크루즈와 건배하며 한 말이죠. '우리의 우정을 위해 건배!'라는 뜻이에요. 우리는 건배할 때 '위하여!'라고 많이 하는데 이때 '위하여'라는 뜻을 살리려고 for를 쓰면 콩글리시가 돼요. 건배할 때는 to를 써야 합니다.

0880

You and I are square.

[도리를 찾아서] 행크가 도리에게 신세를 갚았다는 의미로 한 말이에요. '서로 비긴 거야.'라는 뜻이에요. We are even.이라고 해도 같은 의미가 됩니다.

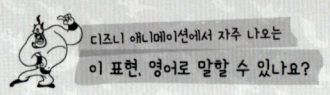

0876 친구를 소개할 때

내 친구를 소개할게.

0877 과격하게 인사하자고 할 때

인사하자.

0878 다음에 만나자고 할 때

다음에 또 놀자.

0879 우정을 위해 건배할 때

우리의 우정을 위해 건배!

0880 비겼다고 할 때

우리 이제 비긴 거야.

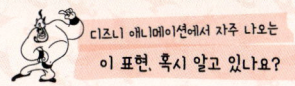

0881-0885.mp3

17 우정 2

0881

He's the only one I've got.

[토이 스토리] 우디가 장난감들에게 버즈를 구해 달라고 간청하면서 한 말이에요.
the only one I've got은 '내가 가지고 있는 유일한 것'을 의미해요.
'그는 나의 유일한 친구야.'라는 뜻이에요.

0882

I'll go get my friends.

[토이 스토리 3] 랏소의 말에 기뻐하는 버즈가 친구들도 데려오겠다며 한 말이에요.
'가서 ~를 데려오다'라고 할 때는 go and get이라고 쓸 수도 있지만
go get처럼 두 가지 동사를 나란히 써서 표현할 수도 있어요.

0883

Thanks everyone for sticking by me.

[카 3] 맥퀸이 동료들에게 고마움을 표하며 한 말이죠. 힘든 일이 있을 때 누군가 곁에 있으면 큰 힘이 되죠.
나를 끝까지 지지해 주고 함께 해 준 이들에게 감사를 표하는 말이에요. '함께 해 줘서 고마워.'라는 뜻이에요.

0884

Don't push us away.

[빅 히어로] 허니가 히로에게 친구들을 밀어내지 말라고 하면서 한 말이에요.
push away는 '밀어내다'라는 뜻이에요.
의도적으로 다른 친구들을 멀리한다는 생각이 들 때 '우릴 멀리하지 마.'라는 뜻으로 쓰는 표현이에요.

0885

We're gonna get along just fine.

[인크레더블 2] 밥이 혼자서 잭잭을 돌보면서 한 말이에요.
상대방에게 잘 지내보자는 의도로 하는 말이에요. get along은 '(함께) 잘 지내다'라는 뜻이에요.

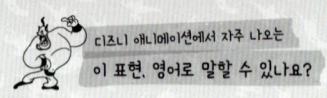

0881
하나뿐인 친구라고 말할 때

그는 나의 유일한 친구야.

0882
가서 친구들을 데려온다고 할 때

친구들을 데려올게.

0883
힘이 되어 준 친구에게 고마움을 표현할 때

함께 해 줘서 고마워.

0884
친구가 의도적으로 멀어지려고 할 때

우릴 멀리하지 마.

0885
상대방에게 잘 지내보자는 의도로

우린 잘 지낼 거야.

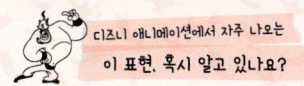
디즈니 애니메이션에서 자주 나오는
이 표현, 혹시 알고 있나요?

0886-0890.mp3

0886
Tomorrow's another day.

[주토피아] 주디가 긍정적인 생각을 가지려고 하면서 한 말이에요.
영화 〈바람과 함께 사라지다〉의 명대사예요.
'내일은 내일의 해가 떠오른다.'는 뜻으로 오늘의 절망은 잊어버리고 내일의 희망을 생각하자는 표현입니다.

0887
Five second rule.

[온워드] 발리가 바닥에 떨어진 토스트를 빨리 주워 담으면서 한 말이죠.
바닥에 음식이 떨어졌을 때 5초 안에 먹으면 된다는 말이에요.
Five second rule.이라고 말한 뒤 재빨리 음식을 입에 넣으면 됩니다.

0888
Look who's talking.

[노틀담의 꼽추] 휴고가 빅터를 비난하면서 한 말이에요.
'사돈 남 말 하네.' 혹은 '너는 어떻고?'라는 의미로 상대방을 비난하는 표현이에요.

0889
Success doesn't come for free.

[코코] 델라 크루즈가 성공을 위해서는 희생이 뒤따른다고 하면서 한 말이에요.
'성공은 저절로 오는 게 아니다.'라고 해석할 수 있어요. 노력 없이는 성공을 이룰 수 없다는 의미예요.

0890
A deal's a deal!

[도리를 찾아서] 행크가 도리의 사정은 딱하지만 약속을 했으니 꼬리표를 달라고 하면서 한 말이죠.
여기의 deal은 '약속'이란 뜻이에요.
'약속은 약속이잖아!'라는 의미로 아무리 나쁜 약속이라도 지켜야 한다고 강하게 말하는 거예요.

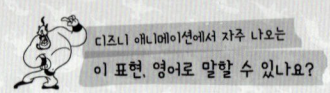

0886 내일의 희망을 말할 때

내일은 내일의 해가 뜰 거야.

0887 땅에 떨어진 음식을 주워먹을 때

빨리 주워먹으면 돼.

0888 너나 잘하라고 할 때

사돈 남 말 하네.

0889 노력하라고 말할 때

성공은 저절로 오는 게 아니야.

0890 약속을 지키라고 할 때

약속은 약속이잖아!

디즈니 애니메이션에서 자주 나오는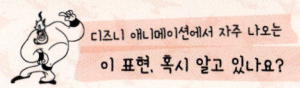

0891-0895.mp3

0891

I hope you like it here.

[미녀와 야수] 야수가 벨에게 성을 소개하면서 한 말이에요.
상대방이 지금 이곳을 좋아했으면 하고 바라면서 하는 말이에요.

0892

I've been thinking...

[주먹왕 랄프] 랄프가 바넬로피에게 경기를 포기하라고 말하기 전에 한 말이에요.
'내가 생각을 좀 해 봤는데…'라는 뜻으로 어려운 말을 꺼내기 전에 하는 말이에요.

0893

He asked me to marry him.

[미녀와 야수] 개스톤이 자신에게 청혼한 사실이 믿기지 않는다는 듯 벨이 한 말이죠.
ask ~ to marry는 '~에게 청혼하다'라는 뜻이에요.
He asked me to be his wife.(아내가 되어 달라고 했어.)라고 말할 수도 있어요.

0894

I'm not leaving without you.

[겨울왕국] 안나가 엘사를 꼭 아렌델로 데리고 가겠다고 맹세하며 한 말이에요.
'널 두고 혼자 가지 않겠어.'라는 뜻으로 상대방과 꼭 함께 가겠다는 의지를 말하는 표현이에요.

0895

I can't do it without you.

[주토피아] 주디가 닉에게 도움을 요청하며 한 말이에요.
'너 없인 할 수 없어.'라는 뜻으로 상대방이 꼭 필요하다고 말할 때 쓰는 표현이에요.
그 뒤에는 세트로 I need you.가 따라 나오겠죠?

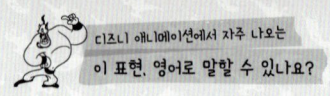

0891

상대방이 이곳을 좋아하길 바라며

여기가 마음에 들었으면 좋겠군요.

0892

어려운 말을 꺼내기 전에 하는 말

생각을 해 봤는데…

0893

청혼 소식을 전할 때

그가 내게 청혼했어.

0894

상대방과 끝까지 함께 가겠다고 말할 때

널 두고 가진 않겠어.

0895

상대방이 꼭 필요하다고 말할 때

너 없인 할 수 없어.

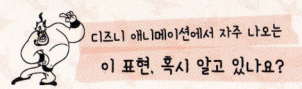

디즈니 애니메이션에서 자주 나오는
이 표현, 혹시 알고 있나요?

0896-0900.mp3

20 사랑, 우정 기타 표현 2

0896
I'm gonna be straight with you.

[주먹왕 랄프] 랄프가 배넬로피에게 경기를 포기하라고 강요하며 한 말이에요.
'단도직입적으로 말할게.'라는 뜻으로 말을 돌리지 않고 상대방에게 핵심을 전달하려고 할 때 쓰는 표현이에요.

0897
He's holding back.

[라이온 킹] 심바가 의도적으로 무언가를 감추고 있다고 생각하며 날라가 한 말이죠.
hold back은 '무언가를 비밀로 간직하다'라는 뜻이에요.
또한 '감정을 억누르다'라는 뜻으로도 자주 씁니다.

0898
I'm trying to save your skin.

[주먹왕 랄프] 랄프가 배넬로피에게 경기 포기를 종용하는 이유를 설명한 말이에요.
'널 보호해 주려는 거야.'라는 뜻이에요. save one's skin은
'어려움에서 ~를 구해 주다', '~를 보호해 주다'라는 뜻이에요. save one's neck이라고도 해요.

0899
I don't want to get to know him.

[미녀와 야수] 벨이 야수에게 마음이 상해서 한 말이죠. get to know는 '~를 알아가다'라는 뜻이에요.
그 사람에게 관심 갖고 싶지 않다고 단호히 말할 때 쓰는 표현이에요.

0900
I'm gonna miss you.

[모아나] 마우이가 떠나면서 헤이헤이가 보고 싶을 거라며 한 말이에요.
헤어지면서 '보고 싶을 거야.'라는 의미로 하는 말이에요.
이 말을 하면서 살짝 눈물을 훔친다면 멋진 이별의 장면이 만들어지겠죠?

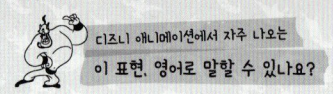
디즈니 애니메이션에서 자주 나오는
이 표현, 영어로 말할 수 있나요?

0896　말 돌리지 않고 핵심을 전달하려고 할 때
단도직입적으로 말할게.

0897　그 사람이 비밀이 있다고 생각하며
그가 뭔가를 숨기고 있어.

0898　누군가를 지켜 준다는 의도로
널 보호해 주려는 거야.

0899　그 사람에게 관심 갖고 싶지 않다고 할 때
그를 알고 싶지 않아.

0900　작별하면서 하는 말
보고 싶을 거야.

망각방지 장치 1

하루만 지나도 학습한 내용의 50%를 잊어버립니다. 여러분은 몇 퍼센트나 잊어버렸을까요? 5분 안에 25개를 말해 보세요.

01	당신 좀 이상해요.	You're not making _____.	0852
02	너 때문에 화가 나.	I'm so _____ with you.	0853
03	그녀가 내 사랑을 거절했어.	She _____ my affections.	0857
04	가망이 없어.	It's _____.	0858
05	맘대로 하든가.	Have it your _____.	0859
06	우린 끝났어요!	We're _____!	0861
07	난 당신이 과분해요.	I just don't _____ you.	0863
08	그녀가 그를 완강히 거절했죠.	She turned him _____ flat.	0864
09	그 무엇보다도.	More than _____.	0868
10	그녀에게 무슨 일이라도 생기면…	If anything _____ to her...	0869
11	무슨 말인지 이해하겠어요?	You know _____ I mean?	0870
12	우린 천생연분이에요.	We are _____ for each other.	0871
13	나와 결혼해 줘요.	_____ me.	0872
14	좋을 때나 나쁠 때나.	For better or _____.	0874

정답 01 sense 02 cross 03 rebuffed 04 hopeless 05 way 06 through 07 deserve 08 down
09 anything 10 happens 11 what 12 made 13 Marry 14 worse

15	우리의 우정을 위해 건배!	To our _____ !	○ ✕	0879
16	우리 이제 비긴 거야.	You and I are _____ .	○ ✕	0880
17	친구들을 데려올게.	I'll go _____ my friends.	○ ✕	0882
18	우릴 멀리하지 마.	Don't _____ us away.	○ ✕	0884
19	내일은 내일의 해가 뜰 거야.	Tomorrow's _____ day.	○ ✕	0886
20	빨리 주워먹으면 돼.	Five _____ rule.	○ ✕	0887
21	사돈 남 말 하네.	Look who's _____ .	○ ✕	0888
22	약속은 약속이잖아!	A deal's a _____ !	○ ✕	0890
23	널 두고 가진 않겠어.	I'm not leaving _____ you.	○ ✕	0894
24	단도직입적으로 말할게.	I'm gonna be _____ with you.	○ ✕	0896
25	보고 싶을 거야.	I'm gonna _____ you.	○ ✕	0900

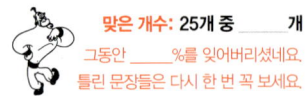

맞은 개수: 25개 중 _____ 개
그동안 _____%를 잊어버리셨네요.
틀린 문장들은 다시 한 번 꼭 보세요.

정답 15 friendship 16 square 17 get 18 push 19 another 20 second 21 talking 22 deal
23 without 24 straight 25 miss

망각방지장치 2

일주일이 지나면 학습한 내용의 70%를 잊어버립니다. 여러분은 몇 퍼센트나 잊어버렸을까요? 디즈니 대화문에서 확인해 보세요.

---

121 [미녀와 야수] 하인들이 성에 들어온 벨을 발견하고   conversation121.mp3

LUMIERE   It's a girl!

COGSWORTH   I know it's a girl!

LUMIERE   Don't you see? 그녀가 우리가 찾던 사람이야. 0808 The girl we have been waiting for. She has come to break the spell!

           Words   spell 주문

---

122 [미녀와 야수] 야수가 벨에게 깜짝 이벤트를 보여주려고   conversation122.mp3

BEAST   Belle, 보여주고 싶은 게 있어요. 0848

BEAST   But first, 눈을 감아요. 0829

BEAST   It's a surprise.

BELLE   Can I open them?

BEAST   No, no. Not yet. Wait here.

           Words   surprise 놀라운 일

---

123 [미녀와 야수] 하인들이 야수에게 데이트 조언을 하며   conversation123.mp3

LUMIERE   Impress her with your rapier wit.

MRS. POTTS   But be gentle.

LUMIERE   폭풍 칭찬하세요. 0832

MRS. POTTS   But be sincere.

           Words   rapier wit 번뜩이는 재치   gentle 점잖은   sincere 진지한

121

뤼미에르 여자야!

콕스워스 여자인 거 나도 알아!

뤼미에르 모르겠어? She's the one. ⁰⁸⁰⁸ 우리가 기다리고 있던 여자. 주문을 없애기 위해 온 거라구!

122

야수 벨, there's something I want to show you. ⁰⁸⁴⁸

야수 하지만 먼저, you have to close your eyes. ⁰⁸²⁹

야수 깜짝 놀랄 만한 거예요.

벨 이제 눈 떠도 되나요?

야수 아니요. 아직이요. 여기서 기다려요.

123

뤼미에르 주인님의 번뜩이는 재치로 감동을 시키세요.

포츠 부인 하지만 점잖게 행동하세요.

뤼미에르 Shower her with compliments. ⁰⁸³²

포츠 부인 하지만 진지하게 하세요.

124　[미녀와 야수] 벨이 개스톤의 청혼을 거절하며　conversation124.mp3

BELLE　Gaston, I'm speechless. I really don't know what to say.

GASTON　Say you'll marry me.

BELLE　I'm very sorry, Gaston, but 난 당신이 과분해요. 0863

> Words　speechless 할 말을 잃은

125　[미녀와 야수] 뤼미에르가 야수에게 사랑을 고백하라고 하면서　conversation125.mp3

LUMIERE　There will be music. Romantic candlelight, provided by myself, and when the time is right, 사랑한다고 하세요. 0836

BEAST　Yes, I – I can – No, I can't.

LUMIERE　그녀를 좋아하죠, 그렇죠? 0867

BEAST　그 무엇보다도. 0868

> Words　candlelight 촛불　confess 고백하다

126　[미녀와 야수] 야수가 벨에게 성을 소개하면서　conversation126.mp3

LUMIERE　Say something to her.

BEAST　Hmm? Oh… 여기가 마음에 들었으면 좋겠군요. 0891 The castle is your home now, so you can go anywhere you wish, except the West Wing.

BELLE　What's in the West Wing?

BEAST　It's forbidden.

> Words　wing 건물　forbidden 금지된

124 벨　개스톤, 할 말이 없어요. 무슨 말을 해야 할지 모르겠군요.

　　개스톤　나랑 결혼하겠다고 해.

　　벨　정말 미안해요, 개스톤, 하지만 **I just don't deserve you.** ⁰⁸⁶³

125 뤼미에르　음악이 있을 겁니다. 로맨틱한 촛불도 제가 밝힐 겁니다. 그리고 적절한 타이밍에, **you confess your love.** ⁰⁸³⁶

　　야수　그래, 나 할 수 있어 – 아니야, 난 못 해.

　　뤼미에르　**You care for the girl, don't you?** ⁰⁸⁶⁷

　　야수　**More than anything.** ⁰⁸⁶⁸

126 뤼미에르　그녀에게 무슨 말이라도 해 봐요.

　　야수　음? 오… **I... um... hope you like it here.** ⁰⁸⁹¹ 이 성이 이제 당신 집이에요. 원하는 곳은 다 가도 돼요. 서쪽 별관만 빼고 말이죠.

　　벨　서쪽 별관에는 뭐가 있나요?

　　야수　금지된 곳이에요.

127 [겨울왕국] 안나가 한스 왕자를 다시 만나서

conversation127.mp3

HANS Princess…? My Lady.

ANNA Hi… again.

HANS Oh, boy.

ANNA Ha. 이거 어색하네. ⁰⁸¹² Not you're awkward, but just because we're… I'm awkward. You're gorgeous. Wait, what?

Words awkward 어색한   gorgeous 멋진

128 [겨울왕국] 크리스토프가 한스와 안나의 사랑을 인정하지 않자

conversation128.mp3

ANNA Ew. Look. It doesn't matter; it's true love.

KRISTOFF Doesn't sound like true love.

ANNA 연애 박사라도 되나 보죠? ⁰⁸¹⁵

KRISTOFF No. But I have friends who are.

Words matter 중요하다   expert 전문가

129 [겨울왕국] 한스가 안나를 찾으러 나가겠다고 하자 귀빈들이 말리면서

conversation129.mp3

HANS I'm going back out to look for Princess Anna.

FRENCH DIGNITARY You cannot risk going out there again.

HANS 그녀에게 무슨 일이라도 생기면… ⁰⁸⁶⁹

SPANISH DIGNITARY If anything happens to the Princess, you are all Arendell has left.

Words dignitary 고위 관리   risk 위험하게 ~하다

127	한스	공주…? 공주님.

안나 안녕하세요… 다시 뵈어서 반가워요.

한스 오, 이런.

안나 하. **This is awkward.** ⁰⁸¹² 당신이 어색한 게 아니구요, 우리가… 제가 어색하네요. 당신은 아주 멋지구요. 잠깐만, 뭐라구요?

128	안나	이봐요. 상관없어요. 진정한 사랑이니까.

크리스토프 진정한 사랑같이 들리지 않는군요.

안나 **Are you some sort of love expert?** ⁰⁸¹⁵

크리스토프 아니요. 하지만 그런 친구들이 있어요.

129	한스	안나 공주를 찾으러 다시 나가봐야겠어요.

프랑스 공사 위험하게 다시 밖으로 나가지 마십시오.

한스 **If anything happens to her…** ⁰⁸⁶⁹

스페인 공사 공주에게 무슨 일이 생기면 아렌델은 왕자님밖에 없습니다.

130 [토이 스토리 3] 바비가 켄에게 사랑을 고백하며   conversation130.mp3

BARBIE I was wrong! 당신과 함께 있고 싶어요. ⁰⁸⁴⁴ Ken! In your Dream House! Take me away from this! Take me away!

KEN Darn it, Barbie…!

KEN Okay, but, 지금 상황이 복잡해요. ⁰⁸⁵⁶ You gotta do what I say!

BARBIE I will, Ken! I promise!

Words   Darn it! 제기랄!   complicated 복잡한

131 [토이 스토리 3] 바비가 켄에게 친구들에게 무슨 짓을 꾸미는지 추궁하며   conversation131.mp3

BARBIE What're you doing to my friends?

KEN Wait, Barbie!

BARBIE Don't touch me! 우린 끝났어요. ⁰⁸⁶¹

BARBIE And gimme my scarf back!

Words   give ~ back ~를 돌려주다

132 [노틀담의 꼽추] 석상들이 콰지모도의 매력을 칭찬하며   conversation132.mp3

LAVERNE Take it from us, Quasi. You've got nothing to worry about.

HUGO Yeah, 넌 너무 매력적이야. ⁰⁸⁰²

VICTOR Knights in shining armour certainly aren't her type.

HUGO And those guys are a dime a dozen. But you? You're one of a kind. Look…

Words   knight 기사   armour 갑옷   a dime a dozen 아주 흔한

130

바비   내가 잘못했어요! **I want to be with you,** ⁰⁸⁴⁴ 켄! 당신의 드림하우스에서! 여기서 날 데려가 줘요. 날 데려가요!

켄   제기랄, 바비…!

켄   알았어요, 하지만 **things are complicated around here.** ⁰⁸⁵⁶ 내가 하라는 대로 해야 해요!

바비   그럴게요, 켄! 약속해요!

131

바비   내 친구들에게 무슨 짓이에요?

켄   기다려요, 바비!

바비   나 건드리지 말아요! **We're through!** ⁰⁸⁶¹

바비   그리고 내 스카프 돌려줘요!

132

라번   우리 말을 들어, 콰지. 넌 걱정할 거 없어.

휴고   그래, **you're irresistible.** ⁰⁸⁰²

빅터   반짝이는 갑옷을 입은 기사는 확실히 그녀의 취향이 아니야.

휴고   그리고 그런 사람은 흔해 빠졌어. 하지만 너? 넌 유일하잖아. 이봐…

133 [알라딘] 자스민 공주, 알라딘을 알아보고

conversation133.mp3

JASMINE   W-,w-, wait! Wait! 우리 만난 적 있나요? ⁰⁸¹⁶

ALADDIN   Uh, no. No.

JASMINE   당신을 보니 누가 생각나네요. ⁰⁸⁰⁹ I met in the marketplace.

ALADDIN   The marketplace? I have servants who go to the marketplace for me.

Words   marketplace 시장   servant 하인

134 [알라딘] 물에 빠진 알라딘을 지니가 살리고서

conversation134.mp3

GENIE   Don't you scare me like that!

ALADDIN   Genie, I... uh, I... Thanks, Genie.

GENIE   Oh, Al. 당신이 좋아지려고 해요, ⁰⁸¹¹ kid.

GENIE   Not that I wanna pick out curtains or anything.

Words   scare 겁을 주다   pick out 고르다

135 [인크레더블 2] 밥이 헬렌에게 아이들은 걱정 말고 일을 하라고 격려하며

conversation135.mp3

BOB   I'll watch the kids, no problem. Easy.

HELEN   Easy, huh? 당신, 너무 사랑스러워요. ⁰⁸⁰⁵ Well if there is a problem, I'll drop this thing and come right back –

BOB   You won't need to. I got it. You go, do this thing. Do it so. I can do it better.

Words   adorable 사랑스러운   drop 그만두다

133 자스민 기, 기다려요! 기다려! **Do I know you?** 0816

알라딘 어, 아니요. 없어요.

자스민 **You remind me of someone.** 0809 시장에서 만난 적이 있는데.

알라딘 시장이요? 나를 대신해서 시장을 가는 하인들은 있죠.

134 지니 그렇게 겁주지 마세요!

알라딘 지니, 난… 어, 난… 고마워, 지니.

지니 오, 알라딘. **I'm gettin' kinda fond of you.** 0811

지니 그렇다고 살림을 차리자는 건 아니에요.

135 밥 내가 애들을 돌볼게, 걱정 마. 아주 쉬우니까.

헬렌 쉽다구요? **You're adorable.** 0805 문제가 생기면 이 일을 당장 그만두고 다시 돌아갈 –

밥 그럴 필요 없어. 내가 해결할게. 가서 일을 해. 그렇게 하라고. 나도 더 잘할 수 있으니까.

PART 10

고난을 극복하며 쓰는
표현 100

PART 10 전체 듣기

우리의 삶이 그러한 것처럼 디즈니 캐릭터들도 고난 속에서 성장하고 진짜 어른이 되어가요. 고난을 극복하며 쓰는 표현들을 디즈니 애니메이션 속에서 배워볼게요. 잘 익혀 두어 고난이 있을 때 이 표현들을 떠올리며 상황을 헤쳐나가 보세요.

01 말싸움   02 문제 발생   03 작전 수행 1   04 작전 수행 2   05 다급한 명령   06 다급한 행동 1
07 다급한 행동 2   08 위기   09 전쟁   10 고난의 시작   11 고난 중 하는 말 1   12 고난 중 하는 말 2   13 고난 극복 의지   14 고난을 겪은 후   15 절망 1   16 절망 2   17 악당에게 하는 말
18 속담, 격언   19 고난 관련 기타 표현 1   20 고난 관련 기타 표현 2

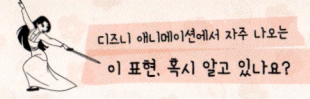

디즈니 애니메이션에서 자주 나오는 **이 표현, 혹시 알고 있나요?**

0901-0905.mp3

What about us?

[몬스터 주식회사] 설리의 태도가 변하자 마이크가 두 사람의 우정에 관해 따지듯이 물어본 말이에요.
두 사람 사이의 문제를 어떻게 할 것인지 따지듯이 물어보는 표현이에요.
What about ~?은 '~는 어떻게 할 거야?'란 뜻으로 상대방에게 따질 때 쓸 수 있어요.

You don't have the guts.

[라따뚜이] 싸움을 하는 남자가 상대방을 자극하며 한 말이에요.
guts는 '직감'이란 뜻도 있지만 '배짱, 용기'라는 뜻으로도 많이 쓰여요.
'배짱도 없으면서.'라고 하면서 상대방을 자극할 때 쓰는 표현이에요.

It doesn't have to be this way!

[몬스터 주식회사] 설리가 워터누즈에게 부를 풀어 주라고 회유하며 한 말이에요.
'이럴 필요 없잖아'라는 뜻으로 상대방이 생각하는 대로 굳이 할 필요가 없다고 회유할 때 쓰는 표현이에요.

I don't wanna hurt your feelings.

[니모를 찾아서] 말린이 혼자서 니모를 찾겠다고 한 뒤 도리를 배려하며 한 말이에요.
'네 기분을 상하게 하고 싶지 않아.'라는 뜻으로 언쟁 후에 상대방을 배려하듯 하는 말이에요.

That is rude.

[주먹왕 랄프] 바넬로피가 랄프를 흉내내자 랄프가 화를 내며 한 말이죠.
상대방의 행동이 예의에 매우 어긋난다고 꾸짖거나 비판할 때 쓰는 표현이에요.
'무례하시군요.'라는 뜻이에요.

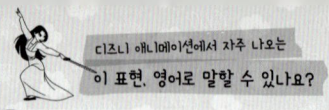
디즈니 애니메이션에서 자주 나오는
이 표현, 영어로 말할 수 있나요?

0901

두 사람 사이의 문제를 따지면서

우리는 어쩌고?

0902

상대방을 자극할 때

배짱도 없으면서.

0903

상대방을 회유할 때

이럴 필요 없잖아!

0904

언쟁 후 상대방을 배려하듯 하는 말

네 기분을 상하게 하고 싶지 않아.

0905

예의에 어긋나는 행동을 하는 사람에게 하는 말

무례하시군요.

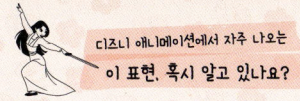

0906-0910.mp3

0906
We have a situation.

[토이 스토리 4] 버즈가 우디와 포키가 골동품 가게에 갇혀 있다고 하면서 한 말이에요. 여기서 말하는 situation(상황)은 '곤란한 상황'을 의미하는 거예요. '문제가 생겼어.'라고 할 때 쓰는 표현입니다.

0907
We have a major problem.

[인사이드 아웃] 엉뚱섬이 무너지자 까칠이가 크게 당황하며 한 말이죠. '큰 문제가 생겼어.'라는 뜻이에요. major 대신 big이나 huge란 단어를 써도 됩니다. '사소한 문제가 있어.'라고 할 때는 'We have a minor problem.'이라고 해요.

0908
We're in for it!

[인사이드 아웃] 엄마가 머리를 묶자 감정들이 당황하면서 한 말이에요. '우리 이제 큰일이야!'라는 뜻으로 자신들에게 문제가 생겼다고 하는 표현이에요.

0909
Now what?

[겨울왕국] 엘사에게 문전박대를 당한 후 크리스토프가 안나에게 앞으로의 계획을 물어본 말이에요. '이제 어떻게 하죠?'라는 뜻이에요. Now what are we gonna do?(우리 이제 어떻게 하죠?)라고 길게 써도 됩니다.

0910
Oh, dear.

[메리 포핀스 리턴즈] 싱크대가 폭발하자 제인이 당황하며 한 말이에요. 예상치 못한 일이 벌어져 당황하거나 놀라워할 때 쓰는 감탄사예요. Dear me.라고 쓸 수도 있어요. '오, 이런.' 정도로 해석해 주세요.

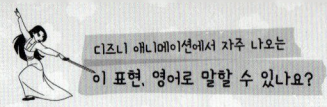
디즈니 애니메이션에서 자주 나오는
이 표현, 영어로 말할 수 있나요?

0906 □□□

곤란한 상황이 발생했을 때

문제가 생겼어.

0907 □□□

큰 문제가 발생했다고 말할 때

큰 문제가 생겼어.

0908 □□□

문제가 생겼다고 할 때

우리 이제 큰일이야!

0909 □□□

앞으로의 계획을 물어볼 때

이제 어쩌죠?

0910 □□□

예상치 못한 일이 벌어져 당황할 때

오, 이런.

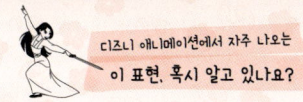

0911-0915.mp3

0911

Do you read me?

[토이 스토리] 버즈가 스타 커맨더에 무전으로 교신하며 한 말이죠.
'들리나?'라는 뜻으로 무전 상태를 점검할 때 쓰는 표현이에요. Do you copy? 역시
무전이 제대로 전달되었는지 확인하는 표현이에요. 무전으로 '알았다.'라고 할 때는 Copy that.이라고 합니다.

0912

Split up!

[토이 스토리] 버즈와 우디가 도망치며 흩어지자고 하면서 한 말이죠.
무리에게 재빨리 흩어지라고 명령하는 말이에요.
split은 '찢다'라는 뜻입니다.

0913

Status report!

[도리를 찾아서] 도리가 베일리에게 지금 어떤 상태인지 설명해 보라며 한 말이에요.
'상황 보고!'라는 의미의 군대식 용어예요.
현재의 상태를 간략하게 설명하겠다고 할 때도 쓸 수 있는 표현이에요.

0914

Abort!

[빅 히어로] 크레이의 테스트가 실패하자 작전 중지를 명령하며 한 말이죠.
작전 수행 중 갑자기 작전을 중지시킬 때 쓰는 말이에요.
작전을 계속하라고 할 때는 Proceed.라고 합니다.

0915

All clear.

[주토피아] 닉이 의료실로 잠입해서 아무도 없다고 한 말이에요.
군대식 용어로 '상황 종료'를 뜻하기도 하고 '아무도 없다'라는 뜻으로 쓰기도 해요.
요즘은 군대뿐만 아니라 일상 대화에서도 자주 쓴답니다.

239

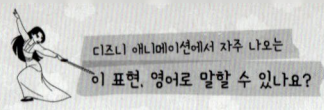

0911 무전 상태를 점검할 때

들리나?

0912 흩어지라고 명령할 때

흩어져!

0913 상황을 보고하라고 명령할 때

상황 보고해 봐!

0914 갑자기 작전을 취소할 때

중지!

0915 아무도 없다고 알릴 때

아무도 없어.

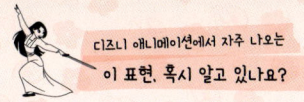 디즈니 애니메이션에서 자주 나오는
이 표현, 혹시 알고 있나요?

0916-0920.mp3

0916

Take cover!

[토이 스토리] 하늘에서 RC 로켓이 떨어지자 렉스가 다른 장난감들에게 피하라며 한 말이죠.
포탄 등의 갑작스러운 공격으로 몸을 숨기거나
하늘에서 무언가 떨어지니까 조심하라고 명령하는 말이에요.

0917

On the count of three.

[도리를 찾아서] 베일리가 데스티니와 타이밍을 맞추기 위해 한 말이죠.
'셋을 세면 하는 거야.'라는 뜻으로 보조를 맞춰서 동시에 행동해야 할 때 쓰는 말이에요.
On my count of three.나 On my count.라고 할 수도 있어요.

0918

Try to buy us some time!

[인크레더블] 헬렌이 다급한 상황에서 프로즌에게 시간을 끌라고 부탁하며 한 말이죠.
'시간을 끌어 봐!'라는 뜻이에요.
buy time은 '시간을 끌다', '의도적으로 지연시키다'라는 뜻의 표현입니다.

0919

Coast is clear.

[토이 스토리] 앤디가 방을 나가자 우디가 장난감들에게 나와도 된다고 하면서 한 말이에요.
작전을 수행할 때 '적이 없다', '안전하다'라는 의미를 전달하는 말이에요.
'해변이 깨끗하다'라는 의미가 아닙니다.

0920

The message will self-destruct.

[인크레더블] 미라지가 밥에게 첩보 메시지를 전달한 뒤 한 말이에요.
첩보 영화의 단골 대사입니다. '메시지는 자동 폭파됩니다.'라는 뜻이죠.

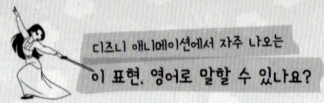

0916
하늘에서 무언가가 떨어지자

피해!

0917
타이밍에 맞춰 행동할 때

셋을 셀게.

0918
시간을 지연시키라고 말할 때

시간 좀 끌어 봐!

0919
안전한 상황이라고 말할 때

이제 괜찮아.

0920
첩보 영화의 단골 대사

메시지는 자동 폭파됩니다.

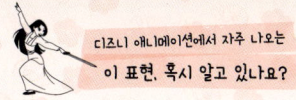 디즈니 애니메이션에서 자주 나오는
이 표현, 혹시 알고 있나요?

0921-0925.mp3

05 다급한 명령

0921
Stand back!

[토이 스토리] 버즈가 장난감들에게 하늘을 나는 것을 보여주겠다고 물러서라고 한 말이죠.
이 표현을 '뒤로 돌아서 있어!'라고 알고 있는 분들이 많은데 '물러서!'라는 뜻이에요.
'돌아서 있어!'는 Turn around!라고 해요.

0922
Head down.

[주토피아] 주디가 닉의 머리를 끌어내리며 경고한 말이죠.
머리 위로 갑자기 무언가 떨어질 때 '머리 숙여.'라는 의미로 쓰는 말이에요.
Duck!이라고 해도 됩니다.

0923
Get on!

[빅 히어로] 테디가 곤경에 처한 히로에게 스쿠터에 빨리 올라타라고 한 말이죠.
오토바이나 자전거, 동물의 등처럼 지붕이 없는 것에 올라타라고 할 때 쓰는 말이에요.
차처럼 지붕이 있는 것에 타라고 할 때는 Get in!이라고 하세요.

0924
Behind you!

[온워드] 발리의 뒤에서 저주가 나타나자 이안이 경고하며 한 말이에요.
상대방에게 뒤를 조심하라고 다급하게 말할 때 쓰는 표현이에요.

0925
Spread out.

[인크레더블 2] 보이드가 다른 슈퍼히어로들에게 흩어지라며 한 말이에요.
이 표현은 모여 있는 사람들에게 다급하게 흩어지라고 명령할 때 쓰는 말이에요.

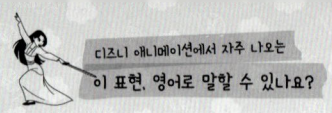

0921 뒤로 물러서라고 명령할 때

물러서!

0922 뭔가 떨어진다고 경고할 때

머리 숙여.

0923 올라타라고 말할 때

타!

0924 상대방의 뒤에 뭔가 있다고 말할 때

뒤를 조심해!

0925 다급하게 흩어지라고 말할 때

흩어져.

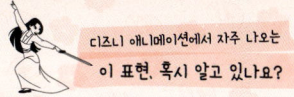
디즈니 애니메이션에서 자주 나오는
이 표현, 혹시 알고 있나요?

0926-0930.mp3

0926

Look out!

[인크레더블 2] 엘라스티걸이 비행기 조종사들에게 경고하며 한 말이에요.
'조심해'라는 뜻으로 다급하게 경고할 때 쓰는 표현이에요.
Watch out!이라고도 해요.

0927

Do not let go!

[주토피아] 닉이 주디에게 절대 손을 놓치 말라면서 한 말이에요.
상대방에게 간신히 매달려 있는 절박한 상황에서
'(내 손을) 놓지 매'라는 의미로 쓰는 표현이에요.

0928

Hang in there!

[겨울왕국] 몸이 약해지는 안나를 성으로 급히 데려가며 크리스토프가 한 말이죠.
가까스로 버티고 있는 사람에게 '조금만 버텨'라는 뜻으로 쓰는 표현이에요.
또한 힘든 시간을 보내고 있는 사람에게 '용기 내!'라는 뜻으로도 쓸 수 있어요.

0929

Watch your step.

[코코] 친척들이 죽은자의 세상에서 미구엘에게 길을 안내하며 한 말이에요.
'발 조심해.'라는 뜻이에요.
바닥이 고르지 못하거나 난간이 있는 경우 '바닥 조심'이라는 경고문으로도 쓸 수 있어요.

0930

Just keep going!

[온워드] 발리가 이안에게 뒤돌아보지 말고 계곡을 건너가라며 한 말이에요.
상대방에게 계속 움직이라고 말하는 표현이에요.
'계속 가' 혹은 '계속 해'라는 뜻입니다.

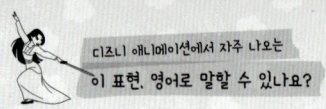

0926

다급하게 경고할 때

조심해요!

0927

절박한 상황에서 손을 놓지 말라고 할 때

놓지 마!

0928

가까스로 버티고 있는 사람에게 하는 말

조금만 버텨요!

0929

발 아래를 조심하라고 할 때

발 조심해.

0930

계속 움직이라고 할 때

계속 가!

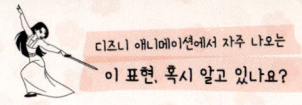
디즈니 애니메이션에서 자주 나오는
이 표현, 혹시 알고 있나요?

0931-0935.mp3

Get off!

[빅 히어로] 히로가 프레드에게 베이맥스에서 떨어지라고 명령한 말이에요.
떨어지라고 강하게 말할 때 쓰는 표현이에요.
'나한테서 떨어져.'라고 할 때는 Get off from me.라고 씁니다.

Hold it!

[코코] 경비원이 미구엘에게 멈추라고 명령한 말이에요.
상대방에게 '거기 서'라고 명령하는 말이에요.
또한 '움직이지 마', '기다려!'라는 뜻으로도 쓸 수 있어요.

Take a deep breath.

[니모를 찾아서] 도리가 당황한 말린에게 숨을 크게 쉬라고 조언한 말이에요.
take a breath는 '숨을 들이쉬다'라는 뜻이에요. 여기에 deep을 쓰면 '크게 들이쉬다'라는 뜻이 됩니다.
'크게 들이쉬다'라고 해서 big breath라고 하지 않아요.

Stay put.

[라이온 킹] 하이에나 쉔지가 반자이에게 스카의 명령을 받을 때까지 기다리라고 하며 한 말이죠.
상대방에게 움직이지 말고 그 자리에서 기다리라는 말이에요.
'기다려.' 혹은 '여기에 있어.'라는 뜻이에요.

Hang on!

[겨울왕국] 크리스토프가 안나에게 썰매를 꽉 잡으라고 하면서 한 말이에요.
갑작스러운 움직임에 대비해서 '꽉 잡아'라고 할 때 쓰는 표현이에요.

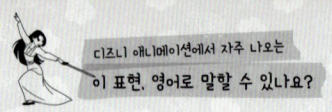

0931

상대방에게 떨어지라고 명령할 때

떨어져!

0932

상대방에게 멈추라고 명령할 때

거기 서!

0933

숨을 크게 쉬라고 할 때

숨을 크게 쉬어.

0934

움직이지 말고 기다리라고 할 때

기다려.

0935

갑작스럽게 움직일 때

꽉 잡아요!

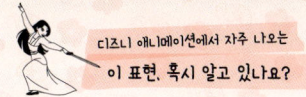
디즈니 애니메이션에서 자주 나오는
이 표현, 혹시 알고 있나요?

They are after me!

[알라딘] 경비병들이 자스민과 알라딘을 쫓아오자 다급하게 한 말이에요.
누군가에게 쫓기고 있다고 다급하게 말할 때 쓰는 표현이에요.
be after는 '~를 추적하다', '~를 쫓아가다'라는 뜻이에요.

We're under attack!

[뮬란] 왕의 군인이 산유의 공격을 받고 있다고 보고하며 한 말이죠. '적의 공격을 받고 있다'라고
다급하게 보고할 때 쓰는 표현이에요. 적의 공격을 받고 부상자가 나왔다고 보고할 때는 down을 쓰세요.
'An officer down!(경관이 부상당했대!)'처럼 말이죠.

I'm stuck!

[알라딘] 자파가 문을 갑자기 닫아서 이아고가 갇히게 되자 당황하며 한 말이죠.
어디에 갇혀서 빠져나올 수 없는 상황이거나 몸을 움직이지 못하는 상황에서 쓰는 말입니다.
'나 갇혔어!', '꼼짝도 못하겠어!'라는 뜻이에요.

I can't see squat!

[도리를 찾아서] 행크가 트럭을 난폭하게 운전하며 한 말이에요.
'아무것도 안 보여!'라는 뜻이에요. squat은 nothing의 의미예요.
격식이 없는 표현이기 때문에 I can't see anything.을 쓸 것을 추천합니다.

That came out of nowhere.

[도리를 찾아서] 데스티니가 갑자기 유리벽에 부딪히자 한 말이에요.
어디선가 갑자기 툭 튀어나왔다는 말입니다.
'그게 갑자기 나타났어.'라는 뜻이에요.

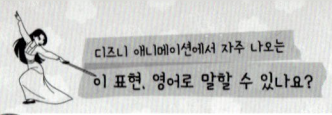

0936

쫓기고 있다고 말할 때

그들이 날 쫓아와요!

0937

적의 공격을 보고할 때

공격을 받고 있다!

0938

전혀 움직이지 못하는 상황일 때

나 갇혔어!

0939

앞을 볼 수 없을 때

아무것도 안 보여!

0940

예상치 못한 상황에서 갑자기 나타날 때

그게 갑자기 나타났다고.

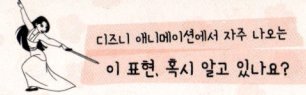

디즈니 애니메이션에서 자주 나오는
이 표현, 혹시 알고 있나요?

0941-0945.mp3

09 전쟁

0941

Target sighted.

[업] 비행기 파일럿이 칼의 집을 조준하면서 한 말이에요.
공격할 목표물을 확인했다고 보고하는 표현이에요.
sight는 '시야'라는 명사의 뜻이 있지만 '육안으로 확인하다'라는 동사의 뜻도 있어요.

0942

Incoming!

[도리를 찾아서] 불가사리가 다른 물고기에게 아이들의 손가락 공격을 경고하며 한 말이죠.
'적이 출현했대', '적이 온대'라는 뜻으로
적군이 출현했다고 아군에게 경고하는 말이에요.

0943

Stand fast!

[인어공주] 허리케인을 만나자 선원들에게 각자 위치에서 대비하라고 명령한 말이에요.
'빠르게 일어서'라는 말이 아니에요. 적이 출현했으니 자신의 현재 위치를 지키라는 말이죠.
'각자 위치로'라고 해석할 수 있네요.

0944

Ready. Aim. Fire!

[노틀담의 꼽추] 빅터가 경비병들에게 새총을 쏘면서 한 말이에요.
화살이나 옛날식 소총을 쏘기 전에 지휘관이 하는 말이죠.
'준비, 조준, 발사'라는 뜻이에요.

0945

Retreat!

[토이 스토리 4] 버즈의 목소리 상자에서 나오는 명령어예요.
'퇴각하라!', '후퇴하라!'라는 뜻으로
전투에서 수세에 몰렸을 때 후퇴를 명령하는 말이에요.

251

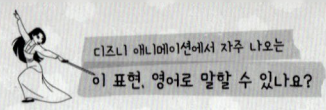

0941

공격할 목표를 확인했다고 할 때

목표물 확인.

0942

적의 출현을 알릴 때

온다!

0943

현재 위치를 지키라고 할 때

각자 위치로!

0944

총을 쏘기 전에 하는 말

준비. 조준. 발사!

0945

수세에 몰렸을 때 내리는 명령

퇴각하라!

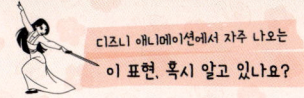 디즈니 애니메이션에서 자주 나오는
이 표현, 혹시 알고 있나요?

0946-0950.mp3

0946
Brace yourselves!

[인크레더블] 비행기가 폭발한 후 헬렌이 아이들에게 마음의 준비를 시키며 한 말이죠.
'마음 단단히 먹어!'라는 뜻으로 큰 일이 있기 전에 마음의 준비를 하라는 말이에요.

0947
Get a grip.

[인크레더블] 헬렌이 충격에 빠진 아이들에게 정신 차리라며 한 말이에요.
충격을 받아 제정신이 아닌 사람에게 '정신 차려.', '진정해.'라는 의미로 충고하는 말이에요.

0948
Try to keep it together.

[빅 히어로] 배터리가 방전된 베이맥스에게 정신 차리라고 하며 한 말이죠.
감정적으로 행동하지 말고 이성적으로 판단하고 행동하라고 조언하는 말이에요.
'정신 차려야 해.', '침착하려고 해 봐.'라는 뜻이에요.

0949
Who's with me?

[미녀와 야수] 개스톤이 야수를 제거하기 위해 사람들을 선동하면서 한 말이에요.
'나를 따를 자 누구인가?'라는 뜻으로
나의 의견을 따르도록 선동할 때 자주 쓰는 표현이에요.

0950
Who is in charge here?

[토이 스토리] 버즈가 외계인 장난감들에게 책임자가 누구냐고 물어본 말이죠.
be in charge는 '~를 담당하다', '~를 책임지다'라는 뜻이에요.
책임자가 누구인지 물어보는 표현인데 책임자를 찾아 따지려고 할 때도 자주 쓰입니다.

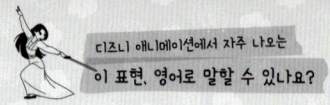

0946
마음의 준비를 시킬 때 하는 말
마음 단단히 먹어!

0947
충격을 받은 사람에게 하는 말
정신 차려.

0948
이성적으로 행동하라고 할 때
정신 차려.

0949
사람들을 선동할 때
나를 따를 자 누구인가?

0950
책임자가 누군인지 물어볼 때
여기 책임자가 누구인가?

망각방지 장치 1

하루만 지나도 학습한 내용의 50%를 잊어버립니다. 여러분은 몇 퍼센트나 잊어버렸을까요? 5분 안에 25개를 말해 보세요.

01	우리는 어쩌고?	What _____ us?	0901
02	배짱도 없으면서.	You don't have the _____.	0902
03	무례하시군요.	That is _____.	0905
04	큰 문제가 생겼어.	We have a major _____.	0907
05	이제 어쩌죠?	Now _____?	0909
06	들리나?	Do you _____ me?	0911
07	상황 보고해 봐!	_____ report!	0913
08	아무도 없어.	All _____.	0915
09	피해!	_____ cover!	0916
10	시간 좀 끌어 봐!	Try to _____ us some time!	0918
11	이제 괜찮아.	_____ is clear.	0919
12	물러서!	_____ back!	0921
13	머리 숙여.	Head _____.	0922
14	뒤를 조심해!	_____ you!	0924

정답 01 about 02 guts 03 rude 04 problem 05 what 06 read 07 Status 08 clear 09 Take 10 buy 11 Coast 12 Stand 13 down 14 Behind

15	조심해요!	Look _____ !	0926
16	조금만 버텨요!	_____ in there!	0928
17	발 조심해.	_____ your step.	0929
18	거기 서!	_____ it!	0932
19	숨을 크게 쉬어.	Take a deep _____ .	0933
20	기다려.	Stay _____ .	0934
21	그들이 날 쫓아와요!	They are _____ me!	0936
22	나 갇혔어!	I'm _____ !	0938
23	준비. 조준. 발사!	Ready. Aim. _____ !	0944
24	정신 차려.	Get a _____ .	0947
25	여기 책임자가 누구인가?	Who is in _____ here?	0950

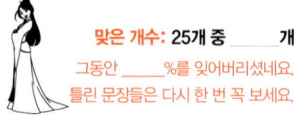

맞은 개수: 25개 중 ____ 개
그동안 ____%를 잊어버리셨네요.
틀린 문장들은 다시 한 번 꼭 보세요.

정답 15 out 16 Hang 17 Watch 18 Hold 19 breath 20 put 21 after 22 stuck 23 Fire 24 grip
25 charge

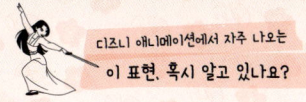
디즈니 애니메이션에서 자주 나오는
이 표현, 혹시 알고 있나요?

0951-0955.mp3

0951

I'm working on it!

[뮬란] 남자 흉내가 어색한 뮬란이 열심히 노력하고 있다며 한 말이죠.
'노력 중이야'라는 뜻이에요.
또한 상대방이 보채거나 잔소리할 때 '하고 있잖아'라고 하면서 쏘아붙일 수 있는 표현이에요.

0952

I'm trying!

[인사이드 아웃] 기쁨이가 라일리의 기억을 금빛으로 돌리려고 애쓰면서 한 말이에요.
I'm working on it!과 마찬가지로
상대방이 무언가를 요청할 때 '지금 하고 있어!'라고 대답하는 말이에요.

0953

It's for the best.

[카 3] 크루즈가 자신이 떠나는 것이 최선이라면서 한 말이에요.
'그게 최선의 방법이에요.'라는 뜻으로
자신의 생각이나 결정이 지금 상황에서 최선이라고 말할 때 쓰는 표현이에요.

0954

Bonnie will get over it.

[토이 스토리 4] 보니는 포키를 잃어버려도 곧 괜찮아질 거라고 보 핍이 한 말이죠.
get over는 '(고난 등을) 극복하다, 이겨내다'라는 뜻이에요.
힘든 상황을 딛고 다시 시작할 거라고 믿는 거죠.

0955

We can do this.

[몬스터 주식회사] 설리가 패닉에 빠진 마이크에게 용기를 주며 한 말이에요.
'우린 해낼 거야.'라는 뜻으로 어려움이 닥쳤을 때 스스로에게 용기를 주는 표현이에요.

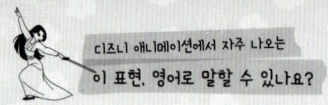

0951

상대방에게 노력 중이라고 말할 때

노력 중이야!

0952

상대방의 요청에 열심히 하고 있다는 의미로

지금 하고 있잖아!

0953

지금 상황에서 가장 좋은 생각을 말할 때

그게 최선의 방법이에요.

0954

힘든 상황을 딛고 다시 시작할 거라고 믿을 때

보니는 잘 이겨 낼 거야.

0955

어려움이 닥쳤을 때 용기를 주며

우린 해낼 거야.

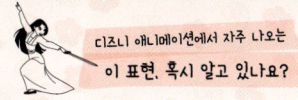

0956-0960.mp3

0956

Hold still.

[인사이드 아웃] 경비원이 빙봉에게 수갑을 채우며 한 말이죠.
상대방에게 '가만히 있어.'라며 움직이지 말라고 하는 표현이에요.
still은 '여전히'라는 뜻 외에 '움직임이 없는', '가만히 있는'이란 뜻도 있어요.

0957

Grab your stuff!

[인크레더블 2] 밥이 분주하게 아이들을 학교에 보내면서 한 말이에요.
stuff은 '소지품, 물건'이란 뜻이에요.
상대방에게 물건을 재빨리 챙기라고 아주 다급하게 말할 때 쓰는 표현이에요.

0958

Get them!

[인사이드 아웃] 꿈 감독이 기쁨이와 슬픔이를 붙잡으라고 명령한 말이에요.
'잡아와!'라는 뜻으로 도망가는 것들을 붙잡으라고 하는 말입니다.
Go and get them.도 함께 알아 두세요.

0959

Take that!

[알라딘] 경비병들이 알라딘을 향해 야채를 집어 던지며 한 말이에요.
'받아라!'라는 뜻으로 상대를 공격하며 하는 말이에요.
만화에 많이 등장하는 표현이죠?

0960

Give me a boost.

[라푼젤] 플린이 다른 건달에게 자신을 밀어 올려 달라고 요청한 말이에요.
boost는 '들어올리다'라는 뜻이에요.
이 표현은 상대방에게 자신을 들어올려 달라고 하는 말이에요.

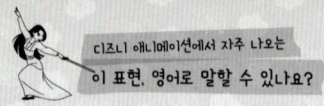

0956
움직이지 말라고 할 때

가만히 있어.

0957
상대방의 물건을 챙기라고 할 때

네 짐을 챙겨!

0958
도망가는 것들을 붙잡으라고 할 때

잡아!

0959
상대를 공격하며 하는 말

받아라!

0960
자신을 들어올려 달라고 할 때

날 올려 줘.

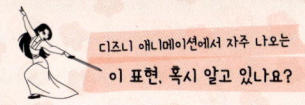

디즈니 애니메이션에서 자주 나오는
이 표현, 혹시 알고 있나요?

0961-0965.mp3

13 고난 극복 의지

0961

I'll be there asap.

[인크레더블 2] 밥의 요청을 듣고 루시우스가 빨리 가겠다고 하면서 한 말이죠.
상대방이 있는 곳으로 빨리 가겠다고 할 때 쓰는 표현이에요.
asap은 '가능한 빨리'라는 뜻으로 as soon as possible을 줄인 말입니다. [에이쌥]이라고 발음해요.

0962

I'm not going to leave you behind.

[주토피아] 닉이 움직일 수 없는 주디를 혼자 두고 가지 않겠다며 한 말이에요.
leave ~ behind는 '~를 남겨 두고 가다'라는 뜻이에요. 이기적으로 혼자 도망가지 않겠다는 말입니다.

0963

I can do it with my eyes closed.

[토이 스토리 4] 듀크 카붐이 오토바이를 타고 자신 있게 점프하며 한 말이에요.
자신의 능력을 과시하며 '눈 감고도 할 수 있어.'라는 뜻이에요. closing이 아니라 closed라고 해야 합니다.

0964

I'm going after it.

[인크레더블 2] 엘라스티걸이 역주행하는 열차를 자신이 추격하겠다며 한 말이에요.
go after는 '추격하다', '따라가다'라는 뜻이에요.
누군가를 미행할 때도 이 표현을 쓸 수 있어요.

0965

I got your back.

[모아나] 마우이가 모아나에게 뒤를 봐 줄 테니 가서 세상을 구하라며 한 말이에요.
내가 뒤를 봐 줄 테니 걱정 말고 할 일을 하라는 의미죠.
스포츠 경기나 싸움에서 우리 편에게 하는 말이에요.

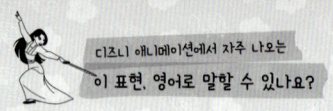

0961

곧 가겠다고 할 때

빨리 갈게.

0962

혼자 가지 않겠다고 할 때

널 두고 가지 않아.

0963

자신의 능력을 과시할 때

눈 감고도 할 수 있어.

0964

자신이 쫓아가겠다고 할 때

내가 추격할게.

0965

내가 적극적으로 도와준다는 의미로

내가 뒤를 봐 줄게.

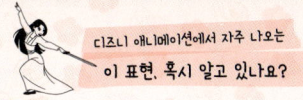

디즈니 애니메이션에서 자주 나오는
이 표현, 혹시 알고 있나요?

0966-0970.mp3

0966

That was close.

[뮬란] 뮬란이 친구들과 위기를 모면하고 나서 한 말이에요.
'다행이야.', '아슬아슬했어.'라는 뜻으로
어려운 상황을 아슬아슬하게 모면한 뒤에 하는 말이에요.

0967

That could have been a disaster.

[인사이드 아웃] 아빠가 라일리를 혼내자 아빠의 버럭이 다행이라고 안도하며 한 말이죠. 큰 사고가 생기지 않아 다행이라고 할 때 쓰는 말이에요. could have p.p.는 '~였을 수도 있었어'라는 뜻으로 실제로는 일어나지 않은 일을 말해요.

0968

Barely made it out alive.

[토이 스토리 4] 더키가 간신히 빠져나와서 한 말이에요.
가까스로 목숨을 건졌다고 할 때 쓰는 말로 '간신히 살아 나왔어.'라고 해석할 수 있어요.
barely는 '간신히 ~하다'라는 뜻이에요.

0969

I owe you my life!

[뮬란] 리샹이 뮬란에게 목숨을 구해 준 것에 감사하며 한 말이죠.
목숨이 위태로운 상황에서 자신을 구해 준 것에 감사하는 표현이에요.
'You saved my life!'라고 해도 같은 뜻이 됩니다.

0970

Let's hear it for Ping!

[뮬란] 핑(뮬란)이 리샹의 목숨을 구하자 군인들이 만세를 부르며 한 말이죠.
'Let's hear it for + 사람'은 사람들에게 박수 등을 유도하면서 어떤 사람을 칭찬할 때 쓰는 표현이에요.
'~ 만세', 혹은 '~에게 박수를 부탁드려요'라는 뜻이에요.

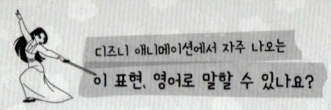

0966　상황을 아슬아슬하게 모면한 후 하는 말

아슬아슬했어.

0967　큰 사고가 생기지 않아 다행이라고 말할 때

큰일 날 뻔했네.

0968　가까스로 목숨을 건졌을 때

간신히 살아 나왔어.

0969　나를 구해 준 것에 감사하며

넌 내 생명의 은인이야!

0970　박수를 유도하면서 칭찬할 때 쓰는 말

핑 만세!

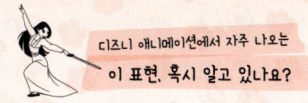

0971-0975.mp3

It's no use.

[라푼젤] 동굴에 갇힌 플린이 라푼젤에게 절망적으로 한 말이에요.
'아무 소용없어요.'라는 뜻으로
힘든 상황에서 어떤 노력도 해결책이 될 수 없다고 말할 때 쓰는 표현이에요.

It's too late.

[몬스터 주식회사] 마이크가 설리에게 너무 늦었다고 포기하라며 한 말이에요.
타이밍이 너무 늦어서 포기할 수밖에 없다는 뜻이에요.
절망과 아쉬움을 고스란히 전달할 수 있는 표현이죠.

Just forget it!

[알라딘] 이아고가 자파에게 요술 램프를 못 찾을 거라고 단념하라며 한 말이죠.
'그냥 포기해!'라는 뜻으로 상대방에게 단념하라고 할 때 쓰는 말이에요.
Forget it!은 '됐어!', '그만해!'라는 뜻으로도 자주 쓰여요.

It isn't possible.

[메리 포핀스 리턴즈] 잭이 마차를 고칠 수 있다고 하자 애나벨이 불가능하다고 한 말이죠.
'불가능해.'라는 뜻으로 어떤 일을 해낼 수 없을 거라고 포기하는 말이에요.
반대로 '다 가능해.'라고 할 때는 Everything is possible.이라고 해요.

I'm out of ideas.

[몬스터 주식회사] 마이크가 위기를 탈출할 생각이 떠오르지 않자 한 말이에요.
ouf of는 '~가 없는', '~가 다 떨어진'이란 뜻이에요.
'생각이 다 떨어졌다'는 말은 '더 이상 좋은 생각이 떠오르지 않는다'는 의미예요.

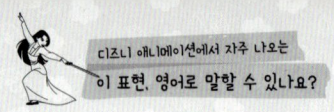
디즈니 애니메이션에서 자주 나오는
이 표현, 영어로 말할 수 있나요?

0971

어떤 것도 해결책이 될 수 없다고 할 때

소용없어요.

0972

너무 늦었다고 포기하면서

너무 늦었어.

0973

단념하라고 할 때

그냥 포기해!

0974

못 한다고 포기하며

불가능해.

0975

좋은 생각이 떠오르지 않을 때

더 이상 좋은 생각이 안 떠올라.

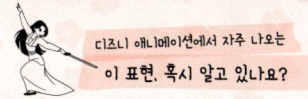

디즈니 애니메이션에서 자주 나오는
이 표현, 혹시 알고 있나요?

0976-0980.mp3

0976

We've tried everything.

[모아나] 라살로가 방법을 다 써 봤지만 상황이 나아지지 않는다고 하며 한 말이죠.
문제를 해결하기 위해 애썼지만 해결책을 찾지 못했을 때 포기하는 심경으로 하는 말이에요.
'다 해 봤다구요.'라는 뜻이에요.

0977

Uncle.

[라이온 킹] 하이에나들이 무파사에게 굴복하며 한 말이죠.
몸싸움을 할 때 '항복'한다는 의미로 쓰는 말이에요.
주로 아이들끼리 장난칠 때 쓰는 표현이에요.

0978

We'll never make it.

[인사이드 아웃] 슬픔이가 결코 본부로 돌아갈 수 없을 거라며 한 말이에요.
어려운 상황을 극복하지 못할 거라고 부정적인 마음을 표현하는 말로
'우린 절대 못 해낼 거야.'라는 뜻이에요. make it은 '성공하다', '해내다'라는 뜻이에요.

0979

This is not gonna work.

[라따뚜이] 링귀니가 레미와의 동업이 불가능할 거라고 생각하며 한 말이에요.
'이거 안 될 거야.'라는 부정적인 생각을 말하는 표현이에요.
지금 하려는 행동이 부질없는 일이라는 의미죠.

0980

It's time to let go.

[니모를 찾아서] 도리가 걱정이 많은 말린에게 잊으라고 조언한 말이에요.
let go는 '움켜쥐고 있던 것을 놓다'라는 뜻 외에 '자유로워지다', '속박에서 벗어나다'라는 뜻도 있어요.
이 표현은 힘든 일을 고민하지 말고 잊어버리라는 의미예요.

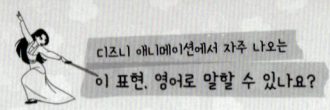

0976 노력했지만 허사라고 말할 때

다 해 봤다구요.

0977 몸싸움을 할 때 항복한다는 의미로

항복.

0978 어려운 상황을 극복할 수 없다고 할 때

우린 절대 못 해낼 거야.

0979 포기하는 마음으로

안 될 거야.

0980 힘든 일을 잊으라고 할 때

고민하지 말고 잊어.

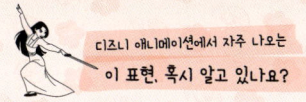 디즈니 애니메이션에서 자주 나오는
이 표현, 혹시 알고 있나요?

0981-0985.mp3

 0981

You won't get away with this.

[겨울왕국] 안나가 한스의 계략을 알아차리고 그에게 경고한 말이죠. 주인공이 악당에게 죗값을 치르게 하겠다고 경고할 때 쓰는 표현이에요. get away with는 '(처벌, 죗값)을 피하다'라는 뜻이에요.

 0982

Is that all you got?

[빅 히어로] 와사비가 요카이의 공격을 피하면서 한 말이에요. 직역하면 '이게 네가 가지고 있는 전부인가?'가 되는데 주인공이 악당의 공격을 받고 대수롭지 않은 듯 말하는 거예요. '고작 이거냐?'라는 뜻이에요.

 0983

You're going down!

[카 3] 크루즈가 맥퀸을 무시하는 스톰을 흉내내며 한 말이에요. 주인공이 악당을 처단하기 전에 '넌 끝났어!'라고 시크하게 던지는 말이에요. go down은 '패배하다', '무너지다'라는 뜻이에요.

 0984

We'll just see about that.

[메리 포핀스 리턴즈] 더웨즈 씨가 윌킨스의 계략을 알고서 그냥 두지 않겠다며 한 말이에요. '어디 두고 보자고.', '과연 그럴까?'라는 뜻으로 상대방에게 살짝 딴지를 걸 때 또는 상대방이 원하는 대로 그냥 두지 않겠다고 할 때 쓰는 표현이에요.

 0985

You're under arrest.

[주토피아] 주디가 닉을 체포하면서 한 말이에요. '널 체포한다.'라는 뜻으로 상대방을 체포할 때 쓰는 말이에요. under arrest는 '체포된'이라는 뜻이에요.

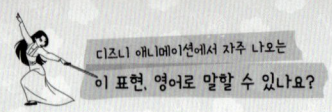

0981
죗값을 치를 거라고 경고할 때
이러고 무사할 것 같아?

0982
공격을 받고 대수롭지 않다고 할 때
고작 이거냐?

0983
악당을 처단하기 전에
당신, 끝났어!

0984
상대방이 원하는 대로 그냥 두지 않겠다고 할 때
과연 그럴까?

0985
상대방을 체포할 때
널 체포한다.

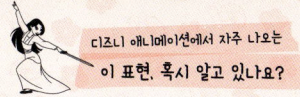
디즈니 애니메이션에서 자주 나오는
이 표현, 혹시 알고 있나요?

0986-0990.mp3

0986

The world is what it is.

[인크레더블 2] 헬렌이 아이들에게 슈퍼히어로의 역할에 대해 설명하면서 한 말이에요.
It is what it is.라는 속담이 있는데 약간 자포자기한 심정으로 '항상 그런 식이지.', '원래 그런 거지.'라는 뜻이에요.
이 속담에 The world를 넣으면 '세상은 그런 거란다.'라는 의미가 되는 거죠.

0987

It's raining cats and dogs.

[토이 스토리 4] 제시가 창밖으로 폭우가 쏟아지는 광경을 바라보며 한 말이에요.
고양이와 개가 내린다? 억수같이 비가 쏟아진다는 의미입니다.
간단하게 It's pouring.이라고 해도 됩니다.

0988

My hands are full.

[라푼젤] 플린이 다른 건달들을 도와주지 않고 왕관이 든 가방을 들고 도망가면서 한 말이죠.
할 일이 너무 많아 다른 일을 도와줄 수 없다고 할 때 쓰는 표현이에요.
'내 코가 석자야.'라는 속담과 같은 뜻이에요.

0989

Now or never!

[카 3] 스모크가 지금 속도를 내지 못하면 다시는 할 수 없다면서 한 말이에요.
'지금 아니면 안 돼'라는 뜻이에요.
지금 어떤 행동을 할 것을 강조하는 말입니다.

0990

Life is full of tough choices.

[인어공주] 우슬라가 에리얼에게 선택을 하라고 설득하며 한 말이에요.
어려운 결정을 해야 하는 사람에게 할 수 있는 말이에요.
be full of는 '~로 가득 차다'라는 뜻이에요.

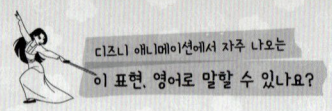

0986

세상의 이치를 말할 때

세상은 그런 거란다.

0987

비가 쏟아질 때

비가 억수같이 내리네.

0988

너무 바빠 도와줄 수 없다고 할 때

내 코가 석자야.

0989

지금 어떤 일을 하자고 강조할 때

지금 아니면 안 돼!

0990

어려운 결정을 해야 하는 상황에서 하는 말

인생은 힘든 선택의 연속이야.

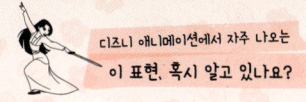 디즈니 애니메이션에서 자주 나오는
이 표현, 혹시 알고 있나요?

0991-0995.mp3

19 고난 관련 기타 표현 1

 0991

Stay where you are.

[몬스터 주식회사] 방역 직원이 마이크와 설리에게 자리를 떠나지 말라고 명령하며 한 말이에요.
상대방에게 그 자리에 있으라고 하는 말이에요.
Stay there.라고 간단하게 말할 수도 있어요.

 0992

I'll teach you a lesson.

[노틀담의 꼽추] 경비병이 피버스에게 화가 나서 한 말이에요.
teach a lesson은 '수업을 가르치다'라는 뜻보다는
'혼내 주다', '본때를 보여주다'라는 뜻으로 더 자주 쓰인답니다.

 0993

We lost him!

[몬스터 주식회사] 마이크의 활약으로 랜달을 따돌리자 설리가 환호하며 한 말이에요.
lose는 '잃어버리다', '길을 잃다' 등 다양한 뜻이 있지만
이 표현에서는 '(추격하는 사람을) 따돌리다'라는 뜻이에요.

 0994

Grab hold of this!

[니모를 찾아서] 급류에 휩쓸리는 니모에게 꽉 붙잡으라고 소리치며 한 말이에요.
grab과 hold 둘 다 '붙잡다'라는 뜻이에요.
이 두 단어를 함께 썼으니 있는 힘껏 꽉 붙잡으라는 뜻이 됩니다.

 0995

Keep it up. You're doing great.

[몬스터 주식회사] 마이크가 설리에게 계속 부를 달래 주라고 격려하며 한 말이에요.
Keep it up.은 '계속해.'라는 뜻이고 You're doing great.은 '잘하고 있어.'라는 뜻이에요.
이 두 문장은 상대방을 격려할 때 세트로 자주 쓴답니다.

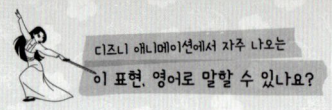

0991 그 자리에 있으라고 명령할 때

거기 있어.

0992 혼내 주려고 할 때

본때를 보여주겠어.

0993 누군가의 추격을 따돌린 후 하는 말

그를 따돌렸어!

0994 꽉 붙잡으라고 할 때

꽉 잡아!

0995 잘하고 있다고 격려할 때

계속해. 잘하고 있어.

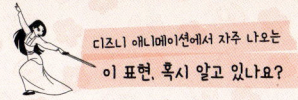 디즈니 애니메이션에서 자주 나오는 이 표현, 혹시 알고 있나요?

0996-1000.mp3

20 고난 관련 기타 표현 2

 0996

What are you waiting for?

[라따뚜이] 레미가 주저하자 구스토가 음식을 수정하라고 재촉하며 한 말이죠.
직역하면 '무엇을 기다리니?'가 되잖아요? 상대방이 결단하지 못하고 주저할 때 쓰는 표현이에요.
'뭘 망설이는 거야?'라는 뜻이에요.

 0997

Dismissed.

[주토피아] 보고 서장이 경찰들의 회의가 끝났음을 알리며 한 말이에요.
군대나 회사에서 상사가 회의 등의 집합이 끝났다고 알리는 표현이에요.
우리말로는 '해산.'이라고 하죠.

 0998

I was trying to help you.

[온워드] 발리가 이안에게 도와주려는 의도였다고 해명하며 한 말이죠.
상대방을 도와주려는 마음으로 어떤 행동을 했는데
의도와 달리 상대방에게 해가 되었을 때 하는 말이에요.

 0999

He's giving it all he's got.

[니모를 찾아서] 나이젤이 니모에게 아빠가 그를 구출하기 위해 최선을 다하고 있다고 한 말이죠.
'give it all + 주어've got'은 '최선을 다하다'라는 뜻이에요.
Give it all you've got.이란 표현을 많이 쓰는데 '최선을 다해 봐.'라는 뜻이에요.

 1000

Get your hands off her!

[알라딘] 자파가 자스민을 괴롭히자 알라딘이 그를 향해 경고하며 한 말이죠.
get your hands off ~는 '~에서 손을 떼다'라는 뜻이에요.
악당이 여자친구를 괴롭히자 주인공이 멋진 모습으로 경고하는 말이에요.

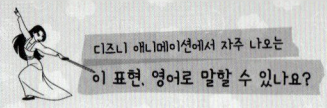

0996
결단을 내리지 못하는 상대방에게

뭘 망설이는 거야?

0997
회의가 끝났음을 알릴 때

해산.

0998
선의로 한 행동이라고 말할 때

도와주려고 했던 거야.

0999
최선을 다하고 있다고 말할 때

그는 최선을 다하고 있어.

1000
악당에게서 여자친구를 보호하며 하는 말

그녀에게서 손 떼!

망각방지장치 1

하루만 지나도 학습한 내용의 50%를 잊어버립니다. 여러분은 몇 퍼센트나 잊어버렸을까요? 5분 안에 25개를 말해 보세요.

01	지금 하고 있잖아.	I'm _____.	0952
02	우린 해낼 거야.	We can _____ this.	0955
03	가만히 있어.	Hold _____.	0956
04	네 짐을 챙겨!	Grab your _____!	0957
05	날 올려 줘.	Give me a _____.	0960
06	빨리 갈게.	I'll be there _____.	0961
07	내가 추격할게.	I'm going _____ it.	0964
08	아슬아슬했어.	That was _____.	0966
09	큰일 날 뻔했네.	That could have been a _____.	0967
10	넌 내 생명의 은인이야!	I _____ you my life!	0969
11	소용없어요.	It's no _____.	0971
12	그냥 포기해!	Just _____ it!	0973
13	더 이상 좋은 생각이 안 떠올라.	I'm _____ of ideas.	0975
14	우린 절대 못 해낼 거야.	We'll never _____ it.	0978

정답 01 trying 02 do 03 still 04 stuff 05 boost 06 asap 07 after 08 close 09 disaster 10 owe 11 use 12 forget 13 out 14 make

15	이러고 무사할 것 같아?	You won't get _____ with this.	0981
16	당신, 끝났어!	You're going _____!	0983
17	과연 그럴까?	We'll just _____ about that.	0984
18	내 코가 석자야.	My _____ are full.	0988
19	지금 아니면 안 돼!	Now or _____!	0989
20	거기 있어.	Stay _____ you are.	0991
21	그를 따돌렸어!	We _____ him!	0993
22	꽉 잡아!	Grab _____ of this!	0994
23	뭘 망설이는 거야?	What are you _____ for?	0996
24	그는 최선을 다하고 있어.	He's giving it _____ he's got.	0999
25	그녀에게서 손 떼!	Get your _____ off her!	1000

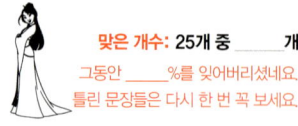

맞은 개수: 25개 중 _____ 개
그동안 _____ %를 잊어버리셨네요.
틀린 문장들은 다시 한 번 꼭 보세요.

정답 15 away 16 down 17 see 18 hands 19 never 20 where 21 lost 22 hold 23 waiting
24 all 25 hands

망각방지 장치 2

일주일이 지나면 학습한 내용의 70%를 잊어버립니다. 여러분은 몇 퍼센트나 잊어버렸을까요? 디즈니 대화문에서 확인해 보세요.

136 [토이 스토리] 버즈가 장난감들에게 하늘을 나는 것을 보여주려고
conversation136.mp3

BUZZ   I tell you, I could fly around this room with my eyes closed!
WOODY Okay then, Mr. Lightbeer! Prove it.
BUZZ   All right, then, I will. 물러서, ⁰⁹²¹ everyone!
BUZZ   To infinity and beyond!!

Words   infinity 무한   beyond 넘어선

137 [토이 스토리] 보니에게는 포키가 필요하다는 우디의 말에 보가 반대하며
conversation137.mp3

WOODY But Bonnie needs him to get through kindergarten.
BO   Kids lose toys every day. 보니는 잘 이겨 낼 거야. ⁰⁹⁵⁴
WOODY No, no – but… but, you see, Bonnie needs him just like… Molly needed you!

Words   get through 완수하다   kindergarten 유치원

138 [토이 스토리 4] 버즈, 장난감들에게 포키와 우디에게 문제가 생겼다고 하며
conversation138.mp3

DOLLY Where's Woody?
HAMM   And Forky?
BUZZ   문제가 생겼어. ⁰⁹⁰⁶ They need to be extracted from the antique store.
REX   How do we do that?

Words   extract 빼내다   antique store 골동품 가게

136

버즈　이것 봐, 난 눈을 감고도 이 방을 날아다닐 수 있다구!

우디　그렇다면 좋아, 라이트비어! 보여줘.

버즈　알았어, 그러지. **Stand back,** ⁰⁹²¹ 모두들!

버즈　무한의 세계로!!

137

우디　하지만 보니가 유치원을 다니기 위해선 그가 필요해.

보　아이들은 날마다 장난감을 잃어버려. **Bonnie will get over it.** ⁰⁹⁵⁴

우디　아니야, 아니라고 – 하지만… 이봐, 몰리에게 네가 필요했던 것처럼 보니도 그 애가 필요해!

138

돌리　우디는 어디에 있어?

햄　그리고 포키는?

버즈　**We have a situation.** ⁰⁹⁰⁶ 골동품 가게에서 그들을 구출해야 해.

렉스　어떻게 하지?

139 [인크레더블] 비행기가 폭발한 후 헬렌이 아이들에게 마음의 준비를 시키며

conversation139.mp3

HELEN 마음 단단히 먹어! 0946

VIOLET & DASH Mom! What're we gonna do? What're we gonna do???

HELEN I'll tell you what we're not going to do. We're not going to panic, and we're not goi– LOOK OUT!

Words panic 겁을 먹다 look out 조심하다

140 [몬스터 주식회사] 설리와 마이크가 아이에 대해서 논쟁을 벌이며

conversation140.mp3

SULLIVAN How could I do this? How could I be so stupid? This could destroy the company!

MIKE The company? Who cares about the company? 우리는 어쩌고? 0901 That thing is a killing machine!

Words destroy 파괴하다 care about 신경 쓰다

141 [니모를 찾아서] 말린이 도리에게 혼자서 니모를 찾겠다고 하면서

conversation141.mp3

MARLIN Without, without… well, I mean, not without you. I mean, it's just that I don't want you… with me.

DORY Huh?

MARLIN 네 기분을 상하게 하고 싶지 않아… 0904

DORY You want me to leave?

Words hurt 다치게 하다, 기분 상하게 하다

139 헬렌 **Brace yourselves!** 0946

바이올렛과 대쉬 엄마! 우리 어쩌죠? 어떻게 해요???

헬렌 하지 말아야 할 것을 말해 줄게. 절대 겁먹지 않는 거야, 그리고 절대 - 조심해!

140 설리 내가 어떻게 이럴 수 있지? 어떻게 이렇게 멍청할 수가? 이 일로 회사가 망할 수도 있잖아!

마이크 회사라고? 회사가 무슨 상관이야? **What about us?** 0901 저건 킬링 머신이라구!

141 말린 없이… 참, 내 말은, 너 없이가 아니라, 그러니까, 그냥 네가 나와 같이 있지 않아도…

도리 뭐?

말린 **I don't wanna hurt your feelings…** 0904

도리 내가 떠났으면 하는 거야?

142 [겨울왕국] 크리스토프가 안나에게 썰매를 꽉 잡으라고 하면서

conversation142.mp3

KRISTOFF 꽉 잡아요! ⁰⁹³⁵ We like to go fast!

ANNA I like fast!

KRISTOFF Whoa, whoa! Get your feet down.

KRISTOFF This is fresh lacquer. Seriously, were you raised in a barn?

> Words   lacquer 덧칠   raise 키우다   barn 헛간

143 [라푼젤] 플린과 라푼젤이 어두운 동굴에 갇혀서

conversation143.mp3

FLYNN 소용없어요. ⁰⁹⁷¹ I can't see anything.

FLYNN Hey, there's no point. It's pitch black down there.

RAPUNZEL This is all my fault. She was right… I never should have done this… I'm so… I'm so sorry, Flynn.

> Words   pitch black 완전히 어두운   fault 실수

144 [인사이드 아웃] 라일리의 슬픈 감정을 기쁨이가 바꿔 놓으려고 하면서

conversation144.mp3

FEAR Oh… change it back, Joy!

JOY 지금 하고 있잖아! ⁰⁹⁵²

ANGER You can't change it back?

JOY No, I guess I can't.

> Words   change ~ back ~을 되돌리다

142

크리스토프   **Hang on!** ⁰⁹³⁵ 빨리 달리는 걸 좋아하거든요!

안나   난 빠른 게 좋아요!

크리스토프   아, 앗! 다리 내려요.

크리스토프   새로 칠한 거예요. 정말로 헛간 같은 데서 자란 거예요?

143

플린   **It's no use,** ⁰⁹⁷¹ 아무것도 안 보이니까.

플린   이봐요, 소용 없다구요. 거기는 완전히 깜깜하다니까요.

라푼젤   다 제 잘못이에요. 엄마가 맞았어요… 이런 일을 하면 안 되는 거였어요… 정말로… 미안해요, 플린.

144

소심   오… 다시 돌려놔, 기쁨아!

기쁨   **I'm trying!** ⁰⁹⁵²

버럭   돌릴 수 없는 거지?

기쁨   그래, 안 될 것 같아.

145

[라이온 킹] 하이에나들이 스카의 명령을 짜증스럽게 기다리면서

conversation145.mp3

SHENZI   Shut up!

BANZAI   I can't help it. I'm so hungry… I gotta have a wildebeest.

SHENZI   기다려. 0934

BANZAI   Look, can't I just pick off one of the little sick ones?

> **Words**   wildebeest 영양   pick off 골라서 겨냥하다

146

[주토피아] 절벽에서 닉이 주디에게 간신히 매달려 있으면서

conversation146.mp3

NICK   Rabbit, whatever you do, 놓지 마! 0927

HOPPS   I'm gonna let go!

NICK   No, you what? You must have misunderstood me. I said don't – noooo!

HOPPS   One, two –

> **Words**   whatever 어떤 ~이든   misunderstand 오해하다

147

[도리를 찾아서] 베일리가 데스티니에게 준비 신호를 주면서

conversation147.mp3

BAILEY   Okay, here we go… and… WAIT!

DESTINY   Here we go, wait? Are you serious?

BAILEY   Okay, 셋을 셀게… 0917

DESTINY   Don't count, just say go –

BAILEY   GO! NOW! NOW! Do it! Do it!

> **Words**   count (수를) 세다

145

쉔지　조용히 해!

반자이　어쩔 수 없어. 너무 배가 고파서… 영양 한 마리만 먹을래.

쉔지　Stay put. ⁰⁹³⁴

반자이　이봐, 허약한 놈 하나만 먹으면 안 될까?

146

닉　토끼야, 무슨 일이 있어도 do not let go! ⁰⁹²⁷

홉스(주디)　이제 놓을 거야!

닉　안 돼, 뭐라구? 내 말을 오해한 것 같은데. 절대로 놓지 말라고 했어!

홉스(주디)　하나, 둘 –

147

베일리　자, 간다… 그리고 잠깐만!

데스티니　간다, 잠깐만? 제정신이야?

베일리　자, on the count of three… ⁰⁹¹⁷

데스티니　세지 마, 그냥 신호를 줘 –

베일리　가! 지금이야! 지금! 해! 하라구!

148 [뮬란] 뮬란이 동료들을 위기에서 구해 내자 그들이 감사하며

conversation148.mp3

SHANG Ping, you are the craziest man I ever met. And for that, 넌 내 생명의 은인이야! [0969] From now on, you have my trust.

LING 핑 만세, [0970] the bravest of us all!

YAO You're King of the Mountain!

Words from now on 지금부터   trust 신뢰

149 [니모를 찾아서] 길을 잃어 당황한 말린을 도리가 진정시키며

conversation149.mp3

DORY Whoa, whoa, whoa! Hey! Relax. 숨을 크게 쉬어. [0933] Now, let's ask somebody for directions.

MARLIN Oh, fine. Who do you wanna ask, the speck? There's nobody here!

DORY Well, there has to be someone.

Words speck 알갱이, 작은 입자

150 [노틀담의 꼽추] 피버스가 경비병들을 골탕 먹이자 그들이 화를 내며

conversation150.mp3

PHOEBUS Achilles! Sit!

PHOEBUS Oh, dear, I'm sorry. Naughty horse, naughty! He's just impossible! Really, I can't take him anywhere.

GUARD 1 Get this thing off me!

GUARD 2 본때를 보여주지, [0992] peasant!

Words naughty 나쁜 행동을 하는   impossible 구제불능의   peasant 무식한 녀석

148

상　핑, 넌 정말 미친 놈이야. 그렇기 때문에, I owe you my life! ⁰⁹⁶⁹ 이제 난 널 믿겠어.

링　Let's hear it for Ping, ⁰⁹⁷⁰ 우리 중 제일 용감하지!

야오　넌 정말 대단해!

149

도리　워, 워, 워! 이봐! 진정하라구. Take a deep breath. ⁰⁹³³ 이제 누구한테 길을 물어보자구.

말린　오, 좋아. 누구에게 물어볼 건데, 작은 알갱이한테? 여기에는 아무도 없잖아!

도리　음, 누군가 있을 거야.

150

피버스　아킬레스! 앉아!

피버스　이런, 미안해. 나쁜 말, 넌 나쁜 말이야! 얘는 정말 구제불능이라니까! 이 녀석을 데리고 다닐 수가 없네.

경비병 1　이놈을 좀 빼 줘!

경비병 2　I'll teach you a lesson, ⁰⁹⁹² 무식한 놈!

찾 아 보 기

ㄱ

가만있어. 100
가만히 있어. 260
가망이 없어. 204
가장 많이 하는 사람이 이기는 거예요. 92
가장 좋은 걸 남겨 두었어요. 198
가족이 우선이에요. 134
각자 위치로! 252
간신히 살아 나왔어. 264
강요하지 마세요. 192
같이 사진 찍어도 될까요? 108
걔가 파티를 망칠 거예요. 108
걔는 거기에 환장해요. 30
걔는 누구보다 더 열심히 해요. 156
걔는 다루기 힘들어. 16
걔는 아주 건강해. 26
거기 서! 248
거기 있어. 274
거의 다 왔어요. 78
건배합시다! 70
겉으로 보이는 게 다는 아니지. 50
게임 하나 할까? 92
경치 끝내주네. 80
계속 개! 246
계속해. 138
계속해. 잘하고 있어. 274
계획대로 해. 136
고민하지 말고 있어. 268
고작 이거냐? 270
고정된 수입으로 살아요. 44

곧 도착할 거야. 78
공격을 받고 있다! 250
과연 그럴까? 270
교환, 환불 안 돼요. 72
그 무엇보다도. 208
그 사람 정상이 아니에요. 26
그 사람은 그럴 가치도 없어! 36
그 사람은 너무 거물급이야. 44
그 사람은 마음이 넓어요. 16
그가 내게 청혼했어. 218
그가 뭔가를 숨기고 있어. 220
그가 이 팀의 중심입니다. 154
그건 다른 문제죠. 164
그게 갑자기 나타났다고. 250
그게 최선의 방법이에요. 258
그냥 다 오면 다 온 줄 알아! 78
그냥 성장하는 과정이었어. 128
그냥 포기해! 266
그녀가 그를 완강히 거절했죠. 206
그녀가 내 사랑을 거절했어. 204
그녀가 내게 등을 돌릴 거야. 202
그녀가 우리가 찾던 사람이야. 182
그녀를 반대하는 건 아냐. 158
그녀를 사랑하게 되는 거죠. 194
그녀를 좋아하죠, 그렇죠? 208
그녀에게 무슨 일이라도 생기면… 208
그녀에게 영화 데이트 신청했어. 190
그녀에게 폭풍 칭찬을 하세요. 192
그녀에게서 떨어져. 162

그녀에게서 손 떼! 276
그녀와 데이트하려고 해. 190
그녀의 눈을 봐! 192
그는 나와 안 맞아요. 202
그는 나의 유일한 친구야. 214
그는 무례했어요. 36
그는 백마 탄 왕자는 아니야. 182
그는 인간관계가 좋아요. 158
그는 정말 진실된 사람이오. 52
그는 좋은 조력자가 될 수 있을 거예요. 156
그는 최선을 다하고 있어. 276
그는 출장 중이에요. 152
그들에겐 뭔가 특별한 게 있어. 36
그들이 날 쫓아와요! 250
그래야 나다운 건데. 22
그런 소리 많이 들어. 14
그렇게 하는 거야. 142
그를 따돌렸어! 274
그를 시험해 봐. 192
그를 알고 싶지 않아. 220
근사해 보여요. 180
기계를 잘 다루시잖아요. 30
기다려. 248
기발한데. 126
긴장 풀어. 74
까탈스럽게 굴고 싶지 않아. 24
꽉 잡아! 274
꽉 잡아요! 248
꿈을 펼쳐 봐! 50

ㄴ

나 갇혔어! 250
나 보고 싶었어? 194
나 어때? 12
나 정말 기뻐. 46
나 향수병에 걸렸어. 46
나를 따를 자 누구인가? 254
나만의 시간이 필요해. 162
나만의 일하는 방식이 있어. 136
나와 결혼해 줘요. 210
난 갈색 머리에 끌려. 30
난 껴안는 걸 좋아해요. 30
난 날짜에 약해. 42
난 놀라운 매력이 있죠. 184
난 당신이 과분해요. 206
난 말을 잘 못해요. 42
난 빈털터리야! 44
난 사람 보는 눈이 좋다구. 52
난 애를 좋아하지 않아. 30
난 여기가 더 어울려. 22
난 이제 익숙하네. 18
난 종합 보험이 있어요. 44
난 직감을 믿었어. 136
난 춤 전공이야. 124
난 항상 이 표정이야. 12
난 혼자야. 46
날 올려 줘. 260
남은 시간이 얼마 없어. 196
남자들을 위한 세상이다. 160
내 것도 남겨 둬요! 102
내 근무 시간이 끝났어. 152
내 물건에서 손 떼! 76
내 자리 맡아 줘. 72

내 친구를 소개할게. 212
내 코가 석자야. 272
내가 1등이야. 82
내가 그 사람을 잘못 봤어. 36
내가 널 위해 만든 거야. 190
내가 뒤를 봐 줄게. 262
내가 먼저 할게. 84
내가 바로 잡아야겠어요. 148
내가 없다고 생각해. 108
내가 여기에 어울리는지 모르겠어. 24
내가 원하는 건 그게 전부야. 34
내가 이미 해결했어. 140
내가 저놈을 제압하고 말겠어. 84
내가 제대로 해 놓겠어요. 148
내가 제일 좋아하는 거예요. 106
내가 추격할게. 262
내게 읽어 줄래요? 98
내겐 큰 의미가 있는 것들이야. 76
내려놓을 수 없었어요. 98
내일 학교 가는 날이야! 124
내일은 내일의 해가 뜰 거야. 216
너 달라 보여. 12
너 때문에 화가 나. 202
너 없인 할 수 없어. 218
너 정말 순진하구나. 20
너 정말… 180
너도 우리 편이야. 22
너를 위해서 이러는 거야. 202
너무 늦었어. 266
너무 앞서간 거야. 146
너무 차려 입었나요? 12
너무 평범해. 68
너무 피곤해요. 46

너와 계속 함께 있어야 해. 162
넌 내 생명의 은인이야! 264
넌 너무 매력적이야. 180
넌 더 잘할 수 있어. 156
넌 말을 잘 들었어. 124
넌 스스로를 과소평가하고 있어. 36
넌 유일무이한 존재지. 180
넌 정말 철부지야. 20
넌 항상 허풍이 심해. 42
넌 훨씬 더 강한 아이야. 128
널 두고 가지 않아. 262
널 두고 가진 않겠어. 218
널 보호해 주려는 거야. 220
널 체포한다. 270
네 기분을 상하게 하고 싶지 않아. 236
네 얼굴에 뭐 묻었어. 186
네 장치가 잘 되나 보자구. 96
네 짐을 챙겨! 260
네 탓이 아니지. 154
네가 책임져야지. 154
노력 중이야! 258
놀라운데요. 142
놓지 마! 246
누가 없는 거죠? 126
누군가에게 이런 감정 처음이야. 188
눈 감고도 할 수 있어. 262
눈을 감아요. 190
늙은이에게 새로운 걸 가르치긴 힘들지. 104

ㄷ

다 같이 껴안는 거야. 158

다 네 덕택이야. 140
다 온 거예요? 78
다 왔어. 80
다 해 봤다구요. 268
다들 여기 있어. 162
다음에 또 놀자. 212
다쳤어? 26
단기 기억 상실증이 있어요. 28
단도직입적으로 말할게. 220
당신 머리에 어울리네요. 68
당신 정말 매력적이에요. 16
당신 좀 이상해요. 202
당신, 끝났어! 270
당신, 너무 사랑스러워요. 180
당신과 우연히 마주친 거예요. 184
당신과 함께 있고 싶어요. 196
당신에게 내 마음을 뺏겨 버렸어요. 188
당신은 겁쟁이야! 20
당신은 최고 중에 최고예요. 42
당신은 한물갔어요. 38
당신을 보니 누가 생각나네요. 182
당신의 모든 것이 좋아. 194
당신이 좋아지려고 해요. 184
대기하세요! 74
대단한 역전이군요! 82
더 이상 그만해. 130
더 이상 당신과 엮이고 싶지 않아. 206
더 이상 좋은 생각이 안 떠올라. 266
더 좋은 방법이 있을 거야. 140
도와주려고 했던 거야. 276
독학으로 익혔어요. 136
돌아오니 좋네. 80

두려움은 항상 먹히지. 50
둘 사이가 뜨겁네요. 194
둘만의 시간을 갖도록 자리를 비켜 주지. 188
뒤를 조심해! 244
드디어 하는군요. 108
드레스 멋있어. 68
들리나? 240
따뜻해서 좋아. 96
땅콩 알레르기가 약간 있어. 28
떨어져! 248
똑바로 보고 다녀. 130

ㄹ

라일리는 내가 없는 게 더 나아. 206

ㅁ

마음 가는 대로 하겠어요. 104
마음 단단히 먹어! 254
만지면 아프니? 48
말하자면 길어. 164
말할 시간도 없어. 162
맘대로 하든가. 204
머리 숙여. 244
머리를 뒤로 넘겼네. 12
머리에서 떠나지 않아. 182
먹고는 살 수 있으니까요. 52
멋진 시간이 될 것입니다. 74
메시지는 자동 폭파됩니다. 242
모르는 게 약이야. 160
모이세요! 70

목표물 확인. 252
무례하시군요. 236
무슨 말인지 이해하겠어요? 208
무슨 일이 있어도 하고야 말겠어. 148
문제가 생겼어. 238
물러서! 244
뭉쳐야 해. 82
뭘 망설이는 거야? 276
미리 알았어야 했는데. 40
믿져야 본전이잖아. 148

ㅂ

바위처럼 단단하네. 106
받아라! 260
발 조심해. 246
밟아! 90
배가 아팠어. 28
배짱도 없으면서. 236
버스 떠났다구. 146
보고 싶을 거야. 220
보니는 잘 이겨 낼 거야. 258
보여주고 싶은 게 있어요. 198
복장이 왜 그 모양이야? 68
본때를 보여주겠어. 274
분부대로 하지요. 154
분부만 내리십시오. 198
불가능해. 266
비가 억수같이 내리네. 272
빠져나갈 생각하지 마! 130
빨리 갈게. 262
빨리 끝내 버리자. 150
빨리 주워먹으면 돼. 216

ㅅ

사돈 남 말 하네. 216
사람 불러서 점검해 볼게. 106
사랑한다고 하세요. 194
사소한 문제가 생겼어. 138
상처 하나 없네! 52
상황 보고해 봐! 240
새것 같아. 76
생각보다 더 좋은데. 34
생각을 해 봤는데… 218
선택해. 92
성공은 저절로 오는 게 아니야. 216
세상은 그런 거란다. 272
세월이 비껴간 것 같군요. 186
셋을 셀게. 242
소용없어요. 266
소원을 빌어! 70
속도를 올려요! 90
속았지? 92
솔직히 말하자구요. 164
쇼는 계속되어야 해. 74
수리할 수 없었어요. 94
순간을 소중히 여겨. 160
숨도 잘 못 쉬겠어. 188
숨을 크게 쉬어. 248
쉬어 가며 해. 152
스스로에게 솔직하세요. 50
시간 좀 끌어 봐! 242
시간에 맞게 오네. 80
시간은 금이에요. 160
시연해 주시겠어요? 94
시작이 안 좋았어요. 38
시장하시겠어요. 48
실망시키지 않을게요. 132
실없는 소리 해도 될까요? 186
실은 말야… 208
쓸모가 있을지 몰라. 106

ㅇ

아무것도 안 보여! 250
아무도 없어. 240
아슬아슬했어. 264
아직 켜져 있어. 96
안 될 거야. 268
안목 있는 분이군요! 34
안색이 안 좋아 보여. 48
안전벨트 매세요! 86
알겠니? 128
알아낼 수 있을 거야. 150
약속은 약속이잖아! 216
얘야? 128
어디 한번 해 봐. 156
어때요, 자기? 198
어지러워. 28
언젠간 부모의 품을 떠나야죠. 134
얼마나 잘하나 보자. 84
엄마가 좀 이상해. 132
엎드려! 100
여기 책임자가 누구인가? 254
여기가 마음에 들었으면 좋겠군요. 218
여기가 어디지? 78
역시 우리 딸. 128
연애 박사도 되나 보죠? 184
영화 잘 보고 와. 72

옆에 앉아도 될까요? 186
옛날이 좋았지. 38
옛정을 생각해서 말이야. 38
오, 이런. 238
오늘 근사한데요. 14
오늘 여기까지 하자구요. 152
오늘 한가해요? 190
오늘은 여기까지 하자. 126
오늘은 중요한 날이에요. 150
온다! 252
와 주셔서 너무 기쁘군요! 70
와인이 다 떨어졌어. 102
완전 엉망이야. 146
왕따 같았어요. 18
왕자님이 결혼하신대. 210
왜 그런 거야? 204
욕하지 마세요! 130
우리 만난 적 있나요? 186
우리 왔다. 134
우리 이제 비긴 거야. 212
우리 이제 큰일이야! 238
우리가 뒤처지고 있다고. 124
우리는 어쩌고? 236
우리도 그걸 받아들이게 됐어. 40
우리의 우정을 위해 건배! 212
우린 끝났어요! 206
우린 막 자리를 잡았어요. 44
우린 서로 잘 어울려. 196
우린 우리잖아요. 22
우린 잘 지낼 거야. 214
우린 절대 못 해낼 거야. 268
우린 천생연분이에요. 210
우린 학교를 빠질 거야. 124

우린 해낼 거야. 258
우린 행복하게 잘살고 있어요. 210
우리 멀리하지 마. 214
운전 조심해요. 86
이거 받아요. 196
이거 어떻게 끄니? 94
이거 어색하네. 184
이건 내 모습이 아니야. 22
이걸 빌릴게요. 98
이게 어떻게 움직이는 거지? 96
이게 제일 중요한 일이야. 138
이래서는 안 되는데. 146
이러고 무사할 것 같아? 270
이런 걸 해 본 경험이 없어서. 40
이런 일은 시간이 걸리지. 192
이럴 필요 없잖아! 236
이제 괜찮아. 242
이제 됐어. 154
이제 알겠네요. 40
이제 어쩌죠? 238
인사하자. 212
인생은 힘든 선택의 연속이야. 272
일하러 가야겠어. 152
입맛이 없어요. 102

ㅈ

자기가 뭐라도 되는 줄 아네. 52
자넨 할 만큼 했어. 140
자리에 앉아 계세요. 90
잔돈 됐어. 72
잘되고 있어! 142
잘자요, 공주님. 198

잘하고 있어. 150
잘해 봐. 74
잠을 좀 자는 게 어떠니? 48
잡아! 260
잡았다! 92
쟤 좀 이상한 것 같아. 24
쟤는 구제불능이거든요. 16
쟤는 너무 예민해. 16
쟤는 우리랑 달라. 24
저 버튼은 무슨 용도지? 94
저 사람 정말 멋져! 182
저는 뭐든 빨리 배워요. 18
저도 어떻게 하는지 알아요. 136
전 식중독에 걸렸어요. 26
전 위선 덩어리예요. 18
전적으로 당신을 지지해요. 158
정말 건강하다구. 26
정말 구식이네요. 38
정말 끝내주네. 102
정말 멋진 남자야! 14
정말 발전했구나. 126
정말 상큼해. 102
정말 오래 됐죠. 40
정말 이상하세요. 20
정말 좋은 거야. 34
정말 좋은 생각이었어. 142
정신 차려. 254
정신 차려. 254
제게 맡겨 두세요. 148
제자리! 준비! 출발! 82
조건이 있어요. 160
조금만 버텨요! 246
조심해요! 246

조종이 안 돼. 96
좀 과하지 않나? 68
좀 생각해 보자고. 138
좀 튀잖아요. 24
좋아 보이지는 않아요. 14
좋을 때나 나쁠 때나 210
준비. 조준. 발사! 252
줄 게 있어요. 196
중얼거리지 마. 130
중지! 240
중지시켜! 94
지금 상황이 복잡해요. 204
지금 아니면 안 돼! 272
지금 하고 있잖아! 258
지금까지는 좋아. 142
지금은 여기까지. 126
진입해! 90
진정해. 100
진짜 재미있는 책이야! 98
집보다 좋은 곳은 없지. 134
집안 내력이야. 20
집중해. 150

ㅊ

차 세워! 90
착하지! 100
찾는 사람이 임자. 104
책에 코를 박고 있다니까! 98
처음 하는 것치고는 잘하네요. 106
천천히 해요. 138
초저녁밖에 안 됐잖아? 70
최고에게 배웠잖아요. 132

293

최선을 다해 봐. 156

최악이야. 146

출발선에 위치하시오! 82

출발하자. 80

친구들을 데려올게. 214

ㅋ

큰 문제가 생겼어. 238

큰 문제가 생겼어. 46

큰일 날 뻔했네. 264

ㅌ

타! 244

타! 86

타고났구나! 42

태어날 때부터 이랬어요. 14

태워 줄게요. 188

태워 줘서 고마워. 86

퇴각하라! 252

틀림없이 좋아할 거예요. 34

팀워크가 중요해. 84

ㅍ

파는 게 아니에요. 76

편하게 둘러보세요. 72

폐하, 만수무강하소서! 104

포기하기에는 인생이 너무 짧아. 104

피를 물려받았죠. 134

피해! 242

핑 만세! 264

ㅎ

한 마리씩 순서를 지켜! 100

한 번도 널 의심한 적이 없어. 140

한번 가 볼까? 86

함께 해 줘서 고마워. 214

항복. 268

해보자구요! 84

해산. 276

행운은 준비된 자들에게 찾아오지. 50

혈압이 올라갔어. 28

호랑이도 제 말 하면 온다더니 158

혼자 살기 싫었어. 18

혼자 할 수 있다구요. 132

확실히 말해 두는데 164

확실히 뭔가 있어. 164

후회하지 않으실 거예요. 132

흔해 빠진 거야! 76

흠뻑 젖었네요. 48

흩어져! 240

흩어져. 244

T

Tappers에 갈래? 108

30장면으로 끝내는
스크린 영어회화 - 알라딘

구성
· 전체 대본
· 훈련용 워크북
· mp3 CD

라이언 강 해설 | 362면 | 18,000원

국내 유일! 〈알라딘〉 전체 대본 수록!

아그라바 왕국에서 펼쳐지는 마법 같은 모험!
〈알라딘〉의 30장면만 익히면 영어 왕초보도 영화 주인공처럼 말할 수 있다!

난이도	첫걸음	**초급**	중급	고급	기간	30일

대상 영화 대본으로 재미있게 영어를 배우고 싶은 독자

목표 30일 안에 영화 주인공처럼 말하기